新編諸子集成

韩非子集解

〔清〕王先慎撰
鍾哲點校

中華書局

韓非子集解目録

卷第十四

卷第十五

卷第十六

卷第十七

點校説明

韓非子集解，清王先慎撰。該書以宋乾道本爲主，參考了藏本、張本、凌本、趙本等多種版本，利用了太平御覽、藝文類聚、群書治要、事類賦、白孔六帖等類書和老子、荀子、戰國策、史記、淮南子、文選等著作的有關資料，吸取了盧文弨群書拾補、顧廣圻韓非子識誤、王念孫讀書雜志、俞樾諸子平議、孫詒讓札迻等著作的校釋成果，闡述了作者自己的研究心得，具有很高的學術價值。

這次整理，除重新標點外，正文以四部叢刊影宋乾道本進行校勘，注文按所引之書加以核對。凡有訂正，一律出校説明。不當之處，盼讀者指正。

鍾　哲

一九九五年五月

序

韓非處弱韓危極之時，以宗屬疏遠，不得進用。目擊游説縱横之徒，顛倒人主以取利，而奸猾賊民，恣爲暴亂，莫可救止，因痛嫉夫操國柄者，不能伸其自有之權力，斬割禁斷，肅朝野而謀治安。其身與國爲體，又燭弊深切，無繇見之行事，爲書以著明之。故其情迫，其言覈，不與戰國文學諸子等。迄今覽其遺文，推迹當日國勢，苟不先以非之言，殆亦無可爲治者。仁惠者，臨民之要道，然非以待奸暴也。孟子導時王以仁義，而惡言利，今非之言曰：「世之學術者説人主，不曰乘威嚴以困姦衺，而皆曰仁義惠愛。世主亦美仁義之名，而不察其實。」蓋世主所美，非孟子所謂仁義；説士所言，非仁義即利耳。至勸人主用威，唯非宗屬乃敢言之。非論説固有偏激，然其云明法嚴刑，救羣生之亂，去天下之禍，使强不陵弱，衆不暴寡，耆老得遂，幼孤得長，此則重典之用而張弛之宜，與孟子所稱及閒暇明政刑，用意豈異也！既不能行之於韓，而秦法闇與之同，遂以鉏羣雄，有天下。而董子迺曰，秦行韓非之説。攷非奉使時，秦政立勢成，非往即見殺，何謂行其説哉！書都二十卷，舊注罕所揮發。從弟先慎爲之集解，訂補闕譌，推究義藴，然後是書釐然可誦。主道以下，蓋非平日所爲書；初見秦諸篇，則後來附入者。非勸秦不舉韓，爲宗社圖存，畫至無俚，君子於此，尤悲其志焉！光緒二十二年冬十二月葵園老人王先謙序。

弁　言

韓非子舊有尹知章注，見唐書藝文志，不載卷數，蓋其亡久矣。元何犿稱舊有李瓚注，李瓚無考，宋乾道本不題姓名，未知孰是。太平御覽、事類賦、初學記注所引注文，與乾道注本合，則其人當在宋前。顧其注不全備，且有舛誤，近儒多所匡益。因旁采諸説，間附己見，爲韓非子集解一書。其文以宋乾道本爲主，間有譌脱，據它本訂正焉。光緒二十一年孟冬月長沙王先慎。

攷證

〔漢書藝文志法家〕韓子五十五篇。名非，韓諸公子。使秦，李斯害而殺之。

〔隋書經籍志子部法家〕韓子二十卷，目一卷。韓非撰。

〔舊唐書經籍志丙部子録法家〕韓子二十卷。韓非撰。

〔唐書藝文志丙部子録法家〕韓子二十卷。韓非。尹知章注韓子。卷亡。

〔宋史藝文志子類法家類〕韓子二十卷。韓非撰。

〔晁公武郡齋讀書志子類法家類〕韓非子二十卷。右韓非撰。非，韓之諸公子也，喜刑名法術之學，作孤憤、五蠹、説林、説難十餘萬言。秦王見其書，歎曰：「得此人與之遊，死不憾矣！」急攻韓，得非。後用李斯之毁，下吏，使自殺。書凡五十五篇，其極刻覈，無誠悃，謂夫婦父子舉不足相信。而有解老、喻老篇，故太史公以爲大要皆原於道德之意。夫老子之言高矣，世皆怪其流裔何至於是。殊不知老子之書有「將欲歙之，必固張之；將欲弱之，必固强之；將欲廢之，必固興之；將欲奪之，必固與之」及「欲上人者，必以其言下之」，欲先人者，必以其身後之」之言，乃許也。此所以一傳而爲非歟！

〔陳振孫直齋書録解題法家類〕　韓子二十卷。　韓諸公子韓非撰。漢志五十五篇，今同。所謂孤憤、説難之屬皆在焉。

〔王應麟漢藝文志攷證〕　韓子五十五篇。　史記韓非傳：「喜刑名法術之學，而其歸本於黄老。」「作孤憤、五蠹、内外儲、説林、説難十餘萬言。」注：新序曰：申子書號曰術，商鞅書號曰法，皆曰刑名。東萊吕氏曰：「太史公謂非喜刑名法術之學，則兼治之也。」索隱按：「韓子書有解老、喻老二篇，是亦崇黄老之學也。」今本二十卷，五十六篇。辨見後。沙隨程氏曰：「非書有存韓篇，故李斯言非終爲韓不爲秦也。後人誤以范睢書廁于其書之間，乃有舉韓之論。通鑑謂非欲覆宗國，則非也。」

〔困學紀聞十〕　韓子曰：「殷之法刑棄灰於街者。子貢以爲重，問之仲尼，仲尼曰：『知治之道也。』」以商鞅之法爲殷法，又託於仲尼，法家侮聖言至此。又「吏者民之本綱也，聖人治吏不治民」，内儲説右下。斯言不可以韓非廢。

〔國朝四庫全書總目子部法家類〕　韓子二十卷。内府藏本。　周韓非撰。漢書藝文志載韓子五十五篇，張守節史記正義引阮孝緒七録載韓子二十卷，篇數卷數皆與今本相符。惟王應麟漢藝文志考證作五十六篇，殆傳寫字誤也。其注不知何人作。考元至元三年何犿本稱「舊有李瓚注，鄙陋無取，盡爲削去」云云，則注者當爲李瓚。然瓚爲何代人，犿未之言，王應麟玉海已稱「韓子注不知誰作」，諸書亦別無李瓚注韓子之文，不知犿何所據也。犿本僅五十三篇，其序稱：「内佚姦劫一篇，説林下，六微内似類〔二〕以下數章。」明萬曆十年趙用賢購得宋槧，與犿本相校，始知：舊本六微篇之末尚有二十八條，不止犿所云數章；説林下篇之首尚有「伯樂教二人相踶馬」等十六章，諸本佚脱其文，以説林上篇「田伯鼎好士」章逕接此篇「蟲有蚘」章；和氏篇之末自「和雖獻璞而未美，未爲王〔三〕之害也」以下，脱三百九十六字，姦劫篇之首自「我以清廉事上」以上，脱四百六十字，其脱葉適在兩篇之間，故其次篇標題與文俱佚，傳寫者各誤以下篇之半連於上篇，遂求其下篇而不得，其實未嘗全佚也。今世所傳，又有明周孔教所刊大字本，極爲精楷。其序不著年月，未知在用賢本前後。考孔教舉進士，在用賢後十年，疑所見亦宋槧本，故其文均與用賢本同，無所佚闕，今即據以

〔二〕「似類」，原本作「似煩」，據六微篇改。
〔三〕「王」，原本作「玉」，據和氏篇改。

繕録，而校以用賢之本。考史記非本傳稱：「非見韓削弱，數以書諫韓王，韓王不能用。」「悲廉直不容於邪枉之臣，觀往者得失之變，故作孤憤、五蠹、内外儲説、説林、説難十餘萬言。」又云：「人或傳其書至秦，秦王見其孤憤、五蠹之書。」則非之著書，當在未入秦前。史記自敘所謂韓非囚秦，説難、孤憤者，乃史家駁文，不足爲據。今書冠以初見秦，次以存韓，皆入秦後事，雖似與史記自序相符，然傳稱：韓王遣非使秦，「秦王説之，未信用，李斯、姚賈害之」，「下吏治非，李斯使人遺之藥，使自殺」。計其間未必有暇著書。且存韓一篇，終以李斯駁非之議及斯上韓王書，其事與文皆爲未畢。疑非所著書，本各自爲篇，非殁之後，其徒收拾編次，以成一帙。故在韓在秦之作，均爲收録，併其私記未完之稾亦收入書中，名爲非撰，實非非所手定也。以其本出於非，故仍題非名，以著於録焉。

〔四庫全書子部法家類存目〕　韓子迂評二十卷。内府藏本。　舊本題「明門無子評」，前列「元何犿校上」，原序署「至元三年秋七月庚午」，結銜題「奎章閣侍書學士」。考元世祖、順帝俱以至元紀年，而三年七月以紀志干支排比之，皆無庚午日，疑「子」字之誤。奎章閣學士院，設於文宗天曆二年，止有大學士，尋陞爲學士院，始有侍書學士。則犿進是書在後至元時矣。觀其序中稱「今天下所急者，法度之廢；所少者，韓子之臣」。正順帝時事勢也。門無子自序稱：「坊本至不可句讀，最後得何犿本，字字而讐之，皆不失其舊，乃句爲之讀，字爲之品，間取何氏注而折衷之，以授之梓人」云云。蓋趙用賢翻刻宋本在萬曆十年，此本刻於萬曆六年，故未見完帙，仍用何氏之本。然犿序稱「李瓚注鄙陋無取，盡爲削去」，而此本仍間存瓚注，已非何本之舊。且門無子序又稱「取何注折衷之」，則併犿所加旁注，亦有增損，非盡其原文。蓋明人好竄改古書，以就己意，動輒失其本來。萬曆以後，刻版皆然，是書亦其一也。門無子不知爲誰，陳深序稱：「門無子俞姓，吴郡人，篤行君子。」然新舊志乘，皆不載其姓名。所綴評語，大抵皆學究八比之門徑，又出犿注之下。所見如是，宜其敢亂舊文矣。

〔四庫全書簡明目録〕 韓子二十卷。 周韓非撰，凡五十五篇。舊本多所佚脱，明趙用賢始得宋槧校補。又周孔教家大字刻本與趙本亦同，今用以互校，視他刻本爲完善。其注不知何人作，元何犿稱爲李瓚，未知何據也。

〔孫氏祠堂書目諸子法家〕 韓非子二十卷。 一、明趙用賢刊本。一、明吴勉學刊本。一、明葛鼎刊本。一、明十行本缺二卷。一、依宋刻校本。

〔盧文弨羣書拾補〕 韓非子。是書有明馮舒已蒼據宋本、道藏本以校張鼎文本外，又有明凌瀛初本，黄策大字本，今并以校明神廟十年趙用賢二十卷全本。而以是者大書，其異同，作小字注於下。此書注乃元人何犿删舊李瓚注而爲之者，亦甚略，且鄙謬者亦未刊去。明孫月峯評點本，并無注，兹不取在所校本中。

〔吴山尊重刻韓非子序〕　翰林前輩夏邑李書年先生好藏古書精槧，而宋乾道刻本韓非子尤其善者。嘉慶辛未，先生方爲吾省布政使，察賑鳳潁，鼒以後進禮謁於塗次，求借是書，先生辭以在里中。又六年丙子六月，余在揚州，先生督漕淮上，專使送是册來。迺屬好手影鈔一本，以原本還先生。明年丁丑五月，攜至江甯，孫淵如前輩慫恿付梓。又明年戊寅五月刻成，而淵如已歸道山，可痛也！是本爲明趙文毅刻本所自出，卻有以他本改易處。元和顧君千里實爲余校刊。千里十四年前已見此册，抉摘標舉，具道此槧之所以善。宋槧誠至寶，得千里而益顯矣。千里别有識誤三卷，出以贈余，附刻書後，仍歸之千里。昔鼒爲朱文正師恭跋御製文，及代擬進御文，屢邀兩朝褒賞。文正曾以奏聞今上，退謂其子錫經，必以藁還鼒，聽入私集。且與鼒書曰「一不可掠人之美，一不欲亂我之真也」。鼒老且病，然尚思假年居業，以期有以自立，不敢鶡披隼翼，鹿蒙虎皮也。是年月陽在己巳已朏，舊史氏吴鼒序。

〔顧千里韓非子識誤序〕 予之爲韓子識誤也，歲在乙丑，客於揚州太守陽城張古餘先生許。宋槧本，太守所借也，與予向所得述古堂影鈔正同。第十四卷失第二葉，以影鈔者補之。前人多稱道藏本，其實差有長於趙用賢刻本者耳，固遠不如宋槧也。宋槧首題乾道改元中元日黄三八郎印，亦頗有誤。通而論之，宋槧之誤由乎未嘗校改，故誤之迹往往可尋也；而趙刻之誤，則由乎凡遇其不解者必校改之，於是而并宋槧之所不誤者，方且因此以至於誤。其宋槧之所誤，又僅苟且遷就，仍歸於誤，而徒使可尋之迹泯焉，豈不惜哉！予讎勘數過，推求彌年，既窺得失，乃條列而識之，不可解者未敢妄説。庚午在里中，友人王子渭爲之寫録，間有所論。厥後攜諸行篋，隨加增定。甲戌以來，再客揚州，值全椒吴山尊學士知宋槧之善，重刊以行，復舉識誤附於末。竊惟智茶學短，曾何足云，庶後有能讀此書者，將尋其迹，輒以不敏爲之先道也。嘉慶廿一年歲在丙子，秋八月。元和顧廣圻序。

先慎按：藏本有南北之分，故顧氏與盧氏所校多不合。

〔孫詒讓札迻卷七〕 韓非子某氏注。吴鼒景宋乾道刻本。顧廣圻識誤校。日本蒲阪圓增讀韓非子校。盧文弨羣書拾補校。王念孫讀書雜志餘編校。俞樾諸子平議校。

佚文

先慎案：史志載韓子五十五篇，與今本合，似無殘脱，而其佚文不下百餘條。今推究其義，凡可補者，悉注本文之下；其不能附麗者，都爲一類，俾後之讀者有可考焉。

明主之治國也，適其時事以致財物，論其税賦以均貧富，厚其爵禄以盡賢能，重其刑罰以禁姦邪，使民以力得富，以事致貴，以過受罪，以功置賞而不望慈惠之賜，此帝王之政也。羣書治要卷四十引。

解狐與邢伯柳爲怨，趙簡主問於解狐曰：「孰可爲上黨守？」對曰：「邢伯柳可。」簡主曰：「非子之讎乎？」對曰：「臣聞忠臣之舉賢也，不避仇讎；以上又見藝文類聚卷二十二。「邢」並作「荆」。其廢不肖也，不阿親近。」簡主曰：「善。」遂以爲守。邢伯柳聞之，乃見解狐謝。解狐曰：「舉子，公也；怨子，私也，往矣！怨子如異日。」羣書治要卷四十引。

師曠鼓琴，有玄鶴銜明月珠在庭中舞。以上又見初學記卷十六注引。失珠，曠掩口而笑。北堂書鈔卷一百九引。

孫叔敖冬日黑裘，夏日葛衣。北堂書鈔卷一百二十九引。

孫叔敖相楚，糲飯菜羹，以上又見初學記卷二十六注引。「相楚」作「爲令尹」。枯魚之膳。北堂書鈔卷一百四十三引。

昔齊桓公入山問父老：「此爲何谷？」答曰：「臣舊畜牛生犢，以子買駒，少年謂牛不生駒，遂持而去。傍鄰謂臣愚，遂名愚公谷。」藝文類聚卷九引。事又見劉向説苑。

勢者君之馬也，威者君之輪也。勢固則輿安，威定則策勁，臣從則馬良，民和則輪利。爲國有失於此，覆輿奔馬，折策敗輪矣。輿覆馬奔，策折輪敗，載者安得不危？藝文類聚卷五十二引。

聖人立法，賞足以勸善，威足以勝暴，備足以必完。藝文類聚卷五十四引。

水激則悍，矢激則遠。太平御覽卷三百五十引。

楚王有白猿，王自射之，則搏矢而熙；熙，戲也。使養由基射之，始調弓矯矢，未發而猿擁樹號矣。由基，楚共王之臣養叔也。調，調張也。矯，直也。擁，抱也。案此見太平御覽卷三百五十引。事類賦卷十三注引同。「熙」字作「嬉戲」二字，無「始」字。

天下有至貴而非勢位也，有至富而非金玉也，有至壽而非千歲也；原心反性則貴矣，適情知足則富矣，明生死之分則壽矣。太平御覽卷四百五十九引。

木鐸以聲自毀，膏燭以明自爍。太平御覽卷四百五十九引。

魏武侯浮西河而下，中流謂吳起曰：「美哉！山河之固，魏國之寶也。」對曰：「在德不在險。昔三苗氏左洞庭而右彭蠡，德義不修，而禹滅之；夏桀之居，左河濟而右太華，伊闕在其南，羊腸在其北，修政不仁，湯放之；商紂之國，左孟門，右太行，常山在其北，大河經其南，修行不德，而武王滅之。王恃險而不修德，舟中之人盡敵國也。」武侯曰：「善。」太平御覽卷四百五十九引。

輿〔一〕人成輿〔二〕，則願人富貴也；非輿〔三〕人仁，不富不貴則輿〔四〕不售〔五〕也。太平御覽卷四百七十二引。

加脂粉則膜母進御，蒙不潔則西施棄野，學之爲脂粉亦厚矣。太平御覽卷六百七引。

勢者君之輿也，威者君之策也，臣者君之馬也，民者君之輪也。勢固則輿安，威定則策

〔一〕〔二〕〔三〕〔四〕「輿」，原本作「與」，據御覽和備內篇改。

〔五〕「售」，原本作「集」，據備內篇改。

勁，臣順則馬良，人和則輪利。而爲國皆失此，有覆輿、走馬、折策、敗輪矣。太平御覽卷六百二十引，與藝文類聚引文不合。

爲人君者猶壺也，民亦水也；壺方水方，壺圓水圓。外儲説「壺」作「盂」。太平御覽卷六百二十引。

孫叔敖相楚，衣羖羊裘。太平御覽卷六百九十四引。

公儀休相魯，其妻織布，休曰：「汝豈與世人争利哉？」遂燔其機。太平御覽卷八百二十引。

舜耕於歷山，農者讓畔；漁於河濱，漁者讓澤。太平御覽卷四百二十四。又八百二十二引：「歷山農侵畔，舜往耕，其年讓畔。」

物有所宜，才有所施，各處其宜，故上下無爲。意林卷一引。

愛人不得獨利，待譽而後利之；憎人不得獨害，待非而後害之。意林卷一引。

不蔽人之美，不言人之惡。意林卷一引。

韓非子序

○先慎曰：此全鈔史記列傳，不得爲序。

韓非者，韓之諸公子也。喜刑名法術之學，而歸其本於黄老。○先慎曰：史記作「而其歸本於黄老」。其爲人吃口，○先慎曰：史記作「非爲人口吃」。不能道説，○先慎曰：史記有「而」字。善著書。與李斯俱事荀卿，李斯自以爲不如。非見韓之削弱，數以書干韓王，○先慎曰：史記「干」作「諫」。索隱：韓王，安也。韓王不能用。於是韓非病治國不務○先慎曰：史記「不務」下有「脩明其法制，執勢以御其臣下，富國彊兵，而以」十八〔二〕字。求人任賢，反舉浮淫之蠹，而加之功實之上。以爲儒者用文亂法，而俠者以武犯禁。寬則寵名譽之人，急則用介胄之士。所用非所養，所養非所用。○先慎曰：史記二句互易，上有「今者」二字。廉直不容於邪枉臣，○先慎曰：史記「臣」上有「之」字。觀往者得失之變，故作孤憤、五蠹、内外儲、○先慎曰：史記有「説林」二字。説難五十五篇十餘萬言。○先慎曰：史記無「五十五篇」四字。按初見秦、存韓二篇係後人彙集，飾令一篇全載商君書，姦劫弑臣「厲憐王」，國策以爲荀子書，

〔二〕「八」，原本作「九」，據實際字數改。

韓詩外傳同，以五十五篇爲非自作，誤。史記此下全載説難篇。人或傳其書至秦，秦王見孤憤、五蠹之書，曰：「嗟乎！寡人得見此人與遊，死不恨矣！」李斯曰：「此韓非之所著書。」○先慎曰：史記有「也」字。秦因急攻韓。韓始不用，○先慎曰：史記下「韓」字下有「王」字，「用」下有「非」字。及急，乃遣韓非使秦。○先慎曰：史記無「韓」字。秦王悦之，未任用。○先慎曰：史記「任」作「信」。李斯害之。○先慎曰：史記「李斯」下有「姚賈」二字。秦王曰：○先慎曰：史記「秦王」作「毁之」，「曰」下有「韓」字。「非，韓之諸公子也，今欲并諸侯，非終爲韓不爲秦，此人情也。○先慎曰：史記「人」下有「之」字。今王不用，久留而歸之，此自遺患也，不如過法誅之。」○先慎曰：史記「如」下有「以」字。秦王以爲然，下吏治非。李斯使人遺藥，令早自殺。○先慎曰：史記「遺」下有「非」字，「令」作「使」，無「早」字。韓非欲自陳，不見。○先慎曰：史記「見」上有「得」字。秦王後悔，使人赦之，非已死矣。

乾道改元中元日黄三八郎印。

韓非子集解卷第一

初見秦第一

○顧廣圻曰：戰國策作張儀說。高誘注：秦惠王也。吳師道補注云：張儀，誤，當作韓非。非以韓王安五年使秦，始皇十三年也。今案：吳依此，是也。先慎曰：史記秦本紀、六國表並以韓非使秦在始皇十四年，韓世家屬之王安五年。案秦攻韓，紀、表未書。始皇十三年用兵於趙，十四年定平陽、武城、宜安，而後從事於韓，則非之使秦，當在韓王安六年。紀、表爲是。吳師道以非爲韓王安五年使秦，據世家言之，不知作五年者，史駁文也。又案：趙本篇目頂格，下同，不復出。

臣聞不知而言，不智；知而不言，不忠。○先慎曰：秦策「言」下並有「爲」字。爲人臣不忠，當死；言而不當，亦當死。○盧文弨曰：「言而不當」，策作「言不審」。雖然，臣願悉言所聞，唯大王裁其罪。○先慎曰：爾雅：「裁，度也。」「罪」，即指上「言而不當亦當死」而言。國策高誘注訓「裁」爲「制」，失其義。臣聞：天下陰燕陽魏，燕北，故曰陰；魏南，故曰陽。○先慎曰：高注：「陰小陽大。」案舊注是，高注非也。此不過舉關東地形而言，燕在陰，魏在陽耳。周禮柞氏疏引爾雅：「山南曰陽，山北曰陰。」陰陽隨山水所指，無庸取大小爲說。連荆固齊，收韓而成從，○盧文弨曰：策作「收餘韓成從」。將西面以與秦强爲難。○盧文弨曰：策無「强」字，此倒，當作「强秦」。先慎曰：盧説非，「强」音其兩切。臣竊笑之。世有三亡，而天下得之，知三亡者得天下。○盧文弨曰：天下得亡之形也，舊注謬甚。宋本「三亡」作「二亡」，注同。吴師道國策補注亦云韓子作「二」。顧廣圻曰：策作「三」，末多「以逆攻順者亡」一句，或此脱。張文虎曰：「三亡」，即下所云「以亂攻治者亡，以邪攻正者亡，以逆攻順者亡」（今本脱，依秦策）三端也。「天下」二字，承上「臣聞天下」來，謂天下之攻秦者，犯此三亡也。先慎曰：吴據誤本引作「二」，盧説宋本即指吴所引而言，乾道本作「三」，張榜本、趙本並同，不當作「二」，顧、張説是。其此之謂乎！臣聞之曰：「以亂攻治者亡，以邪攻正者亡，以逆攻順者亡。」○先慎曰：乾道本無「以逆攻順者亡」句，張榜本有，與策合，是也。上言「三亡」，此不當少一句。御覽三百十八引有「以逆攻順者亡」六字，是宋人所見本不脱。今據補。今天下之府庫不盈，囷倉空虚，悉其士民，張軍數十百萬。○先慎曰：策作「張軍數千百萬」。姚本云「曾作『張軍聲』」，案有「聲」字者是也。此奪「十」字，當從策作「千」，虚張其軍號稱數千百萬耳。下云「秦師數十百萬」，則天下之士民應不止此，況自張其聲乎，「十」字涉下而誤。其頓首戴羽爲將軍，斷死於前，不至千人，皆以言死。○盧文弨曰：策無此下二十字。「頓」，國策補注引作「頵」。説文：「頵，直項也。」「頓」字無理。孫詒讓曰：「頓首」疑作「頓足」，下文「頓足徒裼，犯白刃，蹈鑪炭，斷死於前者，皆是也」，正與此文相應，是其證。王先謙曰：文選羽獵賦：「賁育之倫，蒙盾負羽。」後漢賈復傳：「被羽先登。」謂繫鳥羽爲標識也。「戴」與「負」、「被」，其義一耳。「千」當爲「干」，形近致誤。干，犯也。「不至干人，皆以言死」，謂未至犯敵人時，皆言必死。先慎曰：「頓首」，當依策注作「頵首」，猶言抗首也。「頓足」亦通，然與「戴羽」文義不貫。白刃在前，斧鑕在後，而卻走不能死也。○先慎曰：「也」與「者」同義，説見王氏經傳釋詞。策無「也」字及下「非」字，有「罪」字，是合「也」、「非」二字而誤，當依此訂正。非其士民不能死也，上不能故也。言賞則不與，言罰則不行，賞罰不信，故士民不死也。○先慎曰：「不能故」，策作「不能殺」。案「殺」乃「故」字形近而誤。士民之不死，其故由上之不能。賞罰無信，正不能之實也。若作「殺」，則文氣不屬。今秦出號令而行賞罰，有功無功相事也。○俞樾曰：「事」者，治也。高注呂氏春秋、淮南内篇屢見。詩卷耳毛傳：「采采，事采之也。」正義引鄭志答張逸云：「事，謂事事一一用意之事。」蓋「事」訓「治」，故一一用意謂之「事」也。此言「有功無功相事」，正一一用意之義，謂分别其有功無功，不混淆也。秦策作「不攻耳無相攻事也」，與上下文義不屬，蓋後人不達「事」字之義而臆改。其「功」與「攻」，則古字通用。出其父母懷衽之中，生未嘗見寇耳。○盧文弨曰：當句。策作「也」。聞戰，頓足徒裼，○先慎曰：「裼」，趙本及策均作「裼」，誤。爾雅釋訓：「襢裼，肉袒也。」郭注：「脱衣而見體。」史記張儀傳：「秦人捐甲徒裼以趨敵。」索隱：「裼，袒也，謂袒而見肉也。」犯白刃，蹈鑪炭，斷死於前者，皆是也。夫斷死與斷生者不同，○先慎曰：拾補「者」作「也」。盧文弨云：今從藏本、張本，策同。而民爲之者，是貴奮死也。○先慎曰：策無「死」字。高注：「奮，勇也。」夫一人奮死可以對十，十可以對百，百可以對千，千可以對萬，萬可以剋天下矣！○先慎曰：四「對」字，策作「勝」。今秦地折長補短，方數千里，名師數十百萬。秦之號令賞罰，地形利害，天下莫若也。以此與天下，天下不足兼而有也。是故秦戰未嘗不剋，攻未嘗不取，所當未嘗不破，開地數千里，此其大功也。○先慎曰：策「其」作「甚」，是也。先言秦之功極大，爲下「霸王之名不成」作反勢，若作「其」則文氣平實。「其」當爲「甚」之殘字。然而兵甲頓，士民病，蓄積索，田疇荒，囷倉虛，四鄰諸侯不服，霸王之名不成，此無異故，○先慎曰：「異故」猶它故。其謀臣皆不盡其忠也。○盧文弨曰：「謀」上「其」字可省，策無。先慎曰：不省亦可，盧説非。臣敢言之，往者齊南破荆，東破宋，○先慎曰：「東」，策作「中」，誤。當依此訂。下云「中使韓、魏」，五戰之事備矣。西服秦，北破燕，中使韓、魏，土地廣而兵强，○先慎曰：策無「土」字。戰剋攻取，詔令天下。齊之清濟濁河，足以爲限；○先慎曰：策作「濟清河濁」，誤。史記蘇秦傳與此同。長城巨防，足以爲塞。○王先謙曰：水經濟水注：「平陰城南有長城，東至海，西至濟，河道所由，名防門，去平陰三里。齊侯塹防門，即此也。其水引濟。故瀆尚存。」續漢郡國志濟北國盧縣下劉昭注引史記蘇代説燕王曰：「齊有長城巨防。」巨防即防門。先慎曰：策作「鉅坊」。案「鉅」、「巨」字通。「坊」誤，當作「防」。史記亦作「防」。齊五戰之國也，謂五破國也。一戰不剋而無齊。爲樂毅破齊於濟西。○先慎曰：見齊世家。「無」字，張榜本、趙本作「不」。盧文弨云：藏本、張本作「無」，策同。由此觀之，夫戰者，萬乘之存亡也。且聞之曰：○先慎曰：「且」下脱「臣」字，策有。「削迹無遺根，無與禍鄰，禍乃不存。」言禍敗之迹，削去本根，則無禍敗。言秦宜以齊爲戒。○盧文弨曰：策作「削株掘根」。顧廣圻曰：當從策。秦與荆人戰，大破荆，襲郢，取洞庭、五湖、江南，○盧文弨曰：「湖」，策作「都」，一作「渚」。顧廣圻曰：吴師道云：「『都』，當從韓作『湖』。」今按：吴説非也。燕策云：「四日而至五渚。」蘇秦列傳同。集解引戰國策：「取洞庭五渚。」「渚」、「都」同字，「湖」是「渚」之譌。王先謙曰：史記秦紀：「昭王三十年，取江南爲黔中郡。」正義引括地志云：「黔中故城，在辰州沅陵縣西二十里。」又「三十一年，楚人反我江南」。六國表云：「秦所拔我江旁反秦。」楚世家所謂江旁十五邑也。先慎曰：蘇秦傳集解引戰國策云：「秦與荆人戰，大破荆，襲郢，取洞庭、五渚。」然則五渚在洞庭。案：裴説誤讀策文耳。高注：「郢，楚都也。洞庭、五渚、江南，皆楚邑也。」索隱：「五渚，五處洲也。劉氏以爲五渚，宛、鄧之間，臨漢水，不得在洞庭。」「湖」乃「渚」之誤，顧説是。荆王君臣亡走，東服於陳。○張文虎曰：「服」，當依策作「伏」。史記楚世家：「頃襄王二十一年，秦將白起遂拔我郢，燒先王墓，夷陵。楚襄王兵散，遂不復戰，東北保於陳城。」（六國表作「王亡走陳」，白起列傳作「東走徙陳」。）故云「伏」，謂竄伏也。又曰：此秦昭襄王二十九年事，秦策以此篇爲張儀説秦王文。案儀以秦武王元年去秦入梁，在前三十三年矣。又下文稱秦攻魏，軍大梁，白起擊魏華陽軍，及長平之事，更在其後，足以明國策之誤矣。當此時也，隨荆以兵，則荆可舉；荆可舉則民足貪也，地足利也。東以弱齊、燕，○顧廣圻曰：「弱」，策作「强」。高注：「言以强於燕、齊也。」下文同。先慎曰：「弱齊、燕」與「淩三晉」對文。齊、燕遠於秦，非兵力所能驟及，我滅敵勢强，則齊、燕自畏而親附，故但言「弱」也。下文兩言「弱齊、燕」，尤其明證，策誤。高順文爲説，亦未合。**中以淩三晉，**○盧文弨曰：張本「淩」作「陵」，下同，策同。**然則是一舉而霸王之名可成也，四鄰諸侯可朝也。而謀臣不爲，引軍而退，復與荆人爲和。**○王先謙曰：史記秦紀：「昭王二十九年，取郢爲南郡，王與楚王會襄陵。」此所謂軍退復和也。楚世家：「襄王二十三年（六國表昭王三十一年），襄王收東地兵，得十餘萬，復西取秦所拔江旁十五邑以爲郡距秦。」下文所謂「與秦爲難」也。**令荆人得收亡國，聚散民，立社稷主，置宗廟，令率天下西面以與秦爲難，**○顧廣圻曰：策無「稷」字，以「廟」字句絶，「令」字屬下。俞樾曰：策是也。「收亡國，聚散民，立社主，置宗廟」，皆二字爲句，後人誤以「令」字上屬，成四字句，遂於上句加「稷」字配之耳。「置宗廟令」，義不可通；此言荆人「置宗廟」，非言其置令也。古宗廟亦未聞有令，足知其非矣。下文云「令魏氏反收亡國，聚散民，立社稷主，置宗廟令，此固以失霸王之道二矣」，「稷」字亦衍文，「令」下亦當有「率天下西面以與秦爲難」十字。秦策闕此句，後人據以删韓子，而「令」字誤屬上讀，故得僅存耳。夫「率天下以與秦爲難」，故失霸王之道。若惟是「收亡國、聚散民、立社主、置宗廟」，則是魏之得猶未足以見秦之失也。然則此句不可闕，因一字之幸存，而全句轉可據補。先慎曰：「令」字下屬，是也。「立社稷主」四字不誤。白虎通社稷篇云：「土地廣博，不可偏敬，五穀衆多，不可一一祭，立社稷而祭之，故謂之社稷主。」策無「稷」字，自是脱文，必欲以四句爲對文，亦太泥矣。**此固以失霸王之道一矣。**○先慎曰：「以失」策無，下同。**天下又比周而軍華下，**○顧廣圻曰：「周」當作「意」。下文云「天下皆比意甚固」，策兩「意」字皆作「志」。王先謙曰：高注：「華下，華山之下也。」案據史記紀、表、世家參之，秦昭王九年，魏、齊、韓共敗秦軍函谷；十一年，齊、韓、魏、趙、宋、中山共攻秦，文蓋指此。天官書：「中國山川東北流，首在隴、蜀，尾没勃、碣。」張守節所謂「自南山、華山渡河，東北盡碣石」者，是函、崤諸山皆華嶽支麓，故函谷亦得稱爲華下。戰國之兵，始終未踰秦關一步，華山之下，固非天下所能軍也。「比意」猶言合謀。大王以詔破之，兵至梁郭下，○先慎曰：策無「下」字。圍梁數句，則梁可拔，拔梁則魏可舉，舉魏則荆、趙之意絶，荆、趙之意絶則趙危，趙危而荆狐疑；○盧文弨曰：策作「荆孤」，是。顧廣圻曰：「狐」當從策作「孤」，衍「疑」字，策無。俞樾曰：存韓篇云「趙氏破膽，荆人狐疑」，則「狐疑」字不誤，盧、顧説非。先慎曰：彼趙云「破膽」，則楚云「狐疑」，既趙云「危」，則楚不得僅云「狐疑」也。「孤」、「危」之與「破膽」、「狐疑」，語言輕重大相逕庭。從策作「孤」爲是。東以弱齊、燕，中以淩三晉，然則是一舉而霸王之名可成也，四鄰諸侯可朝也。而謀臣不爲，引軍而退，復與魏氏爲和，○王先謙曰：據史記六國表、魏世家「秦昭王三十二年，魏安釐王二年也，秦軍大梁下，韓來救，予秦温以和」，又穰侯傳「穰侯圍大梁，納梁大夫須賈之説而罷梁圍。明年，魏背秦，與齊從親」，即其事也。令魏氏反收亡國，聚散民，立社稷主，置宗廟，令○先慎曰：「令」下脱「率天下西面以與秦爲難」句，説詳上。此固以失霸王之道二矣。前者穰侯之治秦也，用一國之兵，而欲以成兩國之功。穰侯營私邑，謀秦，故非諷云「兩國」。○王先謙曰：高注：「穰侯，魏人。治，猶相也。穰侯相秦，欲興秦而安魏，故曰『欲成兩國之功』。」案舊注非，高注尤謬。穰侯得罪憂死，下文明斥其非，不須諷也。史傳云：「宣太后異父弟，姓魏氏，其先楚人。」則非魏人明矣。又屢用兵於魏，何云「安魏」乎？蓋穰侯志在併國拓地，故云「欲成兩國之功」耳。是故兵終身暴露於外，士民疲病於内，○先慎曰：策「露」作「靈」，「疲」作「潞」。黄丕烈札記云：此當各依本書。策文下句言潞病，「潞」、「露」同字，此句不得更言「暴露」。「靈」者，「零」之假借。「暴」謂日，「靈」謂雨也。其策文作「潞病」，不與作

「疲病」同，高注可證。先慎案：此及策並當作「暴靈」於外，「潞病」於內。「靈」乃霝之借字。説文：「霝，雨零也。」詩定之方中傳：「零，落也。」零當作霝。」亦假靈爲之。鄭風「零露漙兮」，正義本作「靈」，箋云：「靈，落也。」是「靈落」即「霝落」矣。「暴靈」二字之義，當如黃説。「潞病」，高注云：「潞，羸。」呂覽不屈篇「士民罷潞」，「罷潞」與「潞病」義同。淺人多見「暴露」、「疲病」，少見「暴靈」、「潞病」，故改「靈」爲「露」，改「潞」爲「疲」，而古義俱湮矣。**霸王之名不成，此固以失霸王之道三矣。趙氏，中央之國也，雜民所居也。**趙居邯鄲，燕之南，齊之西，魏之北，韓之東，故曰「中央」。兼四國之人，故曰「雜」。○先慎曰：乾道本注，「中」上衍「東」字，依趙本删。**其民輕而難用也。號令不治，賞罰不信，地形不便，**○先慎曰：高注：「趙王都邯鄲，無險固，故曰『不便』。」**下不能盡其民力。**○俞樾曰：「下」，當從秦策作「上」。惟以「上」言，故曰「其民」，若以「下」言，則但曰「不能盡其力」足矣。上文曰：「號令不治，賞罰不信」，此正上之所以不能盡民力。民力之不盡，其故在上，不在下。當言「上不能」，不當言「下不能」也。**彼固亡國之形也，而不憂民萌，**○顧廣圻曰：「萌」，策作「氓」，本書例用「萌」字。先慎曰：説文：「民，衆萌也。」後人於經傳中「萌」字皆改作「氓」，如周禮遂人「以興耡利萌」，説文引作「萌」，而今本皆作「氓」。又説文「衆萌」字，毛本作「氓」之類，是也。幸本書尚存其真。**悉其士民軍於長平之下，以争韓上黨。大王以詔破之，拔武安。**○先慎曰：高注：「趙括封於武安，武安君將趙四十萬拒秦，秦將白起坑〔二〕括四十萬衆於長平下，故曰『拔武

〔二〕「坑」，原本作「抗」，據戰國策高誘注改。

安』。」當是時也，趙氏上下不相親也，貴賤不相信也。然則邯鄲不守。○先慎曰：「則」下當有「是」字，此與下文「然則是趙舉」文法一律。策有「是」字。拔邯鄲，筦山東河閒，○顧廣圻曰：乾道本「河閒」作「可聞」，藏本亦作「可」，皆譌。盧文弨曰：策作「完河閒」，無「山東」二字。先慎曰：「完」，即「筦」字殘闕，當依此訂正。樂記鄭注：「筦，猶包也。」謂秦軍包舉其地。「可聞」乃「河閒」之譌，改從張榜本、趙本。引軍而去，西攻修武，踰華，○顧廣圻曰：當從策作「踰羊腸」。高注：「羊腸，塞名也。」絳上黨。○顧廣圻曰：當從策作「降〔二〕代、上黨」。代四十六縣，○盧文弨曰：「四」，策作「三」，疑是。上黨七十縣，○顧廣圻曰：「七十」策作「十七」。王渭云：即趙策「今有城市之邑七十」。今按史記趙世家，彼亦作十七。不用一領甲，不苦一士民，此皆秦有也。代、上黨不戰而畢爲秦矣，○先慎曰：乾道本「代」上有「以」字。盧文弨云：凌本無「以」字，策同。張文虎云：「以」字，疑即上句「也」字譌衍。先慎案：張榜本亦無，今據刪。東陽、河外不戰而畢反爲齊矣，中山、呼沲以北不戰而畢爲燕矣。○先慎曰：秦兵力所不及，則齊、燕將分取之。此皆趙地，故下云「趙舉」。然則是趙舉，趙舉則韓亡，○先慎曰：策作「然則是舉趙則韓必亡」。韓亡則荆、魏不能獨立，荆、魏不能獨立則是一舉而壞韓、蠹魏、拔荆，東以弱齊、燕，○先慎曰：乾道本「燕」上有「强」字。盧文弨云：衍「强」字，凌本無。

〔二〕「降」，原本作「絳」，據顧氏韓非子識誤改。

先慎案：策無「强」字，今據删。上兩言「弱齊、燕」，即其證。**決白馬之口以沃魏氏，**○盧文弨曰：「沃」，策作「流」。王先謙曰：水經河水注：「黎陽縣東岸有故城，險帶長河，謂之鹿鳴城。濟取名鹿鳴津，亦曰白馬濟，津之東南有白馬城，河水舊於白馬縣南泆，通濮、濟、黄溝。故蘇代説燕曰：決白馬之口，魏無黄、濟陽。」魏世家無忌説魏王曰：「決熒澤水，灌大梁，大梁必亡。」後王賁攻魏，卒引河溝灌大梁而取之。先慎曰：「沃」、「流」二字義同。説文「沃」作「湀」，溉灌也。高注：「流，灌也。」**是一舉而三晉亡，從者敗也。**○先慎曰：高注：「從者，山東六國。敗，從不成也。」**大王垂拱以須之，**○俞樾曰：策作「大王拱手以須」，吴師道補云：「韓作『須之』。」然則韓非異於國策者，但句末多「之」字，其「拱手」字必與策同。若作「垂拱以須之」，則吴師道何以不及乎？此必後人所改，當依國策訂正。**天下編隨而服矣，**○先慎曰：拾補「編」作「偏」，「服」作「伏」。盧文弨云：「偏」字高誘注國策本同。吴師道補注作「編」，云：「以繩次物曰編。」張本、凌本此亦作「編」字。顧廣圻云：藏本同，今本「編」作「偏」，誤。先慎案：吴説是。**霸王之名可成。而謀臣不爲，引軍而退，復與趙氏爲和。夫以大王之明，秦兵之强，棄霸王之業，地曾不可得。**○盧文弨曰：「曾」，策作「尊」。先慎曰：「尊」字誤，當依此訂正。**乃取欺於亡國，是謀臣之拙也。且夫趙當亡而不亡，秦當霸而不霸，天下固以量秦之謀臣一矣。乃復悉士卒以攻邯鄲，不能拔也，棄甲兵弩，戰竦而卻，天下固已量秦力二矣。**○先慎曰：乾道本無「卻」字。顧廣圻云：今本「兵」作「負」，誤。「而」下有「卻」字，策有。高注：「卻，退也。」吴師道引此無。「弩」，策作「怒」，吴引作「拏」，不合。先慎案：「而」下當有「卻」字，依今本增。「棄甲兵弩」四字不成文，「兵」當作「與」。説文「與」古文作𢌱，

「兵」作𠂢，二字篆形相近而誤。軍乃引而退，并於李下，○先慎曰：乾道本「退」作「復」，「李」作「孚」。盧文弨云：「復」乃「復」之譌。「李」，吴注引韓作「孚」。先慎案：「孚」乃「李」之誤，策作「李」。高注：「李下，邑名，在河内。」張榜本、趙本「復」作「退」，「孚」作「李」是，今據改。大王又并軍而至，○盧文弨曰：「至」，策作「致」。先慎曰：張榜本作「致」，誤。與戰不能剋之也，○顧廣圻曰：七字爲一句。又不能反運，罷而去，○盧文弨云：「運」，或改作「軍」。顧廣圻曰：「又不能反運」句絶，「反」當作「及」，「運」讀爲餫。「罷而去」爲一句，「罷」讀爲疲。策作「又交罷卻」，按無「不能運而」四字不同也。俞樾曰：「運」乃「軍」之誤，上云「大王又并軍而至」，此云「軍罷而去」，文義正相應。蓋不能勝則宜退，既不能剋又不能反，故其軍至於罷病而後去也。先慎曰：顧説較長，不能及運，言餽運不繼也，文義甚順，當從之。張榜本「運」作「交」，依策改，非。天下固量秦力三矣。○先慎曰：「固」下當有「以」字，與上文一律，此脱。内者量吾謀臣，外者極吾兵力，由是觀之，○先慎曰：張榜本「觀」作「親」，誤。臣以爲天下之從，幾不難矣。言諸侯知秦兵頓民疲，則從益堅，固曰「不難矣」。○先慎曰：乾道本「難」作「能」。盧文弨云：案注是「難」字。策作「豈其難」。注曰：上當有「故」字。王渭云：「能」當作「難」。先慎按：張榜本作「難」，今據改。「幾」，猶殆也。内者，吾甲兵頓，士民病，蓄積索，田疇荒，囷倉虚；外者，天下皆比意甚固。○俞樾曰：「皆」字衍文，蓋即「比」字之誤而複者，秦策無「皆」字。願大王有以慮之也。○先慎曰：高注：「慮，謀也。」且臣聞之曰：「戰戰栗栗，日慎一日。苟慎其道，天下可有。」何以知其然也？昔者紂爲天子，將率天下甲兵百萬，左飲於淇溪，○先慎曰：趙本「溪」作「谿」。盧文弨云：「谿」，策作「谷」。先慎按：御覽六十四、八百九十六，事類賦二十一引「飲」下並有「馬」字，無「谿」字，下同。右飲於洹谿，○盧文弨曰：策作「水」。淇水竭而洹水不流，○先慎曰：御覽、事類賦並引作「洹水竭，淇水不流」。以與周武王爲難。武王將素甲三千，戰一日，○先慎曰：策「千」下有「領」字。張榜本、趙本「日」作「夜」，非。高注：「一日，甲子之日也。太公望爲號到牧野便剋紂，故曰『一日』。」而破紂之國，禽其身，據其地而有其民，天下莫傷。○先慎曰：高注：「傷，愍也。」策「傷」上有「不」字，誤。知伯率三國之衆以攻趙襄主於晉陽，決水而灌之三月，○盧文弨曰：秦策、趙策俱作「三年」。先慎曰：此誤，下十過篇正作「三年」。城且拔矣，襄主鑽龜筮占兆，以視利害，○盧文弨曰：策作「錯龜數筴」，此「筮」上疑脱一字。顧廣圻曰：「筮」，當從策作「數筴」二字。案飾邪篇「鑿龜數筴，兆曰大吉」，凡三見，可證此爲脱誤。先慎曰：吴師道補云：「錯，韓作『鑽』。」是韓之異於國策止一「鑽」字。其「數筴」必與策同，當依以訂正。何國可降。乃使其臣張孟談，於是乃潛行而出，○先慎曰：乾道本「潛」下有「於」字。張文虎云：秦策、吕氏春秋、淮南子皆無「於」字。案「於」疑「游」字之譌，蓋韓子作「游」，他本作「行」，讀者旁注異文，轉寫並存，又以形近譌爲「於」耳。游者，泅水也。此時城爲水灌，不没者三版，故泅水而出。孫詒讓云：十過篇云：張孟談〔二〕曰：「臣請試潛行而出，見韓、魏之君。」「潛」下亦無「於」字。先慎案：趙本正

〔二〕「張孟談」，原本作「趙孟談」，據十過篇改。

無「於」字，今據刪。**反知伯之約，**○先慎曰：乾道本無「反」字。顧廣圻云：今本「知」上有「反」字，策同。先慎案：有「反」字是，今據補。高注：「知伯與韓、魏攻襄子，張孟談辭於韓、魏，韓、魏與趙同，故曰『反知伯之約』也。」**得兩國之衆，以攻知伯，禽其身，以復襄主之初。**○盧文弨曰：策作「以成襄子之功」。先慎曰：張榜本「初」作「功」。**今秦地折長補短，方數千里，名師數十百萬，秦國之號令賞罰，地形利害，天下莫如也。以此與天下，天下可兼而有也。**○先慎曰：乾道本無「以」字，「天下」二字不重，「可」作「何」，無「而」字。盧文弨云：「一本『此』上有『以』字，藏本『兼』下有『而』字，『何』作『可』，策同。」顧廣圻云：「今本重『天下』，策有。」今據補改。**臣昧死願望見大王，**○先慎曰：策無「願」字，姚校：「劉作『願望』。」**言所以破天下之從，舉趙，亡韓，臣荆、魏，親齊、燕，以成霸王之名，朝四鄰諸侯之道。大王誠聽其説，**○盧文弨曰：「誠」，策作「試」。**一舉而天下之從不破，趙不舉，韓不亡，荆、魏不臣，齊、燕不親，**○張文虎曰：依上文「親」當作「弱」。先慎曰：此即承上「舉趙，亡韓，臣荆、魏，親齊、燕」而言，不當作「弱」，張説誤。**霸王之名不成，四鄰諸侯不朝，大王斬臣以徇國，以爲王謀不忠者也。**○先慎曰：拾補重「爲」字。盧文弨云：舊少一「爲」字，今據吳注引增，上「爲」如字，下去聲。「者」下張本有「戒」字，策作「以主不忠於國者」。顧廣圻云：當從策作「以主爲謀不忠者」。「主」謂爲主首也。「爲謀」，造謀也。此文例言大王，不言王，「王」字必誤。吳師道引此無「也」字，是。重「爲」字，非。先慎案：姚本國策與盧引同，鮑本與顧同，故所引各異。又策「國」上有「於」字。今案「王」當作「主」，顧説是也。「爲」上「以」字當衍，「以徇國爲主謀不忠者也」作一句讀，文氣自順。

存韓第二

韓事秦三十餘年，出則爲扞蔽，入則爲蓆薦，出貢以供，若蓆薦居人下。○先慎曰：乾道本注「人下」二字作「久」字，今從趙本。秦特出鋭師取韓地而隨之，○先慎曰：「韓」字當在「而」下。「取地」，略地也。下文：「韓與秦兄弟共苦天下。」怨懸於天下，功歸於强秦。○王渭曰：「秦」當作「趙」。先慎曰：「秦」字不誤。謂韓則受其怨，秦則得其功也。且夫韓入貢職，與郡縣無異也。今臣竊聞貴臣之計，○先慎曰：乾道本「今」下有「日」字，盧文弨云：「『日』字衍，張本無。」今據删。舉兵將伐韓。夫趙氏聚士卒，養從徒，○先慎曰：乾道本無「徒」字，顧廣圻云：「藏本、今本『從』下有『徒』字。」今據補。欲贅天下之兵，「贅」，綴連也。明秦不弱，則諸侯必滅宗廟，○先慎曰：諸侯宗廟，必爲秦滅。欲西面行其意，非一日之計也。今釋趙之患，而攘内臣之韓，則天下明趙氏之計矣。韓爲内臣，秦猶滅之，則天下從趙攻秦，計爲得矣。夫韓，小國也，而以應天下四擊，主辱臣苦，上下相與同憂久矣。修守備，戒强敵，有蓄積，築城池以守固。今伐韓未可一年而滅；拔一城而退，則權輕於天下，天下摧我兵矣。○先慎曰：説文：「摧，折也。」韓叛則魏應之，趙據齊以爲原，若山原然。○顧廣圻曰：「原」，當作「厚」，舊注誤。如此則以韓、魏資趙假齊以固其從，而以與争强，○先慎曰：與秦争强也。趙之福而秦之禍也。夫進而擊趙不能取，退而攻韓弗能拔，則陷鋭之卒懃於野戰，○盧文弨曰：「懃」，張本作「勤」。負任之旅罷於内攻，勞餉者。則合羣苦弱以敵而共二萬乘，○王渭曰：當衍「而共」二字。非所以亡趙之心也。○顧廣圻曰：「趙」當作「韓」。亡韓，貴人之計也。均如貴人之計，「均」，同也，謂同其計而用之。○盧文弨曰：張本「人」作「臣」。則秦必爲天下兵質矣。既進退不能，則同於爲質者。○顧廣圻曰：「質」，如字，射的也。舊注誤。陛下雖以金石相弊，「弊」，盡也，盡以召士。○盧文弨曰：馮氏云：「言其時之久也。注解謬，石何可以召士？」王渭曰：文選二十九卷注引「以」作「與」，「以」即「與」也。顧廣圻曰：七發注亦引作「與」。王先謙曰：「與金石相弊」，謂與金石齊壽也；雖永壽而無兼天下之日，極言其非計。則兼天下之日未也。今賤臣之愚計：○先慎曰：乾道本「愚」上有「遇」字。顧廣圻云：藏本無「遇」字，是也。今本「遇」作「進」，誤。先慎案：「遇」即「愚」之誤而衍者，今從藏本。使人使荆，重幣用事之臣，○先慎曰：重幣，猶言厚賂。明趙之所以欺秦者；與魏質以安其心，從韓而伐趙，趙雖與齊爲一，不足患也；二國事畢，齊、趙。則韓可以移書定也。○先慎曰：「韓」，乾道本作「轉」。盧文弨云：藏本亦作「轉」，是。上已云「從韓而伐趙」，則不待再收韓明矣。顧廣圻云：今本「轉」作「韓」，誤。此言定荆、魏。俞樾云：「轉」字無義；趙本作「韓」，是也。此篇名存韓，本因秦貴臣之計，舉兵將伐韓，故爲是説勸之釋韓而伐趙，趙、齊事畢而韓可移書定，正見韓之不必伐也。乃乾道本、道藏本皆作「轉」，則字之誤久矣。趙本改「轉」爲「韓」，是也。盧、顧以上文已云「從韓伐趙」，此不必更言定韓。今案韓未聞其將伐趙，秦何得從韓以伐趙？且秦之伐趙，亦何必從韓？疑「韓」字是衍文。蓋既使人使荆，又與魏質，則荆、魏不與我爲難矣，於是「從而伐趙」。「從而」者，繼事之詞，明其事次第當如此，非從他國之謂也。後人不達其義，妄補「韓」字以實之；盧、顧不知上「韓」字之衍，而疑下「韓」字之非，誤矣。先慎案：俞説是。張榜本「轉」亦作「韓」，今據改。是我一舉，二國有亡形，○先慎曰：二國指齊、趙。則荆、魏又必自服矣。故曰：「兵者，凶器也。」不可不審用也。以秦與趙敵衡，加以齊，今又背韓而未有以堅荆、魏之心。夫一戰而不勝，則禍搆矣。計者，所以定事也，不可不察也。韓、秦强弱○顧廣圻曰：「韓」，當作「轉」。俞樾曰：「韓、秦强弱」，各本皆同。顧氏謂當作「轉」，誤。先慎曰：顧説是。如貴臣之計，秦爲天下兵質，則秦必弱；如非之計，齊、趙可亡，荆、魏必服，則秦强〔二〕矣。秦計一定，强弱隨之。若韓之强弱，豈非所敢言乎？在今年耳。且趙與諸侯陰謀久矣。夫一動而弱於諸侯，危事也；爲計而使諸侯有意伐之心，○盧文弨曰：「伐」，張本、凌本作「我」，趙敬夫云：「意秦之伐之也，不必作『我』。」至殆也；見二疏，○先慎曰：乾道本「疏」作「疎」，盧文弨云：「從藏本作『疏』。」今依改。非所以强於諸侯也。臣竊願陛下之幸熟圖之！夫攻伐而使從者間焉，不可悔也。○先慎曰：乾道本「攻」上無「夫」字，「間」作「聞」。盧文弨云：「夫」字脱，張、凌本有「夫」字。「聞」一作

〔二〕「强」，原本作「弱」，據文意改。

「間」。顧廣圻云：「聞」當作「間」，「間」，反間也。先慎案：盧校是，今據改。存韓文止此，下乃附見其事。**詔以韓客之所上書，書言「韓之未可舉」，下臣斯，**○先慎曰：乾道本「言韓」下有「子」字。俞樾云：「子」字衍文。韓非因聞貴臣之計，舉兵將伐韓，故上此書，言韓之未可舉。誤衍「子」字，義不可通。趙本無「子」字，亦當從之。先慎案：張榜本亦無「子」字，今據刪。**甚以爲不然。**○先慎曰：拾補「甚」上有「臣斯」二字。盧文弨云：舊本不重，一本有。先慎案：「臣斯」二字誤複。以下皆李斯言。**秦之有韓，若人之有腹心之病也。**○盧文弨曰：「腹心」，舊本倒，今從藏本、張本，與下同。**虛處則㤥然**「㤥」，妎心腹虛也。而病爲妎，喻秦虛心待韓，韓終爲妎。「㤥」，音艾。○盧文弨曰：注「『㤥』音艾」，凌本音改。案說文：「苦也，胡槩切。」玉篇：「恨苦也。」**若居濕地，著而不去，以極走則發矣。**謂疾得冷，卒然而走必發矣。喻秦雖加恩於韓，有急，韓之不臣之心必見矣。○顧廣圻曰：「虛處」逗，平居也，與「極」對文；「則㤥然若居溼地著而不去」十一字爲一句，「㤥」，說文「苦也」，廣韻云「患苦，胡槩切」，舊注皆誤。「以極」逗，「走」字衍。俞樾曰：顧氏視舊讀爲長，然「平居」不得謂之「虛處」，且「走」與「處」對文，則「走」字非衍也。按此當以「虛處則㤥然若居濕地」爲句，「虛」乃衍字也，蓋即「處」字之誤而複者。「著而不去」爲句，「以極走則發矣」爲句。「極」，猶「亟」也，古字通用。荀子賦篇「出入甚極」，又曰「反覆甚極」，楊注並云：「極，讀爲亟。」是其證。此言腹心之病附著不去，平居猶可，「亟走則發矣」。「亟走」，喻急也。舊注「卒然而走」，是正讀「極」爲「亟」也。下文「今若有卒報之事，韓不可信也」，「若有卒報之事」與「亟走」之喻相應。顧訓「極」爲「困」，而刪「走」字，未得其旨。先慎曰：俞說是。乾道本注「冷」作「令」，今依趙本。**夫韓雖臣於秦，未嘗不爲秦病，今若有卒報之事，韓不可信也。**○俞樾曰：「報」，讀爲赴疾之赴。禮記少儀篇「毋報往」，喪服小記篇「報葬者報虞」，鄭注並云：「報，讀爲赴疾之赴。」是也。秦與趙爲難，荆蘇使齊，未知何如。以臣觀之，則齊、趙之交未必以荆蘇絶也；若不絶，是悉趙而應二萬乘也。○王渭曰：「趙」當作「秦」。夫韓不服秦之義而服於强也，今專於齊、趙，則韓必爲腹心之病而發矣。韓與荆有謀，諸侯應之，則秦必復見崤塞之患。○先慎曰：謂諸國兵將復至函谷。非之來也，未必不以其能存韓也，爲重於韓也。○先慎曰：非之來秦，爲存韓也。則説雖爲秦，心必爲韓，故云「爲重於韓也」。辯説屬辭，飾非詐謀，以釣利於秦，而以韓利闚陛下。「闚陛下」之意，因隙而入説，以求韓利。夫秦、韓之交親，則非重矣，見重於二國。此自便之計也。臣視非之言，文其淫説，靡辯才甚。臣恐陛下淫非之辯而聽其盜心，○王先謙曰：浸淫而聽納之。因不詳察事情。今以臣愚議：秦發兵而未名所伐，則韓之用事者以事秦爲計矣。疑伐己也。臣斯請往見韓王，使來入見；大王見，因内其身而勿遣，○盧文弨曰：凌本「大王」二字重。張本不重，是。稍召其社稷之臣，以與韓人爲市，則韓可深割也。○王先謙曰：韓遣韓非入秦，在王安六年。其時滎陽、上黨悉已入秦，存者獨潁川一郡地耳。非存韓之説不得已而爲宗社計。李斯所云深割者，即盡入其地之謂也。因令象武○王渭曰：「象」，當作「蒙」。蒙武見始皇本紀、蒙恬列傳。發東郡之卒，闚兵於境上而未名所之，則齊人懼而從蘇之計，○先慎曰：蘇即荆蘇，秦使之齊，絶趙交也。是我兵未出而勁韓以威擒，强齊以義從矣。聞於諸侯也，趙氏破膽，荆人狐疑，必有忠計。○先慎曰：荆疑四國，必不欺秦。荆人不動，魏不足患也，則諸侯可蠶食而盡，趙氏可得與敵矣。願陛下幸察愚臣之計，無忽。秦遂遣斯使韓也。

李斯往詔韓王，未得見，因上書曰：昔秦、韓勠力一意以不相侵，天下莫敢犯，如此者數世矣。前時五諸侯嘗相與共伐韓，秦發兵以救之。○先慎曰：韓世家：「釐王二十三年，趙、魏共伐韓，韓使陳筮告急於秦，秦昭王遣白起救韓，八日而至，大破趙、魏之師。」據六國表，事在昭王三十一年。韓居中國，地不能滿千里，而所以得與諸侯班位於天下，君臣相保者，以世世相教事秦之力也。○王先謙曰：韓自懿侯後事見世家者，如昭侯十一年如秦，宣惠王十九年以太子倉質秦，襄王十年太子嬰朝秦，釐王時兩會秦王，非不世世事秦，而無世不被秦兵；常出兵佐秦伐諸侯，其得秦救，惟釐王二十三年一役而已。所謂「戮力一意以不相侵」，特策士之游談，初無關於事實也。先時五諸侯共伐秦，韓反與諸侯先爲鴈行，以嚮秦軍於關下矣。○王先謙曰：秦昭王九年，齊、魏、韓共擊秦於函谷，十一年齊、韓、趙、魏、宋、中山五國共攻秦；韓襄王十四、十六年事也。先慎曰：乾道本「關」作「闕」。盧文弨云：藏本作「關」，下云：「先爲鴈行以攻關。」先慎案：「闕」乃「關」字形近而譌，即函谷關。今據藏本改。諸侯兵困力極，無奈何，諸侯兵罷。○王先謙曰：秦割地以和，見表及秦紀，此飾言之。杜倉相秦，起兵發將以報天下之怨，而先攻荆。○王先謙曰：據表、紀〔一〕、世家，秦昭王二十七年，楚頃襄王十九年，韓釐王十六年也。自是連三年秦擊楚，破之，遂拔郢。先慎曰：乾道本「先」作「失」，非也。顧廣圻云：

〔一〕「紀」，原本作「記」，形近而誤，今改。

「今本『失』作『先』。」今據改。荆令尹患之曰：「夫韓以秦爲不義，而與秦兄弟共苦天下，○先愼曰：謂與秦爲兄弟也。已又背秦，先爲鴈行以攻關。韓則居中國，展轉不可知。」○先愼曰：「展轉」，猶反覆也。天下共割韓上地十城以謝秦，解其兵。○王先謙曰：據秦紀及表，昭王四十五年攻韓，取十城，未知即此事否？四十七年，秦即攻上黨，亦未嘗解兵。夫韓嘗一背秦而國迫地侵，兵弱至今，所以然者，聽姦臣之浮説，○先愼曰：乾道本「臣」作「人」。盧文弨云：張本「人」作「臣」。先愼案：下文亦作「臣」。作「臣」者是，今據改。不權事實，故雖殺戮姦臣，不能使韓復强。今趙欲聚兵士卒，以秦爲事，○先愼曰：「兵」字疑衍，上文「夫趙氏聚士卒」，無「兵」字，即其證。使人來借道，言欲伐秦。欲伐秦，其勢必先韓而後秦。○先愼曰：乾道本不重「欲伐秦」三字。盧文弨云：舊不重，今依張、凌本補。顧廣圻云：藏本重「欲伐秦」三字，非也。先愼案：重三字文義較足，未必乾道本獨是，而衆本皆非也。顧説太泥，今據補。且臣聞之：「脣亡則齒寒。」夫秦、韓不得無同憂，其形可見。魏欲發兵以攻韓，秦使人將使者於韓。○王先謙曰：此言魏遣使於秦，約共攻韓，秦欲送其使於韓，所以誑恐之。今秦王使臣斯來而不得見，恐左右襲曩姦臣之計，使韓復有亡地之患。臣斯不得見，○先愼曰：乾道本無「得」字，顧廣圻云：「藏本、今本『不』下有『得』字。」今據補。請歸報，秦、韓之交必絶矣！斯之來使，以奉秦王之歡心，願效便計，豈陛下所以逆賤臣者邪！臣斯願得一見，前進道愚計，退就葅戮，願陛下有意焉！今殺臣於韓，則大王不足以强；若不聽臣之計，則禍必搆矣。秦發兵不留行，而韓之社稷憂矣。臣斯暴身於韓之市，則雖欲察賤臣愚忠之計，不可得已。邊鄙殘，國固守，鼓鐸之聲於耳，○先慎曰：「邊鄙殘」句，「國固守」句。「於」上脱「盈」字。而乃用臣斯之計，晚矣。且夫韓之兵於天下可知也，今又背强秦。夫棄城而敗軍，○顧廣圻曰：「敗軍」當作「軍敗」，「軍」句絶，「敗」下屬。王先謙曰：言割城而又敗其軍，於義自順，無庸倒文。則反掖之寇，「反掖」者，謂麾下反以禽君掖也。○盧文弨曰：反於掖下，言内變將作也，注迂晦。王先謙曰：謂韓本國之寇，與下「秦興兵」對文。必襲城矣。城盡則聚散，聚散則無軍矣。○先慎曰：乾道本不重「聚散」二字。顧廣圻云：藏本、今本重「聚散」。先慎案：城盡則聚者散，聚者散則國無軍。重「聚散」二字，語乃明顯，今據補。城固守，○顧廣圻曰：藏本、今本「城」上有「使」字。先慎曰：「城固守」與上「城盡」對文，無「使」字是。則秦必興兵而圍王一都，○王先謙曰：或云「一」字當在「道」字下，非也。古城邑大者，皆謂之都，不必王所居方爲都。孟子云「王之爲都者，臣知五人」，是也，韓世家「公仲請王賂秦以一名都，楚陳軫言秦得韓之名都一」，正與此文「一都」相類。道不通則難必謀，○王先謙曰：説文：「慮難曰謀。」其勢不救。左右計之者不用，○顧廣圻曰：「用」當作「周」。周，密也。願陛下熟圖之。若臣斯之所言有不應事實者，願大王幸使得畢辭於前，乃就吏誅不晚也。秦王飲食不甘，遊觀不樂，意專在圖趙；使臣斯來言，願得身見，因急與陛下有計也。○先慎曰：乾道本無「見」字。顧廣圻云：「藏本、今本有『見』字」，今據補。今使臣不通，則韓之信未可知也。夫秦必釋趙之患而移兵於韓，願陛下幸復察圖之，而賜臣報決。○趙用賢曰：此當時記載之文，故并敍李斯語。

難言第三

臣非非難言也，所以難言者：言順比滑澤，洋洋纚纚然，則見以爲華而不實；言順於慎，比於班。「洋洋」，美；「纚纚」，有編次也。○盧文弨曰：「順比」，不拂逆也。注「言順於慎，比於班」，轉難解。凌本「澤」作「瀉」，誤。先慎曰：意林引「見」下有「者」字。「爲」作「謂」，下同。敦厚恭祗，○先慎曰：乾道本作「敦祗恭厚」，意林引作「敦厚恭祗」，是也，今據改。鯁固慎完，則見以爲拙而不倫；○先慎曰：乾道本「拙」作「掘」。顧廣圻云：藏本、今本「掘」作「拙」。先慎案：意林亦作「拙」，今據改。多言繁稱，連類比物，則見以爲虚而無用；揔微説約，徑省而不飾，則見以爲劌而不辯；○先慎曰：意林「劌」作「訥」。激急親近，探知人情，則見以爲僭而不讓；○先慎曰：乾道本「僭」作「譖」，拾補「急」下旁注「意」字。盧文弨云：張本「意」作「急」，「探」一作「深」，凌本「譖」作「僭」。顧廣圻云：今本「急」作「意」，誤。先慎案：「譖」，凌本作「僭」，是，今據改。意林「急」亦誤作「意」。釋名：「急，及也，操切之使相逮及也。」説文：「探，遠取之也。」疏遠之臣，慮事廣肆，並及人主之親近，以刺取其向背，即説難所謂非間己即賣重也，故見者以爲「僭而不讓」。閎大廣博，妙遠不測，○先慎曰：意林「妙遠」作「深而」。則見以爲夸而無用；家計小談，以具數言，則見以爲陋；○顧廣圻曰：藏本同，今本「家」作「纖」，誤。盧文弨曰：張本作「家」。先慎曰：此即説難篇所謂「米鹽博辯」也，作「家」字是。言而近世，辭不悖逆，則見以爲貪生而諛上；○顧廣圻曰：「逆」當作「遻」。詩「巧言如流」，箋云：「故不悖逆。」釋文云：「遻，五故反，本亦作逆。」按説難篇云：「大意無所拂悟。」「拂」、「悖」同字，「遻」、「悟」同字。作「逆」者，形近之誤也。又鄭檀弓注：「噫，弗瘖之聲。」「弗瘖」即「拂悟」。正義讀「弗」如字者，非。今本因之改「弗」作「不」，尤誤。列女傳「不拂不瘖」，亦用「瘖」字。言而遠俗，詭躁人間，則見以爲誕；○先慎曰：釋名：「躁，燥也，物燥，乃動而飛揚也。」則「躁」有華而不實之意。易繫辭：「躁人之辭多。」捷敏辯給，繁於文采，則見以爲史；○先慎曰：儀禮聘記云：「辭多則史。」鄭注：「史，謂策祝。」亦言史官辭多文也。殊釋文學，○王先謙曰：「殊釋」，猶言絶棄。以質性言，則見以爲鄙；○先慎曰：乾道本「性」作「信」。盧文弨云：「信，張、凌本皆作『性』。」顧廣圻云：「藏本『信』作『性』，是也。」今據改。時稱詩書，道法往古，則見以爲誦。誦説舊事。此臣非之所以難言而重患也。故度量雖正，未必聽也；義理雖全，未必用也。大王若以此不信，則小者以爲毀訾誹謗，大者患禍災害死亡及其身。故子胥善謀而吳戮之，仲尼善説而匡圍之，管夷吾實賢而魯囚之。故此三大夫豈不賢哉！而三君不明也。上古有湯至聖也，伊尹至智也。夫至智說至聖，然且七十說而不受，身執鼎俎爲庖宰，昵近習親，而湯乃僅知其賢而用之。故曰：以至智說至聖未必至而見受，伊尹說湯是也；以智說愚必不聽，文王說紂是也。故文王說紂而紂囚之；○先慎曰：乾道本無「而紂」二字。顧廣圻云「藏本、今本『紂』下有『而紂』二字」，今據補。翼侯炙；○顧廣圻曰：戰國策、史記皆作「鄂侯」。先慎曰：左隱五年：「邢人伐翼，翼侯奔隨。」六年：「納諸鄂，謂之鄂侯。」翼、鄂地近，故相通稱。史記楚世家「熊渠中子紅爲鄂王」，吳越春秋句踐陰謀外傳「號翼侯」，可借證翼、鄂通稱。鬼侯腊；○先慎曰：史記作「九侯」，徐廣注：「九侯，一作『鬼侯』，鄴縣有九侯城。」「九」、「鬼」聲近通用。比干剖心；梅伯醢；○先慎曰：見晏子。楚辭云：「數諫至醢。」夷吾束縛；而曹羈奔陳；伯里子道乞；○盧文弨曰：即百里奚亡秦走宛事。顧廣圻曰：「伯」讀爲百。傅說轉鬻；轉次而傭，故曰「鬻」。孫子臏腳於魏；吳起收泣於岸門，○盧文弨曰：「收」，疑是「抆」字，見呂氏春秋長見篇。顧廣圻曰：仲冬紀云「抿泣」，恃君覽云「雪泣」。先慎曰：「收」，當作「抆」，形近而誤。痛西河之爲秦，卒枝解於楚；○先慎曰：說詳姦劫弒臣篇。公叔痤言國器，反爲悖，公孫鞅奔秦；關龍逢斬；萇宏分胣；磔裂也，敕氏反。○先慎曰：趙本無注六字。莊子胠篋篇釋文引司馬云：「萇弘，周靈王賢臣也。」案周景王、敬王之大夫，魯哀公三年六月，周人殺萇弘。一云刳腸曰「胣」。六微篇以爲叔向之讒。尹子穽於棘；投之於穽棘中。○顧廣圻曰：未詳。先慎曰：趙本無注。盧文弨云：張本有注。司馬子期死而浮於江；田明辜射；非罪爲

「辜」，射而殺之。○顧廣圻曰：未詳。俞樾曰：舊注曲説，「辜射」即辜磔。「磔」從石聲，與「射」聲相近，故得通用。「辜」、「磔」本疊韻字，荀子正論篇「斬斷枯磔」，以「枯」爲「辜」；此云「辜射」，又以「射」爲「磔」。古書每無定字，學者當以聲求之。周禮掌戮「殺王之親者辜之」，注曰：「謂磔之。」「田明辜射」，即此刑也。字又作「矺」，史記李斯傳「十公主矺死於杜」，索隱曰：「『矺』與『磔』同，古今字異耳。」**宓子賤、西門豹不鬭而死人手；董安于死而陳於市；**○先慎曰：「安于」，十過、七術篇作「閼于」，觀行篇作「安」，與此同。案「安」、「閼」古通，左定十三年傳作「安」，淮南道應訓作「閼」，是也。惟趙策「安」、「閼」兩有爲誤。**宰予不免於田常；范睢折脅於魏。此十數人者，皆世之仁賢忠良有道術之士也，不幸而遇悖亂闇惑之主而死。然則雖賢聖不能逃死亡避戮辱者何也？則愚者難説也，故君子難言也。**○先慎曰：乾道本「難言」作「不少」。顧廣圻云：今本「不少」作「難言」，誤。案此句下有脱文。先慎案：「君子難言」，文甚明白易曉，今從之。**且至言忤於耳而倒於心，非賢聖莫能聽，願大王熟察之也！**

愛臣第四

愛臣太親，必危其身；威權上逼，故「危其身」。**人臣太貴，必易主位；**○盧文弨曰：一作「人臣太擅，必易主命」，與韻不叶，非也。主妾無等，必危嫡子；「主」，謂室主。兄弟不服，必危社稷。君之兄弟不相從服。臣聞：千乘之君無備，必有百乘之臣在其側，以徙其民而傾其國；○王渭曰：「民」當作「威」。萬乘之君無備，必有千乘之家在其側，以徙其威而傾其國。是以姦臣蕃息，主道衰亡。是故諸侯之博大，天子之害也；羣臣之太富，君主之敗也。將相之管主而隆國家，○孫詒讓曰：日本蒲阪圓本作「後主而隆家」，云：「物茂卿本『後』作『管』，『隆』下有『國』字。」凌本同，非。八經篇：『家隆劫殺之難。』」詒讓案：「管主」、「後主」並無義，「管」當作「營」，形近而誤。「營主」謂營惑其主也。淮南子原道訓高注：「營，惑也。」「隆國家」，當依蒲阪圓本删「國」字，「隆家」言搆諸大家使争鬭，詳後八經篇。此君人者所外也。君當疎外斥遠之。萬物莫如身之至貴也，位之至尊也，主威之重，主勢之隆也。○先慎曰：乾道本無「位之至尊也」下三句。顧廣圻云：今本「也」下衍十四字。先慎案：下「四美」即指此「身」、「位」、「威」、「勢」而言，少三句則下「四美」無著，今據補。此四美者，不求諸外，不請於人，議之而得之矣。○先慎曰：「議」當作「義」。義者，事之宜也。人君合其宜則得之矣。故曰：人主不能用其富，則終於外也。既不能用富，臣則竊之。○先慎曰：「富」之言備也。四美不備，則國非其有矣。此君人者之所識也。昔者紂之亡，周之卑，皆從諸侯之博大也。殷諸侯文王，周諸侯秦襄王。○先慎曰：「從」當作「以」。「以」與古文「从」相似，因誤爲「从」，校者不審，又改爲「從」。下文「皆以羣臣之太富也」，與此文正一律，明此「從」爲「以」之誤。晉之分也，趙、魏、韓也。齊之奪也，陳恒弒簡公也。皆以羣臣之太富也。夫燕、宋之所以弒其君者，○先慎曰：子罕劫宋，子之奪燕。皆以類也。○孫詒讓曰：「以類」當作「此類」。故上比之殷、周，中比之燕、宋，莫不從此術也。是故明君之蓄其臣也，盡之以法，臣雖有貴賤，同以法也。質之以備。謂薄其賞賜也，臣貧則易制。○王先謙曰：廣雅釋詁：「質，正也。」「備」者，未至而設之，所以逆杜其邪心也。舊注誤。故不赦死，不宥刑；赦死宥刑，是謂威淫，「淫」，散也。社稷將危，國家偏威。君威散，臣威成，故曰「偏威」。○先慎曰：乾道本注無「成」字，今從趙本。是故大臣之禄雖大，不得藉威城市；市，衆所聚，恐其乘衆而生心也。○俞樾曰：「威」字衍文，「藉」當讀爲籍。詩韓奕篇「實畝實籍」，唐石經作「實畝實藉」，是其例矣。漢武帝紀「籍吏民馬」，師古注：「籍者，總入籍録而取之。」即此「籍」字之義。管子輕重甲篇：「桓公欲藉於室屋，欲藉於萬民，欲藉於六蓄，欲藉於樹木。」與此正同。言大臣之禄雖大，而城市之地不得藉而取之也。下云「黨與雖衆，不得臣士卒」，「臣士卒」與「藉城市」相對成文。今涉上文「是謂威淫」及「國家偏威」而誤衍「威」字。舊注不解「威」字，是舊本猶未衍也。黨與雖衆，不得臣士卒。故人臣處國無私朝，謂臣自私朝。居軍無私交，其府庫不得私貸於家。不欲令其樹福也。此明君之所以禁其邪。是故不得四從，四鄰之國爲私交。○孫詒讓曰：注說非也。此「四從」，「四」與「駟」通，謂駟乘也；（左文十一年傳注：「駟乘，四人共車。」）「從」謂從車。皆論貴臣隨從車乘之事，下云「不載奇兵」，即蒙上「四從」而言。史記商君傳：「趙良曰：五羖大夫之相秦也，行於國中，不從車乘，不操干戈。」又曰：「君之出也，後車十數，從車載甲，多力而駢脅者爲驂乘。」（參乘爲驂乘，四乘爲駟乘，二者畧同。）商君正以從車載兵甲，故爲趙良所責，可證此文之義。先慎曰：「四從」，孫説是。舊注當在「居軍無私交」下，傳寫誤置於此耳。**不載奇兵，**○王先謙曰：淮南墬形訓高注：「奇，隻也。」「奇兵」，佩刀劍之屬，與上「四從」對文。「不載」，謂不載以從。戰國策「秦羣臣侍殿上者，不得持尺寸之兵」，即此義也。惟傳遽以備非常，乃得載兵甲，故下又申言之。秦御臣民至嚴峻，此法制已然者，非之言此，特以中其意。**非傳非遽，載奇兵革，罪死不赦。此明君之所以備不虞者也。**

主道第五

道者，萬物之始，物從道生，故曰始。**是非之紀也。**是非因道彰，故曰「紀」。**是以明君守始以知萬物之源，**得其始，其源可知也。○先慎曰：乾道本注「可」作「亦」，今據張榜本、趙本改。**治紀以知善敗之端。**得其紀，其端可知也。**故虛静以待令，令名自命也，令事自定也。虛則知實之情，静則知動者正。**○俞樾曰：下「知」字當作「爲」。「静則爲動者正」，猶下文云「不智而爲智者正」也。涉上句而誤作「知」，於義不可通。先慎曰：俞説是。下「者」字，張榜本作「之」。**有言者自爲名，有事者自爲形，形名參同，君乃無事焉，歸之其情。故曰：君無見其所欲，君見其所欲，臣自將雕琢；**臣因欲雕琢以稱之。○盧文弨曰：「自將」二字疑倒，當與下文一例。**君無見其意，君見其意，臣將自表異。**君見其意，臣因其意以稱之。**故**

曰：去好去惡，臣乃見素；去舊去智，臣乃自備。好惡不形，臣無所效，則戒而自備。○王念孫曰：「去舊去智」，本作「去智去舊」，「惡」、「素」爲韻，「舊」、「備」爲韻。「舊」，古讀若忌，大雅蕩篇「殷不用舊」，與「時」爲韻，召閔篇「不尚有舊」，與「里」爲韻，管子牧民篇「不恭祖舊」，與「備」爲韻，皆其證也。後人讀「舊」爲巨救反，則與「備」字不協，故改爲「去舊去智」。不知古音「智」屬支部，「備」屬之部，兩部絕不相通，自唐以後始溷爲一類；此非精於三代兩漢之音者，不能辨也。故有智而不以慮，使萬物知其處；有行而不以賢，觀臣下之所因；○先慎曰：當作「有賢而不以行」，與「有智而不以慮」、「有勇而不以怒」文法一律。下文「去智」、「去賢」、「去勇」，不作「去行」，是其證。有勇而不以怒，使羣臣盡其武。是故去智而有明，去君智，則臣智自明也。去賢而有功，去君賢，則臣事自功。去勇而有强。去君勇，則臣武自强。羣臣守職，百官有常；因能而使之，是謂習常。故曰：寂乎其無位而處，漻乎莫得其所。○顧廣圻曰：「漻」，讀爲寥，正字作「廫」。説文云：「空虚也。」明君無爲於上，羣臣竦懼乎下。○盧文弨曰：「乎」，藏本作「於」。明君之道，使智者盡其慮，而君因以斷事，故君不窮於智；用臣智，故智不窮。賢者敕其材，○盧文弨曰：「敕」，一作「效」。君因而任之，故君不窮於能；有功則君有其賢，有過則臣任其罪，故君不窮於名。○先慎曰：乾道本「君」下有「子」字。盧文弨云：「子」字衍。顧廣圻云：藏本無「子」字，是也。先慎案：張榜本亦無，今據删。是故不賢而爲賢者師，君雖不賢，爲賢臣之師。不智而爲智者正。爲臣之正。○先慎曰：乾道本「爲」下有「上」字。盧文弨云：爲下衍「上」字，張、凌本俱無。顧廣圻云：藏本無「上」字，是也。先慎案：張榜本亦無，今據删。臣有其勞，君有其成功，君取臣勞以爲己功。○王先謙曰：依文義文勢讀之，無「功」字爲是。「正」、「成」、「經」又相均也。據舊注則所見本已衍「功」字。此之謂賢主之經也。「經」，常法也。

道在不可見，君道必使臣不可見也。○盧文弨曰：張本不提行。用在不可知。虛靜無事，以闇見疵。○先慎曰：人不知虛靜之道，反以其闇而疵之。見而不見，聞而不聞，知而不知。知其言以往，勿變勿更，以參合閱焉。官有一人，○顧廣圻曰：揚搉篇「有」作「置」。勿令通言，則萬物皆盡。各令守職，勿使相通，情既相猜，則自盡矣。○先慎曰：乾道本注「盡」作「静」，據趙本改。函掩其跡，匿其端，○盧文弨曰：「掩」字疑是注，凌本無。顧廣圻曰：「則萬物皆盡函」句絶，舊注讀「函」屬下，誤。孫詒讓曰：「函」當爲「亟」，「函」俗作「凾」，形近而誤。爾雅釋詁云：「亟，疾也。」此當以「亟掩其跡」爲句，顧讀非，盧校尤誤。下不能原。○先慎曰：「原」當作「緣」，緣，因也。掩跡匿端則下無所因以侵其主。「不能緣」與下「不能意」同義，「原」、「緣」聲近而誤。二柄篇云：「人主不掩其情，不匿其端，而使人臣有緣以侵其主。」作「緣」字，是其證。去其智，絶其能，下不能意。保吾所以往而稽同之，謹執其柄而固握之。絶其望，破其意，毋使人欲之。執柄固，則人意望絶也。○先慎曰：各本「望」上有「能」字，拾補删。盧文弨云：注「則人意望絶」，張本作「絶其能望」，亦衍「能」字。顧廣圻云：藏本同，今本無「望」字，誤。此當衍「能」字。先慎案：無「望」字者，因上有「絶其能」而妄删之，不知此「能」字正涉上文而誤衍，注「則人意望絶」不釋「能」字，明舊本亦無「能」字，依盧校删。不謹其閉，不固其門，虎乃將存。權柄不固，則篡國之虎因而存矣。不慎其事，不掩其情，賊乃將生。弑其主，代其所，人莫不與，故謂之虎。處其主之側，○顧廣圻曰：句絶。與下文「忒」、「賊」爲韻。爲姦臣，○王念孫曰：「臣」當爲「匿」字之誤。「匿」，讀爲慝，謂居君側而爲姦慝也。逸周書大戒篇：「克禁淫謀，衆匿乃雍。」「衆匿」即「衆慝」。管子七法篇「百匿傷上威」，「百匿」即「百慝」。明法篇「比周以相爲匿」，明法解「匿」作「慝」。漢書五行志「朔而月克東方謂之仄慝」，書大傳作「側匿」。是「匿」與「慝」古字通。「主」、「所」、「與」、「虎」爲韻，「側」、「匿」、「忒」、「賊」爲韻，若作「臣」則失其韻矣。顧廣圻曰：「臣」當作「以」。「以」，正字作「㠯」，形相近。先慎曰：王説是。聞其主之忒，○王念孫曰：「聞」蓋「閒」之譌。「閒」，伺也。故謂之賊。散其黨，收其餘，○顧廣圻曰：「餘」當作「與」。下文「輔」、「虎」其韻也。閉其門，奪其輔，國乃無虎。大不可量，深不可測，同合刑名，○顧廣圻曰：「刑」，讀爲形，揚搉篇同。審驗法式，擅爲者誅，國乃無賊。是故人主有五壅：臣閉其主曰壅，臣制財利曰壅，臣擅行令曰壅，臣得行義曰壅，臣得樹人曰壅。臣閉其主則主失位，臣制財利則主失德，○王先謙曰：「德」當作「得」，與上「財利」相應，此緣聲同而誤。臣擅行令則主失制，臣得行義則主失名，○先慎曰：乾道本「名」作「明」，顧廣圻云：「藏本、今本『明』作『名』。」今據改。臣得樹人則主失黨。此人主之所以獨擅也，非人臣之所以得操也。人主之道，靜退以爲寶。○先慎曰：「靜退」當作「虛靜」。此承上「虛靜以待令」而言，下「不操事」、「不計慮」而知巧拙、福咎，即申「虛則知實之情，靜則爲動之正」之義。今譌作「靜退」，則文之前後不相照應矣。不自操事而知拙與巧，不自計慮而知福與咎。是以不言而善應，○先慎曰：乾道本無「而」字，顧廣圻云：「藏本、今本『言』下有『而』字。」今據補。不約而善增。言已應則執其契，事已增則操其符。○俞樾曰：「增」字義不可通，兩「增」字疑皆「會」字之誤。「不言而善應」，語本老子「不約而善會」，亦即老子所謂「善結無繩，約而不可解」也，「善會」猶「善結」也。「會」誤作「曾」，又誤爲「增」耳。先慎曰：「約」當作「事」，「言已應」，「事已增」，正承上言之。「增」，讀如簪，與上「應」爲韻。俞改「增」爲「會」，迂曲不可從。符契之所合，賞罰之所生也。故羣臣陳其言，君以其言授其事，事以責其功。○顧廣圻曰：藏本、今本「事以」作「以事」，按當作「以其事」。先慎曰：二柄篇作「專以其事責其功」。功當其事，事當其言則賞；功不當其事，事不當其言則誅。明君之道，臣不得陳言而不當。○先慎曰：乾道本無「得」字。盧文弨云：「得」字脱，藏本有。先慎案：二柄篇亦有「得」字，今據補。顧廣圻云：此句下有脱文。是故明君之行賞也，曖乎如時雨，○顧廣圻曰：「曖」，讀爲愛。百姓利其澤；其行罰也，畏乎如雷霆，神聖不能解也。故明君無偷賞，無赦罰。賞偷則功臣墮其業，赦罰則姦臣易爲非。○盧文弨曰：「臣」，張本作「人」。是故誠有功則雖疏賤必賞，誠有過則雖近愛必誅。○顧廣圻曰：此句下有脱文。先慎曰：此下當有「疏賤必賞」四字。近愛必誅，則疏賤者不怠，而近愛者不驕也。

韓非子集解卷第二

有度第六

○先慎曰：乾道本「六」作「七」，據趙本改。

國無常强，無常弱。奉法者强則國强，「强」，爲不曲法從私。○盧文弨曰：注「爲」字當作「謂」。先慎曰：「爲」、「謂」字同。奉法者弱則國弱。荆莊王并國二十六，開地三千里，莊王之氓社稷也，而荆以亡。荆全之時與荆亡之時，民及社稷未改易，而全、亡遂殊者，則由奉法有强弱故也。○顧廣圻曰：「氓」當作「民」，下二句同，舊注未譌。齊桓公并國三十，啟地三千里，桓公之氓社稷也，而齊以亡。燕襄王○顧廣圻曰：「襄」當作「昭」，下同。史記年表、世家，燕無襄王。下文云「殘齊」，在昭王二十八年，或一謚「襄」也。以河爲境，以薊爲國，襲涿、方城，方城，涿之邑也。○顧廣圻曰：句有誤。王先謙曰：「襲」，謂重繞在外。謂燕都在薊，涿、方城在外，猶左傳言「表裏」也。涿與方城二地，注誤。方城見燕世家，漢志涿屬涿郡，薊、方城屬廣陽國；方城詳見水經聖水、巨馬水注中，今直隸固安縣西南有方城村，即其地也。殘齊，平中山，中山，國名。有燕者重，無燕者輕，謂鄰國得燕爲黨者則重，反是者則輕也。襄王之氓社稷也，而燕以亡。魏安釐王攻趙救燕，○顧廣圻曰：當云「攻燕救趙」。年表：五年擊燕，二十年救邯鄲，二十一年救趙。又世家二十年云：「趙得全也。」取地河東；河東，故南燕國所在，時魏救燕，燕人得之，故以河東故國與魏也。○盧文弨曰：注「河東，故南燕國所在」，凌、張本作「故南燕之地」，無下「河東」二字。「德之」誤作「得之」。先慎曰：此蓋五年擊燕所得，注謂燕人與魏，非也。攻盡陶、魏之地，陶，定陶也。○顧廣圻曰：「魏」，當作「衛」，見本書飾邪篇。加兵於齊，私平陸之都；言魏加兵於齊平陸，以爲私都也。攻韓拔管，管，故管叔所都。勝於淇下；睢陽之事，荆軍老而走；魏與楚相持於睢陽，而楚師遁。師久爲老。○先慎曰：注趙本「爲老」作「而老」，誤。蔡、召陵之事，荆軍破；兵四布於天下，「兵」，魏之兵也。威行於冠帶之國；安釐王死而魏以亡。○先慎曰：乾道本無「王」字，盧文弨云：「脱，藏本有。」今據補。故有荆莊、齊桓則荆、齊可以霸，○先慎曰：乾道本「桓」下有「公」字，盧文弨云：「『公』字衍。」顧廣圻云：「藏本無，是也。」今據删。有燕襄、魏安釐則燕、魏可以强。今皆亡國者，其羣臣官吏皆務所以亂而不務所以治也。其國亂弱矣，又皆釋國法而私其外，

「外」，謂臣之事也。則是負薪而救火也，亂弱甚矣。故當今之時，能去私曲就公法者，民安而國治；能去私行行公法者，則兵强而敵弱。故審得失有法度之制者加以羣臣之上，則主不可欺以詐僞；謂得守法度之臣，授之以政，位加羣臣之上，故不可欺以詐僞。○顧廣圻曰：「失」當作「夫」，下文「審得失有權衡之稱者」，「失」亦當作「夫」。「加以」當作「以加」，舊注未譌。先慎曰：顧説是。拾補「加以」作「加於」，是。注趙本「授」誤作「受」。審得失有權衡之稱者以聽遠事，則主不可欺以天下之輕重。權衡所以稱輕重也，臣既妙於輕重，使之聽遠，故不可欺以輕重也。今若以譽進能，則臣離上而下比周；能由譽進，所以比周於下，求其虚譽。若以黨舉官，則民務交而不求用於法。官由黨舉，所以務交，求其親援。故官之失能者其國亂。以譽爲賞，以毁爲罰也，則好賞惡罰之人釋公行，行私術，比周以相爲也。○先慎曰：上「行」字當作「法」。「好賞惡罰之人，釋公法行私術」，與上「去私曲就公法」、「去私行行公法」、下「行私重輕公法，奉公法廢私術」相應，四處皆作「法」字，此「行」字涉下文而誤。忘主外交，以進其與，「與」，謂黨與也。則其下所以爲上者薄矣。交衆與多，外内朋黨，雖有大過，其蔽多矣。朋黨既多，遞相隱蔽，雖有大過，無從而知也。故忠臣危死於非罪，姦邪之臣安利於無功。邪臣朋黨，則忠臣横以非罪而見陷，邪臣輒以無功而獲利也。忠臣危死而不以其罪，則良臣伏矣；臣傷其類，故良臣伏也。○先慎曰：乾道本「危」上有「之所以」三字，「良」下無「臣」字。盧文弨云：「之所以」三字衍，一本無。顧廣圻云：藏本、今本「良」下有「臣」字。先慎案：注云

「則良臣伏」，是注所見本亦有「臣」字。「之所以」三字不當有，此與下句文法一律，今從盧、顧校改。「伏」，謂隱也。姦邪之臣安利不以功，則姦臣進矣。同氣相求，故姦臣進也。此亡之本也。若是則羣臣廢法而行私重，○王渭曰：句絕。輕公法矣。「私重」，謂朋黨私相重也。數至能人之門，此其所以私重也。○顧廣圻曰：「能」當作「態」。態人，即荀子之「態臣」，見臣道篇。先慎曰：「能人」，即私人也，見管子明法篇，本書作「能」字不誤。三守篇「不敢不下適近習能人之心」，即其證。乾道本注「此」作「比」，依張榜本、趙本改。不壹至主之廷；○先慎曰：趙本「壹」作「一」，下同。百慮私家之便，不壹圖主之國。屬數雖多，非所以尊君也；君之徒屬之數雖多，皆行私重，故非尊君。○先慎曰：乾道本無「以」字。顧廣圻云：今本「所」下有「以」字。先慎案：依下文當有，今據補。百官雖具，非所以任國也。百官雖備，皆慮私家之便，故非任國。「任」，謂當其事也。然則主有人主之名，而實託於羣臣之家也。威權不移故也。○盧文弨曰：注「下移」誤「不移」。故臣曰：亡國之廷無人焉。無憂國之人也。「臣」，韓非自謂也。○先慎曰：此篇多本管子明法篇。廷無人者，非朝廷之衰也。家務相益，不務厚國；大臣務相尊，而不務尊君；○先慎曰：張榜本「相益」作「之益」。案「家務相益」，謂務相益其家，與「大臣務相尊」同。「相益」、「相尊」對「厚國」、「尊君」而言。張榜本「相」作「之」，誤。小臣奉禄養交，不以官爲事。○顧廣圻曰：「奉」當作「持」，見本書三守篇。晏子春秋問下云：「士者持禄，游者養交。」荀子臣道篇云：「以之持禄養交而已耳，國賊也。」又見韓詩外傳。此其所以然者，由主之不上斷於法，而信下爲之也。故明主使法擇人，不自舉也；使法量功，不自度也。擇人量功之法，布在方册，謂成國之舊制。能者不可弊，敗者不可飾，譽者不能進，非者弗能退，以法量功，故能不可弊，敗不可飾也；以法飾人，故譽不能進，非不能退也。○先慎曰：張榜本作「蔽」，管子亦作「蔽」。「非」作「誹」，字竝通用。則君臣之間明辯而易治，「明辯」，謂善惡不相掩。故主讎法則可也。「讎」，謂校定可否。賢者之爲人臣，北面委質，無有二心。朝廷不敢辭賤，軍旅不敢辭難，朝廷辭賤則下有缺上之心，軍旅辭難則士有偷存之志。○先慎曰：乾道本注「士」作「事」，今依張榜本、趙本改。盧文弨云：注「鈌」譌作「缺」。「士」，藏本作「事」。順上之爲，從主之法，虛心以待令而無是非也。故有口不以私言，爲君言也。有目不以私視，爲君視也。而上盡制之。爲人臣者，譬之若手，上以脩頭，下以脩足；清暖寒熱，不得不救入，寒則救之以暖，熱則救之以清，凡此皆用手入，故曰「不得不救入」也。○先慎曰：「入」字衍文。下「不敢弗搏」與「不得不救」相對成文，明此不當有「入」字。舊注不審，而曲爲之説，非。張榜本删「入」字，是也。又案：「清暖寒熱」，據注文當作「寒暖熱清」。鏌鋣傅體，不敢弗搏。利刃近體，手必搏之。○盧文弨曰：「弗」，藏本作「不」。無私賢哲之臣，無私事能之士。「賢哲之臣」、「事能之士」，皆以公用之。故民不越鄉而交，無百里之慼。既任臣以公，則政平國理，人無異望、無外心，故不越鄉而交，所以無百里之慼。○顧廣圻曰：「慼」，讀爲戚。貴賤不相踰，愚智提衡而立，愚智各得其所，故提衡而立。治之至也。今夫輕爵禄，易去亡，以擇其主，臣不謂廉。

易亡、擇主，心貪者耳，如此之臣，不可謂廉也。詐説逆法，倍主强諫，臣不謂忠。逆法、强諫，淩主者耳，如此之臣，不可謂忠。行惠施利，收下爲名，臣不謂仁。行惠收下，作福者耳，如此之臣，不可謂仁。離俗隱居，而以非上，臣不謂義。隱居非上，揚主之惡，如此之臣，不可謂義。○先慎曰：乾道本「以」下有「作」字，顧廣圻云：「藏本、今本無『作』字。」今據删。外使諸侯，内耗其國，伺其危險之陂以恐其主，○先慎曰：「陂」字無義，當作「際」。篆文「祭」上形與「皮」相近，轉寫殘缺以爲「陂」耳。曰「交非我不親，怨非我不解」，而主乃信之，以國聽之，卑主之名以顯其身，毁國之厚以利其家，臣不謂智。伺危以怨主，毁國以利家，姦雄者耳，如此之臣，不可謂智也。○盧文弨曰：注「伺危以恐主」，「恐」誤作「怨」。此數物者，險世之説也，而先王之法所簡也。險世所説，邀取一時之利，先王所簡，必令百代常行。○盧文弨曰：「簡」，棄也，注非。俞樾曰：「險世之説」本作「險世所説」，「説」，讀爲悦，注所據本尚未誤。先王之法曰：○顧廣圻曰：此下五句文與洪範有異，或别有所出，非引彼也。「臣毋或作威，○先慎曰：張榜本更有「毋或作福」句。毋或作利，從王之指；毋或作惡，○先慎曰：乾道本下「毋」字作「無」。顧廣圻云：今本「無」作〔二〕「毋」。先慎案：作「毋」字是，今據改。洪範正作「毋」，「或」作「有」，吕氏春秋貴公篇引亦作「或」，與此同。注：「或，有也。」從王之路。」古者世治之民，

〔二〕「作」，原本作「所」，據顧氏韓非子識誤改。

奉公法，廢私術，專意一行，具以待任。治世之人，所具意行，不用之於私，惟以待君之任耳。夫爲人主而身察百官，則日不足力不給。言當用法而察之。○先慎曰：乾道本「爲」下有「之」字，據張榜本删。且上用目則下飾觀，飾觀，則目視不得其真也。上用耳則下飾聲，飾聲，則耳聽不知其僞也。上用慮則下繁辭。繁辭，則慮惑於説也。先王以三者爲不足，故舍己能而因法數，審賞罰。先王之所守要，因法數，審賞罰，用此察之，則百官不得混其真僞。斯術也，先王所守之要。○先慎曰：「先王之所守要」，即揚權篇「聖人執要」之義，注説非。故法省而不侵。獨制四海之内，聰智不得用其詐，險躁不得關其佞，○顧廣圻曰：藏本同，今本「險」作「陰」，誤。姦邪無所依。遠在千里外，不敢易其辭；勢在郎中，不敢蔽善飾非。「郎」，近侍之官也。○俞樾曰：「勢」當作「暬」。國語楚語曰：「居寢有暬御之箴。」注曰：「暬，近也。」「暬在郎中」與「遠在千里外」正相對成義。「暬」、「勢」形近而誤，或古字通也。朝廷羣下直湊單微，不敢相踰越。雖單微直湊，亦令得其職分，而豪强不敢踰。○先慎曰：注説非。説文：「湊，水上人所會也。」故「湊」有會合之義。此言親近重臣合之疏遠卑賤之人，皆用法數以審賞罰，毋有相違。下文「刑過不避大臣，賞善不遺匹夫」是也。故治不足而日有餘，上之任勢使然也。立治之功，日尚有餘，而功教既已平，羣臣既已穆，則上之任用之勢不違，法教使之然也。夫人臣之侵其主也，○先慎曰：御覽六百三十八引「人臣」作「大臣」。如地形焉，即漸以往，如地形之見耕，漸就削滅也。○先慎曰：「即」當作「積」，聲之誤也。此謂人之行路，積漸不覺而已易其方，在始未必不知，移步換形遂不能見，故必立司南以定其方。喻人主爲臣侵其權勢，使人主不自知者，非一朝一夕之故，在人主時以法度自持也。喻意言行路，非言耕者，注非。御覽引作「既」，亦誤。使人主失端，東西易面而不自知。既以漸來，故雖至於失端易面，而主尚不能自知。故先王立司南以端朝夕。「司南」，即指南車也，以喻國之正法。○先慎曰：御覽引「立」下有「教」字。故明主使其羣臣不遊意於法之外，不爲惠於法之内，不令遊意法外，爲惠法内，皆所以防其侵也。○先慎曰：御覽引「惠」作「慧」，誤。動無非法。法，所以凌過遊外私也；既使羣臣動皆以法，其或「凌過遊外」，即皆私也。○盧文弨曰：「遊外」二字，一本作「滅」。顧廣圻曰：「凌」字未詳，「過」當作「遏」，衍「遊」字，舊注誤。先慎曰：「過」爲「遏」之誤，顧説是也。一本脱「外」字，「遊」作「滅」，是。「凌」爲「峻」字，形近而譌，當在「法」上，傳寫誤倒耳。「峻法所以遏滅外私也」，與下「嚴刑所以遂令懲下也」句正相對，今本譌誤，遂不可讀。嚴刑，所以遂令懲下也。所以嚴刑者，欲以遂令且懲下也。「遂」，通也。○王先謙曰：「遂」，竟也。刑以輔令而行，使必下竟。威不貸錯，制不共門。威當主錯，故不貸臣令錯，制當主裁，故不共臣同門。錯，置也。威制共則衆邪彰矣，威制共臣，則制邪顯用矣。○先慎曰：注「制邪」當作「衆邪」。法不信則君行危矣，法不信，則後不可行，故君危也。○俞樾曰：「危」，讀爲詭。吕氏春秋淫辭篇「所言非所行也，所行非所言也，言行相詭，不祥莫大焉」，與此意相近。蓋法不信則君之所行前後違反，故曰「詭」也。作「危」者，古字通耳。漢書天文志「司詭星出正西」，史記天官書「詭」作「危」。淮南子説林篇「尺寸雖齊必有詭」，文子上德篇「詭」作「危」，並其證也。舊注未達叚借之旨。「危」當以君位言，不當以君行言，足知舊説之非矣。刑不斷則邪不勝矣。故曰：巧匠目意中繩，然必先以規矩爲度；匠之目意雖復中繩，而不可用，當其規矩爲其度。○先慎曰：注上「其」字當爲「以」字之譌。上智捷舉中事，必以先王之法爲比。君知雖敏而中事，不可用，當以先王之法爲其比制也。○盧文弨曰：注「君知」藏本作「君智」。先慎曰：「上智」謂極智之人，與「巧匠」同意，非謂君也。「捷」，疾也。「中事」，合於事也，「中」音竹仲反。舊注誤。故繩直而枉木斲，準夷而高科削，「科」，等也；削高等令就下也。權衡縣而重益輕，減重益輕，權衡乃平。斗石設而多益少。減多益少，斗石乃滿。故以法治國，舉措而已矣。舉法而措之，治自平。○先慎曰：「措」，當爲論語「錯諸枉」之「錯」，以法數治國家，不外「舉錯」二者。上文「因法數，審賞罰，先王之所守要」，即其義。注説非。法不阿貴，繩不撓曲。法之所加，智者弗能辭，勇者弗敢爭。刑過不避大臣，賞善不遺匹夫。故矯上之失，詰下之邪，治亂決繆，絀羡齊非，絀其健羡，齊其爲非。「絀」，音黜。○王先謙曰：「羡」，有餘也，即上削高、輕重之意。一民之軌，莫如法。屬官威民，「屬官」，欲令官之屬己。○王念孫曰：舊注甚謬。「屬」當爲「厲」字之誤也。「厲官」、「威民」義正相近。詭使篇「上之所以立廉恥者，所以屬下也」，「屬」亦「厲」字之誤。俗書「屬」字作「属」，形與「厲」相近，故「厲」誤作「屬」。（荀子富國篇「誅而不賞，則勤厲之民不勸」，今本「厲」誤作「屬」。）退淫殆，止詐僞，莫如刑。刑重則不敢以貴易賤，不敢以貴勢慢易於賤也。法審則上尊而不侵；上尊而不侵則主强而守要，故先王貴之而傳之。傳之於後。人主釋法用私，則上下不別矣。

二柄第七

明主之所導制其臣者，二柄而已矣。「導」，引也，言道所以引喻其臣而制斷之也。○俞樾曰：注訓「導」爲「引」，此未達古語也。「導」當爲「道」，「道」者，由也。「明主所道制其臣者」，猶言「明主所由制其臣者」。古語每以「道」爲「由」：本書孤憤篇「法術之士奚道得進」，猶言奚由得進也；吕氏春秋貴因篇「孔子道彌子瑕見釐夫人」，猶言由彌子瑕見釐夫人也；晏子春秋諫上篇曰「楚巫微導裔款以見景公」，亦言由裔款以見景公，而其字作「導」。可證此文「所導」之即「所由」矣。八姦篇云「凡人臣之所道成姦者有八術」，義與此同。先慎曰：張榜本「導」作「道」，云：「由也。」俞説與之合。藝文類聚十一引「主」作「王」，無「之所導」三字，「臣」下有「下」字。二柄者，刑、德也。何謂刑德？曰：殺戮之謂刑，慶賞之謂德。爲人臣者畏誅罰而利慶賞，故人主自用其刑德，則羣臣畏其威而歸其利矣。故世之姦臣則不然，所惡則能得之其主而罪之，姦臣所惡，則巧詐媚惑其主，得其威而罪也。○盧文弨曰：注「罪之」誤「罪也」。所愛則能得之其主而賞之。姦臣所愛，亦以巧詐媚惑其主，得之恩而賞之。○盧文弨曰：注「其恩」誤「之恩」。今人主非使賞罰之威利出於己也，聽其臣而行其賞罰，則一國之人皆畏其臣而易其君，臣用罰，則民畏臣而輕君。歸其臣而去其君矣。臣用賞，則民歸臣而去其君。○盧文弨曰：注「去其君」，各本俱無「其」字。此人主失刑、德之患也。夫虎之所以能服狗者，爪牙也，使虎釋其爪牙而使狗用之，則虎反服於狗矣。○先慎曰：乾道本無「於」字。案以下文例之，當有「於」字，據意林、御覽六百三十八、八百九十一、事類賦二十引補。人主者，以刑、德制臣者也，今君人者，釋其刑、德而使臣用之，則君反制於臣矣。反爲臣所制也。故田常上請爵禄而行之羣臣，請君爵禄而與羣臣，所以樹私德於衆官。○先慎曰：外儲説右上篇作「行諸大臣」。下大斗斛而施於百姓，於下而用大斗斛以施百姓，所以樹私恩於衆庶也。此簡公失德而田常用之也，故簡公見弑。子罕謂宋君○盧文弨曰：此別一人，非春秋之樂喜。曰：「夫慶賞賜予者，民之所喜也，君自行之；殺戮刑罰者，民之所惡也，臣請當之。」於是宋君失刑而子罕用之，故宋君見劫。田常徒用德謂不兼刑也。而簡公弑，子罕徒用刑謂不兼德也。而宋君劫。故今世爲人臣者兼刑、德而用之，則是世主之危甚於簡公、宋君也。故劫殺擁蔽之主，○顧廣圻曰：「擁」當作「壅」。非失刑、德而使臣用之而不危亡者，則未嘗有也。○俞樾曰：失刑、德而使臣用之，不當有「非」字，「非」字衍文。人主將欲禁姦，則審合刑名者，言與事也。「言」，名也；「事」，則也。言事則相考則合不可知也。○先慎曰：乾道本「與」作「異」，拾補作「與」。盧文弨云：「言」下衍「不」字，藏本無「異」字，譌。顧廣圻云：今本「言」下有「不」字，誤。「異」當作「與」。先慎案：張榜云：「『刑』當作『形』。」案「刑」、「形」二字本書通用，「與」字依盧、顧校改。爲人臣者陳而言，○顧廣圻曰：藏本同，今本「陳」下有「事」字，誤。案「而」當作「其」，見本書主道篇。君以其言授之事，專以其事責其功。○顧廣圻曰：當衍「專」字。先慎曰：顧説非，謂因其所言之事以求其效，不外使也。功當其事，事當其言，則賞；功不當其事，事不當其言，則罰。故羣臣其言大而功小者則罰，非罰小功也，罰功不當名也；羣臣其言小而功大者亦罰，非不説於大功也，以爲不當名也，害甚於有大功，故罰。不當名之害甚於大功。功大震主，亦所以爲罰。○先慎曰：「不當名也害」當作「不當名之害」，下「以爲侵官之害甚於寒」句法正同，注所見本尚不誤。此言因功失法則國無所守，故不當名之害甚於有大功。注謂「功大震主」，非也。昔者韓昭侯醉而寢，○先慎曰：意林「醉」下有「甚」字。典冠者見君之寒也，故加衣於君之上。覺寢而説，寢寤而覺。問左右曰：「誰加衣者？」左右對曰：「典冠。」君因兼罪典衣殺典冠。○先慎曰：乾道本「殺」作「與」。意林「與」作「殺」，是也，今據改。下文「越官則死，不當則罪」，是其證。其罪典衣，以爲失其事也；其罪典冠，以爲越其職也。非不惡寒也，以爲侵官之害甚於寒。故明主之畜臣，臣不得越官而有功，不得陳言而不當。越官則死，不當則罪。守業其官，所言者貞也，守業以當官，守官以當言，如此者貞也。則羣臣不得朋黨相爲矣。

人主有二患：任賢，則臣將乘於賢以劫其君；賢者必多才術，故能乘賢以劫君也。妄舉，則事沮不勝。「妄舉」，謂不擇賢，則其事必沮而不勝。「沮」，毁敗也。故人主好賢，則羣臣飾行以要君欲，則是羣臣之情不效；飾行則僞外，故其内情不效。「效」，顯也。羣臣之情不效，則人主無以異其臣矣。莫不飾行，故真僞不分也。故越王好勇，而民多輕死；楚靈王好細腰，而國中多餓人；齊桓公妬而好内，○先慎曰：乾道本「妬」下有「外」字，顧廣圻云：「藏本無『外』字，是也，本書十過篇、難一篇並無。」今據删。故豎刁自宫以治内；○先慎曰：「刁」當作「刀」。左傳寺人貂，管子、大戴禮、公羊、墨子作「刀」，「刀」有貂音，故通用。桓公好味，○顧廣圻曰：當衍「桓公」二字，此與上相承。易牙蒸其子首而進之；○顧廣圻曰：藏本、今本「子首」作「首子」。案作「首子」爲是，漢書元后傳有「首子」可證。十過篇及難一篇同。先慎曰：本書作「子首」，無作「首子」者，十過篇及難一篇兩見，可證。彼惟趙用賢本作「首子」，明「首子」爲後人所改，古本自作「子首」也。燕子噲好賢，故子之明不受國。子之，燕之臣也。以噲好賢，故陳禪讓之事，令噲不受國以讓己，因以篡之。○先慎曰：即外儲説右下篇潘壽謂燕王事，注非。故君見惡則羣臣匿端，匿其端，避所惡也。○先慎曰：乾道本「君」下有「子」字。顧廣圻云：藏本、今本無。先慎案：此不當有，今據删。君見好則羣臣誣能；誣其能，欲見用。人主欲見，則羣臣之情態得其資矣。羣臣之情態，皆欲求利，君見其好惡，則知利其所存，故得以爲資。○俞樾曰：「欲見」當作「見欲」，與上文「見好」、「見惡」一例。「見好」、「見惡」即自見其所欲矣。下文云「豎刁、易牙因君之欲以侵其君者也」，正承此而言。主道篇云「君無見其所欲」，可證此文「見欲」之義。先慎曰：注「利其所存」，「其」當作「之」。故子之託於賢以奪其君者也，豎刁、易牙因君之欲以侵其君者也。其卒子噲以亂死，子噲，燕王名也。桓公蟲流出户而不葬。○先慎曰：乾道本「户」作「尸」。盧文弨云：藏本「尸」作「户」。先慎案：作「户」是，今據改。十過篇正作「户」。此其故何也？人君以情借臣之患也。謂見好惡之情，則臣得以爲利，此以情借臣求利者也，患所以生。人臣之情非必能愛其君也，爲重利之故也。今人主不掩其情，不匿其端，而使人臣有緣以侵其主，緣其好惡之情，得以侵主。則羣臣爲子之、田常不難矣。故曰：去好去惡，羣臣見素。君無好惡，則臣無因爲僞，其誠素自見。○先慎曰：乾道本「惡」上無「去」字。顧廣圻云：藏本、今本有。先慎案：當有「去」字，主道篇云「去好去惡，臣乃見素」，可證，今據補。羣臣見素，則大君不蔽矣。

揚權第八

「揚」，謂舉之使明也。「權」，謂量事設謀也。○先慎曰：乾道本注「揚」下有「權」字，據趙本刪。孫貽穀云：文選蜀都賦劉逵注：「韓非有揚搉篇。」今「搉」作「權」，誤。注説非。顧廣圻云：廣雅〔一〕：「揚搉，都凡也。」

天有大命，人有大命。晝夜四時之候，天之大命；君臣上下之節，人之大命也。夫香美脆味，厚酒肥肉，甘口而病形；香肥所以甘口也，用之失中則病形；曼理皓齒，説情而捐精。皓曼所以説情也，耽之過度則損精；賢才所以助理也，用之失宜則危君也。○先慎曰：乾道本「病」作「疾」，「損」作「捐」，注亦作「捐」。拾補

〔一〕「廣雅」，原本作「廣韻」，據顧氏韓非子識誤改。

「疾」作「病」。盧文弨云：「説」，注中作「悦」。「捐」，孫貽穀云：「意林及文選七發注皆作『損』。」注同。顧廣圻云：藏本「疾」作「病」，是也。李善七發注引此作「病」。「捐」，亦當從七發注引作「損」。先慎案：注作「病」未誤，意林正作「病」，今據改。「説」，讀爲悦，非舊本作「悦」也。故去甚去泰，○先慎曰：乾道本「甚」上有「泰」字。顧廣圻云：藏本、今本無上「泰」字。先慎案：「甚」上不當有「泰」字，意林無，今據删。身乃無害。權不欲見，素無爲也。○顧廣圻曰：句有誤，未詳。先慎曰：用人之權，不使人見，虚以應物，不必自爲，執要以觀其效，虚心而用其長，即權不見素無爲之理。廣雅釋詁：「素，空也。」事在四方，要在中央。「四方」，謂臣民；「中央」，謂主君。○先慎曰：乾道本注「君」作「居」，改從今本。聖人執要，四方來效。虚而待之，彼自以之。「以」，用也。君但虚心以待之，彼則各自用其能也。四海既藏，道陰見陽。「四海」，則四方也。「藏」，謂不見也。其能如此，則君當導臣之陰以見君之陽，陰陽接則君臣通也。○王先謙曰：「道」，由也。（詳見前。）「由陰見陽」，謂由一己之虚静，以見四海之動。注非。先慎曰：乾道本注作「以見君子之陽」，今從趙本。左右既立，開門而當。「左右」，謂左輔右弼也。君臣既通，輔弼之臣斯立，如此則同類相從，同聲相應，四方賢才畢來矣。君但開門而當之，無所遮擁也。「當」，受也。○先慎曰：乾道本注「類」上無「同」字，「從」作「後」，據趙本增改。勿變勿易，與二俱行，賢才既來，莫敢變易，但令輔弼二臣，俱行職事。行之不已，既行職事，有功而可，此皆俱賢臣之助，不須有所除去，無不隨化而成。○盧文弨曰：注「俱」字衍。是謂履理也。君能履理，故有成功。夫物者有所宜，材者有所施，各處其宜，故上下無爲。使雞司夜，令狸執鼠，皆用其能，上乃無事。○先慎曰：御覽九百一十八引「用」作「因」，事類賦十八引仍作「用」。**上有所長，事乃不方。**「所長」，謂任材用物皆得其宜，故事不一方而成。○俞樾曰：注失其旨。上文云「使雞司夜，令狸執鼠，皆用其能，上乃無事」，然則上固不必有所長矣。「上有所長」，是失其爲上之道。「事乃不方」，猶言無方也，謂不得其方也。下文云「矜而好能，下之所欺。辯惠好生，下因其材。上下易用，國故不治」，皆承此而言。**矜而好能，下之所欺。**居上者矜好其能，則下各飾其能以欺之。**辯惠好生，下因其材。**居上好生辯惠，則下因其材以入其諛佞。材，則辯惠也。**上下易用，國故不治。**上代下任，下操上權，則國不治。**用一之道，以名爲首，**「一」，謂道。可以常行古今莫二者，唯其正名乎，故曰「以名爲首」。○先慎曰：乾道本無「之」字。顧廣圻云：「藏本、今本『一』下有『之』字。」今據補。盧文弨云：注「其唯」誤倒。**名正物定，名倚物徙。故聖人執一以靜，使名自命，令事自定。**既使名命事，故事自定也。○先慎曰：羣書治要引尸子分事篇「執一以靜，令名自正，令事自定」，即韓非所本，「使」字作「令」，疑此「使」字涉注文而誤。注以「使」釋上「令」字，以「命」釋下「令」字，非上「令」字本作「使」字也。**不見其采，下故素正。**「采」、「故」，皆事也，上不見事，則下事既素且正。○盧文弨曰：注訓「采」、「故」皆爲事，非也。趙氏云：「『不見其采』，是聖人靜以自居，韜匿光采；臣下以故守素而趨於正。」此説是也。**因而任之，使自事之；**因其事而任之，彼則自舉其事。○顧廣圻曰：句失韻，有誤。先慎曰：「事」，當作「定」，下文「使皆自定之」承此而言。若作「事之」，則「使皆自定」句爲無著矣。**因而予之，彼將自舉之；**因其事以與之，彼則自舉之。**正與處之，使皆自定之。上以名舉之，**凡事皆使彼自定，在上者從而以名舉之，則刑名審矣。○先慎曰：乾道本注「在上」誤作「任上」，改從趙本。**不知其名，復脩其形；**「形」，事也。循事以求名，則其名可知也。○顧廣圻曰：「脩」，當作「循」，注未譌。**形名參同，用其所生。**「所生」，爲形名所從而出者。形名既以參同，故有此人而用之。**二者誠信，下乃貢情。**「二者」，謂形名也。參同則用其人，是謂「誠信」也。「貢」，謂陳見也。**謹脩所事，待命於天。**君人者能謹修其事，天必有符應之命以命之。**毋失其要，乃爲聖人。聖人之道，去智與巧；智巧不去，難以爲常。**夫智巧在，必背道而行詐，故須去之。**民人用之，其身多殃；主上用之，其國危亡。因天之道，反形之理，督參鞠之，終則有始。**既去智巧，上因天之道，下則反形之理，二者督考參驗鞠盡之，其事既終，還從其始也。○先慎曰：乾道本注「督」下有「巧」字，據趙本删。顧廣圻疑「督參鞠之」句有誤，未審注本之誤耳。**虛以静後，未嘗用己。**常當虛静以後人，未嘗用己而先唱。**凡上之患，必同其端；**「端」，謂所陳事之首也。臣之陳事，不擇可否，每皆同之，則是偏聽而致患也。○先慎曰：趙本「上」作「人」。盧文弨云：「人」，張本作「上」。**信而勿同，萬民一從。**其陳事者，且當信之，無遂與同，然後擇其善者以之施教，則萬民齊一而隨從。**夫道者，弘大而無形；德者，覈理而普至。至於羣生斟酌用之，萬物皆盛而不與其寧。**道德不與物寧而物自寧。**道者，下周於事，因稽而命，與時生死。**言當因道以考汝報。「而」，汝也。「死生」，猶廢興也。謂其教、命時可廢則廢，時可興則興也。○顧廣圻曰：「生死」，當作「死生」，「生」與下文「情」韻，舊注未譌。先慎曰：注趙本「報」下有「命」字。**參名異事，通一同情。**參考異事之名，必令通一而又同情。**故曰：道不同於萬物，**故能生於萬物。**德不同於陰陽，**故能成於陰陽。○先慎曰：乾道本無「於」字。顧廣圻云：藏本、今本有。先慎案：依上下文當有，今據補。衡不同於輕重，故能知其輕重。繩不同於出入，故能正於出入。和不同於燥溼，故能均於燥溼。君不同於羣臣。故能制於羣臣。○先慎曰：乾道本「君」下有「子」字，「於羣」作「羣於」。顧廣圻云：「君」下藏本、今本無「子」字，「羣於」今本作「於羣」。先慎案：「子」字衍，「羣於」二字倒，注不誤，今據删改。凡此六者，道之出也。此六者皆自道生，故曰「道之出也」。道無雙，故曰一。是故明君貴獨道之容。道以獨爲容。君臣不同道，下以名禱，下當陳其名言以禱於君。君操其名，臣效其形，形名參同，上下和調也。○盧文弨曰：一無「也」字，是。顧廣圻曰：「同」、「調」韻，與詩車攻五章合。

凡聽之道：以其所出，反以爲之入；凡聽言之道，或有未審，必出言以難之，彼必反求其理以入於此也。故審名以定位，明分以辯類。審察其名，則事位自定；明識其分，則物類自辯。聽言之道：溶若甚醉。「溶」，閒漫之貌。凡聽言者，欲闇以招明，愚以求智，故閒然若甚醉者，則言者自盡而敷泰也。○顧廣圻曰：「溶」字未詳，下同，舊注皆訓爲「閒」，不見所出。俞樾曰：「溶若甚醉」，此「溶」字當爲「容」，言其容有似乎醉也。下文「動之溶之」，此「溶」字當爲「搈」，說文手部：「搈，動搈也。」「動之溶之」即「動之搈之」也。「動搈」亦作「動容」，孟子盡心篇「動容周旋中禮者」是也。疑古本兩「溶」字皆止作「容」，一爲容貌之容，一爲動容之容，傳寫增水旁，因失其義矣。先慎曰：俞說是。注「泰」趙本作「奉」。脣乎齒乎，吾不爲始乎；齒乎脣乎，愈惛惛乎。脣、齒可以發言語也，吾不爲始，則彼自爲始；吾愈惛惛，彼愈昭昭。彼自離之，吾因以知之；是非輻湊，上不與構。

「離」，謂分析其所言。彼既分析，吾遂知之；所陳之言，或是或非，如輻之湊，皆發自下情，上不與之爲構也。「構」，結也。○先慎曰：「構」、「講」古通，謂解釋也。臣下是非，君並聽之，不爲調解。注訓「構」爲「結」，似非。**虚静無爲，道之情也；參伍比物，事之形也。參之以比物，伍之以合虚。根幹不革，則動泄不失矣。**「參」，三也；「伍」，五也。謂所陳之事或三之以比物之情，或五之以合虚之數。常令根幹堅植，不有移革，如此則動之散，皆無所失泄也。○先慎曰：「動泄不失」，當作「動不失泄」，「泄」有世音，與「革」字古合韻。注云「無所失泄」，是注所見本尚不誤。**動之溶之，無爲而改之。**凡所舉動，溶然閒暇，雖有所改，無爲而爲也。○先慎曰：「溶」當作「搈」，説見上。**喜之則多事，惡之則生怨。**謂臣所陳言，君若喜之，彼必自媚益爲其事；若乃惡之，彼必生怨而遂止。○顧廣圻曰：以上皆失韻，未詳何句有誤。先慎曰：「喜之」、「惡之」並句。「喜」與「事」，「惡」與「怨」爲韻。外儲説右上篇「謳乎，其已乎！苞乎，其往歸田成子乎」，「謳」、「苞」爲韻，並句首字，雖用韻不同，而以句首字爲韻則可借證，顧説非是。**故去喜去惡，虚心以爲道舍。**去喜惡以虚其心，則道來止，故爲「道舍」。**上不與共之，民乃寵之；**謂下之爲事，上不與共得，則臣得自專，其事必成，故得受其榮寵也。**上不與義之，使獨爲之。**○先慎曰：「義」，讀爲「議」。**上固閉内扃，從室視庭，參咫尺已具，皆之其處。以賞者賞，以刑者刑，**「閉内扃」，謂閉心以察臣也。由内以觀外，若從室而視庭也。八尺曰「咫」。尺寸者，所以度長短。既閉心以參驗之，咫尺以度量之，二者以具，則大小長短皆之其所，不相犯錯，如此則可賞則賞，可刑則刑，無乖謬矣。○顧廣圻曰：「上固閉内扃」，「上」字下當有脱文；「尺」字當衍，舊注以尺寸釋「咫」，因誤入正文也。先慎曰：案「固」疑「因」字之誤。「上不與共」,「不與議」,因閉心以察之,如從室視庭,尺寸不失也。「因」與「固」形近而誤,似無脱文。注「謂」字乾道本作「講」,誤,據拾補改。「以具」當作「已具」。**因其所爲,各以自成。善惡必及,孰敢不信!**所爲善惡,既各自成,善必及賞,惡必及刑,刑賞不差,誰敢不信!**規矩既設,三隅乃列。**賞罰規矩,既已説於一事二事,則人知他事皆然,故曰「三隅乃列」也。**主上不神,下將有因;**神者,隱而莫測其所由者也。既不神,故可測,則可因,故曰「下將有因」也。**其事不當,下考其常。**主事不當,則下以常理考之,所以較其非。**若天若地,是謂累解。**天地高厚,不可測者也。君用意如天地,則上因下考之,累可解也。○俞樾曰:「累解」乃疊韻字,古人常語也。荀子富國篇「則和調累解」,「累解」與「和調」並言,可知其義,楊注以爲「嬰累解釋」,非也。儒效篇「解果其冠」,楊注引説苑「蟹螺者宜禾」爲證,然則「累解」猶「蟹螺」矣。古語雖不盡可通,而「累解」二字平列,則塙然無疑。舊注之失,與楊注同。**若地若天,孰疏孰親?**天無私覆,地無私載,故無疏無親也。**能象天地,是謂聖人。**象天地之高厚而無私也。**欲治其内,置而勿親;**「内」,謂君之機密也。欲令機事不失,所置之臣勿私親之。○先慎曰:乾道本注「欲」作「故」,今從趙本。**欲治其外,官置一人,不使自恣,安得移并!**「外」,謂百官之政也。欲令官政不失,則每官置一人焉。夫兩雄必争,官有二人,適足以增其猜競,故一人則專而不恣,豈有移易并兼之事。**大臣之門,唯恐多人。**臣門多人,威權在之故也。**凡治之極,下不能得。**神隱不惻,故下不能得之,治道無踰此者,故曰「治之極」也。○先慎曰:注「惻」當作「測」。**周合刑名,民乃守職;去此更求,是謂大惑,**刑名不差則民守職,此治之至要者也。去至要而不用,非惑而何也!○顧廣圻曰:「周」,當依本書主道篇作「同」。先慎曰:乾道本注「民」作「其」,今從趙本。**猾民愈衆，姦邪滿側。**亦既大惑，故姦衆而邪滿。○先慎曰：「姦邪」，指臣言。謂狡猾之民則益多，而姦邪之臣盈於左右矣。注説非。**故曰：毋富人而貸焉，毋貴人而逼焉，**君之富臣，更從臣貸；君之貴臣，更令臣逼。此倒置之徒，不識理道者也。**毋專信一人而失其都國焉。**專信一人，則形勢聚焉，故失其都。○先慎曰：乾道本注「勢」上脱「形」字，盧文弨云：「張本有。」今據補。又云：「『都』下當有『國』字。」**腓大於股，難以趣走。**臣重於君，難以爲理。○盧文弨曰：「趣」疑「趨」。**主失其神，虎隨其後。**「失神」，謂君可測知，如臣能爲虎，隨後以伺其隙。○先慎曰：注「如」字當作「則」。**主上不知，虎將爲狗。**主既不知臣之爲虎，則臣匿威藏用，外若狗然，所以陰謀其事。**主不蚤止，狗益無已。**臣既以虎爲狗，君不知而止之，如此則同事相求，皆爲狗，益其朋黨，無有已時也。**虎成其羣，以弑其母。**「母」，則君也。既朋黨相益，即是虎成羣也。虎既成羣，母必見弑。**爲主而無臣，奚國之有！**臣皆爲虎，故曰「無臣」也。臣無則國亡，故曰「奚國之有」。○先慎曰：此謂有國必有臣，不能畏臣爲虎而不用，惟在主施其刑法以制之，故下云「主施其法，大虎將怯；主施其刑，大虎自寧」是也。舊注誤。趙本無注末十一字，因其不合而删之也。盧文弨云：「張本注末有此二句。」**主施其法，大虎將怯；主施其刑，大虎自寧。**主既施刑，虎則懼而履道，故得安寧也。**法刑苟信，虎化爲人，復反其真。**謂君君臣臣也。○先慎曰：乾道本「苟」作「狗」，據拾補改。盧文弨云：「『苟』，誤作『狗』。」顧廣圻云：「『信』，讀爲『申』，『申』與下文『人』、『真』韻，言申法刑於狗也。上文云『虎將爲狗』，又云『狗益無已』，與此相承。」先慎案：顧讀「信」爲「申」，是也。「狗」當從拾補改作「苟」，「狗」字涉上文而誤，不得反以爲證。此謂君苟申其刑法，則臣昔之爲虎者，皆反其真而爲人矣。「反其真」，指臣而言。舊注「謂君君臣臣」亦誤。**欲爲其國，必伐其聚；**「聚」，謂朋黨交結；伐之者，所以離散其朋黨也。○顧廣圻曰：「聚」，讀爲蘩，下句同。「蘩」與下文「衆」韻。**不伐其聚，彼將聚衆。欲爲其地，必適其賜；**「地」，亦國也。欲治其國，必令賜與適宜。○俞樾曰：吕氏春秋重己篇「故聖人必先適欲」，高注：「適，猶節也。」管子禁藏篇：「故聖人之制事也，能節宫室適車輿以實藏。」是「適」與「節」同義。「必適其賜」者，必節其賜也。舊注失其義。**不適其賜，亂人求益。彼求我予，假仇人斧；**亂人求益而與之，則是以斧假仇人也。○盧文弨曰：「仇」，一本作「讎」。**假之不可，彼將用之以伐我。**以斧與仇，則是假與不可；仇既得斧，我之見伐，不亦宜哉！**黄帝有言曰：「上下一日百戰。」**夫上位可寳，上利可貪，居下者常有羨欲之心，欲静則不能，欲取則不得，二者交戰，一日有百也。**下匿其私，用試其上；上操度量，以割其下。**下既有羨之心，常匿私以試上，故上必當操度量以割斷其下也。○先慎曰：乾道本「上操」作「下操」。俞樾云：此當作「上操」，舊注未誤。先慎案：張榜本、趙本均作「上操」，今據改。**故度量之立，主之寳也；**度量可以割斷下，故爲主之寳也。**黨與之具，臣之寳也。**黨與具可以奪君位，故爲臣寳。**臣之所不弑其君者，黨與不具也。故上失扶寸，下得尋常。**四指爲「扶」。上於度量少有所失，下之得利已數倍多矣。○盧文弨曰：「扶」字誤從牛旁，注同。「得」意林作「失」，下有「君不可不愼」句，不可從。先慎曰：趙本「扶」誤作「牀」，意林作「膚」。**有國之君，不大其都；**大其都，臣將據以叛國。**有道之臣，不貴其家；**大夫稱家。貴其家，臣將淩己。**有道之君，不貴其臣。**貴其臣，臣將貴勢過己。**貴之富之，備將代之。**臣既貴富備，必將代君也。○顧廣圻曰：「備」當作「彼」，舊注誤。**備危恐殆，急置太子，禍乃無從起。「太子」者，君之副貳，國之重鎮，今欲備其危殆，必速置之，則禍端自息矣。內索出圉，必身自執其度量。臣人四面謀君，常在圉。今自內欲求出圉，但身執度量則可矣。厚者虧之，薄者靡之。「厚」，謂臣黨與衆勢位高也。位如此，必虧之使薄也。○盧文弨曰：「靡之」，當與易「我有好爵，吾與爾靡之」之「靡」同義。虧、靡有量，毋使民比周同欺其上。虧之若月，若明之漸虧也。亦取其既盛必衰，天之道也。○先慎曰：「虧之若月」，謂漸移其權勢，不使臣自知，猶有度篇云「人臣之侵其主，如地形焉，積漸以往」之義。舊注失其旨矣。靡之若熱。若鑽火之取熱，不得中息。○先慎曰：「靡」與「糜」通，取糜爛之義。物之糜爛於熱，不見其消，有時而盡，故云「靡之若熱」。此與上「虧之若月」同意。注「息」乾道本作「急」，今從趙本。簡令謹誅，必盡其罰。盡刑罰之理也。毋弛而弓，一棲兩雄；弓以射不當棲之雄，喻刑法罰不當立人官也。○先慎曰：注「立」趙本作「位」，二字古通。「人」當作「之」。言刑法所以罰不當位之官也。一棲兩雄，其鬭嚬嚬。爭鬭貌。豺狼在牢，其羊不繁。「豺狼」，喻吏之貪殘者。一家二貴，事乃無功。二貴爭出命，服役者不知誰從，故事無功也。夫妻持政，子無適從。夫唱婦隨者，禮之正也；今夫妻爭持其政，故子不知所從也。爲人君者，數披其木，毋使木枝扶疏；「木」，喻臣也。「披」，爲落其枝也。數落木枝者，喻數削黜臣之威勢也。木枝扶疏，將塞公閭，謂臣威權覆主，充塞公閭。○先慎曰：乾道本「主」作「土」，今從趙本。私門將實，公庭將虛，主將壅圍。「圍」，圉也。○顧廣圻曰：「圍」當作「圉」，「圉」與下文「拒」、「處」韻。王先謙曰：詳文義上屬，顧說非。數披其木，無使木枝外拒；「拒」，謂枝之旁生者也。木枝外拒，將逼主處。數披其木，毋使枝大本小；枝大本小，將不勝春風，不勝春風，枝將害心。「春風」，所以發生萬物者也，喻君恩賞所以榮益於下者也。枝本大矣，春風又發其榮以增其重，則披枝而害心。喻臣本實矣，君又加之恩賞以增其威重，則臣將二而危君矣。○先慎曰：注趙本「威」下無「重」字。盧文弨云：「張本有。」公子既衆，宗室憂吟。「宗室」，謂太宗適子家也。庶子既衆，勢淩適子，故憂吟也。○盧文弨曰：注「大宗」，「大」誤「太」。先慎曰：「吟」，趙本作「唫」，下同。止之之道，數披其木，毋使枝茂。木數披，黨與乃離。○顧廣圻曰：藏本同，今本「木」下衍「枝」字。案三字句，上文「數披其木」凡四見。「披」、「離」韻。掘其根本，木乃不神。○盧文弨曰：或云「根本」二字當倒，與韻合。顧廣圻曰：「掘其根」三字句，與上文同，「本」字衍，「根」、「神」韻。填其洶淵，毋使水清。「淵」者，水之停積。水清，鑒之者必衆，喻雖族和附之者必多也。○顧廣圻曰：「淵」、「清」失韻，有誤。不，即有缺文也。俞樾曰：顧氏以上句「本」字爲衍文，是也。此句「洶」字蓋亦衍文。舊注不釋「洶」字，是舊本未衍也。上云「木數披，黨與乃離」，此云「掘其根，木乃不神。填其淵，毋使水清」，皆上句三字，下句四字。今衍「本」字、「洶」字，非其舊也。至趙本作「木枝數披」，則更失之矣。先慎曰：俞說衍「洶」字，是也。定之方中「淵」與「人」協，楚詞「清」與「人」協，風賦「清」亦與「人」協，詩燕燕「淵」與「身」、「人」協，楚詞卜居「清」與「身」、「人」協，詩猗嗟「清」與「成」、「正」協，易訟「淵」與「成」、「正」協，則「淵」、「清」古自爲韻。顧疑有誤，非也。盧文弨云：注「雖」字非誤即衍。探其懷，奪之威。探其懷，謂淵其心知其所欲焉。○先慎曰：注「淵」

字當作「測」。主上用之若電若雷。威不下分，則君命神而可畏，故若雷電也。

八姦第九

凡人臣之所道成姦者有八術：「道」，引也。言姦臣或誘引君之左右，或誘引君之百姓以成其姦邪，其術有八也。○先慎曰：「道」，由也。注誤，説詳上。一曰在同牀。何謂同牀？曰：貴夫人，愛孺子，便僻好色，「便僻」，得嬖美好之色。此人主之所惑也。託於燕處之虞，乘醉飽之時，而求其所欲，此必聽之術也。「乘」，因也。夫人孺子等由因君醉飽之時，進以燕娱之具，以求其所欲，事無不聽。○盧文弨曰：注「由」字衍。爲人臣者內事之以金玉，使惑其主，此之謂同牀。以金玉之寶內事貴夫人、愛孺子等，使之惑主，主惑則姦謀可成也。二曰在旁。何謂在旁？曰：優笑侏儒，左右近習，「優笑」者，謂俳優能啁笑者。「侏儒」，短人也。此人主未命而唯唯，未使而諾諾，先意承旨，觀貌察色，以先主心者也。此皆俱進俱退，皆應皆對，謂君所欲進，則左右近習俱共進之；所欲退，則俱共退之。命之則皆應，問之則皆對。○先慎曰：乾道本注無「應」字，今從趙本。一辭同軌以移主心者也。爲人臣者內事之以金玉玩好，○先慎曰：乾道本「之」作「比」，顧廣圻云：「今本『比』作『之』。」今據改。外爲之行不法，使之化其主，此之謂在旁。姦臣既以金玉内事近習之臣，外又爲行非法漸化其主，主既習非，則其位可得而奪也。○先慎曰：乾道本注「姦」上有「主」字，今從趙本。三曰父兄。何謂父兄？曰：側室公子，人主之所親愛也；大臣廷吏，人主之所與度計也。此皆盡力畢議，人主之所必聽也。爲人臣者事公子側室以音聲子女，○先慎曰：乾道本「事」下有「畢」字，顧廣圻云：「藏本、今本無『畢』字。」今據删。收大臣廷吏以辭言，處約言事，事成則進爵益禄以勸其心，使犯其主，此之謂父兄。「收」，謂收攝其心也。謂臣欲收大臣之心，辭言爲作聲譽，又更處置，邀共言事於君。其事既成，大臣必益爵禄，用此以勸其心，使之犯忤其主。主犯則君臣有隙，姦臣可以施謀也。○先慎曰：乾道本注「必」作「心」，依趙本改。「處約言事」，謂平居約之言事也。注謂「又更處置」，非也。四曰養殃。何謂養殃？曰：人主樂美宮室臺池，好飾子女狗馬以娛其心，此人主之殃也。爲人臣者盡民力以美宮室臺池，重賦斂以飾子女狗馬，以娛其主而亂其心，從其所欲而樹私利其間，此謂養殃。五曰民萌。何謂民萌？曰：爲人臣者散公財以說民人，行小惠以取百姓，使朝廷市井皆勸譽己，以塞其主臣行其惠則主澤不下流，故曰「塞其主」。而成其所欲，此之謂民萌。六曰流行。何謂流行？曰：人主者固壅其言談，希於聽論議，易移以辯說。君門隔於九重，賢俊希得與振，故言談論議希也。○先慎曰：平日未聞言談論議，偶有所說，自然易動。注「振」字誤，趙作「攝」，亦非。爲人臣者求諸侯之辯士，養國中之能說者，使之以語其私，爲巧文之言，流行之辭，謂其言巧便，聽者似若流通而可行。示之以利勢，懼之以患害，施屬虛辭以壞其主，設施綴屬浮虛之辭。此之謂流行。七曰威强。何謂威强？曰：君人者，以羣臣百姓爲威强者也。羣臣百姓之所善則君善之，非羣臣百姓之所善則君不善之。爲人臣者聚帶劍之客、養必死之士以彰其威，明爲己者必利，不爲己者必死，以恐其羣臣百姓而行其私，此之謂威强。八曰四方。何謂四方？曰：君人者，○先慎曰：乾道本「人」作「臣」，顧廣圻云：「藏本、今本『臣』作『人』。」今據改。國小則事大國，兵弱則畏强兵，大國之所索，小國必聽，强兵之所加，弱兵必服。爲人臣者重賦斂，盡府庫，虛其國以事大國，而用其威求誘其君；甚者舉兵以聚邊境而制斂於內，○顧廣圻曰：「斂」字未詳。先慎曰：詩桑扈孔疏：「斂者，收攝之名。」爲臣者，當强兵壓境則在內制攝其君，以便己私。下文「使之恐懼」正承上震攝而言。薄者數內大使以震其君，使之恐懼，○先慎曰：六微篇公叔因內齊軍於鄭以劫其君，以固其位，即此義。此之謂四方。凡此八者，人臣之所以道成姦，世主所以壅劫，失其所有也，○俞樾曰：「道」字衍文也。「所以成姦」、「所以壅劫」兩文相對，讀者見篇首云「凡人臣之所道成姦者有八術」，誤以「道成姦」三字連讀，故妄增入之。不知「所道成姦」即所由成姦也，義與「所以」同。此既云「所以」，即不得復有「道」字矣。不可不察焉。明君之於內也，娛其色而不行其謁，不使私請。所以防初姦之同牀也。其於左右也，使其身必責其言，不使益辭。所以防二姦之在旁也。其於父兄大臣也，聽其言也必使以罰任於後，當則任之，不當則罰之。○盧文弨曰：「任」，謂保任，舊注非。先慎曰：盧説亦非，「使」字衍文。廣雅釋詁：「任，使也。」聽父兄大臣之言，恐其妄舉，故以罰使於後也。此多一「使」字。不令妄舉。防三姦之父兄。其於觀樂玩好也，必令之有所出，謂知其所從來。○先慎曰：「之」，當作「知」，注不誤。不使擅進，不使擅退，羣臣虞其意。防四姦之養殃也。「虞」，度也。必不令度君意擅有所進退也。○王渭曰：「擅退」二字當衍。七字爲一句，舊注誤。先慎曰：案當作「不使擅進擅退羣臣虞其意」，今重「不使」二字，注所據本不重「不使」二字，故云「不令度君意擅有所進退」，明以「不使」貫下三項也。張榜本無「擅進不使擅退」六字，是求其説而不得，從而删之，不可從。其於德施也，縱禁財，發墳倉，積粟於倉若墳然。利於民者必出於君，不使人臣私其德。防五姦之民萌也。其於説議也，稱譽者所善，毁疵者所惡，必實其能，察其過，考實其能，察詳其過。不使羣臣相爲語。防六姦之流行。其於勇力之士也，○先慎曰：乾道本無「於」字。顧廣圻云：藏本、今本有「於」字。先慎案：有「於」字是也。此與上下文法一律，皆有「於」字。明此脱，今據補。軍旅之功無踰賞，邑鬭之勇無赦罪，邑鬭勇者，謂恃力與邑人私鬭。不使羣臣行私財。防七姦之威强也，不使行私財於勇士。○先慎曰：「財」字衍文。「不使羣臣行私」即上文「人臣彰威以恐其羣臣百姓而行其私」也。注依誤文釋之，亦非。其於諸侯之求索也，法則聽之，不法則距之。防八姦之四方。

所謂亡君者，○先慎曰：乾道本提行。顧廣圻云：當連前，誤提行。自此至卷末同。先慎案：張榜本不提行，今從之。非莫有其國也，而有之者皆非己有也。亡君雖有國，非己有之，令臣執制而有之。今臣以外爲制於内，則是君人者亡也。臣自外制内，而君不擅舉手，如此者君必亡也。○盧文弨曰：「爲」，張本作「而」。聽大國，爲救亡也，而亡亟於不聽，聽大國則誅求無厭，每事皆聽，其傾國猶不足，有所不從，則有辭而見伐。故聽從之，亡急於不聽也。○盧文弨曰：注「傾國猶不足」上，張本有「其」字。案「其」當作「則」。故不聽。○顧廣圻曰：句絶。羣臣知不聽，○顧廣圻曰：藏本、今本重「羣臣」，誤。凡此言「不聽」，皆是不聽大國，與上文云「大國之所索小國必聽」相對，舊注全誤。則不外諸侯；臣之外交，以君之聽己，欲有所搆結；今君既不聽，則交之外心息矣。○先慎曰：拾補「外」下有「市」字。盧文弨云：脱，一本有。先慎案：「外」下脱「交」字，注云「臣之〔二〕外交」，是注所據本有「交」字。諸侯之不聽，則不受臣之誣其君矣。諸侯知我不聽用其臣，不受彼臣之浮言以罔誣其君也。○王渭曰：「之不聽」當作「知不聽」。先慎曰：王説是，注未譌。「臣之」，乾道本作「之臣」。顧廣圻云：「今本『之臣』作『臣之』」。今據乙。明主之爲官職爵禄也，○先慎曰：舊提行，今連上。所以進賢材勸有功也。故曰：賢材者處厚禄，任大官；功大者有尊爵，受重賞。官賢者量其能，賦禄者稱其功。是以賢者不誣能以事其主，有功者樂進其業，故事成功立。今則不然，不課賢不肖，論有功勞，○先慎曰：「論」上當有「不」字。用諸侯之重，諸侯以勢位之重也，有所委屬而君用之。○先

〔二〕「之」，原本作「不」，據上注文「臣之外交」改。

慎曰：諸侯所重，君遂用之，舊注非。**聽左右之謁。**○顧廣圻曰：乾道本誤提行。先慎曰：趙本不提行，是也，今從之。**父兄大臣上請爵禄於上，而下賣之以收財利，及以樹私黨。故財利多者買官以爲貴，有左右之交者請謁以成重。功勞之臣不論，**○先慎曰：謂不考其功勞也。**官職之遷失謬。是以吏偷官而外交，棄事而財親。是以賢者懈怠而不勸，有功者隳而簡其業，此亡國之風也。**「隳」，毁也。或本爲「墮」也。○先慎曰：注末「也」字，趙本無。

韓非子集解卷第三

十過第十

十過：一曰行小忠，則大忠之賊也。二曰顧小利，則大利之殘也。三曰行僻自用，無禮諸侯，則亡身之至也。四曰不務聽治而好五音，則窮身之事也。○先慎曰：「音」下下文有「不已」二字。五曰貪愎喜利，則滅國殺身之本也。○先慎曰：「喜」，下文作「好」。六曰耽於女樂，不顧國政，則亡國之禍也。七曰離內遠遊而忽於諫士，則危身之道也。○先慎曰：羣書治要引無「而」字。八曰過而不聽於忠臣，而獨行其意，則滅高名，爲人笑之始也。九曰內不量力，外恃諸侯，則削國之患也。○先慎曰：「削國」，下文作「國削」。十曰國小無禮，不用諫臣，則絕世之勢也。

奚謂小忠？昔者，楚共王與晉厲公戰於鄢陵，楚師敗而共王傷其目。酣戰之時，司馬子反渴而求飲，豎穀陽操觴酒而進之。○盧文弨曰：「穀陽」，呂氏權勳篇、淮南人閒訓俱作「陽穀」。顧廣圻曰：左傳作「穀陽」。先慎曰：北堂書鈔一百四十四、御覽三百八十九、四百九十七引作「穀陽豎」。子反曰：「嘻，退！酒也。」穀陽曰：「非酒也。」子反受而飲之。○先慎曰：乾道本無「穀陽曰非酒也」六字。顧廣圻云：藏本有，今本「穀」上又有「豎」字。按本書飾邪篇有此句而無「酒」字。先慎案：呂氏春秋有「豎穀陽曰非酒也」七字，此脫，今據藏本增。御覽三百八十九引作「豎曰非也」四字。說苑敬慎篇「子反曰退酒也穀陽曰非酒也」，下有「子反又曰退酒也穀陽又曰非酒也」二句。子反之爲人也，嗜酒而甘之，弗能絕於口，而醉。戰既罷，共王欲復戰，○先慎曰：飾邪篇有「而謀事」三字，此脫。令人召司馬子反，司馬子反辭以心疾。共王駕而自往，入其幄中，聞酒臭而還，曰：「今日之戰，不穀親傷，所恃者司馬也。而司馬又醉如此，是亡楚國之社稷而不恤吾衆也！○先慎曰：乾道本「恤」作「言」。顧廣圻云：「亡」，當作「忘」，飾邪篇同。藏本無「言」字，今本作「恤」。先慎案：作「恤」是，今據改。說苑作「是亡吾國而不恤吾衆也」。不穀無與復戰矣。」○先慎曰：乾道本無「與」字。盧文弨云：脫，藏本有，呂氏、淮南皆有，後飾邪篇亦有。先慎案：上文「共王欲復戰，召子反而謀」，是欲與子反謀復戰也，不當少「與」字，今據藏本補。說苑「與」作「以」，義同。於是還師而去，斬司馬子反以爲大戮。故豎穀陽之進酒，不以讎子反也，其心忠愛之，而適足以殺之。故曰：「行小忠則大忠之賊也。」

奚謂顧小利？昔者，晉獻公欲假道於虞以伐虢。荀息曰：「君其以垂棘之璧與屈產之乘路虞公，求假道焉，必假我道。」君曰：「垂棘之璧，吾先君之寶也；屈産之乘，寡人之駿馬也。若受吾幣不假之道，將奈何？」荀息曰：「彼不假我道，必不敢受我幣；若受我幣而假我道，則是寶猶取之内府而藏之外府也，馬猶取之内廄而著之外廄也，君勿憂。」君曰：「諾。」乃使荀息以垂棘之璧與屈産之乘路虞公而求假道焉。虞公貪，利其璧與馬而欲許之。宫之奇諫曰：「不可許。夫虞之有虢也，如車之有輔，輔依車，車亦依輔，虞、虢之勢正是也。若假之道，則虢朝亡而虞夕從之矣！不可，願勿許。」虞公弗聽，遂假之道。荀息伐虢之，還反處三年，興兵伐虞又剋之。○顧廣圻曰：藏本同。今本「之還」作「而還」，誤。「反」字當在「興」字上，讀下屬。公羊傳云「還四年，反取虞」，何休注：「還，復往，故言反。」此出於彼也。「四年」者，并伐虢之年數之。穀梁傳云「五年」，不合。本書喻老篇云「還反滅虞」，亦可證。俞樾曰：「伐虢」下脱「克」字。下云「又克之」，正承此而言。呂氏春秋權勳篇「荀息伐虢克之，還反伐虞又克之」，是其證。先慎曰：淮南人閒訓與呂同。此「之」上脱「克」字。趙用賢本改「之」爲「而」，屬下爲句，非是。「反」字當依顧移「興」字上，與呂覽、淮南合。荀息牽馬操璧而報獻公，獻公説曰：「璧則猶是也。雖然，馬齒亦益長矣。」○王先謙曰：穀梁傳作荀息語。故虞公之兵殆而地削者何也？愛小利而不慮其害。○盧文弨曰：「慮」，藏本作「虞」。故曰：「顧小利則大利之殘也。」

奚謂行僻？昔者，楚靈王爲申之會，○先慎曰：乾道本「會」作「命」，拾補「命」作「會」。盧文弨云：

「命」字譌。今依拾補。宋太子後至，執而囚之，狎徐君，輕侮之也。拘齊慶封。中射士「中射士」，官有上中下。○顧廣圻曰：本書説林上、下篇皆有「中射之士」，「射」，他書又作「謝」。吕氏春秋去宥篇云「中謝，細人也」，史記張儀列傳索隱云「蓋侍御之官」，此與左昭四年傳言「椒舉」不同。孫詒讓曰：吕覽高注云：「中謝，官名也。」「謝」與「射」通，字當以「射」爲正，蓋即周禮夏官之「射人」也。（楚策亦有「中射之士」，鮑彪注云：「射人之在中者。」鮑不引周禮，則似謂能射之人在中者，與余説不同。）「中射」者，射人之給事宫内者，猶涓人之在内者謂之中涓，庶子之在内者謂之中庶子矣。周禮射人與大僕並掌朝位，又大喪與僕人遷尸，禮記檀弓云「扶君，卜人師扶右，射人師扶左」，鄭注云：「卜，當爲僕，聲之誤也。」僕人、射人皆平生時贊正君服位者，是射人與僕人爲官聯，故後世合二官以爲侍御近臣之名曰僕射。史記韓信傳「連敖」，集解如淳云「楚有連尹、莫敖，其後合爲一官」，亦合二官爲名之證。漢書百官公卿表云：「僕射，秦官，古者重武，官有主射以督課之。」此義尚與古合。李涪刊誤引孔衍則云：「僕射，小官，扶掖左右者也。」此因後世僕射字音夜而爲之説，不足據也。先慎曰：孫説是，舊注謂「官有上中下」，誤。諫曰：「合諸侯不可無禮，此存亡之機也。昔者桀爲有戎之會而有緡叛之，紂爲黎丘之蒐而戎、狄叛之，有戎、有緡，皆國名。○盧文弨曰：「戎」，左昭四年傳作「仍」。「黎丘」，史記楚世家作「黎山」，左但云「黎」。「戎、狄」，左傳、史記俱作「東夷」。顧廣圻曰：「蒐」下當依左傳、史記補「而東夷叛之，幽王爲太室之盟」二句，此上下兩事各脱其半也。由無禮也。君其圖之。」君不聽，○先慎曰：下「君」字涉上文而誤衍。遂行其意。居未期年，○盧文弨曰：靈王死乾谿，在昭十三年。顧廣圻曰：句有誤，左傳云：「不過十年。」靈王南遊，羣臣從而劫之，靈王餓而死乾溪之上。故曰：「行僻自用，無禮諸侯，則亡身之至也。」

奚謂好音？昔者，衛靈公將之晉，至濮水之上，稅車而放馬，設舍以宿。夜分，而聞鼓新聲者而説之，使人問左右，盡報弗聞。乃召師涓而告之曰：「有鼓新聲者，使人問左右，盡報弗聞，其狀似鬼神，子爲我聽而寫之。」○先慎曰：各本無「我」字。史記樂書、論衡紀妖篇、御覽五百七十九引有「我」字，今據補。師涓曰：「諾。」因靜坐撫琴而寫之。○先慎曰：初學記十五引「琴」作「瑟」。師涓明日報曰：「臣得之矣，而未習也，請復一宿習之。」靈公曰：「諾。」因復留宿，明日而習之，遂去之晉。晉平公觴之於施夷之臺，○盧文弨曰：似即左傳所云「虒祁之宮」。顧廣圻曰：史記「夷」作「惠」。正義曰：「一本『虒祁之堂』。」先慎曰：御覽引此作「虒祁之臺」，事類賦十一引「虒祈」二字倒。酒酣，靈公起曰：○王念孫曰：舊本「曰」上衍「公」字，今據論衡删。顧廣圻曰：「起」下有脱字。先慎曰：史記無「起公」二字，彼删「起」字，此衍「公」字，惟論衡不誤。顧氏不知「公」字衍文，故疑有脱字，今依王删。「有新聲，願請以示。」平公曰：「善。」乃召師涓，令坐師曠之旁，援琴鼓之。○先慎曰：拾補「鼓」下旁注「撫」字。盧文弨云：「撫」，藏本作「鼓」。先慎案：趙本「鼓」作「撫」。案「撫」字涉下而誤，史記、論衡均作「鼓」，御覽、藝文類聚四十一引此亦作「鼓」。未終，師曠撫止之，○先慎曰：史記、論衡「止」上有「而」字。曰：「此亡國之聲，不可遂也。」○王先謙曰：「遂」，竟也。謂終曲。平公曰：「此道奚出？」○王念孫曰：「此道奚出」，本作

「此奚道出」。「道」者，由也。言此聲何由出也。史記作「是何道出」，（舊本脱「是」字，今據御覽地部所引補。）論衡作「此何道出」，皆其明證矣。孤憤篇「法術之士奚道得進」，晏子春秋雜篇「景公問魯昭公曰：『君何年之少而棄國之蚤，奚道至於此乎』」，呂氏春秋有度篇「客問季子曰：『若雖知之，奚道知其不爲私』」，史記趙世家「簡子曰：此其母賤翟婢也，奚道貴哉」，義竝與此同。今作「此道奚出」者，後人不知「道」字之義而妄改之耳。師曠曰：「此師延之所作，與紂爲靡靡之樂也。及武王伐紂，師延東走，至於濮水而自投，故聞此聲者必於濮水之上。先聞此聲者其國必削，不可遂。」平公曰：「寡人所好者音也，○盧文弨曰：「也」字，藏本無。子其使遂之。」師涓鼓究之。平公問師曠曰：○先慎曰：乾道本「曠」作「涓」。顧廣圻云：今本「涓」作「曠」。先慎案：上下文均作「曠」，藝文類聚九十引正作「曠」，今據改。「此所謂何聲也？」師曠曰：「此所謂清商也。」公曰：「清商固最悲乎？」師曠曰：「不如清徵。」公曰：「清徵可得而聞乎？」師曠曰：「不可。古之聽清徵者，皆有德義之君也。○先慎曰：藝文類聚引「聽」上有「得」字。今吾君德薄，不足以聽。」平公曰：「寡人之所好者音也，願試聽之。」○盧文弨曰：「試」，黄本作「示」。先慎曰：藝文類聚、御覽引並同黄本「試」作「示」，誤。又藝文類聚九十、御覽九百一十六引作「得試之乎」，亦非原文。師曠不得已，援琴而鼓。一奏之，有玄鶴二八，○先慎曰：事類賦十一引脱「八」字，藝文類聚與此同。道「道」，從也。南方來，集於郎門之垝；棟端也。○盧文弨曰：「郎」、「廊」同。「垝」，與禮記喪大記「中屋履危」之「危」同。顧廣圻曰：「垝」，他書又作「危」。先慎曰：藝文類聚九十作「道南方來，集於郭門之扈」，事類賦引「道」作

「自」，「郎」作「郭」，「垝」作「邑」；御覽五百七十九引「垝」作「邑」，又九百一十六引作「廟門之扈」；論衡作「郭門之上危」。案「郭」爲「郎」之誤，「廟」爲「廊」之誤，「邑」、「扈」並「危」之誤。本書作「垝」，疑本是「上危」二字，校者誤改併爲一字。史記魏世家：「痤因上屋騎危。」「危」在上，故曰「上危」，即後世所謂屋山，俗稱屋脊。再奏之，而列；○盧文弨曰：「而」下風俗通聲音篇有「成」字。先慎曰：御覽九百十六引作「再奏成行而列」。五百七十九引作「成列」，無「而」字。藝文類聚引作「再奏而列」。三奏之，延頸而鳴，舒翼而舞，音中宮商之聲，聲聞于天。平公大說，坐者皆喜。平公提觴而起，爲師曠壽。反坐而問曰：○先慎曰：乾道本無「坐」字。盧文弨云：「坐」字脱，藏本、凌本皆有。顧廣圻云：有「坐」字是也，史記有。先慎案：論衡亦有，今從藏、凌本增。「音莫悲於清徵乎？」師曠曰：「不如清角。」平公曰：「清角可得而聞乎？」師曠曰：「不可。昔者黃帝合鬼神於西泰山之上，○盧文弨曰：「黃」，藏本、張本作「皇」，文選赭白馬賦注引亦作「皇」，古通用。先慎曰：舊本無「西」字。論衡、藝文類聚、御覽七十九、又九百一十五、又九百三十三引「泰山」上有「西」字，今據補。又御覽五百七十九及事類賦引作「西山」，無「泰」字，脱也。有小泰山稱東泰山，故泰山爲西泰山，淺人妄删「西」字耳。駕象車而六蛟龍，○先慎曰：論衡、事類賦並無「而」字。畢方神名也。竝鎋，蒲末切。○先慎曰：論衡「鎋」作「轄」。蚩尤居前，風伯進掃，○顧廣圻曰：「進」當作「迅」。先慎曰：論衡、御覽引並作「進」，無作「迅」者，顧説非。事類賦引作「清途」，疑後人改之，非韓子原文也。雨師灑道，虎狼在前，鬼神在後，騰蛇伏地，○盧文弨曰：「騰」，藏本作「螣」。先慎曰：事類賦「騰」作「蟲」。鳳皇覆上，○先慎曰：論衡「鳳皇」作「白雲」。大合鬼神，作爲清角。今主君德薄，○顧廣圻曰：「主」當作「吾」。先慎曰：論衡、御覽五百七十九引作「主」。不足聽之；○先慎曰：藝文類聚一百、事類賦引「足」下並有「以」字。聽之，將恐有敗。」平公曰：「寡人老矣，所好者音也，願遂聽之。」師曠不得已而鼓之。一奏，而有玄雲從西北方起；○盧文弨曰：「而」，藏本作「之」。先慎曰：「玄雲」，樂書作「白雲」，論衡、藝文類聚四十一、又一百、事類賦、御覽一百八十五又五百七十九、八百七十九引無「玄」字，北堂書鈔一百九引有。再奏之，大風至，大雨隨之，裂帷幕，破俎豆，隳廊瓦，○先慎曰：「隳」，樂書作「飛」。坐者散走。平公恐懼，伏于廊室之間。○先慎曰：「室」，樂書作「屋」。晉國大旱，赤地三年。○先慎曰：事類賦「三年」作「千里」。平公之身遂癃病。○先慎曰：乾道本「癃」作「瘙」。盧文弨云：「瘙」，「癃」字之譌，宋本作「癃」。顧廣圻曰：「癃」，正字作「癃」，說文：「罷病也。」先慎案：論衡、藝文類聚一百引作「癃」，今據改。故曰：「不務聽治而好五音不已，則窮身之事也。」

奚謂貪愎？昔者，智伯瑤知伯名。率趙、韓、魏而伐范、中行，滅之。反歸，休兵數年，因令人請地於韓。韓康子欲勿與，段規諫曰：「不可不與也。夫知伯之爲人也，好利而驁愎。○顧廣圻曰：藏本同，今本「驁」作「鶩」，誤。戰國策作「鷙」，吴師道引此亦作「鷙」。彼來請地而弗與，則移兵於韓必矣。君其與之。與之彼狃，「狃」，習也。得地於韓將生心他求也。又將請地他國，他國且有不聽，不聽則知伯必加之兵。如是，韓可以免於患而待其事之變。」康子曰：「諾。」因令使者致萬家之縣一於知伯。知伯説，又令人請地於魏。宣子欲勿與，○顧廣圻曰：「宣」上當從策更有「魏」字。趙葭諫曰：「彼請地於韓，韓與之，今請地於魏，魏弗與，則是魏内自强而外怒知伯也。如弗予，其措兵於魏必矣。」○先慎曰：「必矣」下趙本有「不如予之」四字，是也，策有。宣子：「諾。」○先慎曰：「宣子」下當有「曰」字，上「康子曰諾」文法正同，此脱，策有「曰」字。因令人致萬家之縣一於知伯。知伯又令人之趙請蔡、皋狼之地，邑名。趙襄子弗與。知伯因陰約韓、魏，將以伐趙。襄子召張孟談而告之曰：「夫知伯之爲人也，陽規而陰疏，○顧廣圻曰：「規」，當從策作「親」。三使韓、魏而寡人不與焉，三使陰以相約，知有異志也。其措兵於寡人必矣。今吾安居而可？」張孟談曰：「夫董閼于，○先慎曰：難言篇「閼」作「安」，説詳彼。簡主之才臣也。其治晉陽而尹鐸循之，尹鐸，安于之屬大夫。○先慎曰：「循」，遵也。謂尹鐸治晉陽仍遵董安于之治也。國語「趙簡子使尹鐸爲晉陽」，則安于死，尹鐸繼之，非尹鐸爲安于屬大夫也。策「鐸」作「澤」，誤。國語作「鐸」。其餘教猶存，君其定居晉陽而已矣。」君曰：「諾。」乃召延陵生，○顧廣圻曰：「生」，策誤作「王」。令將軍車騎先至晉陽，○盧文弨曰：「軍」字衍。顧廣圻曰：策無。君因從之。君至，○先慎曰：「至」上疑衍「君」字，策無。而行其城郭及五官之藏。城郭不治，倉無積粟，府無儲錢，庫無甲兵，邑無守具。襄子懼，乃召張孟談曰：「寡人行城郭及五官之藏，皆不備具，吾將何以應敵？」張孟談曰：「臣聞聖人之治，藏於臣○顧廣圻曰：「臣」當作「民」。不藏於府庫，務修其教，不治城郭。君其出令：令民自遺三年之食，有餘粟者入之倉；遺三年之用，有餘錢者入之府；遺有奇人者使治城郭之繕。」「奇」，餘也。謂閒人。「奇」音羈。○盧文弨曰：「有」上藏本無「遺」字。顧廣圻曰：「遺」下有脱文，藏本删「遺」字，非也。君夕出令，明日，倉不容粟，府無積錢，○先慎曰：「無積」，當作「不容」。庫不受甲兵。居五日而城郭已治，守備已具。君召張孟談而問之曰：「吾城郭已治，守備已具，錢粟已足，甲兵有餘，吾奈無箭何？」張孟談曰：「臣聞董子之治晉陽也，公宫之垣皆以荻蒿楛楚牆之，○顧廣圻曰：句絶。「蒿」，讀爲稾。「荻」，策作「狄」；「楛」，策作「苦」。皆同字。先慎曰：「牆」，事類賦十三、御覽三百五十引並作「廧」，並注云：「音牆。」其高至于丈，○先慎曰：各本「其」作「有楛」二字。顧廣圻云：「有楛」二字當衍，策無。今俗本策反依此增入，誤甚。先慎案：顧説是，御覽引「有楛」二字作「其」，今據改。君發而用之，有餘箭矣。」○先慎曰：乾道本無此四字，策同。案下文「有餘金矣」文法正同，疑此後人據策文删之。事類賦、御覽引有「有餘箭矣」四字，今據補。於是發而試之，其堅則雖箘幹之勁弗能過也。○先慎曰：各本「幹」作「餘」。拾補「箘」作「箘」，「餘」作「幹」，旁注「簵」字。盧文弨云：「箘」字譌。「簵」，藏本、凌本俱作「幹」。顧廣圻云：「餘」作「幹」，是也，今本作「簵」者，誤以策作「簬」而改耳。「箘」，策作「箘」，同字。先慎案：藝文類聚六十、御覽引並作「幹」，今據改。君曰：「吾箭已足矣，奈無金何？」張孟談曰：「臣聞董子之治晉陽也，○先慎曰：乾道本脱「之」字，依上文當有，據藝文類聚、御覽引增。公宮公舍之堂○先慎曰：乾道本「公舍」作「令舍」。案「令」當爲「公」之誤，御覽引正作「公」，今據改。皆以鍊銅爲柱質，君發而用之。」於是發而用之，有餘金矣。號令已定，守備已具，三國之兵果至。至則乘晉陽之城，遂戰，三月弗能拔。因舒軍而圍之，○先慎曰：乾道本無「舒」字，顧廣圻云：「藏本、今本有，策有。」今據補。決晉陽之水以灌之，圍晉陽三年。城中巢居而處，○先慎曰：御覽三百二十、又七百五十七引無「居而」二字。懸釜而炊，○先慎曰：御覽三百二十有「易子食，析骨炊」，是也，此脱。史記趙世家：「趙襄子保晉陽，三國攻晉陽歲餘，引汾水灌其城，不没者三板。城中懸釜而炊，易子而食。」是趙襄子守晉陽固有其事。財食將盡，士大夫羸病。襄子謂張孟談曰：「糧食匱，財力盡，士大夫羸病，吾恐不能守矣！欲以城下，何國之可下？」張孟談曰：「臣聞之，亡弗能存，危弗能安，則無爲貴智矣。君失此計者，○盧文弨曰：「失」，策作「釋」。先慎曰：「失」當爲「釋」之誤。「者」字衍，策作「君釋此計，勿復言也」。臣請試潛行而出，見韓、魏之君。」張孟談見韓、魏之君曰：「臣聞脣亡齒寒。今知伯率二君而伐趙，趙將亡矣。趙亡，則二君爲之次。」二君曰：「我知其然也。雖然，知伯之爲人也，麤中而少親，○顧廣圻曰：「麤」，策作「麄」，按當讀爲「怚」。史記王翦傳「夫秦王怚而不信人」，徐廣曰「怚，一作粗」，即此字。我謀而覺，則其禍必至矣，爲之柰何？」張孟談曰：「謀出二君之口而入臣之耳，人莫之知也。」○盧文弨曰：「臣」下藏本、張本皆無「之」字。顧廣圻曰：「莫之知」，藏本作「莫知之」，策同。二君因與張孟談約三〔一〕軍之反，與之期日。○先慎曰：「三」，當作「二」。「軍」，指韓、魏之軍。趙既被圍，不待約也。夜遣孟談入晉陽以報二君之反。○盧文弨曰：「二君」，三本俱作「三軍」。先慎曰：趙本此下有「於襄子」三字。襄子迎孟談而再拜之，且恐且喜。二君以約遣張孟談，○顧廣圻曰：「以」，讀爲已。策脱去「二君以約遣」五字，遂誤屬「張孟談」於下句，當依此訂。因朝知伯而出，遇智過於轅門之外。○先慎曰：説苑貴德篇作「智果」，古今人表作「智過」，顔注：「即智果。」智過怪其色，因入見知伯曰：「二君貌將有變。」君曰：「何如？」曰：「其行矜而意高，非他時之節也；○先慎曰：「意」、「行」二字互誤，策作「其志矜其行高」，是也，本書「志」多作「意」。張榜本、趙本「其」上無「曰」字。君不如先之。」君曰：「吾與二主約謹矣，破趙而三分其地。寡人所以親之，必不侵欺。○盧文弨曰：「侵」當作「我」。先慎曰：策作「必不欺也」。兵之著於晉陽三年，今旦暮將拔之而嚮其利，○盧文弨曰：「嚮」、「饗」通。何乃將有他心？必不然，子釋勿憂，勿出於口。」明旦，二主又朝而出，復見智過於轅門。智過入見曰：「君以臣之言告二主乎？」君曰：「何以知之？」曰：「今日二主朝而出，見臣而其色動，而視屬臣，此必有變，君不如殺之。」君曰：

〔一〕「三」，原本作「二」，據四部叢刊影宋乾道本及注文文意改。

「子置勿復言。」智過曰：「不可。必殺之；若不能殺，遂親之。」君曰：「親之奈何？」智過曰：「魏宣子之謀臣曰趙葭，韓康子之謀臣曰段規，此皆能移其君之計。○先慎曰：「宣」字、「康」字皆後人所加，智過言時不應有也。君與其二君約：○先慎曰：「與其」二字誤倒，策作「君其與二子約」，是也。破趙國，因封二子者各萬家之縣一。如是則二主之心可以無變矣。」知伯曰：「破趙而三分其地，又封二子者各萬家之縣一，則吾所得者少，不可。」智過見其言之不聽也，出，因更其族爲輔氏。至於期日之夜，趙氏殺其守隄之吏而決其水灌知伯軍。知伯軍救水而亂，韓、魏翼而擊之，襄子將卒犯其前，大敗知伯之軍而擒知伯。○盧文弨曰「知伯之軍」，藏本作「知氏之軍」。知伯身死軍破，國分爲三，爲天下笑。故曰：「貪愎好利，則滅國殺身之本也。」

奚謂耽於女樂？昔者，戎王使由余聘於秦，○盧文弨曰：「王」，宋本作「主」，下同。先慎曰：秦本紀作「王」。穆公問之曰：「寡人嘗聞道而未得目見之也，願聞古之明主得國失國何常以？」○顧廣圻曰：說苑反質篇作「當何以也」，下文「常以儉得之」，「常」亦作「當」。由余對曰：「臣嘗得聞之矣，常以儉得之，以奢失之。」穆公曰：「寡人不辱而問道於子，子以儉對寡人何也？」由余對曰：「臣聞昔者堯有天下，飯於土簋，飲於土鉶。其地南至交趾，北至幽都，東西至日月之所出入者，莫不賓服。堯禪天下，○顧廣圻曰：說苑「禪」作「釋」，下文亦云「舜釋天下」。虞舜受之。作爲食器，斬山木而財之，○顧廣圻曰：說苑「財」作「裁」，同字。先慎曰：御覽七百五十六引作「材」，「財」、「裁」、「材」三字並同。削鋸脩其迹，磨其斧迹。○顧廣圻曰：說苑作「消銅鐵脩其刃猶漆墨之」，按此文「削鋸」是也。淮南子本經訓云：「無所錯其剞劂削鋸」，高注：「削，兩刃句刀也，讀綃頭之綃。」其下未詳，說苑即出於此，而傳寫互有誤，仍各依本書。先慎曰：各本「其」作「之」。案「之」當作「其」，注云「磨其斧迹」，是注所據本尚未誤，御覽七百五十六引正作「其」，今據改。流漆墨其上，「流」，布也。輸之於宮，以爲食器，諸侯以爲益侈，國之不服者十三。舜禪天下而傳之於禹，禹作爲祭器，墨漆其外○先慎曰：各本「漆」作「染」。王念孫云：「染」當爲「漆」。謂黑漆其外也。俗書「漆」字作「柒」，因譌而爲「染」。御覽四百九十三引此正作「漆」，說苑亦作「漆」。先慎按：王說是，御覽又七百五十六引同，今據改。而朱畫其內，縵帛爲茵，○顧廣圻曰：說苑「縵」作「繒」。蔣席「蔣」，草名。頗緣，○顧廣圻曰：藏本同，今本「頗」作「額」，誤。「頗緣」，謂其緣邪裂之。說苑無此一句，有「褥」字，連「茵」字讀，當有誤，仍各依本書。觴酌有采而樽俎有飾，此彌侈矣，而國之不服者三十三。○顧廣圻曰：說苑作「三十有二」，下文亦作「五十有二」。先慎曰：御覽四百九十三引作「三十二」，與說苑合。夏后氏沒，殷人受之，作爲大路而建九旒，○先慎曰：御覽引「路」作「輅」，字通。食器雕琢，觴酌刻鏤，四壁堊墀，○顧廣圻曰：「四」當作「白」，「白壁」與「堊墀」對文也。說苑作「四壁四帷」。茵席雕文，此彌侈矣，而國之不服者五十三。○先慎曰：趙本「服」作「亡」，誤。君子皆知文章矣，而欲服者彌少，臣故曰儉其道也。」由余出，公乃召內史廖而告之○顧廣圻曰：他書皆同。韓詩外傳作「內史王繆」，「繆」、「廖」同字，「王」蓋姓也。先慎曰：顧說是，說苑尊賢篇作「王子廖」。曰：「寡人聞鄰國有聖人，敵國之憂也。今由余聖人也，寡人患之，吾將奈何？」內史廖曰：「臣聞戎王之居，僻陋而道遠，○顧廣圻曰：「道」，當依說苑作「遼」。未聞中國之聲，君其遺之女樂以亂其政，而後爲由余請期○先慎曰：乾道本「期」作「其」。顧廣圻云：「後」，當依說苑作「厚」。乾道本、藏本「期」作「其」，譌，說苑作「期」。先慎案：趙本作「期」不誤，今據改。以疏其諫，○顧廣圻曰：「諫」，說苑作「閒」，史記秦本紀亦作「閒」，皆當讀「閒」爲「諫」。彼君臣有間而後可圖也。」君曰：「諾。」乃使史廖以女樂二八遺戎王，○顧廣圻曰：「史」上當有「內」字。「二八」，說苑作「三九」，韓詩外傳作「二列」，史記與此同。先慎曰：藝文類聚五十九引作「三人」，誤。因爲由余請期，○先慎曰：「請」，告也。「期」，歸期也。既告之期，又留由余不遣以失其期，使君臣有間，此秦先告以歸期之計也。戎王許諾。見其女樂而說之，設酒張飲，日以聽樂，終歲不遷，牛馬半死。由余歸，因諫戎王，戎王弗聽，由余遂去之秦。秦穆公迎而拜之上卿，問其兵勢與其地形；既以得之，舉兵而伐之，兼國十二，開地千里。故曰：「耽於女樂，不顧國政，亡國之禍也。」○先慎曰：「亡」上當有「則」字，上文有。

奚謂離內遠遊？昔者，田成子遊於海而樂之，○先慎曰：說苑正諫篇作「齊景公」。案說林上篇有

「鴟夷子皮事田成子，田成子去齊走而之燕」，事當即此。號令諸大夫曰：「言歸者死。」顏涿聚曰：○先慎曰：「涿聚」，説苑作「燭趨」，晏子春秋外篇作「燭鄒」，古今人表作「燭雛」。（本或作「濁鄒」。）集韻、類篇：「雛，音聚。」案「涿」與「燭」、「濁」，「聚」與「鄒」、「趨」、「雛」，形聲相近，古本通用。左哀二十三年傳又作「顏庚」。「君遊海而樂之，奈臣有圖國者何？○盧文弨曰：藏本「臣」作「人」。君雖樂之，將安得？」田成子曰：「寡人布令曰『言歸者死』，今子犯寡人之令。」援戈將擊之。顏涿聚曰：「昔桀殺關龍逢而紂殺王子比干，今君雖殺臣之身以三之可也。臣言爲國，非爲身也。」延頸而前曰：「君擊之矣！」君乃釋戈趣駕而歸。至三日而聞國人有謀不內田成子者矣。○先慎曰：趙本「成子」作「子成」，下同，皆誤。田成子所以遂有齊國者，顏涿聚之力也。故曰：「離內遠遊則危身之道也。」○先慎曰：上文「則」上有「而忽於諫士」句，此脱。

奚謂過而不聽於忠臣？昔者，齊桓公九合諸侯，一匡天下，爲五伯長，管仲佐之。管仲老，不能用事，休居於家，桓公從而問之曰：「仲父家居有病，即不幸而不起，○先慎曰：乾道本「起」下有「此病」二字，盧文弨云「凌本無」，今據删。政安遷之？」管仲曰：「臣老矣，不可問也。雖然，臣聞之：知臣莫若君，知子莫若父。君其試以心決之。」君曰：「鮑叔牙何如？」管仲曰：「不可。鮑叔牙爲人剛愎而上悍。○盧文弨曰：「鮑」上脱「夫」字，各本皆有。「悍」，藏本作「捍」，下同。先慎曰：蒼頡篇：「悍，桀也。」荀子大略篇注：「悍，兇戾也。」「捍」爲捍禦之字，非此義，藏本誤。剛則犯民以暴，愎則不得民心，悍則下不爲用，其心不懼。○盧文弨曰：「懼」，藏本、張本作「具」。先慎曰：「懼」字是，言下不爲用而不畏也。非霸者之佐也。」公曰：「然則豎刁何如？」管仲曰：「不可。夫人之情莫不愛其身，公妬而好内，豎刁自獖虧勢也。以爲治内，○先慎曰：「爲」字衍，二柄篇、難一篇並無。其身不愛，又安能愛君！」曰：「然則衛公子開方何如？」○先慎曰：乾道本「則」下無「衛」字，「如」下有「曰」字。盧文弨云：「衛」字脱，各本有。顧廣圻云：藏本有「衛」字，是也。乾道本「如」下衍「曰」字。先慎案：盧、顧説是，今據補「衛」字，删「曰」字。管仲曰：「不可。齊、衛之間，不過十日之行，開方爲事君，欲適君之故，十五年不歸見其父母，○先慎曰：「故」字疑衍，「欲」字當在「之」字下，難一篇作「適君之欲」，是其證。此因「欲」字誤倒在上，後人遂於「之」下加「故」字耳。此非人情也。其父母之不親也，又能親君乎！」○先慎曰：以上下文例之，「又」字下當有「安」字。公曰：「然則易牙何如？」管仲曰：「不可。夫易牙爲君主味，君之所未嘗食唯人肉耳，易牙蒸其子首而進之，○先慎曰：「子首」，趙本作「首子」，誤，説見前二柄篇。君所知也。人之情莫不愛其子，今蒸其子以爲膳於君，其子弗愛，又安能愛君乎！」公曰：「然則孰可？」管仲曰：「隰朋可。其爲人也，堅中而廉外，少欲而多信。夫堅中則足以爲表，廉外則可以大任，少欲則能臨其衆，多信則能親鄰國。此霸者之佐也，君其用之。」君曰：「諾。」居一年餘，管仲死，君遂不用隰朋而與豎刁。刁涖事三年，桓公南遊堂阜，豎刁率易牙、衛公子開方及大臣爲亂，桓公渴餒而死南門之寢，公守之室，身死三月不收，蟲出于户。○先慎曰：二柄篇、難一篇「户」作「尸」，誤。故桓公之兵橫行天下，爲五伯長，卒見弑於其臣而滅高名，爲天下笑者，何也？不用管仲之過也。故曰：「過而不聽於忠臣，獨行其意，則滅其高名，爲人笑之始也。」

奚謂內不量力？昔者，秦之攻宜陽，○顧廣圻曰：國策作「秦、韓戰於濁澤」。史記韓世家同，在宣惠王十六年。韓氏急，公仲朋謂韓君曰：○顧廣圻曰：「朋」，策誤作「明」，當依此訂。他書又作「馮」。「與國不可恃也，豈如因張儀爲和於秦哉！因賂以名都而南與伐楚，是患解於秦而害交於楚也。」秦害交於楚也。公曰：「善。」乃警「警」，飭戒也。○先慎曰：「警」，策作「儆」，字同。公仲之行，○先慎曰：連上爲一句。將西和秦。楚王聞之懼，召陳軫而告之曰：「韓朋將西和秦，今將奈何？」陳軫曰：「秦得韓之都一，○顧廣圻曰：藏本同。今本「一」作「而」，屬下，誤，當句絶。策作「今又得韓之名都一」，史記同。上文皆作「以一名都」。驅其練甲，○先慎曰：史記、國策作「而具甲」。秦、韓爲一，以南鄉楚，此秦王之所以廟祠而求也，其爲楚害必矣。王其趣發信臣，多其車，重其幣以奉韓曰：『不穀之國雖小，卒已悉起，願大國之信意於秦也。信，申也。因願大國令使者入境視楚之起卒也。』」韓使人之楚，楚王因發車騎陳之下路，謂韓使者曰：「報韓君，言弊邑之兵今將入境矣。」使者還報韓君，韓君大悦，止公仲。公仲曰：「不可。夫以實告我者秦也，〇顧廣圻曰：策同。姚校云：「告，一作困。」今案「告」當作「苦」，形近之誤。史記作「伐」。以名救我者楚也，聽楚之虛言而輕誣强秦之實禍，則危國之本也。」〇王引之曰：此言韓王聽虛言而輕實禍，則「輕」下不得有「誣」字，「誣」即「輕」之譌，韓策及史記韓世家俱無「誣」字，是其證也。今作「輕誣强秦之實禍」者，一本作「輕」，一本作「誣」，而後人誤合之耳。凡從「巠」從「巫」之字，傳寫往往譌溷，說見經義述聞大戴禮「喜之而觀其不誣」下。韓君弗聽，公仲怒而歸，十日不朝。宜陽益急，韓君令使者趣卒於楚，冠蓋相望而卒無至者，宜陽果拔，〇顧廣圻曰：策作「秦果大怒，興師與韓氏戰於岸門」，在十九年，其拔宜陽在襄王之五年，後此凡七年也，不同。爲諸侯笑。故曰：「内不量力，外恃諸侯者，則國削之患也。」

奚謂國小無禮？昔者晉公子重耳出亡，過於曹，曹君袒裼而觀之。釐負羈與叔瞻侍於前。〇顧廣圻曰：「叔瞻」與左傳及本書喻老篇皆不合。叔瞻謂曹君曰：「臣觀晉公子非常人也。君遇之無禮，彼若有時反國而起兵，即恐爲曹傷，君不如殺之。」曹君弗聽。釐負羈歸而不樂，其妻問之曰：「公從外來而有不樂之色，何也？」負羈曰：「吾聞之：有福不及，禍來連我。君有福未必及己，其禍之至當連我也。今日吾君召晉公子，其遇之無禮，我與在前，吾是以不樂。」其妻曰：「吾觀晉公子萬乘之主也，其左右從者萬乘之相也，今窮而出亡過於曹，曹遇之無禮，此若反國，必誅無禮，則曹其首也。子奚不先自貳焉。」負羈曰：「諾。」乃盛黄金於壺，充之以餐，○先慎曰：乾道本無「乃」字，拾補有，盧文弨云：「『乃』字脱，『餐』當作『飧』，下同。」今依拾補增。加璧其上，夜令人遺公子。公子見使者再拜，受其餐而辭其璧。公子自曹入楚，自楚入秦。入秦三年，秦穆公召羣臣而謀曰：「昔者晉獻公與寡人交，諸侯莫弗聞。獻公不幸離羣臣，出入十年矣。嗣子不善，○顧廣圻曰：藏本、今本「嗣」上有「其」字。吾恐此將令其宗廟不拔除而社稷不血食也。如是弗定，則非與人交之道。吾欲輔重耳而入之晉，何如？」羣臣皆曰：「善。」公因起卒，革車五百乘，疇騎二千，「疇」，等也。言馬齊等皆精妙也。步卒五萬，輔重耳入之于晉，立爲晉君。重耳即位三年，舉兵而伐曹矣。因令人告曹君曰：「懸叔瞻而出之，我且殺而以爲大戮。」又令人告釐負羈曰：「軍旅薄城，○先慎曰：「薄」，迫也。吾知子不違也。知不敢違君言，非本心也。○先慎曰：謂知不背吾也，注説非。其表子之閭，寡人將以爲令，令軍勿敢犯。」曹人聞之，率其親戚而保釐負羈之閭者七百餘家，此禮之所用也。故曹小國也，而迫於晉、楚之間，其君之危猶累卵也，而以無禮涖之，此所以絶世也。故曰：「國小無禮，不用諫臣，則絶世之勢也。」

韓非子集解卷第四

孤憤第十一

言法術之士，既無黨與，孤獨而已，故其材用，終不見明。卞生既以抱玉而長號，韓公由之寢謀而内憤。

智術之士，必遠見而明察，不明察不能燭私；能法之士，必强毅而勁直，不勁直不能矯姦。○先慎曰：廣雅釋詁：「矯，直也。」莊子天下篇「以繩墨自矯」，荀子性惡篇「以矯飾人之性情而正之」，其義並同。人臣循令而從事，案法而治官，非謂重人也。○先慎曰：「重人」，非此之謂。重人也者，無令而擅爲，虧法以利私，耗國以便家，力能得其君，此所爲重人也。擅爲虧法，逆理而動，其力尚能得君從己，況其餘乎，此爲重人也。言其貴賤國人所共重之也。○王渭云：「爲」當作「謂」，舊注未譌。先慎曰：「爲」、「謂」古通，不必改作。智術之士，明察聽用，且燭重人之陰情；智術之士既明且察，今見聽用，能燭見重人之陰情。能法之士，勁直聽用，且矯重人之姦行。故智術能法之士用，則貴重之臣必在繩之外矣。言必見削除也。是智法之士與當塗之人不可兩存之仇也。既不可兩存，所存以相仇也。○盧文弨曰：注「所」下衍「存」字。當塗之人擅事要，則外内爲之用矣。「外」，謂百官也；「内」，謂君之左右也。皆與當塗之人爲用也。○先慎曰：「外」，指敵國，下文「諸侯不因」是也。百官、左右、學士皆屬「内」。注誤。是以諸侯不因則事不應，故敵國爲之訟；鄰國諸侯或來求事，不因當塗者其求必不見應，故重人有事，敵國爲之訟冤。○先慎曰：「訟」，説也。（説見下。）此謂敵國之人稱譽其重人，如燕噲爲秦使燕，而爲子之之類。注謂「重人有事，敵國爲訟冤」，非。百官不因則業不進，故羣臣爲之用；郎中不因則不得近主，故左右爲之匿；「郎中」，爲郎居中，則君之左右之人也。既因重人而得近主，故爲之匿非也。學士不因則養禄薄禮卑，故學士爲之談也。「談」者，謂爲重人延譽。○先慎曰：「養」、「禄」二字當衍其一。此四助者，邪臣之所以自飾也。重人不能忠主而進其仇，重人所仇者，法術之士也。人主不能越四助而燭察其臣，「臣」，亦謂法術之臣也。故人主愈弊而大臣愈重。○顧廣圻曰：「弊」，讀爲蔽，下文「比周以弊主」，又「是以弊主上」，皆同。先慎曰：本書「蔽」多作「弊」，姦劫弒臣篇云「爲姦利之弊主」，又云「非不弊之術也」，難一篇云「賞罰不弊於後」，是也。凡當塗者之於人主也，希不信愛也，又且習故。重人得主信愛者多，又用事既久，乃慣習故舊也。若夫即主心同乎好惡，固其所自進也。○顧廣圻曰：藏本同，今本無「乎」字，誤。先慎曰：「即」，就也。就主心之好惡者而好惡之也。「自進」，謂己之進身也。其所以自進，則與主信愛、習故、同好惡三者而已。注訓「自進」爲「己自進舉之人」，誤。官爵貴重，朋黨又衆，而一國爲之訟。「訟」，即説也。重人舉措常就主心而同其好惡，己自進舉之人，官爵重之，朋黨衆，及其有事，一國爲之訟寃，則君無德而誅之。○先慎曰：注「訟，即説」，是也。又以「訟寃」釋之，非。「衆」上脱「又」字，「無德」當作「無得」。則法術之士欲干上者，非有所信愛之親、習故之澤也；又將以法術之言矯人主阿辟之心，是與人主相反也。處勢卑賤，○先慎曰：乾道本「勢」作「世」。顧廣圻云：藏本、今本「世」作「勢」。先慎案：作「勢」是。此對官爵貴重言，不當作「世」，今據改。無黨孤特。夫以疏遠與近愛信争，「近愛信」，謂重人是也。○先慎曰：「近」字衍文，「愛信」當作「信愛」。「疏遠」、「信愛」相對成文，不當有「近」字；上文「希不信愛」、「非有所信愛之親」，皆作「信愛」，此承上言，明「愛信」二字誤倒。注亦作「近愛信」，則其譌舊矣。其數不勝也；「數」，理也。以新旅與習故争，其數不勝也；以反主意與同好争，重人與君同好。○王渭曰：「好」下當有「惡」字。其數不勝也；以輕賤與貴重争，其數不勝也；以一口與一國争，重人與一國爲朋黨。其數不勝也。法術之士操五不勝之勢，以歲數而又不得見；所經時歲已至於數，猶不得見君。○顧廣圻曰：「又」當作「猶」，舊注未譌。當塗之人乘五勝之資，而

旦暮獨説於前；法術之士既不得見，故當塗之人獨訟而稱冤。○先慎曰：案依注所據本「説」作「訟」，故云「獨訟而稱冤」，此解非也。「訟」，古通「誦」；「誦」，猶説也。史記呂后紀「未敢訟言攻之」，漢書作「誦言」，索隱云：「誦，説也。」此謂當塗之人獨常常與君言説，而法術之士見且猶不得亟，況得與言乎。此「旦暮獨訟於前」，反對法術之士言。舊注誤。**故法術之士奚道得進，而人主奚時得悟乎？**法術之士既不得進，則人主何從而悟乎？○先慎曰：王氏念孫、俞氏樾並訓此「道」字爲「由」。案「奚道得進」猶言何時得進也。士無時得進，則人主無時得悟，語正相當。「奚道得進」即蒙上「以歲數而又不得見」言，則「道」爲「時」字變文，尤其明證。不得以他處「道」有「由」義，以例此也。人主篇正作「奚時得進」。**故資必不勝而勢不兩存，法術之士焉得不危！**法術之士既資必不可勝之數，而又與重人勢不兩存，則法術之士必危而見陷。○先慎曰：乾道本注「又」下無「與」字，今據趙本增。**其可以罪過誣者，以公法而誅之；**法術之士有過失可誣罔者，重人則舉以爲罪而誅之。○先慎曰：乾道本「公」上無「以」字，依下文當有，今據張榜本增。**其不可被以罪過者，以私劍而窮之。**若無過失可誣者，則使俠客以劍刺之，以窮其命也。**是明法術而逆主上者，不僇於吏誅，必死於私劍矣。**○先慎曰：乾道本「僇」作「憀」。顧廣圻云：今本「憀」作「僇」。先慎案：「僇」與「戮」通，「憀」字誤，改從今本。**朋黨比周以弊主，言曲以便私者，必信於重人矣。故其可以功伐借者，以官爵貴之；**彼有功伐重人借爲己用者，則官爵貴其人也。**其可借以美名者，以外權重之。**彼雖無功伐可使近權令者，威重之。○先慎曰：顧廣圻於「其」下添「不」字，云：「藏本同，今本無『不』字，誤。乾道本『名』作『明』，譌。」先慎案：「名」字是，今據改。「借」字當在「名」字下，「其可以美名借者」與「其可以功伐借者」句法一律，上不當有「不」字。「借」、「藉」古通，莊子應帝王篇釋文引崔注：「藉，繫也。」其人可以功伐維繫者，則貴以官爵；可以美名維繫者，則重以外權。二事平説，舊注誤。是以弊主上而趨於私門者，不顯於官爵，必重於外權矣。「趨」，向也。今人主不合參驗而行誅，謂於法術之士，不參驗以知其真僞即行誅罰。不待見功而爵禄，重人所進，雖未見功，先與之爵禄也。故法術之士安能蒙死亡而進其説，姦邪之臣安肯乘利而退其身！故主上愈卑，私門益尊。夫越雖富兵彊，中國之主皆知無益於己也，曰：「非吾所得制也。」越國爲異國，即敵國也。○顧廣圻曰：藏本、今本「雖」下有「國」字。先慎曰：注以「越國」連文，是所見本「雖」字即「國」之誤。「夫越」微逗，「國富兵彊」句絶。中國視越國最遠，故取以爲況。説林上「越人雖善遊」〔一〕，亦借越爲喻，是其證。注訓「異國」，非。今有國者雖地廣人衆，然而人主壅蔽，大臣專權，是國爲越也。大臣專國，常有謀君之心，即己國還爲越國，故曰「是國爲越也」。智不類越，而不智不類其國，不察其類者也。縱臣專權，國變成越，是不自知己國即與越國不異，所以然者，良以不察知己國類於越國故也。○先慎曰：拾補「不智」作「不知」。盧文弨云：「知」，各本俱作「智」。案「智」與「知」通，此上「智」字義亦當爲「知」。顧廣圻云：兩「類」字當作「賴」。「賴」，利也，涉下「不察其類者也」句而誤。今本「智」作「知」，誤。二「智」字皆讀爲「知」，本書屢見。先慎案：既讀爲「知」，則今本之作「知」，不得爲誤。「類」，似也。知己之國不似越之不得制，究不能自制其

〔一〕「説林上越人雖善遊」，原本作「外儲説上越人雖善溺」，今改。

國，是不知國之不似己之國也。顧改「類」爲「賴」，非。人主所以謂齊亡者，非地與城亡也，○孫詒讓曰：「主」字衍。吕氏弗制而田氏用之；所以謂晉亡者，亦非地與城亡也，姬氏不制而六卿專之也。今大臣執柄獨斷而上弗知收，是人主不明也。不知收取其柄而自執之，令臣於上獨斷，此主之不明也。「今」，謂秦也。○先慎曰：此書作於韓，秦王見之，始伐韓得非，非在秦時作也。「今」字泛言當時諸侯，注誤。與死人同病者，不可生也；與亡國同事者，不可存也。今襲迹於齊、晉，欲國安存，不可得也。「襲」，重也。凡法術之難行也，不獨萬乘，千乘亦然。人主之左右不必智也，人主於人有所智而聽之，因與左右論其言，是與愚人論智也。○先慎曰：人主篇「因」上有「入」字，下同。人主之左右不必賢也，人主於人有所賢而禮之，因與左右論其行，是與不肖論賢也。智者決策於愚人，賢士程行於不肖，○先慎曰：智者之策決於愚人，賢士之行程於不肖。則賢智之士羞而人主之論悖矣。人臣之欲得官者，其修士且以精潔固身，「修士」，謂修身之士，但精潔自固其身。○先慎曰：拾補「絜」下旁注「潔」字。盧文弨云：「潔」，藏本、張本俱作「絜」，下同。先慎案：乾道本此作「絜」，下二「絜」字皆作「潔」，「潔」、「絜」字通用。其智士且以治辯進業。「智」者，謂智謀之士也。其修士不能以貨賂事人，既修身，故不以貨事人也。恃其精潔，而更不能以枉法爲治，既精潔，故不能枉法爲治。智士不重説，似闕文也。○顧廣圻曰：「其修士」，「修」下當脱「智之」二字。「精潔」當作「精辨」。下文云「則修智之士不事左右」即謂貨賂，「不聽請謁」

即謂枉法，文相承也。下文又云「則精辨之功息」，并言「精辨」與并言「修潔」同例。舊注「智士不重説，似有脱文」，誤。俞樾曰：「其修士」三字，衍文也。上文云「其修士且以精絜固身，其智士且以治辯進業」，此云「不能以貨賂事人」，則總蒙修士、智士爲文，言其皆不能也。「恃其精潔」當作「恃其精潔治辨」，因衍「其修士」三字，則此文專屬修士，遂删去「治辯」二字耳。舊注謂不重知士似有闕文，是其所據本已誤。先慎曰：俞説是。**則修智之士不事左右，不聽請謁矣。**「左右」，謂財貨修智之士，不肯聽從也。○先慎曰：謂不以財貨賂左右，不能枉法從請謁，注説非。**人主之左右，行非伯夷也，求索不得，貨賂不至，則精辯之功息，而毁誣之言起矣。**「精」，謂修士精潔也。「辯」，謂智士辭辯也。**治亂之功制於近習，**「治亂」，謂智士材辯能治於亂也。○顧廣圻曰：「亂」當作「辯」，舊注誤。先慎曰：張榜本「亂」作「辨」。**精潔之行決於毁譽，則修智之吏廢而人主之明塞矣。**修智之士，能發人主之聰明，今既廢而不用，則主明自塞矣。○先慎曰：乾道本「而」作「則」，顧廣圻云：「今本『則』作『而』。」今據改。**不以功伐決智行，**「決智行」當以功伐。積功曰「伐」也。**不以參伍審罪過，**「審罪過」當參伍之。「參」，比驗也；「伍」，偶會也。**而聽左右近習之言，則無能之士在廷而愚污之吏處官矣。**近習之人既皆小人，同氣相求，同聲相應，故所親者無能之人，所愛者愚污之人；亦既親愛，必用之在廷，舉之處官矣。**萬乘之患大臣太重，千乘之患左右太信，此人主之所公患也。**「公」，正也。正當以此當患也。○先慎曰：注説非。「公」訓爲「共」，荀子解蔽篇「此心術之公患也」語句正同，楊注：「公，共也。」是其證。又案注「當患」應作「爲患」。**且人臣有大罪，人主有大失，臣主之利與相異者也。**○顧廣圻曰：「與」當在「相」字下。**何以明之哉？**

曰：主利在有能而任官，臣利在無能而得事；主利在有勞而爵祿，臣利在無功而富貴；主利在豪傑使能，豪傑之人有材能，然後使之矣。臣利在朋黨用私。是以國地削而私家富，主上卑而大臣重。故主失勢而臣得國，主更稱蕃臣，君臣易位，故主稱蕃臣於其臣。而相室剖符。「相室」，家臣也。「剖符」，言得專授人官與之剖符也。○先慎曰：趙本注「授」誤「投」。此人臣之所以譎主便私也。「譎」，詆也。設詐謀以詆誤於主也。○先慎曰：乾道本注「詆」作「誰」，誤，改從趙本。故當世之重臣，主變勢而得固寵者，十無一二三。「變」，謂行譎詆以移主意，十中但有一二三，故曰「十無一二三」也。○王先謙曰：「主勢變」，謂國君相嬗之時也，注誤。先慎曰：注「有一二三」當作「有一二」，涉正文而誤。是其故何也？人臣之罪大也。臣有大罪者，其行欺主也，其罪當死亡也。智士者遠見而畏於死亡，必不從重人矣；○先慎曰：拾補「人」下旁注「臣」字。盧文弨云：「臣」，藏本、張本俱作「人」。賢士者修廉而羞與姦臣欺其主，必不從重臣矣。是當塗者之徒屬，非愚而不知患者，必污而不避姦者也。重人所爲必不軌，故智士恐與同之；廉士羞與之欺主，莫有從之遊者。同惡相濟，故與之爲徒屬者，必污愚之人也。○先慎曰：乾道本注「與」字上有「上」字，「污愚」作「惡愚」，并誤，改從趙本。大臣挾愚污之人上與之欺主，下與之收利，侵漁朋黨，言侵奪百姓，若漁者之取魚也。○先慎曰：「侵漁朋黨」當作「朋黨侵漁」，與下「比周相與」對文。比周相與，阿黨爲「比」，忠信爲「周」也。「比周」者，言以阿黨之人爲忠信與親也。○先慎曰：注乾道本「忠」作「心」，改從趙本。一口惑主敗法，以亂士民，雷同是非，故曰「一口」。使國家危削，主上勞辱，此大罪也。臣有大罪而主弗禁，此大失也。使其主有大失於上，臣有大罪於下，索國之不亡者，不可得也。

説難第十二

夫説者有逆順之機，順以招福，逆而制禍。失之毫釐，差之千里，以此説之，所以難也。○顧廣圻曰：史記列傳有。索隱云：「然此篇亦與韓子微異，煩省小不同。」今按各依本書者，不悉著。

凡説之難，非吾知之有以説之之難也；不知而説，雖忠見疑，故曰「非吾知之説之難也」。○顧廣圻曰：當依史記不重「之」字。按此文首三句三「吾」字，皆吾説者也，與下文所説相對。言在吾者之非難，所以起下文在所説者之難也。在吾者必先知之有以説，然後辯之能明吾意，又然後敢横佚而能盡，三者相承，舊注全誤。史記正義所解，亦未諦，今正之。此句之義與下文云「則非知之難也」同。先慎曰：舊注固失，顧説亦未爲得也。「凡説之難」四字總挈一篇，「非吾」三句又别説難本意，再以「凡説之難」引起正文，此言知其事理則能説其是非，此非吾所難也。又案注「吾知之」，「之」當作「其」。又非吾辯之能明吾意之難也；吾雖不自辯數，則能明吾所説之意，如此者萬不失一，有所以則爲難也。○盧文弨曰：「辯之」下史記韓非傳有「難」字，衍。注「所以則爲難也」，「則」當作「明」。先慎曰：此言辯論能令吾意明晰，又非所難也。舊注非，趙本注脱「失」字。又非吾敢横失而能盡之難也。吾之所説，其不可循理，非敢横失，能盡此意亦復難有。○盧文弨曰：史記索隱云「韓子『横失』作『横佚』」，此作「横失」，疑後人依史記改之。顧廣圻曰：「失」，當依索隱引此作「佚」，史記作「失」。案「佚」、「失」同字，故史記以「失」爲「佚」。劉伯莊説及正義讀「失」如字，又於「横失」斷句者，非，當十二字爲一句。下文云「然後極騁智辯焉」，即此句之義也，舊注亦誤。先慎曰：張榜本「横失」作「横佚」，據索隱改也。「横失」二字，顧謂「極騁智辯」，是。索隱云：「陳辭發策，能盡説情，此雖是難，尚非難也。」**凡説之難：在知所説之心，可以吾説當之。**既知所説之心，則能隨心而發唱，故所説能當。○盧文弨曰：注「唱」字誤從卩旁。先慎曰：張榜本「知」誤「之」。**所説出於爲名高者也，而説之以厚利，則見下節而遇卑賤，必棄遠矣。**所説之人意在名高，今以厚利説之，彼則爲己志節凡下，而以卑賤相遇；亦既賤之，必棄遺而疏遠矣。○盧文弨曰：注「爲己」當作「謂己」。先慎曰：「爲」、「謂」字同。此如李克治中山，苦陘令上計而入多之類。**所説出於厚利者也，而説之以名高，則見無心而遠事情，必不收矣。**所説之人意在厚利，今以名高説之，此則爲己無相時之心而闊遠事情矣；如此則必見棄而不收矣。○盧文弨曰：注「爲己」當作「謂己」。先慎曰：此商鞅説秦孝公以帝王故怒而不用，是也。**所説陰爲厚利而顯爲名高者也，而説之以名高，則陽收其身而實疏之；説之以厚利，則陰用其言顯棄其身矣。**所説之人，内陰爲厚利，外陽爲名高。今見其外説以名高，彼雖陽收其身，内實疏遠；若察知其内，説以厚利，私用其言，外明棄其身，以飾其名高也。○盧文弨曰：注「私用其言」上有「則」字，脱。先慎曰：「陽收其身而實疏之」，如齊宣王欲中國而授孟子室之類；「陰用其言顯棄其身」，如晉文公行爵先雍季而後舅犯之類。**此不可不察也。夫事以密成，語以泄敗。**○盧文弨曰：「語」，史作「而」。先慎曰：御覽四百六十二引「語」作「亦」，「敗」作「禍」。**未必其身泄之也，而語及所匿**

之事，如此者身危。所説之人其所謀事，身雖不泄謀，説者泛語言及所匿，似若説者先知其事，今以發動之，既懷此疑，其身必危矣。○先慎曰：注誤。此謂有其心而未發，説者及之，故其身危。即下鄭大夫關其思對武公言「胡可伐」之類。**彼顯有所出事，而乃以成他故，説者不徒知所出而已矣，又知其所以爲，如此者身危。**所説之人，顯出其事有所避諱，乃託以他故；而説者深知其事，既所出入知所爲，所説既知情露，必有危己之心。○盧文弨曰：「彼顯有所出事」下，史作「迺自以爲也，故説者與知焉，則身危」。此注「既所出入知所爲」，當作「既知所出又知所爲」。先慎曰：盧説是。隰斯彌使人伐樹，數創而止之，曰：「知人之所不言，其罪大矣。」即其意。**規異事而當，知者揣之外而得之，事泄於外，必以爲己也，如此者身危。**説者爲君規謀異事，而智謀之士當知此者，自外揣之，遂得其謀，因泄於外；君則疑己漏之，便以爲不密而加誅也。○先慎曰：「規異事而當」句，「知者揣之外而得之」句。「當」，謂當其主之心也。「知」，讀爲智。「當」音丹浪反。注以「當知」連文，誤。此如漢夏侯勝傳云「霍光與張安世謀廢昌邑王。夏侯勝諫王，謂有臣下謀上者。吏白光，光讓安世，以爲泄語，安世實不泄」之類。**周澤未渥也，而語極知，**○先慎曰：「語極知」，謂説已盡其智能也。史記正義謂「説事當理」，非。**説行而有功則德忘，**○盧文弨曰：「忘」，史作「亡」，索隱引此作「見忘」，并云：「勝於德亡。」先慎曰：據索隱云云，則唐人所見之本作「見忘」，不作「德忘」。此作「德忘」者，後人依史記而改也。（注云「猶忘其德」，則宋時已改矣。）「亡」、「忘」古字通。**説不行而有敗則見疑，如此者身危。**君之於己，周給之澤未有渥厚，遂以知之極妙而以語之；行説有功，猶忘其德；若不行有敗，則羞始生焉。此正危身之道也。○盧文弨曰：注「羞始生」，「羞」疑「妒」之誤，若袁紹之於田豐是也。先慎曰：盧說非，此即下「鄰父以牆壞有盜，因疑鄰父」之類。注「羞」字即「疑」字之誤。又案注「行說」當作「說行」。貴人有過端，而說者明言禮義以挑其惡，如此者身危。挑，謂發揚也。○先慎曰：乾道本「此」下脱「者」字。盧文弨云：淩本有。先慎按：依上下文當有，史記亦有「者」字，今據補。貴人或得計而欲自以爲功，說者與知焉，如此者身危。彊以其所不能爲，止以其所不能已，如此者身危。不能而强，不已而止，必以不許而興怒，故危也。○先慎曰：乾道本「已」作「以」，據趙本改。「强其所不能爲」，若項羽欲東歸而說者言關中之類。「止其所不能已」，若景帝決廢栗太子而周亞夫彊欲止之之類。注「不許」一本作「不討」。盧文弨云：「不討」或是「不忖」之誤，有謂當是「不計」，猶言失計也。此皆未見作「不許」之本耳。故與之論大人，則以爲間己矣；「間」，代也。論大人必談以道德宏曠，彼則以爲薦大人以代之也。○先慎曰：此篇皆對人君而言，斷無薦大人代君之理。蓋人君行事，大臣與焉，論其臣而即疑其論己。史記正義云「說彼大人之短，以爲竊己之事情，乃爲刺譏間之」是也。此「大人」指位言，注以「間己」爲代己，誤。「間」，讀爲諫。與之論細人，則以爲賣重；論細人必談以器斗筲，彼則以爲短人而賣重也。○先慎曰：「賣重」，史記作「鬻權」。案「賣」、「鬻」義同；和氏篇「大臣貪重」，又云「近習不敢賣重」，「重」即「權」也。索隱云「薦彼細微之人，言堪大用，則疑其挾詐而賣我之權」，是也。注謂「斗筲」之人，誤。論其所愛，則以爲藉資；謂爲藉君之所愛以爲己資。論其所憎，則以爲嘗己也；「嘗」，試也。論君所憎則謂爲試己也含怒之深淺。○先慎曰：乾道本「憎」作「增」，注同。顧廣圻云：「今本『增』作『憎』，史記作『憎』。」今據改。盧文弨云：注「試己」下衍「也」字。徑省其說，則以爲不智而拙之；「徑」，直。○盧文弨曰：史作「則不知而屈之」，「智」本與「知」通，此加「以爲」二字，疑非。**米鹽博辯，則以爲多而交之；**米鹽之爲物，積羣萃以成斛，謂博明細雜之物，則謂己多合而猥交之也。○盧文弨曰：史作「汎濫博文，則多而久之」。顧廣圻曰：正義云：「時乃永久，人主疲倦。」今按「交」、「久」二文皆誤，當作「史」，本書難言篇：「捷敏辯給，繁於文采，則見以爲史。」先慎曰：顧説是。張榜本「交」作「久」，依史記改也。**略事陳意，則曰怯懦而不盡；**略言其事，粗陳其意，則謂己怯懦而有所畏懼，不敢具言。○盧文弨曰：「略」，史作「順」。先慎曰：注「所」字趙本脱。**慮事廣肆，則曰草野而倨侮。**「肆」，陳也。所説之事廣有陳説，不爲忌諱，則謂草野凡鄙俗直而侮慢也。**此説之難，不可不知也。凡説之務，在知飾所説之所矜而滅其所耻。**凡欲説彼，要在知其所矜，則隨而光飾之；知其所耻，則隨而掩滅之。如此，則順旨而不忤。○盧文弨曰：注「順旨」張本作「順指」。**彼有私急也，必以公義示而强之。**所説而成者，或有私事，將欲急爲，則示以公義而勉强之。彼雖下意從己而不能止其私，此則爲之飾其背私之義，而以不能順公爲少，有以激彼存公也。**其意有下也，然而不能已，説者因爲之飾其美而少其不爲也。其心有高也，而實不能及，説者爲之舉其過而見其惡而多其不行也。**若所説心以公義高而其材實不能及，如此者則舉簡私之過，見背公之惡，以不行私急爲多，所以成其高。○俞樾曰：此兩文相對。言：其意雖甚卑下，而有所不能已，則説者必爲之飾其美，反若以其不行而少之；如此，乃見不能已之不足爲病矣。其意雖甚高尚，而有所不能及，則説者必爲之舉其過而見其惡，反若以其不行而多之；如此，乃見不能及之不足爲耻矣。「不能已」者，若犬馬聲色之好是也；「爲之飾其美」，若管子以是數者爲不害霸是也；「不能及」者，若堯、舜之道仁義之説是也；「爲之舉其過而見其惡」，若陳賈謂仁知周公未能盡是也。舊注所説皆未了。且此與上文「彼有私急也，必以公義示而强之」本不相蒙，舊注必牽合爲説，宜其不可通矣。**有欲矜以智能，則爲之舉異事之同類者，多爲之地；使之資説於我，而佯不知也以資其智。**所説或矜以廣智，則多與舉彼同類之異事，以寬所取之地；令其取説於我而我佯若不知，如此者所以助其智也。○顧廣圻曰：藏本同，今本「有欲」作「有所」，誤。**欲内相存之言，則必以美名明之，而微見其合於私利也。**欲彼内有存恤之言，則爲陳顯義之名，明其人能爲此，又微言成此美名，於私有利則〔二〕其人必得而相存者也。○顧廣圻曰：「内」，讀爲納，舊注誤。**欲陳危害之事，則顯其毁誹，而微見其合於私患也。**欲爲陳危之事，其有毁誹之者，則爲之顯言，又微毁誹當爲私患，其人必以誠而可試之。**譽異人與同行者，規異事與同計者。有與同汙者，則必以大飾其無傷也；有與同敗者，則必以明飾其無失也。**説者或延譽異人與彼同行，或規謀異事與彼同計。其異人之行若與彼同汙，則大文飾之，言此汙何所傷；其異事之計若與彼同敗者，則明爲文飾，言此敗何所失。如此必以己爲善補過而崇重之也。○先慎曰：史記脱「有與同汙者則必以大」九字。乾道本注「其異人之行」，「行」上有「計」字，據趙本删。**彼自多其力，則毋以其難概之也；**彼或自多矜其力，當就譽之，無得以其所難滯礙之。概，礙也。**自勇其斷，則無以其謫怒之；**彼或自以斷爲勇，則無得以其

〔二〕「利則」，原本作「則利」，據文意乙。

先所罪謫而動怒之也。○先慎曰：乾道本「其斷」作「之斷」，拾補作「其斷」。盧文弨云：「無」，藏本作「毋」；「謫」，史作「敵」。顧廣圻云：「之斷」當依史記作「其斷」。先慎案：張榜本作「其斷」，與上下文合，今據改。「謫」、「敵」古通，注云「罪謫」，非。**自智其計，則毋以其敗窮之。**彼或自以計謀爲智，則無得以其先所因敗而窮屈之。凡此皆所以護其短而養其鋭者，説可以無傷也。○先慎曰：趙本注「因」作「困」，誤。**大意無所拂悟，辭言無所繫縻，然後極騁智辯焉。**意無拂忤，辭無繫縻，其智辯得以極騁。○盧文弨曰：「意」，史作「忠」。史「拂」、「辭」互易。案「悟」與「忤」通，索隱、正義所見史記尚不倒。「繫縻」，各本作「擊摩」，注同，史作「擊排」。顧廣圻曰：「忠」字非。「悟」，藏本、今本作「忤」。正義云：「『拂悟』當作『咈忤』，古字假借耳。」「繫縻」，藏本作「擊摩」，是也，索隱引正作「擊摩」。先慎曰：御覽四百六十二引「意」作「怒」，「悟」作「忤」，「繫縻」作「擊排」。案「大怒」謂盛怒也，「意」、「忠」並誤。説文：「啎，屰也。」「啎」爲正字，「悟」、「忤」並通叚字。大怒之時，説尤爲難。「無所佛啎」者，若觸讋之諫趙太后〔二〕是也。「繫縻」、「擊摩」古字相通，説文「繫，縛也；縻，牛轡也」，引申爲「羈束」字。易蒙釋文：「擊，本作『繫』。」中孚釋文：「靡，本又作『縻』，陸作『䌕』，京作『劘』。」禮記學記釋文：「摩，又作『靡』。」一切經音義十：「摩，古文『劘』、『攠』二形同。」本書作「繫縻」者，謂無縛束也。史記作「擊排」，索隱謂：「説諫之詞本無別，有所擊射排擯也。」案辭言恐有所擊排，即多瞻顧縛束而不敢言，則必如「梁子之告季子，語必可與商太宰三坐」是也。**此道所得親近不疑而得盡**

〔二〕「趙太后」，原本作「齊太后」，今改。

辭也。說者因道此術，則得親近於君，終不見疑，其辭又得自盡也。○顧廣圻曰：「此道所得親近不疑」句有誤，「盡」下當依索隱引此有「之」字，史記作「知盡之難也」。徐廣曰：「知」，一作「得」；「難」，一作「辭」。俞樾曰：上「得」字，衍文也。「道所」當作「所道」。「此所道親近不疑」，猶曰「此所由親近不疑」，古書每以道爲由，說已見前矣。史記作「此所以親近不疑」，「所道」即「所以」也。讀者不解「道」字而誤倒之，又妄增入「得」字，遂至不可通矣。**伊尹爲宰，百里奚爲虜，皆所以干其上也。**二人自託於宰虜者，所以干其上也。**此二人者，皆聖人也，然猶不能無役身以進，如此其汙也。**○先慎曰：乾道本「如」上有「加」字。盧文弨云：「加」字各本無。顧廣圻云：藏本無「加」字，「以進加」，史記作「而涉世」。先慎按：「加」即「如」字誤而複衍，今據刪。**今以吾言爲宰虜，而可以聽用而振世，**○先慎曰：說文：「振，舉救也。」**此非能仕之所恥也。**○盧文弨曰：「仕」與「士」通，索隱云：「韓子作『士』。」先慎曰：今作「仕」者，後人依史記改之也。**夫曠日彌久，而周澤既渥，**「彌」，猶經也。謂所經久遠也。○先慎曰：乾道本「彌」作「離」，注同。「既」作「未」，據張榜本改，史記同。索隱謂：「君臣道合，曠日已久，誠著於君也，君之渥澤周浹於臣，魚水相須，梅鹽相和也。」**深計而不疑，引爭而不罪，則明割利害以致其功，**「斷」，割。○顧廣圻曰：「割」，史記作「計」。**直指是非以飾其身。**「直指」，言無所迴避也。「飾身」，謂以寵榮光飾相持其身也。**以此相持，此說之成也。**君則以不疑不罪以固臣，臣則以致功飾身以輸忠，故曰「相持」。如此者，說之成也。**昔者鄭武公欲伐胡，**○先慎曰：正義引世本云：「胡，歸姓也。括地志：『胡城，在豫州郾城縣界。』」故先以其女妻胡君以娛其意，因問於羣臣：「吾欲用兵，誰可伐者？」大夫關其思對曰：「胡可伐。」武公怒而戮之，曰：「胡，兄弟之國也，子言伐之何也？」胡君聞之，以鄭爲親己，遂不備鄭，鄭人襲胡，取之。宋有富人，○先慎曰：外儲説下篇「宋」作「鄭」。天雨牆壞，其子曰：「不築，必將有盜。」其鄰人之父亦云。暮而果大亡其財。此夕盜至，故大亡也。其家甚智其子，而疑鄰人之父。此二人説者皆當矣，○先慎曰：「當」，音當浪反，下同。厚者爲戮，薄者見疑，「二人」，謂關其思、鄰人之父。鄭武公所以戮其所厚，欲令胡不疑也。富人所以疑其薄者，不當爲己同憂也。則非知之難也，處之則難也。其思、鄰父非不知也，但處用其知不得其宜，故或見疑，或見戮，故曰「處之難也」。○先慎曰：乾道本「處之」作「處知」，據張榜本改。注云「處之難也」，亦作「之」，未誤。其作「知」者，依史記改也。故繞朝之言當矣，其爲聖人於晉而爲戮於秦也，此不可不察。晉人譎取士會於秦，繞朝贈之以策曰：「吾謀適不用。」其言非不當也，晉人雖以爲聖，後秦竟以言戮之，是亦處知失宜也。○盧文弨曰：繞朝贈士會以策曰：「子無謂秦無人，吾謀適不用也。」則朝當已言於秦君，留士會不遣，而秦君不用其謀，故云然。注乃云「後秦竟以言戮之」，此不知出何書，殆因非之言傳會耳。

昔者彌子瑕有寵於衛君。衛國之法，竊駕君車者罪刖。○先慎曰：治要「刖」作「跀」，下同。彌子瑕母病，人聞，有夜告彌子，○先慎曰：乾道本「聞有」作「閒往」。盧文弨云：李善注文選陸韓卿中山王孺子妾歌引作「人聞」，無「往」字。史作「人聞往」。先慎按：「往」，治要作「有」，是唐人所見本自作「有」，李注無「有」字，脱也。此謂人聞其母病，有夜來告者，形彌子得傳聞之言而歸，已顯衛君之稱爲孝，文相照應，今據二唐本改。藝文類聚三十三引「人聞有」作「其人有」。彌子矯駕君車以出。○先慎曰：治要「出」作「歸」，藝文類聚亦作「出」。君聞而賢之，曰：「孝哉！爲母之故，忘其犯刖罪。」○先慎曰：各本無「犯」字。盧文弨云：選注引作「犯跀罪」，「跀」，古「刖」字。案此書外儲説左下「跀危生子皋」，作「跀」字，此與上文「罪刖」亦當本作「跀」，後人改之。史作「而犯刖罪」。先慎按：治要、藝文類聚引作「犯刖罪」，是唐人所見皆有「犯」字，今據補。異日，與君遊於果園，食桃而甘，不盡，以其半啗君。○先慎曰：張榜本「不盡」作「而盡」，屬下爲句，治要、藝文類聚八十六、白孔六帖九十九、御覽八百二十四、九百六十七、事類賦二十六、意林引「啗」並作「啖」，下同。按説文：「啖，焦啖也；啗，食也，讀與『含』同。」自食爲「啖」，食人爲「啗」，二字義別。此作「啗」，是也。君曰：「愛我哉！忘其口味，以啗寡人。」○先慎曰：治要、藝文類聚、白孔六帖引「以」作「而」。及彌子色衰愛弛，得罪於君，君曰：「是固嘗矯駕吾車，又嘗啗我以餘桃。」○先慎曰：史記「啗我」作「食我」。故彌子之行未變於初也，○先慎曰：治要「變」作「移」。而以前之所以見賢而後獲罪者，○盧文弨曰：史作「前見賢而後獲罪者」，此多賸字。先慎曰：治要無上「以」字、「之」字及下「而」字。愛憎之變也。○先慎曰：治要「愛」上有「人主」二字。故有愛於主，則智當而加親；有憎於主，則智不當見罪而加疏。○先慎曰：治要無「見罪」二字。故諫説談論之士，不可不察愛憎之主而後説焉。夫龍之爲虫也，柔可狎而騎也；然其喉下有逆鱗徑尺，○盧文弨曰：文選袁彦伯三國名臣序贊注引「柔」上有「擾」字。史無「柔」字，有

「擾」字，在下句「可」字之下。「徑尺」，選注作「徑寸之處」，非。顧廣圻曰：「柔」、「擾」同字。先慎曰：史記「虫」作「蟲」，正義：「龍，蟲類也，故言龍之爲蟲。」御覽九百二十九引「虫」作「蟲」，無「柔」字、「其」字，事類賦二十八引亦無「柔」字、「其」字。若人有嬰之者，則必殺人。「嬰」，觸。人主亦有逆鱗，説者能無嬰人主之逆鱗，則幾矣！○先慎曰：索隱：「幾，庶也，謂庶幾於善諫説也。」

和氏第十三

楚人和氏得玉璞楚山中，○先慎曰：藝文類聚七、白孔六帖五、事類賦九引「和氏」作「卞和」，「楚」上有「於」字。藝文類聚、白孔六帖無「璞」字。奉而獻之厲王，○盧文弨曰：孫貽穀云：「楚世家無厲王，後漢書孔融傳注引作『武王、文王、成王』，是也。疑今本誤。」顧廣圻曰：新序云「荊厲王、武王、共王」，亦不同。先慎曰：後漢書注引是，御覽三百七十二、六百四十八引作「武王、文王、成王」，是其證。厲王使玉人相之，玉人曰：「石也。」王以和爲誑，而刖其左足。○盧文弨曰：後漢注引「誑而」作「謾已」。先慎曰：御覽六百四十八、八百五、事類賦引並作「謾」，無「而」字。及厲王薨，武王即位，和又奉其璞而獻之武王，武王使玉人相之，又曰：「石也。」王又以和爲誑，而刖其右足。武王薨，文王即位，和乃抱其璞而哭於楚山之下，○

先慎曰：「楚山」當作「荆山」，涉上文「得玉於楚山」而誤。藝文類聚荆山下引正作「荆山」，白孔六帖同。三日三夜，泣盡而繼之以血。○先慎曰：乾道本「泣」作「泪」，今本作「淚」。盧文弨云：「淚」，藏本作「泣」，後漢注引同。先慎案：藝文類聚、事類賦注、御覽並引作「泣」，今據改。王聞之，使人問其故，曰：「天下之刖者多矣，子奚哭之悲也？」和曰：「吾非悲刖也，悲夫寶玉而題之以『石』，貞士而名之以『誑』，此吾所以悲也。」王乃使玉人理其璞而得寶焉，○先慎曰：事類賦「寶」下有「玉」字。遂命曰「和氏之璧」。

夫珠玉人主之所急也，和雖獻璞而未美，未爲王之害也；所獻之寶，設令未美，亦無害於王也。○先慎曰：乾道本「王」作「主」，盧文弨云：「藏本『主』作『王』。」王先謙云：「依注當作『王』。」今據改。顧廣圻云：「害」字起，藏本脱。然猶兩足斬而寶乃論，論寶若此其難也。今人主之於法術也，未必和璧之急也，而禁羣臣士民之私邪；人主之於法術，未必如和璧之急，乃更禁其臣人爲卞和之忠，苟無卞和之忠，誰肯犯禁而論其法術亂也。○先慎曰：此下當有脱文。注「急」、「忠」二字，乾道本互譌，今據趙本改。「亂」字亦誤，未詳所當作。然則有道者之不僇也，特帝王之璞未獻耳。「帝王之璞」即法術也。有道之士所以不見僇者，則以未獻法術也。○先慎曰：乾道本「特」作「持」。顧廣圻云：今本「持」作「特」。新序云：「直白玉之璞未獻耳。」先慎案：「特」即「直」也，「持」當爲「特」殘缺字，改從今本。主用術則大臣不得擅斷，近習不敢賣重；官行法則浮萌趨於耕農，○先慎曰：無執業者有禁，故流民急於耕農。而游士危於戰陳。○先慎曰：故游說之士以其言責其功，不敢言戰陳。則法術者乃羣臣士民之所禍也。人主非能倍大臣之議，越民萌之誹，獨周乎道言也，○先慎曰：「周」當爲「用」之誤。「道言」，謂法術之言也，下同。則法術之士雖至死亡，道必不論矣。○先慎曰：珠玉人主之所急，然兩足刖而始論；法術不如和璧之急，故至死亡而不論。昔者吴起教楚悼王以楚國之俗曰：「大臣太重，封君太衆，若此則上偪主而下虐民，此貧國弱兵之道也。○先慎曰：乾道本「貧」作「貪」，按「貪」即「貧」字形近而誤，拾補改作「貧」，今從之。不如使封君之子孫三世而收爵禄，○先慎曰：喻老篇「楚邦之法，禄臣再世而收地」，則「三世而收爵禄」，不起於吴起。蓋楚法廢弛，故吴起云然。絶滅百吏之禄秩；○盧文弨曰：「絶滅」二字，疑當作「減」。顧廣圻曰：「絶滅」當作「纔滅」，「纔」、「裁」同字。先慎曰：顧説是，「纔」、「絶」偏〔一〕旁同，故誤。損不急之枝官，「枝官」，謂非要急者，若樹之枝也。然養樹者必披落其枝，爲政者亦損其閑宂。以奉選練之士。」悼王行之期年而薨矣，○先慎曰：「矣」字，依下文不當有。吴起枝解於楚。商君教秦孝公以連什伍，設告坐之過，使什家伍家相拘連，中有犯罪，或有告者，則并坐其什伍，故曰「告坐」。燔詩書而明法令，○先慎曰：困學紀聞云：「史記商君傳不言『燔詩書』，蓋詩書之道廢，與李斯之焚無異也。」塞私門之請而遂公家之勞，於公有勞者，不滯其功賞。禁游宦之民不守本業游散求官者，設

〔一〕「偏」，原本作「編」，形近而誤，今改。

法以禁之也。而顯耕戰之士。孝公行之，主以尊安，國以富强，八年而薨，〇先慎曰：國策「孝公行商君法十八年而死」，史記「商君相秦十年」，索隱云：「國策蓋連其未作相之年説也。」案此作「八年」，與史記、國策皆不合，疑「八」上奪「十」字。商君車裂於秦。楚不用吴起而削亂，秦行商君法而富强，二子之言也已當矣，然而枝解吴起而車裂商君者何也？大臣苦法而細民惡治也。當今之世，大臣貪重，大臣虧公法而行私惠，所以成其重也。細民安亂，〇先慎曰：游宦之民因請謁而得禄。甚於秦、楚之俗，此篇非未入秦時爲韓著之，故得引秦以爲喻。而人主無悼王、孝公之聽，則法術之士安能蒙二子之危也而明己之法術哉！〇先慎曰：「也」字衍文。此世所亂無霸王也。〇顧廣圻曰：今本「所」下有「以」字。

姦劫弑臣第十四

凡姦臣皆欲順人主之心，以取信幸之勢者也。〇先慎曰：各本「信」作「親」，今據治要改，下正作「信」。是以主有所善，臣從而譽之；主有所憎，臣因而毁之。凡人之大體，取舍同者則相是也，取舍異者則相非也。今人臣之所譽者，人主之所是也，此之謂同取；人臣之所毁者，人主之所非也，此之謂同舍。夫取舍合〇先慎曰：治要「合」下有「同」字，疑「合」即「舍」字之誤而衍者，「合」當作「同」，蒙上「此之謂同取」、「此之謂同舍」而言。而相與逆者，未嘗聞也。此人臣之所以取信幸之道也。○先慎曰：各本無「取」字，依下文當有，據治要增。夫姦臣得乘信幸之勢以毁譽進退羣臣者，人主非有術數以御之也，○先慎曰：各本「非」作「所」，今據治要改，下文正作「非」。非參驗以審之也，○先慎曰：依上文，「非」下脱「有」字。必將以曩之合己信今之言，此幸臣之所以得欺主成私者也。故主必蔽於上○先慎曰：各本「蔽」作「欺」。孤憤篇云「故人主愈蔽，而大臣愈重」，語意正同，是「欺」當爲「蔽」之誤，今據治要改。而臣必重於下矣。此之謂擅主之臣。國有擅主之臣，則羣下不得盡其智力以陳其忠，百官之吏不得奉法以致其功矣。○先慎曰：治要「法」作「令」，「功」作「力」。何以明之？夫安利者就之，危害者去之，此人之情也。今爲臣盡力以致功，竭智以陳忠者，其身困而家貧，父子罹其害；爲姦利以弊人主，○先慎曰：「弊」，讀爲蔽。行財貨以事貴重之臣者，身尊家富，父子被其澤。人焉能去安利之道而就危害之處哉！治國若此其過也，而上欲下之無姦，吏之奉法，其不可得亦明矣。故左右知貞信之不可以得安利也，○先慎曰：「利」字涉上文而衍，下「知方正之不可以得安也」，「知詐僞之不可以得安也」，並無「利」字，即其證。必曰：「我以忠信事上，積功勞而求安，是猶盲而欲知黑白之情，必不幾矣。○先慎曰：解老篇：「目不能決黑白之色，則謂之盲」，此「情」字當作「色」。若以道化行正理，不趨富貴事上而求安，○先慎曰：「化」，疑「術」之誤。「事上」二字，當在「行正理」上。「若以道術事上」，與上「我以忠信事上」相對。是猶聾而欲審清濁之聲也，愈不幾矣。二者不可以得安，○王渭曰：句絕。我安能無相比周，蔽主上、爲姦私以適重人哉！」此必不顧人主之義矣。其百官之吏，亦知方正之不可以得安也，○顧廣圻曰：道藏本脱，止「不」字。按此乃乾道本之第七、八兩葉也，藏本出於乾道本，可知矣。必曰：「我以清廉事上而求安，若無規矩而欲爲方圓也，必不幾矣。若以守法不朋黨治官而求安，是猶以足搔頂也，愈不幾也。○先慎曰：「也」當作「矣」。二者不可以得安，能無廢法行私以適重人哉！」○顧廣圻曰：「能」〔二〕上當有「我安」二字。此必不顧君上之法矣。故以私爲重人者衆，○盧文弨曰：「人」，藏本作「臣」。而以法事君者少矣。是以主孤於上而臣成黨於下，此田成之所以弑簡公者也。夫有術者之爲人臣也，得效度數之言，上明主法，下困姦臣，以尊主安國者也。○俞樾曰：「得」字衍文。此論有術者之爲人臣，其道如此，非論得不得也。蓋涉下文「度數之言得效於前」而衍。是以度數之言得效于前，則賞罰必用于後矣。人主誠明於聖人之術，而不苟於世俗之言，○先慎曰：「苟」當作「徇」，形近而誤。循名實而定是非，因參驗而審言辭。是以左右近習之臣知僞詐之不可以得安也，必曰：「我不去姦私之行，盡力竭智以

〔二〕「能」，原本作「人」，據顧氏韓非子識誤改。

事主，而乃以相與比周，○先慎曰：依下文，「而」字當衍。妄毁譽以求安，是猶負千鈞之重，陷於不測之淵而求生也，必不幾矣。」百官之吏亦知爲姦利之不可以得安也，必曰：「我不以清廉方正奉法，乃以貪污之心枉法以取私利，是猶上高陵之顛，墮峻谿之下而求生，○先慎曰：依上文，當有「也」字。必不幾矣。」安危之道若此其明也，左右安能以虚言惑主，而百官安敢以貪漁下！是以臣得陳其忠而不弊，○顧廣圻曰：藏本、今本「弊」作「蔽」。下得守其職而不怨。此管仲之所以治齊，而商君之所以强秦也。從是觀之，則聖人之治國也，固有使人不得不愛我之道，而不恃人之以愛爲我也。○俞樾曰：「不得不愛我」，當作「不得不爲我」，涉下句而誤耳。下文云「恃吾不可不爲者安矣」，「不可不爲」即不得不爲也。又曰「明主者使天下不得不爲己視，天下不得不爲己聽」，此使人不得不爲我之義也，可據以訂正。先慎曰：俞説是。恃人之以愛爲我者危矣，○先慎曰：乾道本無「爲」字。盧文弨云：「凌本有，藏本、張本倒，作『爲愛』，譌。」今據凌本增。恃吾不可不爲者安矣。夫君臣非有骨肉之親，正直之道可以得利，○先慎曰：「利」當作「安」，下云「不可以得安」，正反對「得安」而言，即其證。則臣盡力以事主；正直之道不可以得安，則臣行私以干上。明主知之，故設利害之道以示天下而已矣。夫是以人主雖不口教百官，不目索姦衺，而國已治矣。人主者，非目若離婁乃爲明也，非耳若師曠乃爲聰也。不任其數，○先慎曰：各本「不」上有「目必」二字。盧文弨云：「目必」二字疑衍。先慎案：治要無，今據删。而待目以爲明，所見者少矣，非不弊之術也；○先慎曰：治要「弊」作「蔽」，二字本書通用。

不因其勢，○先慎曰：乾道本「不」上有「耳必」二字，「因」作「固」。盧文弨云：藏本、張本皆無「耳必」二字。顧廣圻云：藏本、今本「固」作「因」。先慎案：治要〔一〕亦無「耳必」二字，「固」作「因」，今據删改。而待耳以爲聰，所聞者寡矣，非不欺之道也。明主者，使天下不得不爲己視，使天下不得不爲己聽。○先慎曰：各本無下「使」字，據治要增。故身在深宫之中，而明照四海之内，○先慎曰：治要無「而」字。而天下弗能蔽、弗能欺者，何也？闇亂之道廢，而聰明之勢興也。故善任勢者國安，不知因其勢者國危。

古秦之俗，君臣廢法而服私，是以國亂兵弱而主卑。商君説秦孝公以變法易俗而明公道，賞告姦，○先慎曰：史記衛鞅傳：「告姦者與斬敵首同賞。」困末作而利本事。○先慎曰：「末作」，工商也；「本事」，耕織也。衛鞅傳：「事末利及怠而貧者，舉以爲收孥；大小僇力本業，耕織致粟帛多者復其身。」故末作困而本事利。當此之時，秦民習故俗之有罪可以得免，無功可以得尊顯也，故輕犯新法。於是犯之者其誅重而必，告之者其賞厚而信。故姦莫不得而被刑者衆，民疾怨而衆過日聞。○顧廣圻曰：「衆」字衍。先慎曰：「衆」當作「罪」，涉上文而誤。孝公不聽，遂行商君之法，民後知有罪之必誅，而私姦者衆也，○顧廣圻曰：「私」下當有「告」字。先慎曰：商君之法賞告姦，則告姦非私也。「私」即「告」之誤。故民

〔一〕「治要」，原本作「政要」，今改。

莫犯，其刑無所加。是以國治而兵强，地廣而主尊。此其所以然者，匿罪之罰重，而告姦之賞厚也。此亦使天下必爲己視聽之道也。至治之法術已明矣，而世學者弗知也。且夫世之愚學，皆不知治亂之情；○先慎曰：「情」，實也。讘詼多誦先古之書，以亂當世之治；○先慎曰：説文：「讘，多言也；㾮，妄語也。」此「詼」字當作「㾮」。言愚學溺於所聞，妄談治亂，誦説先古之書，使人主聞之不敢變法而理。智慮不足以避穽井之陷，○顧廣圻曰：句有誤。先慎曰：「穽井」當作「井穽」。韓詩外傳五云：「兩瞽相扶，不陷井穽，則其幸也。」作「井穽」，是其證。禮記：「人皆曰予知，驅而納諸罟獲陷阱之中，而莫知避也」，即「智慮不足以避陷穽」義。又妄非有術之士。○先慎曰：乾道本無「非」字，顧廣圻云：「藏本、今本有『非』字。」今據補。聽其言者危，○先慎曰：狃於故習，輕犯新法。用其計者亂，○先慎曰：法古循禮，不敢變更。此亦愚之至大而患之至甚者也。俱與有術之士，○先慎曰：「與」，讀若爲。禮記内則「小切之與稻米〔二〕」，周禮醢人注作「小切之爲稻米」，是其證。此言世之愚學與法術之士，皆名爲有術之士，而其實不同也。有談説之名，而實相去千萬也。○先慎曰：乾道本「相」作「於」，顧廣圻云：「藏本、今本『於』作『相』。」今據改。此夫名同而實有異者也。夫世愚學之人比有術之士也，猶螘垤之比大陵也，其相去遠矣。而聖人者，審於是非之實，察於治亂之情也。故其治國也，正明法，陳嚴刑，將以救羣生之亂，去天下之

〔二〕「稻米」，原本作「稻末」，據禮記内則改。

禍，使强不陵弱，衆不暴寡，耆老得遂，幼孤得長，邊境不侵，君臣相親，父子相保，而無死亡係虜之患，○先慎曰：趙本「係」作「繫」。盧文弨云：「藏本、張本『繫』作『係』。」案二字古通。此亦功之至厚者也。愚人不知，顧以爲暴。愚者固欲治而惡其所以治，○先慎曰：依下文，「治」下當有「者」字。皆惡危而喜其所以危者。何以知之？夫嚴刑重罰者，民之所惡也，而國之所以治也；哀憐百姓，輕刑罰者，民之所喜，而國之所以危也。聖人爲法國者，必逆於世，○顧廣圻曰：「國者」當作「者固」。「者」句絶，「固」下屬。藏本「聖」上有「故」字，非也。而順於道德。知之者，同於義而異於俗；弗知之者，異於義而同於俗。天下知之者少，則義非矣。處非道之位，被衆口之譖，溺於當世之言，而欲當嚴天子而求安，幾不亦難哉！○顧廣圻曰：「幾」當在「難」字下。此夫智士所以至死而不顯於世者也。○盧文弨曰：藏本無「而」字。楚莊王之弟春申君○顧廣圻曰：與楚世家春申君列傳皆不合。有愛妾曰余，春申君之正妻子曰甲，余欲君之棄其妻也，因自傷其身以視君而泣，○先慎曰：「視」當作「示」。「以示君」，謂以身受傷之處示君也，與下「自裂其親身衣〔二〕之裏以示君」同義。下正作「示」，明此「視」爲「示」之譌。曰：「得爲君之妾，甚幸。雖然，適夫人非所以事君也，適君非所以事夫

〔二〕「親身衣」，原本「身」下脱「衣」字，據正文補。

人也。身故不肖，力不足以適二主，其勢不俱適，與其死夫人所者，不若賜死君前。妾以賜死，○先慎曰：「以」當作「不」。謂不賜妾死也。若復幸於左右，願君必察之，無爲人笑。」君因信妾余之詐，爲棄正妻。余又欲殺甲而以其子爲後，因自裂其親身衣之裏以示君而泣，曰：「余之得幸君之日久矣，甲非弗知也，今乃欲强戲余，余與争之，至裂余之衣，而此子之不孝莫大於此矣。」君怒，而殺甲也。故妻以妾余之詐棄，而子以之死。從是觀之，父之愛子也，猶可以毁而害也。○先慎曰：乾道本「以」下無「毁」字，藏本「父」上有「夫」字。盧文弨云：「毁」字脱，凌本有。俞樾云：「以」字衍文，「可而」即可以也。此文本云「父之愛子也，猶可而害也」，淺人不達古語，於「而」上又增入「以」字，則不可通矣。先慎按：凌本作「猶可以毁而害也」，是也。下文「羣臣之毁言，非特一妾之口也」，即蒙此句，明各本脱「毁」字。俞氏據誤本，勢不得不删字以就己説。今據凌本補。君臣之相與也，非有父子之親也，而羣臣之毁言，非特一妾之口也，何怪夫賢聖之戮死哉！此商君之所以車裂於秦，而吴起之所以枝解於楚者也。○先慎曰：釋名：「車裂曰『轘』。轘，散也，肢體分散也。」是二子皆受轘死，各國名刑不同，韓非亦因而稱之耳。「枝」，當作「支」。凡人臣者，有罪固不欲誅，無功者皆欲尊顯。而聖人之治國也，賞不加於無功，而誅必行於有罪者也。然則有術數者之爲人也，○顧廣圻曰：藏本、今本「人」下有「臣」字。先慎曰：「人」下當有「主」字。「爲」音于僞反。固左右姦臣之所害，非明主弗能聽也。世之學術者説人主，不曰

「乘威嚴之勢以困姦衺之臣」，而皆曰「仁義惠愛而已矣」。世主美仁義之名而不察其實，是以大者國亡身死，小者地削主卑。何以明之？夫施與貧困者，○先慎曰：乾道本無「與」字。盧文弨云：「與」字脱，一本有。先慎按：有「與」字是也，下有「與」字，即其證，今依拾補增。此世之所謂仁義；哀憐百姓，不忍誅罰者，此世之所謂惠愛也。夫有施與貧困，○顧廣圻曰：當衍「有」字。則無功者得賞；不忍誅罰，則暴亂者不止。國有無功得賞者，則民不外務當敵斬首，○顧廣圻曰：「不外」當作「外不」。內不急力田疾作，皆欲行貨財，事富貴，爲私善，立名譽，以取尊官厚俸。故姦私之臣愈衆，而暴亂之徒愈勝，不亡何待！夫嚴刑者，民之所畏也；○先慎曰：乾道本無「刑」字。顧廣圻云：藏本、今本「嚴」下有「刑」字。先慎按：「嚴刑」、「重罰」相對，明此脱，今據補。重罰者，民之所惡也。故聖人陳其所畏以禁其衺，設其所惡以防其姦，是以國安而暴亂不起。吾以是明仁義愛惠之不足用，而嚴刑重罰之可以治國也。無捶策之威，銜橛之備，雖造父不能以服馬；無規矩之法，繩墨之端，雖王爾不能以成方圓；無威嚴之勢，賞罰之法，雖堯、舜不能以爲治。今世主皆輕釋重罰嚴誅，行愛惠，而欲霸王之功，亦不可幾也。○盧文弨曰：藏本無「欲」字。故善爲主者，明賞設利以勸之，使民以功賞而不以仁義賜；嚴刑重罰以禁之，使民以罪誅而不以愛惠免。是以無功者不望，而有罪者不幸矣。託於犀車良馬之上，○顧廣圻曰：「犀」字未詳。

俞樾曰：顧氏偶失考耳，漢書馮奉世傳注引晉灼云：「犀，堅也。」然則「犀車良馬」，即堅車良馬矣。吴子應變篇云「車堅馬良」，是其義也。則可以陸犯阪阻之患；乘舟之安，持楫之利，則可以水絶江河之難；○先慎曰：趙本「水」誤「永」。操法術之數，行重罰嚴誅，則可以致霸王之功。治國之有法術賞罰，猶若陸行之有犀車良馬也，水行之有輕舟便楫也，乘之者遂得其成。伊尹得之湯以王，管仲得之齊以霸，商君得之秦以强。此三人者，皆明於霸王之術，察於治强之數，而不以牽於世俗之言；適當世明主之意，則有直任布衣之士，立爲卿相之處；○盧文弨曰：「處」，凌本作「功」。處位治國，則有尊主廣地之實。此之謂足貴之臣。湯得伊尹，以百里之地，立爲天子；桓公得管仲，立爲五霸主，九合諸侯，一匡天下；孝公得商君，地以廣，兵以强。故有忠臣者，○先慎曰：乾道本無「臣」字。盧文弨云：「臣」字脱，凌本有。先慎按：有「臣」字是，下「所謂忠臣也」即承此，今據補。外無敵國之患，内無亂臣之憂，長安於天下而名垂後世，所謂忠臣也。若夫豫讓爲智伯臣也，上不能説人主使之明法術度數之理，以避禍難之患，○先慎曰：乾道本「人」字在「使」字下，顧廣圻云「藏本、今本『人』字在『主』字上」，今據改。下不能領御其衆，以安其國；及襄子之殺智伯也，豫讓乃自黔劓，○盧文弨曰：「黔」，藏本、張本作「黚」，本當作「鉗」。顧廣圻曰：當作「黥」。先慎曰：顧説是。書吕刑：「爰始淫爲劓、刵、椓、黥。」黥、劓刑在面，趙策所謂「自刑以變其容」也。敗其形容，以爲智伯報襄子之仇；

是雖有殘刑殺身以爲人主之名，○先慎曰：「刑」當作「形」。而實無益於智伯，若秋毫之末。此吾之所下也，而世主以爲忠而高之。古有伯夷、叔齊者，武王讓以天下而弗受，二人餓死首陽之陵。若此臣者，○先慎曰：乾道本無「者」字，盧文弨云：「凌本有『者』字。」今據補。不畏重誅，不利重賞，不可以罰禁也，不可以賞使也。此之謂無益之臣也，吾所少而去也，而世主之所多而求也。

諺曰：「厲憐王。」○顧廣圻曰：乾道本、藏本提行，今本連前，誤。戰國策以此至末「可也」，皆作孫子爲書謝春申君，韓詩外傳同。此不恭之言也。雖然，古無虛諺，不可不察也。此謂劫殺死亡之主言也。○先慎曰：「謂」，讀爲爲。「殺」，策作「弒」。人主無法術以御其臣，○先慎曰：乾道本無「主」字。盧文弨云：「主」字脱，凌本有。先慎按：楚策、韓詩外傳皆有，今據補。雖長年而美材，○盧文弨曰：「美材」，藏本、張本作「材美」。大臣猶將得勢，擅事主斷，而各爲其私急。而恐父兄豪傑之士，借人主之力以禁誅於己也，○先慎曰：「父兄」，謂側室公子，人主之所親愛也。見八姦篇。「豪傑之士」，即上所云「有術之士」。故弒賢長而立幼弱，廢正的而立不義。○盧文弨曰：「弒」，外傳作「捨」。顧廣圻曰：藏本「的」作「適」，是也。策、外傳皆作「適」。故春秋記之曰：「楚王子圍將聘於鄭，未出境，聞王病而反，因入問病，以其冠纓絞王而殺之，遂自立也。○先慎曰：事見左昭元年傳。齊崔杼其妻美，而莊公通之，數如崔氏之室。及公往，崔子之徒賈舉率崔子之徒而攻公。公入室，○先慎曰：左襄二十五年傳作「臺」。請與之分國，崔子不許；公請自刃於廟，崔子又不聽。公乃走，踰於北牆。○先慎曰：「北」，策、外傳作「外」。賈舉射公，中其股，公墜，崔子之徒以戈斫公而死之，而立其弟景公。」近之所見，○盧文弨曰：「之」，外傳作「世」。李兑之用趙也，餓主父百日而死；○先慎曰：事互見喻老篇。卓齒之用齊也，○顧廣圻曰：藏本、今本「卓」作「淖」，策、外傳皆作「淖」。今按「卓」、「淖」同字。乾道本未嘗誤，改者非也。古今人表淖齒，師古曰：「淖，或作卓。」先慎曰：御覽三百七十五引作「淖」。擢湣王之筋，懸之廟梁，○先慎曰：「湣」，策、外傳作「閔」，御覽引亦作「閔」。宿昔而死。○先慎曰：「宿昔」，策作「宿夕」。故厲雖癰腫疕瘍，上比於春秋，未至於絞頸射股也；○先慎曰：乾道本無「射」字，顧廣圻云：「藏本、今本『股』上有『射』字，策、外傳有。」今據增。下比於近世，○顧廣圻曰：藏本同。今本「近世」作「近臣」，誤。未至餓死擢筋也。○顧廣圻曰：藏本同。今本「至」下有「於」字，「饑」作「餓」。策作「未至擢筋而餓死也」。外傳無「而」字，餘同。故劫殺死亡之君，此其心之憂懼，形之苦痛也，必甚於厲矣。○先慎曰：乾道本無「於」字。盧文弨云：「於」字脱，藏本、張本有，外傳同。先慎按：策有「於」字，今據補。由此觀之，雖「厲憐王」可也。

韓非子集解卷第五

亡徵第十五

凡人主之國小而家大，權輕而臣重者，可亡也。簡法禁而務謀慮，荒封内而恃交援者，可亡也。羣臣爲學，門子好辯，商賈外積，小民内困者，可亡也。○先慎曰：乾道本「内困」作「右仗」，盧文弨云：「『右仗』，凌本作『内困』。」今據改。好宮室臺榭陂池，事車服器玩好，○顧廣圻曰：句絶。「器」下當有脱字。罷露百姓，煎靡貨財者，可亡也。○先慎曰：「露」當作「潞」，羸也。吕氏春秋不屈篇：

「士民罷潞。」用時日，事鬼神，信卜筮而好祭祀者，可亡也。聽以爵不以衆言參驗，○先慎曰：乾道本「不以衆言」四字作「以待」二字。盧文弨云：一本作「不以衆言」。顧廣圻云：今本下「以」字作「不」。先慎案：謂聽以爵之尊卑，不參驗衆言得失。今據盧校改。用一人爲門户者，可亡也。官職可以重求，爵禄可以貨得者，可亡也。○先慎曰：八姦篇「財利多者買官以爲貴，有左右之交者請謁以成重，此亡國之風也」，即此意。緩心而無成，○先慎曰：乾道本「而無」作「無而」，顧廣圻云：「藏本、今本『無而』作『而無』。」今據乙。柔茹而寡斷，好惡無決而無所定立者，可亡也。饕貪而無饜，近利而好得者，可亡也。喜淫刑而不周於法，○先慎曰：乾道本無「刑」字。盧文弨云：凌本「淫」下有「刑」字。顧廣圻云：「淫」，淫辭也，見本書存韓篇。又吕氏春秋審應覽有「淫辭」，義同，皆可證也。別本於此「淫」下妄加「刑」字，乃誤之甚者。凡別本異同，大率類此，故略不復載。先慎案：訓「淫」爲「淫辭」，已嫌添設，且與下言「辯説」無別，顧説非也。「喜淫刑」與下「好辯説」對文，不當少一字，今依凌本增。好辯説而不求其用，濫於文麗而不顧其功者，可亡也。淺薄而易見，漏泄而無藏，不能周密而通羣臣之語者，可亡也。很剛而不和，○盧文弨曰：「很」，藏本作「佷」。愎諫而好勝，不顧社稷而輕爲自信者，可亡也。恃交援而簡近隣，怙强大之救而侮所迫之國者，可亡也。羈旅僑士，重帑在外，上間謀計，下與民事者，可亡也。民信其相，○顧廣圻曰：句有誤。俞樾曰：「民」下脱「不」字。「民不信其相」、「下不能其上」兩文相對。民所不信，下所不能，而人主弗能廢，故曰「可亡也」。下不能其上，主愛信之而弗能廢者，可亡也。境内之傑不事，而求封外之士，不以功伐課試，而好以名問舉錯，羈旅起貴以陵故常者，可亡也。輕其適正，庶子稱衡，太子未定而主即世者，可亡也。大心而無悔，國亂而自多，不料境内之資而易其鄰敵者，可亡也。國小而不處卑，力少而不畏强，無禮而侮大鄰，貪愎而拙交者，可亡也。太子已置，而娶於强敵以爲后妻，則太子危，如是，則羣臣易慮者，可亡也。○顧廣圻曰：藏本、今本重「羣臣易慮」。怯懾而弱守，蚤見而心柔懦，知有謂可，斷而弗敢行者，可亡也。○盧文弨曰：「謂」字衍，凌本無。顧廣圻曰：「知有謂可」四字爲一句。出君在外而國更置，○先慎曰：乾道本無「更」字，顧廣圻云：「藏本、今本『國』下有『更』字。」今據補。質太子未反而君易子，如是則國攜，國攜者，可亡也。挫辱大臣而狎其身，刑戮小民而逆其使，○顧廣圻曰：「民」當作「人」，「逆」當作「近」。按此言近刑人也。懷怒思恥而專習則賊生，○先慎曰：「習」字疑誤，未詳所當作。賊生者，可亡也。大臣兩重，父兄衆强，内黨外援以争事勢者，可亡也。婢妾之言聽，愛玩之智用，外内悲惋而數行不法者，可亡也。簡侮大臣，無禮父兄，勞苦百姓，殺戮不辜者，可亡也。好以智矯法，時以行襍公，○顧廣圻曰：藏本同。今本「行」作「私」，誤。按簡行而貴公者，韓子之家法也。法禁變易，號令數下者，可亡也。無地固，○盧文弨曰：「無地」，一本倒。城郭惡，無畜積，財物寡，無守戰之備而輕攻伐者，可亡也。種類不壽，○先慎曰：楚語「臣能自壽也」，注：「壽，保也。」主數即世，○先慎曰：「數」音色各反。嬰兒爲君，大臣專制，樹羈旅以爲黨，數割地以待交者，可亡也。太子尊顯，徒屬衆强，多大國之交，而威勢蚤具者，可亡也。變褊而心急，〇先慎曰：拾補「變」作「偏」。盧文弨云：一作「孿」。顧廣圻云：藏本同。今本「變」作「偏」，誤。按當作「孿」，形相近。俞樾云：「變」當讀爲「辡」。説文心部：「辡，一曰急也。」是與「褊」同義。作「變」者，聲近叚借也。易文言傳「由辯之不早辯也」，釋文：「辯，荀作『變』。」孟子告子篇「萬鍾則不辨禮義而受之」，音義引丁音云：「辨，本作『變』。」皆其例矣。輕疾而易動發，〇顧廣圻曰：六字爲一句。心悁忿而不訾前後者，可亡也。〇顧廣圻曰：「心」當作「必」。先慎曰：「訾」，量也。主多怒而好用兵，簡本教而輕戰攻者，可亡也。〇先慎曰：乾道本「教」上有「欲」字，顧廣圻云：「藏本、今本無『欲』字。」今據删。貴臣相妬，〇盧文弨曰：「臣」，各本皆作「人」。大臣隆盛，外藉敵國，内困百姓，以攻怨讎，而人主弗誅者，可亡也。君不肖而側室賢，〇先慎曰：八姦篇云：「何謂父兄？曰：『側室公子。』」是「側室」即君之父兄行也。太子輕而庶子伉，官吏弱而人民桀，如此則國躁；國躁者，可亡也。藏怒而弗發，〇先慎曰：乾道本「怒」作「怨」，顧廣圻云：「藏本、今本『怨』作『怒』。」今據改。懸罪而弗誅，使羣臣陰憎而愈憂懼，而久未可知者，可亡也。出軍命將太重，邊地任守太尊，專制擅命，徑爲而無所請者，可亡也。后妻淫亂，主母畜穢，外内混通，男女無别，是謂兩主；兩主者，可亡也。后妻賤而婢妾貴，太子卑而庶子尊，相室輕而典謁重，如此則内外乖；内外乖者，可亡也。大臣甚貴，偏黨衆强，壅塞主斷而重擅國者，可亡也。私門之官用，馬府之世，軍馬之府，立功者也。○顧廣圻曰：藏本同。今本「世」下有「絀」字。按「世」下脫字，未詳其所當作。鄉曲之善舉，官職之勞廢，貴私行而賤公功者，可亡也。公家虛而大臣實，正户貧而寄寓富，耕戰之士困，末作之民利者，可亡也。見大利而不趨，聞禍端而不備，淺薄於爭守之事，而務以仁義自飾者，可亡也。不爲人主之孝，而慕匹夫之孝，不顧社稷之利，而聽主母之令，女子用國，刑餘用事者，可亡也。辭辯而不法，心智而無術，主多能而不以法度從事者，可亡也。親臣進而故人退，○先慎曰：「親」，讀爲新。不肖用事而賢良伏，無功貴而勞苦賤，如是則下怨；下怨者，可亡也。父兄大臣祿秩過功，章服侵等，宫室供養太侈，○先慎曰：張榜本、趙本「太」作「大」，字同。而人主弗禁，則臣心無窮；臣心無窮者，可亡也。公壻公孫與民同門，暴慠其鄰者，可亡也。○先慎曰：趙本「慠」作「傲」。説文：「傲，倨也，从人，敖聲。」古本作「敖」，通作「慠」。釋文：禮記樂記「傲」字又作「敖」。左襄二十年傳「大夫敖」，本又作「慠」。是其證。盧文弨拾補「慠」下旁注「傲」字，云：「藏本作『慠』。」下張本多同。亡徵者，非曰必亡，○盧文弨曰：一本有「也」字。言其可亡也。夫兩堯不能相王，兩桀不能相亡；亡王之機，必其治亂、其强弱相踦者也。○先慎曰：下「其」字疑衍。木之折也必通蠹，牆之壞也必通隙。然木雖蠹，無疾風不折；牆雖隙，無大雨不壞。萬乘之主，有能服術行法以爲亡徵之君風雨者，其兼天下不難矣。

三守第十六

人主有三守。三守完，則國安身榮；三守不完，則國危身殆。何謂三守？人臣有議當途之失，用事之過，舉臣之情，○王先謙曰：「舉臣」，猶言衆臣，若後世言舉朝之比。人主不心藏而漏之近習能人，○先慎曰：「能人」，解見有度篇。使人臣之欲有言者，不敢不下適近習能人之心，而乃上以聞人主；然則端言直道之人不得見，而忠直日疏。○先慎曰：是守之不完者一也。愛人不獨利也，待譽而後利之，憎人不獨害也，待非而後害之。然則人主無威，而重在左右矣。○先慎曰：是守之不完者又其一也。惡自治之勞憚，使羣臣輻湊用事，○先慎曰：乾道本「用事」作「之變」，顧廣圻云：「今本『之變』作『用事』。」今據改。因傳柄移藉，使殺生之機、奪予之要在大臣，如是者侵。○先慎曰：是又其守之不完也。此謂三守不完。三守不完，則劫殺之徵也。凡劫有三：有明劫，有事劫，有刑劫。人臣有大臣之尊，外操國要以資羣臣，使外內之事非己不得行。雖有賢良，逆者必有禍，而順者必有福。然則羣臣莫敢忠主憂國以爭社稷之利害。○先慎曰：乾道本「羣臣」下有「直」字。顧廣圻云：藏本、今本無「直」字。按「直」當作「且」。先慎案：無「直」字是，今據删。人主雖賢，不能獨計，而人臣有不敢忠主，則國爲亡國矣。此謂國無臣。國無臣者，豈郎中虚而朝臣少哉！羣臣持禄養交，行私道而不效公忠，此謂明劫。鬻寵擅權，矯外以勝内，險言禍福得失之形，以阿主之好惡。人主聽之，卑身輕國以資之，事敗與主分其禍，而功成則臣獨專之。諸用事之人，壹心同辭，以語其美，○先慎曰：「壹」，趙本作「一」。則主言惡者必不信矣。○顧廣圻曰：「主」，謂爲主首也，與初見秦篇「主謀」義同。此謂事劫。至於守司囹圄，禁制刑罰，人臣擅之，此謂刑劫。三守不完，則三劫者起；三守完，則三劫者止。三劫止塞，則王矣。○先慎曰：拾補「止塞」下旁注「者止」二字。盧文弨云：張本「止塞」，别本多同。顧廣圻云：藏本同。今本「止塞」作「者止」。

備内第十七

人主之患在於信人，信人則制於人。人臣之於其君，非有骨肉之親也，縛於勢而不得不事也。故爲人臣者，窺覘其君心也，無須臾之休，而人主怠傲處其上，此世所以有劫君弑主也。爲人主而大信其子，則姦臣得乘於子以成其私，故李兑傅趙王而餓主父。爲人主而大信其妻，則姦臣得乘於妻以成其私，故優施傅麗姬殺申生而立奚齊。夫以妻之近與子之親而猶不可信，則其餘無可信者矣。且萬乘之主，千乘之君，后妃、夫人、適子爲太子者，或有欲其君之蚤死者。何以知其然？夫妻者，非有骨肉之恩也，○先慎曰：「恩」疑「親」之誤。上下文並作「骨肉之親」，即其證。愛則親，不愛則疏。語曰：「其母好者其子抱。」然則其爲之反也，其母惡者其子釋。丈夫年五十而好色未解也，婦人年三十而美色衰矣。以衰美之婦人事好色之丈夫，則身死見疏賤，○顧廣圻曰：藏本、今本無「死」字。按以下句例之，此字當作「疑」。下又云「而擅萬乘不疑」，相承也。先慎曰：顧説是也。而子疑不爲後，此后妃夫人之所以冀其君之死者也。唯母爲后而子爲主，則令無不行，禁無不止，男女之樂不減於先君，而擅萬乘不疑，此鴆毒扼昧「扼昧」，謂暗中絞縊也。之所以用也。故桃左春秋曰：○顧廣圻曰：藏本「桃」作「挑」，案皆未詳。俞樾曰：「左」疑「兀」字之誤，「桃兀」蓋即「檮兀」之異文。楚之「檮兀」，亦有春秋之名。楚語申叔時所謂「教之春秋」是也。故謂之檮兀春秋矣。「人主之疾死者不能處半。」人主弗知則亂多資，故曰：利君死者衆則人主危。故王良愛馬，越王勾踐愛人，爲戰與馳。醫善吮人之傷，○先慎曰：御覽七百二十四、初學記二十引「傷」作「腸」。含人之血，非骨肉之親也，利所加也。○先慎曰：御覽、初學記引「利」下有「之」字。故輿人成輿，則欲人之富貴；匠人成棺，則欲人之夭死也。非輿人仁而匠人賊也，人不貴則輿不售，人不死則棺不買，情非憎人也，利在人之死也。故后妃、夫人、太子之黨成而欲君之死也，君不死則勢不重，情非憎君也，利在君之死也。故人主不可以不加心於利己死者。故日月暈圍於外，○顧廣圻曰：國策趙四有此下四句，「暈圍」作「暉」，誤，當依此訂。其賊在内，備其所憎，禍在所愛。是故明王不舉不參之事，○盧文弨曰：「王」，藏本作「主」。不食非常之食；遠聽而近視，以審内外之失；○先慎曰：拾補「内外」作「外内」。盧文弨云：倒。今從張本、凌本。先慎案：乾道本未誤。省同異之言，以知朋黨之分；偶參伍之驗，○先慎曰：拾補「參」下旁注「三」字。盧文弨云：「三」，凌本作「參」。以責陳言之實；執後以應前，按法以治衆，衆端以參觀。衆事之端皆相參而觀之。○盧文弨曰：注張本作「皆相觀而參之」。舊脱「皆」字、「之」字。先慎曰：趙本無「皆」、「之」二字。士無幸賞，○顧廣圻曰：句絶。無踰行，○顧廣圻曰：藏本同。今本重「賞」字，誤。按本書南面篇云「雖有賢行不得踰功而先勞」，即此「無踰行」之意。殺必當罪不赦，○盧文弨曰：「當」字下，凌本有「罪有」二字。則姦邪無所容其私矣。○先慎曰：乾道本無「矣」字。顧廣圻云：藏本、今本「私」下有「矣」字。今按此與「徭役多」不相接，「私」字下當有脱文。先慎案：「矣」字當有，今據補。徭役多則民苦，民苦則權勢起，權勢起則復除重，○趙用賢曰：謂權勢之人，得爲民復除重役也。先慎曰：趙説非也。「重」字承「權勢」而言，下云「下無重權」，即其證。復除徭役，則苦民歸心，故其權勢重也。復除重則貴人富。苦民以富貴人，起勢以藉「藉」，假借也。人臣，○先慎曰：下云「偏借其權勢」，即此義。非天下長利也。故曰：徭役少則民安，民安則下無重權，下無重權則權勢滅，權勢滅則德在上矣。今夫水之勝火亦明矣，然而釜鬵間之，○盧文弨曰：「鬵」，張本作「鬲」，下同。水煎沸竭盡其上，而火得熾盛焚其下，水失其所以勝者矣。今夫治之禁姦又明於此，○先慎曰：乾道本無「於」字，顧廣圻云：「藏本、今本『明』下有『於』字。」今據補。然守法之臣爲釜鬵之行，則法獨明於胸中，而已失其所以禁姦者矣。上古之傳言，春秋所記，犯法爲逆以成大姦者，未嘗不從尊貴之臣也；而法令之所以備，○先慎曰：乾道本「而」上有「然」字，盧文弨云：「『然』字衍，張、凌本無。」今據刪。刑罰之所以誅，常於卑賤，是以其民絶望無所告愬。大臣比周，蔽上爲一，陰相善而陽相惡以示無私，相爲耳目以候主隙。人主掩蔽，無道得聞，有主名而無實，臣專法而行之，周天子是也。偏借其權勢則上下易位矣，此言人臣之不可借權勢。也。○顧廣圻曰：此十一字乃舊注誤入正文，乾道本以末「也」字作旁注，是其迹之未盡泯者。先慎曰：疑「權勢」下有脱文，校者因旁注「也」字，以完此句。

南面第十八

人主之過，在已任在臣矣，○顧廣圻曰：當衍「任」下「在」字。又必反與其所不任者備之，○先慎曰：衛嗣君貴薄疑以敵如耳是也。見七術篇。此其説必與其所任者爲讐，而主反制於其所不任者。○先慎曰：是恐爲任者所制，而反制於不任者，故聽不任者之言，以絀前之所任者。今所與備人者，且曩之所備也。人主不能明法而以制大臣之威，○顧廣圻曰：當衍「而」字，以十二字爲一句。無道得小人之信矣。○顧廣圻曰：藏本、今本「人」作「臣」。人主釋法而以臣備臣，則相愛者比周而相譽，相憎者朋黨而相非，○先慎曰：意林「非」作「誹」，下同。非譽交爭，則主惑亂矣。○先慎曰：意林無「亂」字。人臣者，非名譽請謁無以進取，非背法專制無以爲威，非假於忠信無以不禁，僞爲忠信，然後不禁。三者，惛主壞法之資也。人主使人臣雖有智能不得背法而專制，雖有賢行不得踰功而先勞，雖有忠信不得釋法而不禁，○王先謙曰：不以無心之過爲解，而不加罪。此之謂明法。

人主有誘於事者，○先慎曰：舊連上，顧廣圻云：「當以此句提行。」今從之。有壅於言者，二者不可不察也。人臣易言事者，○顧廣圻曰：句絶。少索資，以事誣主，○顧廣圻曰：「少索資」逗，「以事誣主」句。藏本同。今本「少」作「必」，誤。俞樾曰：「誣」字無義，疑「誘」字之誤。下云「主誘而不察，因而多之」，即承此而言。蓋先少索資而以事誘其主，主既爲其所誘，乃因而多之也。王先謙曰：「少索資」，矯爲廉讓。廣雅釋詁：「誣，欺也。」俞説非，下乃言「誘」也。主誘而不察，因而多之，○王先謙曰：「多之」，猶言賢之。則是臣反以事制主也；如是者謂之誘，○顧廣圻曰：「誘」下當有「於事」二字。誘於事者困於患。○王先謙曰：言如此者，必爲憂患所困。其進言少，其退費多，雖有功，其進言不信，○王先謙曰：下云：「出大費而成小功也，如此者謂之『進言不信』。」不信者有罪，事有功者必賞，○盧文弨曰：「不」上脱「夫」字，凌本有。「有」上「事」字衍，凌本無。顧廣圻曰：「事有功者必賞」，當作「事雖有功不賞」。先慎曰：顧説是。下云「事雖有功必伏其罪」，即其證。凌本不審而妄改，不可從。則羣臣莫敢飾言以惛主。主道者，○先慎曰：謂爲主之道。使人臣前言不復於後，後言不復於前，事雖有功，必伏其罪，謂之任下。○先慎曰：人主之患在於任臣。然以言責事，以事責功，不專任一臣，凡下之人皆得而任之，故謂之「任下」。人臣爲主設事而恐其非也，則先出説設言曰：「議是事者，妬事者也。」人主藏是言，不更聽羣臣；羣臣畏是言，不敢議事。二勢者用，○王先謙曰：「二勢」者，主拒諫，臣緘默，兩有必然之勢。則忠臣不聽而譽臣獨任；如是者謂之壅於言，壅於言者制於臣矣。主道者，使人臣有必言之責，○先慎曰：乾道本「有必」作「必有」。盧文弨云：「必有」倒，張本作「有必」，凌本作「知有」。先慎案：張本是，今據改。又有不言之責。言無端末，辯無所驗者，此言之責也；以不言避責，持重位者，此不言之責也。人主使人臣言者必知其端以責其實，○先慎曰：依上下文，「端」下當有「末」字。不言者必問其取舍以爲之責，○顧廣圻曰：藏本同。今本「責」作「資」，誤。則人臣莫敢妄言矣，又不敢默然矣，言、默則皆有責也。人主欲爲事，不通其端末而以明其欲，○王先謙曰：「明其欲」者，羣下之意同曉然於主心。有爲之者，○顧廣圻曰：

藏本同。今本「之」下有「意」字，誤。其爲不得利，必以害反。知此者，任理去欲，舉事有道，計其入多，其出少者，可爲也。惑主不然，計其入不計其出，出雖倍其入，不知其害，則是名得而實亡，如是者功小而害大矣。凡功者，其入多，其出少，乃可謂功。今大費無罪而少得爲功，則人臣出大費而成小功，小功成而主亦有害。

不知治者，○先慎曰：舊連上，顧廣圻云：「當以此句提行。」今從之。必曰：「無變古，毋易常。」變與不變，聖人不聽，正治而已。然則古之無變，常之毋易，在常、古之可與不可。伊尹毋變殷，太公毋變周，則湯、武不王矣。管仲毋易齊，郭偃毋更晉，○先慎曰：「郭偃」，墨子所染篇作「高偃」，「高」與「郭」一聲之轉。左傳作「卜偃」。韋、杜注：「晉掌卜大夫。」則桓、文不霸矣。凡人難變古者，憚易民之安也。夫不變古者，襲亂之迹；適民心者，恣姦之行也。民愚而不知亂，上懦而不能更，是治之失也。人主者，明能知治，嚴必行之，故雖拂於民心，○顧廣圻曰：逗。立其治。○顧廣圻曰：藏本、今本「心」作「必」。按「拂於民心」與上「適民心」相對，唯乾道本爲未誤。先慎曰：乾道本脱「必」字，藏本、趙本脱「心」字耳。當作「拂於民心，必立其治」。顧氏知「拂民心」與「適民心」相對，而不知「必立其治」與「嚴必行之」又相承也。說在商君之内外而鐵殳重盾而豫戒也。故郭偃之始治也，文公有官卒；管仲始治也，桓公有武車：戒民之備也。○先慎曰：「管仲」下當有「之」字，與上句相對。是以愚贛窳墮之民，○盧文弨曰：以下多不可曉，疑有脱誤。先慎曰：乾道本「愚」作「遇」。顧廣圻云：「藏本同。今本『贛』作『戇』，『墮』作『惰』。按『贛』或省字也。乾道本『愚』作『遇』，譌。」今據改。苦小費而忘大利也，○顧廣圻曰：逗。故貪虎受阿謗。○顧廣圻曰：句。而輾小變而失長便，○顧廣圻曰：逗。按「輾」字有誤，未詳所當作。故鄒賈非載旅。○顧廣圻曰：句。狎習於亂而容於治，○顧廣圻曰：逗。故鄭人不能歸。○顧廣圻曰：句絶。按此皆未詳。自上文「説在商君」云云以下句例，全與本書内儲説七術、六微、外儲説左、右四篇之經相同，必韓子此下尚有其説，亦如四篇之説者，而今佚之耳。先慎曰：顧説是。外儲説左下：「鄭縣人賣豚，人問其價。曰：『道遠日暮，安暇語汝。』」當即「鄭人不能歸」佚文。

飾邪第十九

鑿龜數筴，兆曰大吉，而以攻燕者，趙也。鑿龜數筴，兆曰大吉，而以攻趙者，燕也。劇辛之事，燕無功而社稷危。○顧廣圻曰：史記趙世家：「悼襄王三年，龐煖將，攻燕，禽其將劇辛」，即其事，詳見燕世家。鄒衍之事，燕無功而國道絶。○顧廣圻曰：未詳。趙代先得意於燕，後得意於齊，○先慎曰：乾道本「後」下無「得」字，王渭云：「當衍『代』字。」顧廣圻云：「藏本、今本『後』下有『得』字。」今據補。按趙世家，四年移攻齊，取饒安，即其事也。國亂節高。○顧廣圻曰：藏本同。今本「節」作「飾」，誤。十過篇「其行矜而意高，非他時之節也」，即此「節高」之義。自以爲與秦提衡，○先慎曰：世家：「悼襄王四年，龐煖將趙、楚、魏、燕之銳師攻秦蕞〔一〕，不拔。」非趙龜神而燕龜欺也。趙又嘗鑿龜數筴而北伐燕，將劫燕以逆秦，兆曰大吉。始攻大梁而秦出上黨矣，○先慎曰：「攻」、「出」二字互誤。兵至釐而六城拔矣，至陽城，秦拔鄴矣，○顧廣圻曰：世家：「九年，攻燕，取魏陽城，兵未罷，秦攻鄴，拔之。」又年表云：「秦拔我閼與鄴，取九城。」即其事也。龐援揄兵而南，則鄣盡矣。○盧文弨曰：「龐援」即「龐煖」，亦作「龐涓」。顧廣圻曰：「援」，讀爲煖。史記燕、趙世家，漢書人表、藝文志皆作「煖」，「援」、「煖」同字耳。「南」者，兵自燕返也。臣故曰：趙龜雖無遠見於燕，且宜近見於秦。秦以其大吉，辟地有實，救燕有有名。○顧廣圻曰：藏本、今本不重「有」字。王渭曰：上「有」字讀爲「又」。趙以其大吉，地削兵辱，○先慎曰：乾道本「地」作「利」，盧文弨云：「凌本『利』作『地』。」今據改。主不得意而死。○先慎曰：趙世家：悼襄王九年卒。又非秦龜神而趙龜欺也。初時者，魏數年東鄉攻盡陶、衛，○先慎曰：魏安釐王事見有度篇。數年西鄉以失其國。○先慎曰：魏景湣王事，見史表、世家。此非豐隆、五行、太一、○先慎曰：張、趙本「一」作「乙」，字同。漢書天文志作「泰一」。王相、攝提、六神、五括、天河、殷搶、歲星非數年在西也，○先慎曰：天文志：「歲星所在，國不可伐，可以伐

〔一〕「秦蕞」，原本作「春蕞」，據史記趙世家改。

人。」「數」上不當有「非」字，承上「此非」言；下「非數年在東也」，「非」字亦衍。又非天缺、弧逆、刑星、熒惑、奎台非數年在東也。○先慎曰：天文志：「熒惑出則有大兵，入則兵散，周還止息，迺爲其死喪寇亂，在其野者亡地，以戰不勝。」故曰：龜筴鬼神不足舉勝，左右背鄉不足以專戰。然而恃之，愚莫大焉。古者先王盡力於親民，加事於明法。彼法明則忠臣勸，罰必則邪臣止。忠勸邪止，而地廣主尊者，秦是也。羣臣朋黨比周，以隱正道，行私曲而地削主卑者，山東是也。亂弱者亡，○顧廣圻曰：四字爲一句，下「治强者王」句同。人之性也。治强者王，古之道也。越王勾踐恃大朋之龜，與吴戰而不勝，○先慎曰：乾道本「吴」作「吾」。顧廣圻云：今本「吾」作「吴」，按「吾」、「吴」二字，他書亦有相亂者。先慎案：下均作「吴」，似應一律，今據改。身臣入宦於吴；○顧廣圻曰：「臣」字當衍。先慎曰：趙本「宦」作「官」。案作「官」者，蓋以越語與范蠡入官於吴，越絶書請糴内傳、外傳記地傳、吴越春秋句踐入臣傳改也，本書自作「宦」。喻老篇「句踐入宦於吴」，又云「越王之霸也不病宦」，是其證。反國棄龜，明法親民以報吴，則夫差爲擒。故恃鬼神者慢於法，恃諸侯者危其國。曹恃齊而不聽宋，齊攻荆而宋滅曹。荆恃吴而不聽齊，越伐吴而齊滅荆。○顧廣圻曰：二「荆」字，皆當作「邢」。許恃荆而不聽魏，荆攻宋而魏滅許。鄭恃魏而不聽韓，魏攻荆而韓滅鄭。○先慎曰：乾道本「魏攻」作「攻魏」，今據藏本、今本改。王渭云：戰國策二作「魏攻蔡而鄭亡」。蔡、荆異同，未詳孰是。顧廣圻云：今按魏策四又云「伐榆關而韓氏亡鄭」，皆即其事，蔡入楚者也。榆關詳見吳師道補正。今者韓國小而恃大國，主慢而聽秦、○顧廣圻曰：當補「不」字於「聽秦」上，此與上諸「不聽」相承爲文也。先慎曰：顧説非也，此正言韓聽秦之弊，玩下文自知，不當以上文爲説。魏，恃齊、荆爲用，而小國愈亡。○顧廣圻曰：「魏」上當有脱文，此複説上文邢、鄭、曹、許之恃吳、魏，恃齊、荆爲用也，故曰「而小國愈亡」。故恃人不足以廣壤，而韓不見也。荆爲攻魏而加兵許、鄢，齊攻任扈而削魏，不足以存鄭，○顧廣圻曰：以上皆有脱誤。此「荆攻魏」「削魏」，當爲不足以存許言之。「齊攻任扈」，當爲不足以存曹言之。其「不足以存鄭」，當言魏攻也。而韓弗知也。此皆不明其法禁以治其國，恃外以滅其社稷者也。臣故曰：明於治之數，則國雖小，富；○顧廣圻曰：「則國雖小」逗，「富」句絶。下文「民雖寡」逗，「强」句絶。「國雖大」逗，「兵」句絶。其句例同。先慎曰：「國雖大，兵」句讀，誤。賞罰敬信，民雖寡，强。賞罰無度，國雖大兵弱者，地非其地，民非其民也。○顧廣圻曰：「弱者」二字逗，「地非其地民非其民也」九字爲一句，與上文「民雖寡，强」相對。自「則國雖小」至此，今皆失其讀也。俞樾曰：此言賞罰無紀，則國雖大而兵必弱；所以然者，由地非其地，民非其民也。文義本甚分明，顧氏讀「國雖大」逗，「兵」句，謂與上文「國雖小，富」，「民雖寡，强」一律，則「兵」之一字，殊不成義，而「弱者」二字屬下讀，於義亦未安矣。先慎曰：俞説是也。無地無民，堯、舜不能以王，三代不能以强。人主又以過予，人臣又以徒取。舍法律而言先王以明古之功者，○先慎曰：乾道本「明」上無「以」字，「古」作「君」，盧文弨云：「凌本有『以』字，『君』作『古』。」今據改。上任之以國，臣故曰：是願古之功，以古之賞賞今之人也，主以是過予，○先慎曰：乾道本「主以」作「以主」。顧廣圻云：藏本、今本「以主」作「主以」。先慎案：「主以是過予」、「臣以此徒取」相對成文，乾道本誤倒耳，今據改。而臣以此徒取矣。主過予則臣偷幸，○先慎曰：乾道本「臣」作「人」，盧文弨云：「人，張本作『臣』。」今據改。臣徒取則功不尊，無功者受賞則財匱而民望，○先慎曰：望，怨也。財匱而民望則民不盡力矣。故用賞過者失民，用刑過者民不畏。有賞不足以勸，有刑不足以禁，則國雖大必危。故曰：小知不可使謀事，小忠不可使主法。荆恭王與晉厲公戰於鄢陵，荆師敗，恭王傷，酣戰。而司馬子反渴而求飲，其友豎穀陽○顧廣圻曰：十過篇無「其友」二字。先慎曰：他書無以穀陽豎爲子反友者，呂覽權勳篇、淮南人閒訓高誘注：「豎，小使也。」左傳成十六年杜注：「穀陽，反內豎。」正義云：「鄭元云：『豎，未冠之名。』故杜以爲『內豎』也。」「友」字當爲衍文。奉卮酒而進之，子反曰：「去之，此酒也。」豎穀陽曰：「非也。」子反受而飲之。子反爲人嗜酒，甘之，不能絕之於口，醉而卧。恭王欲復戰而謀事，使人召子反，子反辭以心疾。恭王駕而往視之，入幄中聞酒臭而還，曰：「今日之戰，寡人目親傷，所恃者司馬，司馬又如此，是亡荆國之社稷而不恤吾衆也，寡人無與復戰矣！」○顧廣圻曰：十過篇無「與」字。先慎曰：「與」字當有，說見十過篇。罷師而去之，斬子反以爲大戮。故曰：豎穀陽之進酒也，非以端惡「端」，故也。子反也，實心以忠愛之，而適足以殺之而已矣。此行小忠而賊大忠者也。故曰：小忠，大忠之賊也。若使小忠主法，則必將赦罪，赦罪以相愛，○先慎曰：乾道本不重「赦罪」二字，顧廣圻云：「藏本、今本重『赦罪』。」今據補。是與下安矣，然而妨害於治民者也。當魏之方明立辟，○顧廣圻曰：逗。從憲令行之時，○顧廣圻曰：當衍「行」字。按下文「當趙之方明國律」逗，「從大軍之時」句；「當燕之方明奉法」逗，「審官斷之時」句，其句例同。又下文云「故曰明法者强」，承此三句之三「明」字也。有功者必賞，有罪者必誅，强匡天下，威行四鄰；及法慢，妄予，○顧廣圻曰「及法慢」三字爲一句，「妄予」二字爲一句。而國日削矣。當趙之方明國律，從大軍之時，人衆兵强，辟地齊燕；及國律慢，用者弱，○顧廣圻曰：三字爲一句。而國日削矣。當燕之方明奉法，審官斷之時，東縣齊國，南盡中山之地；及奉法已亡，官斷不用，左右交争，論從其下，則兵弱而地削，國制於鄰敵矣。故曰：明法者强，慢法者弱。强弱如是其明矣，而世主弗爲，國亡宜矣。語曰：「家有常業，雖飢不餓；國有常法，雖危不亡。」夫舍常法而從私意，則臣下飾於智能；○先慎曰：乾道本無「下」字。盧文弨云：張、凌本皆有「下」字。顧廣圻云：藏本「臣」下有「下」字，是也。先慎案：意林「臣」下有「下」字，今據補。臣下飾於智能，則法禁不立矣。是妄意之道行，治國之道廢也。治國之道，去害法者，則不惑於智能，不矯於名譽矣。昔者舜使吏決鴻水，先令有功而舜殺之；禹朝諸侯之君會稽之上，○盧文弨曰：「之君」二字，凌本無。防風之君後至而禹斬之。以此觀之，先令者殺，後令者斬，則古者先貴如令矣。○顧廣圻曰：藏本同。今本「先」作「必」。按此字有誤，未詳。王先謙曰：首以遵令爲貴，故曰「先貴如令」，説亦可通。故鏡執清而無事，美惡從而比焉；衡執正而無事，輕重從而載焉。夫搖鏡則不得爲明，搖衡則不得爲正，法之謂也。故先王以道爲常，以法爲本，本治者名尊，本亂者名絶。凡智能明通，有以則行，無以則止。故智能單，道不可傳於人，○王先謙曰：「單」，盡也。言雖智能竭盡，虚而無徵，不能爲後人法守，故云「道不可傳於人」。而道法萬全，智能多失。夫懸衡而知平，設規而知圓，萬全之道也。明主使民飾於道之故，○王渭曰：「於」下當有「法知」二字。顧廣圻曰：按「法」句絶，「知」下屬。故佚而有功。○先慎曰：乾道本無「故」字，「有」作「則」。顧廣圻云：今本「佚」上更有「故」字，「則」作「有」。藏本有「故」字，是也。先慎案：下「故勞而無功」與此句相承，今本是，今據改。釋規而任巧，釋法而任智，惑亂之道也。亂主使民飾於智，○先慎曰：乾道本「於」作「將」，顧廣圻云：「今本『將』作『於』。」今據改。不知道之故，故勞而無功。釋法禁而聽請謁，羣臣賣官於上，取賞於下，○先慎曰：「賞」，讀爲償。是以利在私家而威在羣臣。故民無盡力事主之心，而務爲交於上。民好上交，則貨財上流，○先慎曰：「流」，行也。而巧説者用；○先慎曰：謂請謁也。若是則有功者愈少。姦臣愈進而材臣退，則主惑而不知所行，民聚而不知所道。「道」，從也。此廢法禁，後功勞，舉名譽，聽請謁之失也。凡敗法之人，必設詐託物以來親，○顧廣圻曰：藏本同。今本「來」作「求」。又好言天下之所希有，此暴君亂主之所以惑也，人臣賢佐之所以侵也。故人臣稱伊尹、管仲之功，○先慎曰：此下疑脱「而見用」三字，與下「而見殺」對文。則背法飾智有資；稱比干、子胥之忠而見殺，則疾强諫有辭。○顧廣圻曰：「疾」下當有脱字。夫上稱賢明，下稱暴亂，不可以取類，○王先謙曰：能用伊尹、管仲，是賢明之主，殺子胥、比干，是暴亂之主。凡此稱説古人，皆以劫制其君，使下易於干進，上難於行罰。然伊尹、管仲不世出，進諫者非必比干、子胥，故曰「不可以取類」。若是者禁。○先慎曰：乾道本無「者」字。顧廣圻云：「藏本、今本『是』下有『者』字。按有『者』字是也，四字爲句，屬上。」今據補。君之立法，○顧廣圻曰：句絶。以爲是也。○顧廣圻曰：四字爲一句。今人臣多立其私智，○顧廣圻曰：逗，此與上「君之立法」句相對。以法爲非者是邪。○盧文弨曰：「者」字衍。顧廣圻曰：「以法爲非者」五字句，與上「以爲是也」句對。先慎曰：顧讀誤。當於下「是耶」句。此立私智之臣，動與法違，故以法爲非是也。上言「是」，此言「非是」，語意相承。「者」字不當有。以智以此思之，則知凡臣下之情皆欲過公法立私智也。○先慎曰：乾道本注「臣下」二字作「官」，「公」作「功」。盧文弨云：皆從凌本改。過法立智，○俞樾曰：上「邪」字衍文。「是以智過法立智」七字爲句。言自以其智過公法，立私智也。舊注不説「邪」字，疑其所據本作「是以智過法立智」。今衍「邪」字，於義難通。顧氏於前後文句讀一一訂正，而此句未了，由不知「邪」字之衍耳。凌本作「以邪爲智」，與舊注不合，非是。先慎曰：俞説非。「邪」，語辭，屬上爲句。「以智過法立智」，當作「以知過法立智」，古文「知」、「智」同用「知」字，後人於「知」之讀爲「智」者，並加「日」字於下。此涉上下文而誤，舊注云「以此思之，則知凡臣下之情皆欲過公法立私智」，是其所見本尚作「知」字，不誤。如是者禁。○顧廣圻曰：句絶。主之道也。○顧廣圻曰：四字爲句。禁主之道，○盧文弨曰：「禁」，凌本作「明」。顧廣圻曰：「禁」字衍。「主之道」三字逗，屬下。自「若是者禁」至此，今皆失其讀。必明於公私之分，明法制，去私恩。夫令必行，禁必止，人主之公義也。必行其私，信於朋友，不可爲賞勸，不可爲罰沮，人臣之私義也。私義行則亂，公義行則治，故公私有分。人臣有私心，有公義：修身潔白，而行公行正，居官無私，○先慎曰：「正」字衍文。人臣之公義也；汙行從欲，安身利家，人臣之私心也。明主在上，則人臣去私心行公義。亂主在上，則人臣去公義行私心，故君臣異心。君以計畜臣，臣以計事君。君臣之交，計也。害身而利國，臣弗爲也；害國而利臣，君不爲也。○先慎曰：乾道本「害」作「富」，「爲」作「行」。案意林「富」作「害」，「行」作「爲」，今據改。臣之情，害身無利；君之情，害國無親。君臣也者，以計合者也。至夫臨難必死，盡智竭力，爲法爲之。○顧廣圻曰：藏本、今本「之」下有「也」字。王先謙曰：上「爲」字，于僞反。故先王明賞以勸之，嚴刑以威之。賞刑明則民盡死，民盡死則兵强主尊。刑賞不察則民無功而求得，有罪而幸免，則兵弱主卑。故先王賢佐盡力竭智。故曰：公私不可不明，法禁不可不審，先王知之矣。

韓非子集解卷第六

解老第二十

○盧文弨曰：此及下篇當依老子各章分段。

德者，内也；得者，外也。上德不德，言其神不淫於外也。神不淫於外則身全，身全之謂得。得者，得身也。○先慎曰：「謂得得者」，兩「得」字各本作「德」。案「身全之謂得，得者，得身也」，正承上「得者」言之，御覽七百二十引正作「得」，明作「德」誤，今據正。凡德者，以無爲集，以無欲成，以不思安，以不用固。爲之欲之，則德無舍；○王先謙曰：「舍」，止也。「無舍」，言不能安其止。德無舍則不全。用之思之則不固，不固則無功，無功則生有德。○先慎曰：「生有德」，承上「不全」、「無功」兩者言，疑「無功」上脱「不全」二字。乾道本「有」作「於」。盧文弨云：藏本、張、凌本「有」作「於」，凌本無「則」字。顧廣圻云：今本「於」作「有」，誤。先慎案：作「生有德」者是也。本無而致有之之謂生，老子云：「下德爲之而有以爲也。」「有以爲」即所謂「生有德」也。改從今本。德則無德，○王先謙曰：「德」，非病也。「德則無德」文不成義。「德」上當有「生有」二字。不德則有德。○先慎曰：乾道本作「不得則在有德」。盧文弨云：「在」字疑衍。顧廣圻云：藏本、今本「得」作「德」。先慎案：作「德」是，今據改。「在」字衍，張榜本無，今據删。故曰：「上德不德，是以有德。」

所以貴無爲無思爲虚者，○先慎曰：舊連上，今提行。謂其意無所制也。夫無術者，故以無爲無思爲虚也。○先慎曰：説文：「故，使爲之也。」靈臺清静，自然而虚。若無道術之人，有意爲虚，所謂「故」也。夫故以無爲無思爲虚者，其意常不忘虚，是制於爲虚也。虚者，謂其意所無制也。○盧文弨曰：「所」、「無」疑倒。今制於爲虚，是不虚也。虚者之無爲也，不以無爲爲有常，不以無爲爲有常則虚，虚則德盛，德盛之謂上德。故曰：「上德無爲而無不爲也。」○先慎曰：德經河上公、王弼本「不」作「以」，葉夢得「不」作「非」，傅奕本無「無」字，各本無末「也」字。按此篇及喻老每條末「也」字、「矣」字多非老子文。

仁者，謂其中心欣然愛人也。其喜人之有福而惡人之有禍也，生心之所不能已也，非求其報也。故曰：「上仁爲之而無以爲也。」○先慎曰：今德經無「也」字。

義者，君臣上下之事，○盧文弨曰：凌本「事」作「禮」，先慎曰：御覽四百二十一引亦作「禮」。父子貴賤之差也，知交朋友之接也，親疏内外之分也。臣事君宜，下懷上宜，○先慎曰：乾道本脱下「宜」字。顧廣圻云：此下當有「宜」字。先慎按：拾補有「宜」字，今依增。子事父宜，賤敬貴宜，○先慎曰：乾道本「賤」作「衆」。顧廣圻云：藏本、今本「衆」作「賤」，今本無「宜」字，誤。藏本有。先慎按：「衆」字亦誤，此承上「父子」、「貴賤」

言，明字當作「賤」，依藏本、今本改。知交友朋之相助也宜，○先慎曰：九字爲句。謂知交朋友宜相助也。今本「宜」字屬下爲句，非。「友朋」，依上當作「朋友」。親者內而疏者外宜。○顧廣圻曰：今本無「宜」字，藏本有。義者，謂其宜也，宜而爲之，故曰：「上義爲之而有以爲也。」

禮者，所以貌情也，○先慎曰：乾道本「貌情」作「情貌」，下同。盧文弨云：「情貌」倒，從張本作「貌情」。先慎案：盧說是。作「情貌」者，涉下條「禮爲情貌也」而誤。「貌」與「飾」同義。荀子大略篇「文貌情用，相爲表裏」，「文貌」即「文飾」也。禮記月令疏引定本「飾，謂容飾也」，「容飾」即「容貌」也。下文「禮者，外飾之所以諭內也」，「內」指「情」言，「飾」即「貌」也。御覽五百四十二引作「禮者所以飾貌情也」，「貌」上更有「飾」字，蓋校者旁注「飾」字以釋「貌」義，刊書者失刪，亦見「飾」、「貌」二字古通，而作「情貌」者誤，今據乙。羣義之文章也，君臣父子之交也，貴賤賢不肖之所以別也。中心懷而不諭，故疾趨卑拜以明之；○先慎曰：乾道本「故」作「其」，「以」作「而」，誤。下文「故好言繁辭以信之」，與此正相對。顧廣圻云：今本「其」作「故」。先慎案：御覽引「其」作「故」，「而」作「以」，今據改。實心愛而不知，故好言繁辭以信之。禮者，外飾之所以諭內也。○先慎曰：乾道本「飾」誤作「節」，盧文弨云：「凌本『節』作『飾』。」今據改。故曰：「禮以貌情也。」○顧廣圻曰：當衍「曰」字。案此及喻老凡「故曰」之下，例必引老子文，其不然者，即有誤也，今皆正之。凡人之爲外物動也，不知其爲身之禮也。衆人之爲禮也，以尊他人也，故時勸時衰。君子之爲禮，以爲其身；○先慎曰：乾道本下「之」字作「以」。顧廣圻云：今本上「以」字作「之」。先慎案：作「之」者是也，「以」字涉下文而誤。上文「衆人〔二〕之爲禮」與此「君子之爲禮」相對，明此不當作「以」，改從今本。以爲其身，故神之爲上禮；上禮神而衆人貳，故不能相應；不能相應，故曰：「上禮爲之而莫之應。」衆人雖貳，聖人之復恭敬盡手足之禮也不衰，○顧廣圻曰：藏本同。今本無上「之」字，誤。案此以十四字爲一句。故曰：「攘臂而仍之。」○顧廣圻曰：經典釋文「仍」作「扔」，傅本及今德經皆作「仍」。先慎曰：「仍」，王弼作「扔」。説文：「仍，因也；扔，亦因也。」「仍」、「扔」字異義同。道有積而德有功，○顧廣圻曰：「德」當作「積」。德者道之功。功有實而實有光，仁者德之光。光有澤而澤有事，義者仁之事也。事有禮而禮有文，禮者義之文也。故曰：「失道而後失德，失德而後失仁，失仁而後失義，失義而後失禮。」○盧文弨曰：凡「而後」下俱不當有「失」字。顧廣圻曰：傅本及德經無下「失」字。

禮爲情貌者也，○先慎曰：乾道本連上。盧文弨云：當提行。此「爲情貌」與前文自别。先慎案：盧説是，今從拾補，提行。文爲質飾者也。夫君子取情而去貌，好質而惡飾。夫恃貌而論情者，其情惡也；須飾而論質者，其質衰也。何以論之？和氏之璧不飾以五采，隋侯之珠不飾以銀黃，

〔二〕「衆人」，原本「衆」下脱「人」字，據正文補。

○先慎曰：御覽八百三、八百六引「隋」並作「隨」，八百六引「銀黃」作「黃金」。其質至美，物不足以飾之。夫物之待飾而後行者，其質不美也。是以父子之間，其禮樸而不明。○先慎曰：乾道本無「樸」字。顧廣圻云：今本「禮」下有「樸」字。按句有誤，未詳。先慎案：「樸而不明」，即下文「實厚者貌薄」之意，無「樸」字則文不成義，改從今本。故曰：「禮，薄也。」○顧廣圻曰：句有誤。先慎曰：顧氏謂「曰」下必引老子文，故疑誤。不知此即本老子「夫禮者，忠信之薄也」，所以亦用「故曰」以明之，非必盡引老子成文而不節也。下文「是謂深其根，固其柢」，本書無「是謂」二字，「善建者不拔」，本書僅云「故曰拔」之類是也。又有增多其字以足義者：「是謂道紀」，本書作「道理之者也」；喻老篇「子孫以其祭祀世世不輟」，而老子原文作「子孫祭祀不輟」是也。此既云「禮薄也」，下又申明「故曰夫禮者忠信之薄也」；正與下文「故曰道之華也」，又申之以「故曰前識者道之華也」；「故曰迷」，又申之以「故曰人之迷其日故以久矣」；「故曰重積德」，又申之以「故曰蚤服是謂重積德」；「故曰無不克」，又申之以「故曰無不克則莫知其極」之類同例。凡物不並盛，陰陽是也；理相奪予，威德是也；實厚者貌薄，父子之禮是也。由是觀之，禮繁者實心衰也。○王先謙曰：「禮繁者實衰」與「實衰者貌薄」對文，「心」字不當有，此緣下文「樸心」而衍。然則爲禮者，事通人之樸心者也。○王先謙曰：「通人」，謂衆人。緣衆人之實心而形之於事則爲禮之貌，故曰「爲禮者事通人之樸心者也」。衆人之爲禮也，人應則輕歡，○顧廣圻曰：「歡」當作「勸」。上文云「時勸時衰」。不應則責怨。今爲禮者事通人之樸心，而資之以相責之分，能毋爭乎？有爭則亂，○先慎曰：依下文「是以曰愚之首也」文例，此當脱「是以曰亂之首也」一句。故曰：「夫禮者，忠信之薄也，○顧廣圻曰：傳本及今德經皆無「也」字，下「道之華也」同。而亂之首乎！」○顧廣圻曰：今德經無「乎」字，傳本作「也」。

先物行先理動之謂前識，○王先謙曰：與物來順應異。前識者，無緣而忘意度也。○先慎曰：「忘」與「妄」通，左傳哀二十七年注「言公之多忘」，釋文：「忘，本又作『妄』。」莊子盜跖篇「故推正不忘耶」，釋文：「忘，或作『妄』。」此「忘」、「妄」古通之證。「無緣而忘意度」，謂無所因而妄以意忖度之也。用人篇「去規矩而妄意度」，是其證。何以論之？詹何坐，弟子侍，有牛鳴於門外。○先慎曰：乾道本無「有」字。顧廣圻云：藏本、今本有「有」字。先慎案：御覽八百九十九、事類賦二十二引並有，今據補。弟子曰：「是黑牛也而白在其題。」○先慎曰：乾道本無「在其」二字。案下文「而白在其角」文法一律，明乾道本脱「在其」二字，今據御覽、事類賦引補。「題」，御覽、事類賦作「蹏」。詹何曰：「然，是黑牛也，而白在其角。」○先慎曰：御覽引無「是」字；「角」作「頭」〔一〕，誤，下仍作「角」，可證。使人視之，果黑牛而以布裹其角。以詹子之術，嬰衆人之心，華焉殆矣！○先慎曰：竭其聰明，役其智力，使衆人之心爲之營惑，如華之末，庶幾近之。故曰：「道之華也。」嘗試釋詹子之察，而使五尺之愚童子視之，亦知其黑牛而以布裹其角也。故以詹子之察，苦

〔一〕「頭」，原本作「頚」，據太平御覽改。

心傷神而後與五尺之愚童子同功，是以曰：「愚之首也。」○顧廣圻曰：句有誤，當衍「以曰」二字。先慎曰：「是以」二字不誤，與「故」字同用。上文「故曰道之華也」，此言「是以曰愚之首也」，語正相同，皆本老子文。變「故」言「是以」者，避下「故曰」以成文也。故曰：「前識者，道之華也，○先慎曰：「也」字，德經諸本皆無。而愚之首也。」○顧廣圻曰：今德經無「也」字，傅本有，與此合。「首」皆作「始」。所謂大丈夫者，謂其智之大也。所謂處其厚不處其薄者，○顧廣圻曰：今德經下「處」字作「居」，非。傅本與此合，下「不處其華」同。行情實而去禮貌也。所謂處其實不處其華者，必緣理不徑絶也。○先慎曰：「徑絶」，即妄意度也。「徑絶」與「經絶」同義，解見下文。所謂去彼取此者，去貌徑絶○顧廣圻曰：「去」下當有「禮」字。而取緣理好情實也。○顧廣圻曰：當衍「好」字。故曰：「去彼取此。」○先慎曰：以上見三十八章。

人有禍則心畏恐，心畏恐則行端直，行端直則思慮熟，思慮熟則得事理。行端直則無禍害，無禍害則盡天年；得事理則必成功。盡天年則全而壽；必成功則富與貴；全壽富貴之謂福。○先慎曰：乾道本「富」下無「貴」字。盧文弨云：脱，張本有。顧廣圻云：藏本有「貴」者是也。先慎案：依上文應有，今據補。而福本於有禍，故曰：「禍兮福之所倚。」○先慎曰：老子明皇、陸希聲本無「之」字。「倚」，因也。以成其功也。

人有福則富貴至，富貴至則衣食美，○先慎曰：乾道本「至」下無「則」字。顧廣圻云：藏本有「則」字，是也。先慎案：御覽四百七十二引亦有「則」字，今據補。衣食美則驕心生，驕心生則行邪僻而動棄理。○先慎曰：乾道本無「行」字。顧廣圻云：今本「則」下有「行」字，依下文當補。先慎案：御覽引有「行」字，今據補。「理」下御覽有「也」字。行邪僻則身死夭，動棄理則無成功。夫內有死夭之難，而外無成功之名者，大禍也。而禍本生於有福，○王先謙曰：上「福本於有禍」，與此對文，不當更有「生」字，此緣上「生」字而誤衍。故曰：「福兮禍之所伏。」○先慎曰：明皇、陸希聲本無「之」字。伏，匿也。

夫緣道理以從事者，無不能成。無不能成者，大能成天子之勢尊，而小易得卿相將軍之賞祿。夫棄道理而妄舉動者，雖上有天子諸侯之勢尊，而下有倚頓、陶朱卜祝之富，○先慎曰：乾道本「下」上有「天」字。顧廣圻云：藏本、今本無「天」字。「卜祝」，未詳。先慎案：「天」字衍，今依顧校刪。「卜祝」，疑爲「十倍」之譌。猶失其民人而亡其財資也。衆人之輕棄道理而易妄舉動者，不知其禍福之深大而道闊遠若是也，故諭人曰：「孰知其極。」○先慎曰：此變文而言，與「是以曰愚之首也」同例。人莫不欲富貴全壽，而未有能免於貧賤死夭之禍也。心欲富貴全壽，而今貧賤死夭，是不能至於其所欲至也。凡失其所欲之路而妄行者之謂迷，迷則不能至於其所欲至矣。今衆人之不能至於其所欲至，故曰「迷」。○先慎曰：與失路等。下「故曰拔」與此句例同。衆人之所不能至於其所欲至也，自天地之剖判以至于今，○盧文弨曰：「于」字，張本無。故曰：「人之迷也，其日故以久矣。」○盧文弨曰：「日」字，凌本無。顧廣圻曰：今德經「人」作「民」，無「也」字、「矣」字。傅本與此合。「故」皆作「固」，皆無「以」字。先慎曰：王弼作「人」，與此同。陸希聲、趙孟頫本作「民迷其日固以久矣」。

所謂方者，内外相應也，○盧文弨曰：「内外」二字，凌本倒。言行相稱也。○先慎曰：「稱」，副也，昌證反。所謂廉者，必生死之命也，○先慎曰：謂能死節。輕恬資財也。○先慎曰：「恬」，淡也。所謂直者，義必公正，心不偏黨也。○先慎曰：乾道本「心」上有「公」字。顧廣圻云：今本「公」作「立」，當衍此字。盧文弨云：下「立」字，凌本無此字。先慎案：顧説是，今依凌本删。所謂光者，官爵尊貴，衣裘壯麗也。今有道之士，雖中外信順，不以誹謗窮墮；○盧文弨曰：「誹」，張本作「非」。先慎曰：論語「子貢方人」，釋文：「鄭本作『謗』，謂言人之過惡。」「墮」當作「隋」。禮記曲禮「上言不隋」，注：「隋，不正之言。」順從自不言人之過惡，忠信則無不正之言，然己雖信順自持，不以信順責人，則世之謗隋者，吾不誹之窮之，所謂「方而不割」。雖死節輕財，不以侮罷羞貪；雖義端不黨，○顧廣圻曰：藏本同。今本「義」作「異」，誤。「端」，正也。不以去邪罪私；雖勢尊衣美，不以夸賤欺貧。其故何也？使失路者而肯聽習問知，即不成迷也。○王渭曰：「習」當作「能」，見下文。顧廣圻曰：案下文二「能」字，或本皆作「習」，而後人改之耳。「知」，如字。今衆人之所以欲成功而反爲敗者，生於不知道理而不肯問知而聽能。衆人不肯問知聽能，而聖人强以其禍敗適之，則怨。○王渭曰：「適」，讀爲謫。衆人多而聖人寡，寡之不勝衆，數也。○先慎曰：「數」，音索角反。今舉動而與天下爲讎，○先慎曰：乾道本「下」下有「之」字，顧廣圻云：「今本無『之』字。」今據刪。非全身長生之道也，是以行軌節而舉之也。○顧廣圻曰：句有誤。先慎曰：「行」，謂己之所行。「軌節」，即方、廉、直、光。「舉之」，謂以此正衆人也。呂覽「自知所以舉過也」，注：「舉，猶正也。」是其證。故曰：「方而不割，廉而不劌，○先慎曰：乾道本「劌」作「穢」。顧廣圻云：藏本「穢」作「劌」，今德經作「害」，傅本作「劌」，經典釋文云：「劌，河上作『害』」，淮南子道應訓引亦作「劌」。今案藏本乃以他本老子改耳，韓子自作「穢」，上文云：「不以侮罷羞貪」即「不穢」之義。先慎案：王弼注「劌，傷也，不以清廉劌傷於物也」，即「死節輕財，不以侮罷羞貪」之義。「劌」、「穢」聲近而誤，非韓子本作「穢」也，今據藏本改。直而不肆，光而不耀。」○先慎曰：說文無「耀」字，河上公作「曜」，傅本作「燿」，李約本作「方而不割，直而不肆，光而不燿，廉而不劌」，與各本全異，誤倒。以上見五十八章。

聰明睿智天也，動静思慮人也。人也者，乘於天明以視，寄於天聰以聽，託於天智以思慮。故視强則目不明，聽甚則耳不聰，思慮過度則智識亂。目不明則不能決黑白之分，○先慎曰：「分」，當依下文作「色」。耳不聰則不能別清濁之聲，智識亂則不能審得失之地。目不能決黑白之色則謂之盲，耳不能別清濁之聲則謂之聾，心不能審得失之地則謂之狂。盲則不能避晝日之險，○王先謙曰：言非獨夜迷。聾則不能知雷霆之害，狂則不能免人間法令之禍。書之所謂治人者，○先慎曰：「書」，謂德經。適動静之節，省思慮之費也。所謂事天者，不極聰明之力，不盡智識之任。苟極盡則費神多，費神多則盲聾悖狂之禍至，是以嗇之。嗇之者，愛其精神，嗇其智識也。故曰：「治人事天莫如嗇。」○顧廣圻曰：傅本及今德經「如」皆作「若」，經典釋文作「如」，同此。先慎曰：趙孟頫本亦作「如」。

衆人之用神也躁，躁則多費，多費之謂侈。聖人之用神也靜，靜則少費，少費之謂嗇。嗇之謂術也，生於道理。○盧文弨曰：「謂」，張本作「爲」。先慎曰：「爲」、「謂」古通，俗人妄改。夫能嗇也，是從於道而服於理者也。衆人離於患，○先慎曰：「離」，罹也。陷於禍，猶未知退，而不服從道理。聖人雖未見禍患之形，○盧文弨曰：「禍患」二字，張、凌本倒。虛無服從於道理，以稱蚤服。故曰：「夫謂嗇，是以蚤服。」○盧文弨曰：張本「謂」作「惟」，「以」作「謂」。凌本「服」作「復」，上下句皆同。王弼本作「復」。釋文：「復，音服。」顧廣圻曰：傅本及今德經「謂」皆作「惟」，今德經「以」作「謂」，傅本與此合。先慎曰：凌本作「復」者，用老子誤本改也。上文「從於道而服於理」，又云「不服從道理」，又云「虛無服從道理」，即解老子「蚤服」之義。服從之「服」字，當作「服」，更無疑義。知韓子所見德經本作「服」，不作「復」也。困學紀聞卷十引老子「服」作「復」，並引司馬公、朱文公説云「不遠而復」，謂王弼本作「早服」，而注云「早服常也」，亦當作「復」。據此，則王弼本仍作「服」〔一〕，與本書合。宋儒據釋文爲訓，未檢韓子也。凌氏依誤本老子改本書，非是。

〔一〕「服」，原本作「復」，據正文「蚤服」、注文文意及王弼集改。

知治人者，其思慮静；知事天者，其孔竅虚。思慮静，故德不去；○先慎曰：「故」上當有「則」字。「故」，舊也。孔竅虚，則和氣日入。故曰：「重積德。」夫能令故德不去，新和氣日至者，蚤服者也。故曰：「蚤服是謂重積德。」○顧廣圻曰：今德經及傳本「是謂」皆作「謂之」。先慎曰：河上公作「是謂」，與此合。積德而後神静，神静而後和多，和多而後計得，計得而後能御萬物，能御萬物則戰易勝敵，戰易勝敵而論必蓋世，論必蓋世故曰「無不克」。○先慎曰：河上公作「尅」，下同。無不克本於重積德，故曰：「重積德則無不克。」戰易勝敵則兼有天下，論必蓋世則民人從。進兼天下而退從民人，其術遠則衆人莫見其端末。莫見其端末，○先慎曰：下「末」字，乾道本無，顧廣圻云：「藏本、今本『端』下有『末』字。」今據增。是以莫知其極。故曰：「無不克則莫知其極。」

凡有國而後亡之，有身而後殃之，不可謂能有其國，能保其身。夫能有其國必能安其社稷，能保其身必能終其天年，而後可謂能有其國，能保其身矣。夫能有其國保其身者，必且體道。體道則其智深，其智深則其會遠，其會遠衆人莫能見其所極。唯夫能令人不見其事極，○盧文弨曰：「夫」，張本作「天」。顧廣圻曰：「能」上當有「體道」二字。先慎曰：顧説是。不見其事極者爲能保其身，有其國。○先慎曰：乾道本「見」下脱「其」字，「爲」下脱「能」字，盧文弨云：「張本有。」今據增。故曰：「莫知其極，莫知其極則可以有國。」○盧文弨曰：複「莫知其極」四字，疑衍。顧廣圻曰：今德經及傅本皆無「則」字。

所謂有國之母，母者，道也。道也者，生於所以有國之術，所以有國之術，故謂之有國之母。夫道以與世周旋者，其建生也長，持祿也久，故曰：「有國之母可以長久。」樹木有曼根，有直根。根者，書之所謂柢也。○顧廣圻曰：今德經「柢」作「蔕」，傅本作「柢」，與此合。經典釋文云：「柢，亦作蔕。」今案「蔕」字非此之用。俞樾曰：「根」上當有「直」字。上云「有曼根，有直根」。此云「直根」者，下云「曼根」者，蓋承上而分釋之。韓子之意以老子所謂「深根固柢」者，「根」即「曼根」，「柢」是「直根」也。今奪「直」字，失其旨矣。柢也者，木之所以建生也；曼根者，木之所以持生也。○先慎曰：乾道本「持」上脱「以」字。顧廣圻云：今本「所」下有「以」字，依下文當補。先慎案：上文亦有「以」字，明乾道本脱，改從今本。德也者，人之所以建生也；祿也者，人之所以持生也。今建於理者，其持祿也久，故曰：「深其根。」體其道者，其生日長，故曰：「固其柢。」柢固則生長，根深則視久，故曰：「深其根，固其柢，長生久視之道也。」○顧廣圻曰：傅本及今德經皆無兩「其」字「也」字，「深」上有「是謂」二字。先慎曰：「是謂」二字，本韓子節去，彼以「是謂」承上文，此以「故曰」二字代之，顧說非。以上見五十九章。

工人數變業則失其功，作者數搖徙則亡其功。一人之作日亡半日，十日則亡五人之功矣。○先慎曰：治要無「矣」字。萬人之作日亡半日，十日則亡五萬人之功矣。○先慎曰：治要無「矣」

字。然則數變業者其人彌衆，其虧彌大矣。凡法令更則利害易，○先慎曰：乾道本提行。顧廣圻云：藏本連上，自「工人數變業」至「若烹小鮮」止，通爲一條，是也。先慎案：治要亦連上爲一條，今據改。「易」，音夷益切。利害易則民務變，民務變謂之變業。○先慎曰：各本無下「民」字，「謂之」作「之謂」，據治要改。故以理觀之，事大衆而數搖之則少成功，藏大器而數徙之則多敗傷，烹小鮮而數撓之則賊其宰，○先慎曰：各本「宰」作「澤」。案「澤」字誤，當作「宰」。割烹，宰夫之職，當烹時而頻數撓亂，則宰夫不能盡其烹飪之功，是謂賊害其宰。「宰」與「睪」隸形相似，因譌爲「睪」，淺人不審，妄加水旁作「澤」耳。治要引作「宰」，明唐本韓子不誤，今據改。治大國而數變法則民苦之。是以有道之君貴虛静而重變法。○先慎曰：各本無「虛」字，「而」作「不」。案「不」字誤。「重」，猶難也。「貴虛静而難變法」，文曲而有致，作「不」則率然矣。治要、藝文類聚五十四、御覽六百三十八引「静」上並有「虛」字，據補。治要、藝文類聚「不」作「而」，據改。故曰：「治大國者若烹小鮮。」○顧廣圻曰：傳本及今德經皆無「者」字。先慎曰：治要有「者」字。

人處疾則貴醫，○先慎曰：舊連上，今提行。有禍則畏鬼。聖人在上則民少欲，民少欲則血氣治而舉動理，舉動理則少禍害。○先慎曰：乾道本不重「舉動理」三字。顧廣圻云：藏本、今本重「舉動理」，按當重「血氣治而舉動理」七字。先慎案：顧説是，今據藏本、今本增三字。夫内無痤疽癉痔之害，○顧廣圻曰：「痔」當作「疛」，説文：「疛，小腹病也。」小徐本云：「讀若紂。」詩小弁釋文云：「擣，韓詩作『疛』。」集韻四十九宥「疛擣」云：「或從壽。」先慎曰：「痔」字不誤，此皆指身可見之病而言。説文：「痤，小腫也。疽，癰也。癉，勞病也，謂勞倦。痔，後病也。」急就篇：「癉熱瘻痔眵蔑眼。」「癉痔」古本連文，無庸改「疛」。而外無刑罰法誅之禍者，其輕恬鬼也甚。○先慎曰：「恬」，安也。相安不以爲怪也。荀子富國篇「輕非譽而恬失民」，「輕」、「恬」對文，是「輕」、「恬」義近。故曰：「以道莅天下，○顧廣圻曰：傅本此下有「者」字，與各本全異。先慎曰：治要引老子亦有「者」字，蓋唐人所見老子本有「者」字。其鬼不神。」治世之民不與鬼神相害也，故曰：「非其鬼不神也，其神不傷人也。」○先慎曰：乾道本無「人」字。盧文弨云：「『傷』下脱『人』字，張、凌本皆有。」顧廣圻云：「傅本及今德經皆無上下兩『也』字。藏本『傷』下有『人』字，是也，傅本及今德經皆有。」今據補。鬼祟也疾人○王渭曰：「也」字衍。「鬼祟疾人」四字作一句讀，與下文「民犯法令」同。又按「人逐除之」、「上刑戮民」句例皆同。之謂鬼傷人，人逐除之之謂人傷鬼也。民犯法令之謂民傷上，上刑戮民之謂上傷民。民不犯法則上亦不行刑，上下不行刑之謂上不傷人，故曰：「聖人亦不傷民。」○顧廣圻曰：傅本及今德經「民」皆作「人」，按韓子自作「民」。先慎曰：上當有「非其神不傷人」句，惟趙孟頫本無，疑刊本書者從誤本老子删之也。河上公、王弼、傅本並有。上不與民相害，而人不與鬼相傷，故曰：「兩不相傷。」民不敢犯法，則上內不用刑罰而外不事利其產業。上內不用刑罰而外不事利其產業則民蕃息，民蕃息而蓄積盛。民蕃息而蓄積盛之謂有德。凡所謂祟者，魂魄去而精神亂，精神亂則無德。鬼不祟人則魂魄不去，魂魄不去則精神不亂，○先慎曰：乾道本下「則」字作「而」，盧文弨云：「凌本『而』作

『則』。」今據改。精神不亂之謂有德。上盛蓄積而鬼不亂其精神，則德盡在於民矣。故曰：「兩不相傷則德交歸焉。」○顧廣圻曰：傅本及今德經「則」皆作「故」。先慎曰：「兩」上並有「夫」字。言其德上下交盛而俱歸於民也。○先慎曰：以上見六十章。

有道之君，外無怨讎於鄰敵，而內有德澤於人民。夫外無怨讎於鄰敵者，其遇諸侯也外有禮義；○顧廣圻曰：「外」字當衍，八字爲一句。內有德澤於人民者，其治人事也務本。○先慎曰：「人」當作「民」，下文「治民事務本」即承此而言。遇諸侯有禮義則役希起，治民事務本則淫奢止。凡馬之所以大用者，外供甲兵而內給淫奢也。今有道之君，外希用甲兵，而內禁淫奢。上不事馬於戰鬭逐北，而民不以馬遠通淫物，○先慎曰：乾道本「通淫」作「淫通」。顧廣圻云：今本作「通淫」，誤。先慎案：顧説非。禮王制疏「淫，謂過奢侈」，是「淫物」，奢侈之物。謂不以馬遠致奢侈之物也。若作「遠淫通物」，則不辭矣。下文「得於好惡，怵於淫物」，「淫物」連文，是其證。改從今本。所積力唯田疇，積力於田疇○先慎曰：乾道本無「積力於田疇」五字。顧廣圻云：「藏本有。今本『於』仍作『唯』。」今據藏本補。必且糞灌，故曰：「天下有道，卻走馬以糞也。」○顧廣圻曰：傅本「糞」作「播」，與各本全異。又傅本及今德經皆無「也」字，按喻老無。先慎曰：「糞」、「播」古通。

人君者無道，○先慎曰：乾道本無「者」字，「道」下更有「道」字。盧文弨云：張、凌本「君」下有「者」字。顧廣圻云：藏本「君」下有「者」字，乾道本重「道」字，譌。先慎按：乾道本脱「者」字，空格於下，淺人妄增「道」字以補之。今據盧、顧校改。則内暴虐其民，而外侵欺其鄰國。内暴虐則民産絶，外侵欺則兵數起。民産絶則畜生少，兵數起則士卒盡。畜生少則戎馬乏，士卒盡則軍危殆。戎馬乏則將馬出，○顧廣圻曰：「將」當作「牸」，形近之誤。鹽鐵論未通云：「當此之時，卻走馬以糞，其後師旅數發，戎馬不足，牸牝入陣，故駒犢生於戰地」，即本於此也。他書又作「字」，史記平準書云：「而乘字牝者，擯而不得聚會。」下文「於將馬近臣」，誤同。軍危殆則近臣役。馬者，軍之大用，郊者，言其近也。今所以給軍之具於將馬近臣，○先慎曰：「牸馬近臣」，非軍中之用，今因乏殆，故並及之。故曰：「天下無道，戎馬生於郊矣。」○顧廣圻曰：傳本及今德經皆無「矣」字，喻老無。

人有欲則計會亂，計會亂而有欲甚，○先慎曰：「而」字，依上下文當作「則」。有欲甚則邪心勝，邪心勝則事經絶，事經絶則禍難生。○盧文弨曰：二「經」字，張本作「輕」。顧廣圻曰：藏本二「經」字皆作「輕」。按「經」當作「徑」。上文「必緣理不徑絶也」，陸行不緣理爲「徑」，周禮云「禁徑踰者」是也；水行不緣理爲「絶」，爾雅云「正絶流曰亂」是也。藏本所改，失之。先慎曰：「經」、「徑」二字義同。易上經釋文、廣雅釋言：「經，徑也。」釋名：「徑，經也，言人之所經由也。」二字疊訓。左僖二十五年傳「趙衰以壺飧從徑」，釋文：「徑，讀爲『經』」，是「經」、「徑」古通用。由是觀之，禍難生於邪心，邪心誘於可欲。可欲之類，進則教良民爲姦，退則令善人有禍。○王先謙曰：可欲之類，非善人不能退之。既退之後，更思闚伺中傷，故令有禍也。姦起則上侵弱君，禍至則民人多傷。○先慎曰：依下文「民人」當作「人民」。然則可欲之類上侵弱君而下傷人民。夫上侵弱君而下傷人民者，大罪也。故曰：「禍莫大於可欲。」○顧廣圻曰：「禍」當作「罪」，與上文「大罪也」相承，喻老不誤，傳本及今德經皆作「罪」。據經典釋文、王弼老子無此句，非是。是以聖人不引五色，不淫於聲樂；明君賤玩好而去淫麗。

人無毛羽，○先慎曰：舊連上，今提行。不衣則不犯寒。○俞樾曰：「犯寒」上當有「足以」二字，下文「故聖人衣足以犯寒」是其證。先慎曰：俞説非，此與下文「不食則不能活」句例正同，不當有「足以」二字。「犯」，勝也。上不屬天，而下不著地，以腸胃爲根本，不食則不能活。是以不免於欲利之心，欲利之心不除，其身之憂也。故聖人衣足以犯寒，食足以充虚，則不憂矣。衆人則不然，大爲諸侯，小餘千金之資，其欲得之憂不除也。胥靡有免，死罪時活，○王先謙曰：「有」字當在「罪」字下，「罪有時活」與「終身不解」文義相對。今不知足者之憂，終身不解，故曰：「禍莫大於不知足。」

故欲利甚於憂，○先慎曰：舊連上，今提行。憂則疾生；疾生而智慧衰，智慧衰則失度量；失度量則妄舉動，妄舉動則禍害至；禍害至而疾嬰内，疾嬰内則痛，禍薄外則苦。○先慎曰：乾道本重「痛禍薄外」四字，「苦」下有「痛雜於腸胃之間」七字。盧文弨云：張本不複「痛禍薄外」四字，「苦」下「痛雜於腸胃之間」七字衍。顧廣圻云：「痛禍薄外」四字，藏本不重。按此「疾嬰内則痛」爲一句，「禍薄外則苦」爲一句，下多複衍。先慎按：盧、顧說是，據藏本、張本删四字，依拾補删七字。苦痛雜於腸胃之間，○顧廣圻曰：八字爲句。「腸胃」當作「外内」。則傷人也憯，憯則退而自咎，退而自咎也生於欲利，故曰：「咎莫憯於欲利。」○顧廣圻曰：今德經「憯」作「大」，非。傅本與此合。傅本及德經「利」皆作「得」。按當作「得」，上文云「欲利」，猶欲得也，又云「其欲得之憂不除也」，仍作「得」，可證。喻老不誤。先慎曰：李約本「憯」作「甚」，說文：「憯，痛也」，古音「甚」、「憯」同。「利」當作「得」，顧說是。以上見四十六章。

道者，萬物之所然也，○先慎曰：「然」，可也。萬理之所稽也。理者，成物之文也；道者，萬物之所以成也。故曰：「道，理之者也。」○顧廣圻曰：句有誤。按自上文「道者萬物之所然也」以下，不見所解何文。詳老子第十四章有云：「是謂道紀」，此當解彼也。「紀」，理也。先慎曰：顧說是也。「道」字逗。「紀」、「理」義同，故道經作「紀」，韓子改爲「理」。物有理，不可以相薄，○王先謙曰：「薄」，迫也。物有理不可以相薄，故理之爲物之制。萬物各異理，○王先謙曰：「制」上「之」字衍。萬物各異理而道盡。○先慎曰：乾道本「萬」下五字不重，顧廣圻云：「藏本、今本重。」今據補。稽萬物之理，故不得不化；○王先謙曰：稽合萬物之理，不變則不通。不得不化，故無常操；○王先謙曰：言不執一。無常操是以死生氣稟焉，萬智斟酌焉，萬事廢興焉。天得之以高，地得之以藏，維斗得之以成其威，○先慎曰：乾道本無「之」字。顧廣圻云：今本「得」下有「之」字，按依上下文當補。先慎案：顧說是，依今本補。莊子大宗師篇「維斗得之，終古不忒，日月得之，終古不息」，並有「之」字，是其證。日月得之以恒其光，○先慎曰：乾道本無「之」字，顧廣圻云：「藏本、今本『得』下有『之』字」，今據補。五常得之以常其位，列星得之以端其行，四時得之以御其變氣，軒轅得之以擅四方，赤松得之與天地統，○孫詒讓曰：「統」，疑當作「終」。言壽與天地同長也。「終」、「統」二字篆文形相近而誤。聖人得之以成文章。道與堯、舜俱智，與接輿俱狂，與桀、紂俱滅，與湯、武俱昌。以爲近乎，遊於四極；以爲遠乎，常在吾側；以爲暗乎，其光昭昭；○先慎曰：乾道本無「其」字，顧廣圻云：「藏本、今本『光』上有『其』字。」今據補。以爲明乎，其物冥冥。而功成天地，和化雷霆，宇内之物，恃之以成。凡道之情，不制不形，柔弱隨時，與理相應。萬物得之以死，得之以生；萬事得之以敗，得之以成。○先慎曰：乾道本「事」作「物」。案「物」字緣上文而誤，依拾補改。道譬諸若水，○先慎曰：意林「諸」作「之」。溺者多飲之即死，渴者適飲之即生；譬之若劍戟，愚人以行忿則禍生，聖人以誅暴則福成。故得之以死，得之以生，得之以敗，得之以成。○先慎曰：「故」下當有「曰」字。「得之以死」四句，老子各本無，蓋佚文也。

人希見生象也，而得死象之骨，案其圖以想其生也，故諸人之所以意想者皆謂之象也。今道雖不可得聞見，聖人執其見功以處見其形，○先慎曰：今人不聞道見一，聖人則執其顯見之功，以處見其形也。故曰：「無狀之狀，無物之象。」○先慎曰：趙孟頫本「物」作「象」。以上見十四章。

凡理者，方圓、短長、麤靡、堅脆之分也，故理定而後物可得道也。○先慎曰：乾道本無「物」

字，盧文弨云：「張、凌本有。」今據補。故定理有存亡，有死生，有盛衰。夫物之一存一亡，乍死乍生，初盛而後衰者，不可謂常。唯夫與天地之剖判也俱生，○先慎曰：乾道本「地」上有「與」字，「俱」作「具」。顧廣圻云：藏本、今本無下「與」字，今本「具」作「俱」，誤。先慎案：「與」字衍，今據刪；「俱」字是，今據改。至天地之消散也不死不衰者謂常。而常者，無攸易，無定理。○先慎曰：乾道本下「者」字在「謂常」下。盧文弨云：「謂常」下「者」字衍，張、凌本俱無。顧廣圻云：藏本「者」字在「而常」下，是也。「謂常」二字句絕，屬上；「而常者」三字逗，屬下。今本兩「常」下各有「者」字，誤。先慎案：顧、盧說是，據改。「無攸易」，謂無所變易也。無定理，非在於常，是以不可道也。○先慎曰：乾道本「常」下有「所」字。盧文弨云：「所」字衍，張、凌本俱無。顧廣圻云：藏本無「所」字。王渭云：「常」字句絕。先慎案：盧、顧說是，今據刪。聖人觀其玄虛，用其周行，强字之曰道，○顧廣圻曰：傅本第二十五章云：「故强字之曰道」，與此合。今道經無「故强」二字，非也。然而可論。○王先謙曰：惟有名，故可言。故曰：「道之可道，非常道也。」○盧文弨曰：「道」下「之」字，凌本無。顧廣圻曰：傅本及今道經無「之」字、「也」字。先慎曰：見第一章。

人始於生而卒於死。始之謂出，卒之謂入。故曰：「出生入死。」人之身三百六十節，四肢九竅，其大具也。四肢與九竅十有三者，○先慎曰：「者」字緣下而衍。十有三者之動靜盡屬於生焉。屬之謂徒也，故曰：「生之徒也，十有三者。」○盧文弨曰：「徒」下「也」字，一本無，「三」下「者」字衍。顧廣圻曰：德經無「也」字、「者」字。按本書之例，當作「故曰生之徒十有三也」。先慎曰：「也」、「者」二字皆衍。**至其死也，**○先慎曰：乾道本「至」下無「其」字，顧廣圻云：「藏本、今本有『其』字。」今據補。**十有三具者皆還而屬之於死，死之徒亦有十三。」**○先慎曰：「有十」二字誤倒。**故曰：「生之徒十有三，死之徒十有三。」**○先慎曰：據此，明上有「也」字、「者」字，皆非原文。**凡民之生生，而生者固動，動盡則損也；而動不止，是損而不止也。損而不止則生盡，生盡之謂死，則十有三具者皆爲死死地也。**○盧文弨曰：下「死」字衍，凌本不重。先慎曰：盧説誤，見下。**故曰：「民之生生而動，**○顧廣圻曰：當於此句。**動皆之死地，**○顧廣圻曰：當於此句。**亦十有三。」**○先慎曰：乾道本「亦」作「之」，拾補作「亦」。顧廣圻云：傅本「之」作「亦」，餘盡與此合。今德經作「人之生動之死地十有三」，非也。按上文云「凡民之生生而生者固動」，又云「皆爲死死地也」，「生生」與「死死」相對，所以解此文之「生生」也，可見韓子自如此。先慎案：王弼本「之」作「亦」，今據拾補改。**是以聖人愛精神而貴處靜。此甚大於兕虎之害。夫兕虎有域，動靜有時，避其域，省其時，則免其兕虎之害矣。民獨知兕虎之有爪角也，而莫知萬物之盡有爪角也，不免於萬物之害。何以論之？時雨降集，曠野閒靜，而以昏晨犯山川，則風露之爪角害之；**○先慎曰：乾道本「風露」作「兕虎」〔二〕，誤。顧廣圻云：「今本『兕虎』作『風露』。」今據改。**事上不忠，輕犯禁**

〔二〕「兕虎」，原本作「虎兕」，據四部叢刊影宋乾道本乙。

令，則刑法之爪角害之；處鄉不節，憎愛無度，則爭鬭之爪角害之；嗜慾無限，動靜不節，則痤疽之爪角害之；○先慎曰：乾道本「痤」上衍「虛」字，顧廣圻云：「藏本、今本無『虛』字。」今據刪。好用其私智而棄道理，則網羅之爪角害之。兕虎有域，而萬害有原；避其域，塞其原，則免於諸害矣。凡兵革者，所以備害也。○顧廣圻曰：乾道本、藏本皆提行，今本誤連。先慎曰：上即解「陸行不遇兕虎」三句，不當提行，改從今本。重生者雖入軍無忿爭之心，無忿爭之心則無所用救害之備。此非獨謂野處之軍也，聖人之遊世也無害人之心，無害人之心○先慎曰：乾道本不重「無害人之心」句，顧廣圻云：「藏本重，是也。」今據補。則必無人害，無人害則不備人，故曰：「陸行不遇兕虎。」○先慎曰：河上、王弼本「兕虎」作「虎兕」，傅本、趙本與此合。入山不恃備以救害，○顧廣圻曰：「山」當作「世」。故曰：「入軍不備甲兵。」○盧文弨曰：張、凌本「備」作「被」。顧廣圻曰：藏本作「被」，德經作「避」，傅本作「被」。經典釋文云：「被，皮彼反。」案藏本以他本老子改耳，韓子自作「備」。先慎曰：「備」、「被」義同。廣雅釋詁：「備，具也。」史記絳侯世家集解引張揖注：「被，具也。」故本書作「備」，王弼本作「被」。「甲兵」以在己者言，明作「備」作「被」二字並通。河上本作「避」，聲之誤也。注謂「不好戰以殺人」，則依文立訓，非是。遠諸害，故曰：「兕無所投其角，虎無所錯其爪，兵無所容其刃。」○先慎曰：乾道本「容」作「害」。顧廣圻云：今本作「容」，德經亦作「容」。先慎案：釋名：「容，用也，合事宜之用也。」「害」乃「容」字形近之誤，改從今本。不設備而必無害，天地之道理也。體天地之道，故曰：「無死地焉。」○顧廣圻曰：今德經無「焉」字，傅本有，與此合。動無死地，而謂之善攝生矣。○先慎曰：德經無「矣」字。以上見五十章。

愛子者慈於子，重生者慈於身，貴功者慈於事。慈母之於弱子也，務致其福，務致其福則事除其禍，事除其禍則思慮熟，思慮熟則得事理，得事理則必成功，必成功則其行之也不疑，不疑之謂勇。聖人之於萬事也，盡如慈母之爲弱子慮也，故見必行之道，見必行之道○先慎曰：○先慎曰：乾道本四字不重。盧文弨云：「張、凌本皆重。」顧廣圻云：「藏本重『務致其福』，是也。」今據補。乾道本不重「見必行之道」五字，顧廣圻云：「藏本、今本重。」今據補。則其從事亦不疑，○先慎曰：乾道本「其」上有「明」字，今據張榜本刪。不疑之謂勇。不疑生於慈，故曰：「慈故能勇。」○先慎曰：傅本「慈」上有「夫」字。

周公曰：○先慎曰：舊連上，今提行。「冬日之閉凍也不固，則春夏之長草木也不茂。」天地不能常侈常費，而況於人乎！故萬物必有盛衰，萬事必有弛張，國家必有文武，官治必有賞罰。是以智士儉用其財則家富，聖人愛寶其神則精盛，人君重戰其卒則民衆。民衆則國廣，是以舉之曰：「儉故能廣。」○顧廣圻曰：「之」下當有脱文。先慎曰：此與上「故謂之善攝生矣」句同一律，皆變文也，顧説非。

凡物之有形者，易裁也，易割也。何以論之？有形則有短長，有短長則有小大，有小大則有方圓，有方圓則有堅脆，有堅脆則有輕重，有輕重則有白黑。短長、大小、方圓、堅脆、輕重、白黑之謂理，○先慎曰：「大小」，當依上文作「小大」。理定而物易割也。故議於大庭而後言○王先謙曰：「後言」者，集議而後斷之。則立，權議之士知之矣。○先慎曰：有權謀者，能決議於大庭。故欲成方圓而隨其規矩，則萬事之功形矣。而萬物莫不有規矩。議言之士，計會規矩也。聖人盡隨於萬物之規矩，故曰：「不敢爲天下先。」不敢爲天下先，則事無不事，功無不功，而議必蓋世，欲無處大官，其可得乎！處大官之謂爲成事長，○王先謙曰：「爲」字衍，「謂」、「爲」一也，「謂」下不當更有「爲」字。是以故曰：○顧廣圻曰：以下當有脱文。先慎曰：顧説非也。此當衍「故」字，或衍「是以」字。上文或作「是以曰」，或作「故曰」，是其證。「不敢爲天下先，故能爲成事長。」○顧廣圻曰：傅本及今德經皆無「爲」字，「事」皆作「器」，經典釋文作「器」。韓子自作「事」。

慈於子者不敢絶衣食，慈於身者不敢離法度，慈於方圓者不敢舍規矩。故臨兵而慈於士吏則戰勝敵，慈於器械則城堅固。故曰：「慈，於戰則勝，以守則固。」○顧廣圻曰：傅本及今德經「於」皆作「以」，傅本「戰」作「陣」，與各本全異。先慎曰：傅本「勝」作「正」。案王注「相慜而不避於難，故勝也」，是晉時本作「勝」，傅本誤。「於」當作「以」。「慈」字逗，老子「慈」上有「夫」字。夫能自全也而盡隨於萬物之理者，必且有天生。天生也者，○顧廣圻曰：德經六十七章云「天將救之」，此解彼也。當是韓子所引有不同，今未詳。生心也。○王先謙曰：有善心，故天救而生之。故天下之道盡之生也，若以慈衛之也。○王先謙曰：「盡」下「之」字訓爲「往」，天下之道皆往生於其心，是「以慈衛之也」。事必萬全而舉無不當，則謂之寶矣。故曰：「吾有三寶，持而寶之。」○先慎曰：河上、王弼本「吾」作「我」，「寶之」作「保之」，陸希聲、趙孟頫作「保而持之」，傳本與此合。以上見六十七章。

書之所謂大道也者，端道也。○顧廣圻曰：解第五十三章「行於大道也」。先慎曰：各本連上，今依拾補分段。所謂貌施也者，○顧廣圻曰：德經作「惟施是畏」，此未詳。先慎曰：「貌」，飾也，下文所謂「飾巧詐」也；「施」讀爲「迆」，「迆」，邪也。（説詳老子集解。）邪道也。所謂徑大也者，○先慎曰：德經「大道甚夷而民好徑」，河上公云：「徑，邪不平正也。」此「大」字衍。佳麗也。○先慎曰：謂服文采。佳麗也者，邪道之分也。朝甚除也者，獄訟繁也。獄訟繁則田荒，○顧廣圻曰：德經作「田甚蕪」，經典釋文：「蕪，音無。」田荒則府倉虛，○顧廣圻曰：德經作「倉甚虛」。府倉虛則國貧，國貧而民俗淫侈，民俗淫侈則衣食之業絶，衣食之業絶則民不得無飾巧詐，飾巧詐則知采文，知采文之謂服文采。○先慎曰：王弼、河上公本「采」作「綵」，傳本與此合。獄訟繁，倉廩虛，而有以淫侈爲俗，則國之傷也，若以利劍刺之，○先慎曰：國之受傷，猶身受利劍之刺。故曰：「帶利劍。」○先慎曰：此下未解「厭飲食」，疑有脱文。諸夫飾智故以至於傷國者，○顧廣圻曰：十一字爲一句。其私家必富；私家必富，故曰：「資貨有餘。」○盧文弨曰：「資」，老子作「財」。顧廣圻曰：「資貨」，下文作「貨資」，傅本作「貨財」，今德經作「財貨」，非。國有若是者，則愚民不得無術而效之，效之則小盜生。由是觀之，大姦作則小盜隨，○先慎曰：乾道本「作」下無「則」字，顧廣圻云：「今本有。」改從今本。大姦唱則小盜和。竽也者，五聲之長者也，故竽先則鍾瑟皆隨，○先慎曰：「鍾」，古通用「鍾」。竽唱則諸樂皆和。今大姦作則俗之民唱，俗之民唱則小盜必和，故「服文采，帶利劍，厭飲食，而資貨有餘者，是之謂盜竽矣。」○顧廣圻曰：「故」下當有「曰」字。德經無「而」、「者」、「之」、「矣」四字，「竽」作「夸」，今按韓子自作「竽」。先慎曰：乾道本「資貨」作「貨資」，據道藏本、拾補校，張、凌本乙，上文正作「資貨」，不誤。「夸」字無義，當依此訂正。以上見五十三章。

人無愚智，莫不有趨舍。恬淡平安，莫不知禍福之所由來。得於好惡，怵於淫物，而後變亂。所以然者，引於外物，亂於玩好也。恬淡有趨舍之義，平安知禍福之計。而今也玩好變之，外物引之，引之而往，故曰「拔」。○先慎曰：此與上「故曰迷」同例。至聖人不然，一建其趨舍，雖見所好之物不能引，不能引之謂「不拔」。○先慎曰：德經：「善建〔二〕者不拔。」一於其情，雖

〔二〕「建」，原本作「達」，據老子改。

有可欲之類神不爲動，神不爲動之謂「不脱」。○先慎曰：德經：「善襃者不脱。」爲人子孫者，體此道以守宗廟不滅之謂「祭祀不絶」。○顧廣圻曰：藏本、今本重「宗廟」。按此不當重。傳本及德經「絶」皆作「輟」，經典釋文：「『不輟』，張劣反。」喻老篇作「輟」。先慎曰：此亦當作「輟」。身以積精爲德，家以資財爲德，鄉國天下皆以民爲德。今治身而外物不能亂其精神，故曰：「修之身，其德乃真。」○顧廣圻曰：今德經「之」下有「於」字，非。傳本無，與此合，下四句同。按淮南子道應訓引此句亦無「於」字。先慎曰：趙寫本無「於」字。真者，慎之固也。治家者，○先慎曰：「者」字依拾補引馮校增。無用之物不能動其計，則資有餘，故曰：「修之家，其德有餘。」○盧文弨曰：「有」，老子作「乃」，當據改，與上下一例。顧廣圻曰：「有」當作「乃」，涉上下文而誤。治鄉者行此節，則家之有餘者益衆，故曰：「修之鄉，其德乃長。」治邦者行此節，則鄉之有德者益衆，故曰：「修之邦，其德乃豐。」○顧廣圻曰：今德經「邦」作「國」，非。傳本作「邦」，與此合。先慎曰：作「國」者，漢人避諱改也。「邦」與「豐」均。莅天下者行此節，則民之生莫不受其澤，故曰：「修之天下，其德乃普。」○顧廣圻曰：傳本「普」作「溥」。按「普」、「溥」同字也。修身者以此別君子小人，治鄉治邦莅天下者各以此科適觀息耗，則萬不失一。○先慎曰：用此程法，靜觀動止，自無不知者。故曰：「以身觀身，以家觀家，以鄉觀鄉，○顧廣圻曰：藏本有此句，德經亦有。先慎曰：乾道本脱「以鄉觀鄉」四字，據藏本補。**以邦觀邦，**○先慎曰：王弼、河上本「邦」作「國」。**以天下觀天下。吾奚以知天下之然也？以此。」**○顧廣圻曰：今德經「奚」作「何」，非。傅本作「奚」，與此合。「也」皆作「哉」。先慎曰：王弼本無「知」字。以上見五十三章。

韓非子集解卷第七

喻老第二十一　　　說林上第二十二

喻老第二十一

〇盧文弨曰：藏本連六卷中。

天下有道，無急患則曰靜，〇顧廣圻曰：「曰」當作「日」。遽傳不用，故曰：「卻走馬以糞。」〇先慎曰：解老有「也」字，説詳上。天下無道，攻擊不休，相守數年不已，甲冑生蟣蝨，鷰雀處帷幄，而兵不歸，故曰：「戎馬生於郊。」〇先慎曰：解老有「矣」字。翟人有獻豐狐玄豹之皮於晉文公，文公受客皮而歎曰：「此以皮之美自爲罪。」夫治國者以名號爲罪，徐偃王是也。以城與地爲罪，虞、虢是也。〇先慎曰：乾道本「以城」上有「則」字。盧文弨云：凌、張本「者」下有「則」字。顧廣圻云：今本「以城」上無「則」字，誤。按「則」讀爲「即」。藏本並上句亦添「則」字，非也。先慎案：藏本、張、凌本即沿乾道本下

「則」字而誤增，「以城與地爲罪」承「夫治國者」言之，亦不當有「則」字，顧説非。今並依今本删。故曰：「罪莫大於可欲。」智伯兼范、中行而攻趙不已，韓、魏反之，軍敗晉陽，身死高梁之東，○盧文弨曰：凌本「梁」作「良」。遂卒被分，○先慎曰：十過篇云：「國分爲三。」漆其首以爲溲器。○先慎曰：説苑建本篇作「酒器」。説文：「溲，浸沃也。」「浸沃」若今人之溲麪。士虞禮「明齊溲酒」，鄭注：「明齊，新水也，言以新水溲釀此酒也。」「溲器」即釀酒之器。淮南道應訓作「飲器」，「飲器」亦酒器也。左傳：「行人執榼承飲，造於子重。」褚少孫補大宛傳「飲器」，韋注：「椑榼也。」皆爲酒器。後人不識「溲」字本義，遂以晉語「少溲於豕牢而得文王」（韋注：「少溲」，小便，言其易也。）之「溲」釋之。故曰：「禍莫大於不知足。」虞君欲屈産之乘與垂棘之璧，不聽宮之奇，故邦亡身死。故曰：「咎莫憯於欲得。」邦以存爲常，霸王其可也；○先慎曰：乾道本無「王」字。顧廣圻云：藏本、今本「霸」下有「王」字。先慎案：此與「富貴其可也」相對成文，不當少一字，今據補。有國者不務廣土，先圖自立，邦基既定，故可霸王。身以生爲常，富貴其可也。○先慎曰：不求於外，先修其内，身體無恙，故可富貴。不欲自害，則邦不亡，身不死。故曰：「知足之爲足矣。」○顧廣圻曰：今德經無「矣」字。傅本有，與此合。皆作「知足之足常足」。先慎曰：德經句上有「故」字。本書當依德經於「之」下補「足」字。「爲」當作「常」。人無欲心則能常守其真根，故曰：「知足之足常足。」以上見四十六章。

楚莊王既勝，○先慎曰：乾道本連上，盧文弨云：「凌本提行。」今據改。狩于河雍，歸而賞孫叔敖，孫叔敖請漢間之地，沙石之處。楚邦之法，禄臣再世而收地，唯孫叔敖獨在。○先慎曰：吕氏春秋孟冬紀：「楚孫叔敖有功於國，疾將死，戒其子曰：『王數欲封我，我辭不受；我死，必封汝，汝無受利地。荆楚間有寢邱者，其爲地不利，而前有妬谷，後有戾邱，其名惡，可長有也。』其子從之。楚功臣封二世而收，唯寢邱不奪也。」「獨在」，藝文類聚五十一引作「獨存」，「存」、「在」義同。言惟孫叔敖所請之地不收也。此不以其邦爲收者，瘠也，○顧廣圻曰：「邦」，讀爲封。故九世而祀不絶。○先慎曰：史記優孟傳「九世」作「十世」。故曰：「善建不拔，善抱不脱，○顧廣圻曰：德經兩「不」上皆有「者」字。子孫以其祭祀，世世不輟」，○顧廣圻曰：德經無「以其」、「世世」四字。先慎曰：王弼有「以」字。孫叔敖之謂也。○先慎曰：見五十三章。

制在己曰重，○先慎曰：乾道本連上，今依趙本提行。不離位曰静。重則能使輕，静則能使躁。○王先謙曰：重可御輕，静可鎮躁，使之謂也。故曰：「重爲輕根，静爲躁君。故曰君子終日行不離輜重也。」○顧廣圻曰：今道經「君子」作「聖人」，非。傳本作「君子」，與此合。下「也」字皆無。先慎曰：此與上二句道經連文，不應有「故曰」二字，「故曰」當爲「是以」之譌，道經作「是以」，即其證。傳、趙本「離」下有「其」字。邦者，人君之輜重也。主父生傳其邦，○先慎曰：史記趙世家武靈王二十七年傳國，立王子何以爲王，自稱爲主父。此離其輜重者也。故雖有代、雲中之樂，超然已無趙矣。主父萬乘之主，而以身輕於天下。無勢之謂輕，離位之謂躁，是以生幽而死。○先慎曰：惠文王四年，公子成、李兑圍主父宮三月餘，而餓死沙邱宮。故曰：「輕則失臣，躁則失君。」○顧廣圻曰：「臣」當作「本」，傳本作「本」。經典釋文云：「『本』，河上作『臣』。」按上文云「重爲輕根」，「本」，根也，河上非是。主父之謂也。○先慎曰：以上見二十六章。

勢重者，人君之淵也。君人者，勢重於人臣之間，○先慎曰：君於臣不當以間言，「間」疑「上」之誤。失則不可復得也。○先慎曰：失其勢重，則不得爲君。簡公失之於田成，晉公失之於六卿，而邦亡身死。故曰：「魚不可脱於深淵。」○顧廣圻曰：道經無「深」字。先慎曰：「深」字衍，唐諱「淵」改「深」，後人回改，兼存「深」字耳。上「人君之淵」，亦無「深」字，即其證。賞罰者，邦之利器也，在君則制臣，在臣則勝君。君見賞，臣則損之以爲德；君見罰，臣則益之以爲威。人君見賞而人臣用其勢，人君見罰而人臣乘其威。○先慎曰：乾道本無「而」字，顧廣圻云：「今本有，依上句當有。」今據補。故曰：「邦之利器不可以示人。」○先慎曰：六微篇「邦」作「國」，河上、王弼並作「國」，莊子引作「國」，後漢翟酺傳亦作「國」，説苑作「國之利器，不可以借人」。唯傅本作「邦」。案「國」爲「邦」字避改，説見上。

越王入宦於吳，而觀之伐齊以弊吳。○顧廣圻曰：藏本、今本「觀」作「勸」。按「觀」，示也。「勸」字非。吳兵既勝齊人於艾陵，張之於江、濟，强之於黄池，故可制於五湖。○先慎曰：越語「吳、越戰於五湖」，韋注：「五湖，今太湖。」初學記七引揚州記曰：「太湖，一名笠澤。」左哀十七年傳「越子伐吳，吳子禦之笠澤」，是也。故曰：「將欲翕之，○顧廣圻曰：傅本作「翕」，與此合。經典釋文：「㒝，河上本作『噏』。」先慎曰：古無「㒝」、「噏」二字，梁簡文作「歙」，説文：「歙，縮鼻也。」「歙」有縮義，故與「張」爲對。「翕」乃「歙」之省文。必固張之；將欲弱之，○先慎曰：河上本「欲」或作「使」，非。必固强之。」晉獻公將欲襲虞，遺之以璧馬；知伯將襲仇由，○先慎曰：「將」下當有「欲」字。遺之以廣車。○先慎曰：西周策：「昔智伯欲伐厹由，遺之大鐘，載以廣車，因隨入以兵。」高注：「廣車〔一〕，大車也。」故曰：「將欲取之，必固與之。」○顧廣圻曰：道經「取」作「奪」。起事於無形，○盧文弨曰：當分段。先慎曰：盧説誤，至「弱勝强也」合上爲一章。而要大功於天下，是謂微明。○顧廣圻曰：「是」上當有「故曰」二字。處小弱而重自卑，謂損弱勝强也。○顧廣圻曰：當作「而重自卑損之謂弱勝强也」，「損」句絶。傅本云：「柔之勝剛，弱之勝强。」今道經云「柔弱勝剛强」，傅本與此爲近之。先慎曰：顧説是。以上見三十六章。

有形之類，○先慎曰：舊連上，今提行。大必起於小；行久之物，族必起於少。○先慎曰：「族」，衆也。故曰：「天下之難事必作於易，天下之大事必作於細。」○先慎曰：河上、王弼本均無兩「之」字，傅本有。是以欲制物者於其細也。○先慎曰：「是以」下有脱文，此當承上兩句言，乃與下引老子合。故曰：「圖難於其易也，爲大於其細也。」○盧文弨曰：張本「難」下、「大」下並有「乎」字。顧廣圻曰：藏本有「乎」字，傅本有，無「也」字。今德經「乎」字、「也」字皆無。千丈之隄，以螻蟻之穴潰；百尺之室，以

〔一〕「廣車」，原本「廣」下脱「車」字，據戰國策高誘注補。

突隙之烟焚。○王引之曰：「突隙之烟」不能焚室。「烟」當爲「熛」。「熛」誤爲「煙」，又轉寫爲「烟」耳。舊本北堂書鈔地部十三引此正作「熛」。（陳禹謨本刪去。）説文：「熛，火飛也，讀若『標』。」一切經音義十四引三倉云：「熛，迸火也。」呂氏春秋慎小篇云：「巨防容螻而漂邑殺人，突泄一熛而焚宫燒積。」（今本「熛」字亦誤作「煙」，一切經音義十三引此正作「熛」。）淮南人閒訓曰：「千里之隄以螻螘之穴漏，百尋之屋以突隙之熛焚。」（今本亦誤作「煙」，御覽蟲豸部四引此正作「熛」。）語意並與此同。世人多見「煙」，少見「熛」，故諸書中「熛」字多誤作「煙」。（説見呂氏春秋「煙火」下。）故曰白圭之行隄也塞其穴，○顧廣圻曰：「曰」字當衍。先慎曰：「曰」，即「白」字之誤而複者。丈人之慎火也塗其隙。○先慎曰：易師「丈人吉」，鄭注：「丈之言長，能以法度長於人。」是以丈人爲位尊者之稱。襄九年宋災，樂喜爲司城以爲政，使伯氏司里，積土塗，以備火之乘隙而入也。是以白圭無水難，丈人無火患，○先慎曰：初學記二十五引「難」、「患」互易。此皆慎易以避難，敬細以遠大者也。扁鵲見蔡桓公，○顧廣圻曰：史記列傳、新序作「齊桓公」。立有間，扁鵲曰：「君有疾在腠理，不治將恐深。」桓侯曰：「寡人無疾。」○先慎曰：各本無「疾」字，盧文弨云：「『無』下脱『疾』字，新序、史記扁鵲傳皆有『疾』字。」今依拾補增。扁鵲出，桓侯曰：「醫之好治不病以爲功。」居十日，扁鵲復見曰：「君之病在肌膚，不治將益深。」桓侯不應。扁鵲出，桓侯又不悦。居十日，扁鵲復見曰：「君之病在腸胃，不治將益深。」桓侯又不應。扁鵲出，○先慎曰：乾道本無「出」字。顧廣圻云：藏本、今本有「出」字。先慎案：史記亦有，今據補。桓侯又不悦。居十日，扁鵲望桓侯而還走。○先慎曰：「還走」，反走也。桓侯故使人問之。○先慎曰：張榜本無「故」字。扁鵲曰：「疾在腠理，湯熨之所及也；○先慎曰：乾道本無「也」字。顧廣圻云：今本有「也」字，依下二句當有。先慎案：史記亦有，今據補。在肌膚，鍼石之所及也；在腸胃，火齊之所及也；○盧文弨曰：「火齊」，新序作「大劑」。先慎曰：火齊湯，治腸胃病。倉公傳：「齊郎中令循不得前後溲三日，飲以火齊湯而疾愈。」又：「齊王太后病，難於大小溲溺，飲火齊湯而病已。」新序作「大劑」者，「齊」、「劑」古通，「大」乃「火」字之誤。當依此訂正。在骨髓，司命之所屬，無奈何也。○盧文弨曰：「屬」字，新序無。今在骨髓，臣是以無請也。」居五日，桓侯體痛，使人索扁鵲，已逃秦矣。桓侯遂死。故良醫之治病也，攻之於腠理，此皆争之於小者也。夫事之禍福亦有腠理之地，故曰聖人蚤從事焉。○顧廣圻曰：「曰」字當衍，新序云「故聖人早從事矣」，其明證也。先慎曰：以上見德經六十三章。

昔晉公子重耳出亡○先慎曰：各本連上，盧文弨曰「當分段」，今從之。過鄭，鄭君不禮。叔瞻諫曰：「此賢公子也，君厚待之，可以積德。」鄭君不聽。叔瞻又諫曰：「不厚待之，不若殺之，○盧文弨曰：張、凌本無「待之」二字。無令有後患。」鄭公又不聽。○先慎曰：「公」當作「君」。及公子返晉邦，舉兵伐鄭，大破之，取八城焉。晉獻公以垂棘之璧假道於虞而伐虢，大夫宫之奇諫曰：「不可。脣亡而齒寒，虞、虢相救，非相德也。○先慎曰：虞、虢之所以相救者，非彼此見德，緣滅亡隨之耳。今日晉滅虢，明日虞必隨之亡。」虞君不聽，受其璧而假之道。晉已取虢，還反滅虞。○先慎曰：張榜本「已」作「以」。此二臣者，皆争於腠理者也，而二君不用也。然則叔瞻、宮之奇亦虞、鄭之扁鵲也，而二君不聽，故鄭以破，虞以亡。故曰：「其安易持也，其未兆易謀也。」○顧廣圻曰：德經皆無兩「也」字。先慎曰：見六十四章。

昔者紂爲象箸○先慎曰：乾道本連上，盧文弨云「當分段」，今從之。而箕子怖。○盧文弨曰：「怖」，史記、淮南作「唏」，凌本同。此自作「怖」，後同。顧廣圻曰：「怖」當作「悕」，下文及説林上同。先慎曰：顧説非。説文：「怖，惶也。『怖』或从布聲。」「唏，笑也，一曰哀痛不泣曰『唏』。」按下文「吾懼其卒，故怖其始」，卒言「懼」，則始當言「惶」，不得於始即哀痛也。史記、淮南作「唏」，誤，當依此訂正。藝文類聚七十三、御覽七百五十九引作「怖」。以爲象箸必不加於土鉶，必將犀玉之杯；象箸玉杯必不羹菽藿，則必旄象豹胎，○先慎曰：乾道本無「則」字，盧文弨云：「必上脱『則』字，張、凌本有。」今據補。顧廣圻云：「旄」，讀爲芼。先慎按：顧讀誤。呂氏春秋本味篇「肉之美者旄象之約」，高注：「旄，旄牛也。」「旄象」二字，藝文類聚、御覽均作「薦」字，誤。説林上篇亦作「旄象」。旄象豹胎必不衣短褐而食於茅屋之下，○顧廣圻曰：藏本同。今本「短」作「裋」，誤。按本書説林上亦作「短」。王命論「思有短褐之襲」，文選注云：「韋昭以『短』爲『裋』。裋，襦也；短，丁管切。」依此，「短褐」自有所出，不必改爲「裋」矣。則錦衣九重，廣室高臺。○先慎曰：「則」下當有「必」字，説林上有，是其證。吾畏其卒，故怖其始。居五年，紂爲肉圃，設炮烙，○俞樾曰：段氏玉裁謂「炮烙」本作「炮格」，「史記索隱引鄒誕云：『烙，一音閣。』楊倞注荀子議兵篇云：『烙，音古責反。』觀鄒、楊所音皆是「格」字無疑。鄭康成注周禮牛人云：『互，若今屠家縣肉格。』意紂所爲亦相似。」段氏此説洵足訂正向來傳寫之誤。惟「炮格」似有二義：荀子議兵篇：「紂刳比干，囚箕子，爲炮格刑。」楊注引列女傳曰：「炮格，爲膏銅柱，加之炭上，令有罪者行焉，輒墜火中，紂與妲己大笑。」此則「炮格」爲淫刑以逞之事，是一義也。若此文云：「紂爲肉圃，設炮格，登糟邱，臨酒池」，則似爲飲食奢侈之事，别爲一義。蓋爲銅格，布火其下，欲食者於肉圃取肉置格上，炮而食之也。如此説方與「肉圃」、「糟邱」、「酒池」一類。且因「爲象箸」而至此，正見其由小而大，箕子所以畏其卒而怖其始也。若是炮格之刑，則不特與「肉圃」諸事不類，且與上文「爲象箸」事亦絶不相干矣。呂氏春秋過理篇云：「糟邱酒池，肉圃爲格。」「格」即「炮格」，不言「炮格」而直曰爲「格」，即承「肉圃」之下，是於肉圃中爲格也，其爲炮肉之格明矣。高注：「格以銅爲之，布火其下，以人置上，人爛墮火而死。」夫「糟邱」、「酒池」、「肉圃」皆是飲食之地，何故即於其地炮炙人乎，蓋古書説「炮格」者，本有二義，當各依本書説之。學者但知有前一義，不知有後一義，古事之失傳久矣。先慎曰：本書亦有二義：如難一篇「炮烙」連「斬涉者之脛」言，難二篇兩言「請解炮烙之刑」，難勢篇「桀、紂爲高臺深池以盡民力，爲炮烙以傷民性」，是皆以「炮烙」爲淫刑。此「炮烙」與「肉圃」、「糟邱」、「酒池」並言，則指飲食奢侈之事。俞氏知古義之有二，而不知本書之義亦有二，故詳説之。**登糟邱，**○先慎曰：張榜本「糟」作「曹」。**臨酒池，紂遂以亡。故箕子見象箸以知天下之禍。故曰：「見小曰明。」**○顧廣圻曰：今德經「曰」作「日」，傳本與此合。先慎曰：王弼作「曰」，淮南同，下同。見五十二章。

句踐入宦於吴，○先慎曰：舊連上，今提行。**身執干戈爲吴王洗馬，**○顧廣圻曰：「洗」，他書又作「先」。先慎曰：「洗」、「先」古通，謂前馬而走。越語「其身親爲夫差前馬」是也。古本賤役，至漢始以此名官。百官公卿表太子太傅屬官有先馬，如淳云：「前驅也，『先』或作『洗』。」汲黯傳作「洗馬」，是其證。**故能殺夫差於姑蘇。**○

先慎曰：北堂書鈔一百二十三引「於」作「破」。**文王見詈於王門，**○盧文弨曰：「王」即古「玉」字。顧廣圻曰：戰國策云：「而武王羈於王門。」又吕氏春秋云「武王事之，夙夜不懈，亦不忘王門之辱」，高注：「文王得歸，乃築靈臺，作玉門，相女童，武王以此爲恥而不忘也。」「王」即「玉」字。高所説見淮南道應訓。彼注「玉門，以玉飾門」，可證也。武王不當有羈事，策「羈」當即「詈」之譌。**顔色不變，而武王擒紂於牧野。故曰：「守柔曰强。」越王之霸也不病宦，**○先慎曰：「宦」，趙本作「官」，誤。**武王之王也不病詈，故曰：「聖人之不病也，以其不病，是以無病也。」**○顧廣圻曰：今德經無「之」字。傅本有，與此合。皆無「也」字。「以其不病」，傅本及德經皆作「以其病病」，按韓子自作「不病」。「是以無病也」，傅本作「是以不吾病」，今德經作「是以不病」，皆無「也」字。先慎曰：此謂不以爲病，故能除病。以上見七十一章。

宋之鄙人○盧文弨曰：下二條皆當連。**得璞玉而獻之子罕。**○先慎曰：見左襄十五年傳。二柄篇有子罕，當别一人。**子罕不受。鄙人曰：「此寶也，宜爲君子器，不宜爲細人用。」子罕曰：「爾以玉爲寶，我以不受子玉爲寶。」是鄙人欲玉，而子罕不欲玉。故曰：「欲不欲，而不貴難得之貨。」**○顧廣圻曰：藏本同。今本無「而」字，傅本及今德經皆無「而」字。

王壽負書而行，見徐馮於周，塗馮曰：○顧廣圻曰：「周」字句絶，讀依淮南道應訓。「塗」字，淮南作「徐」。此文上「徐」下「塗」，未詳孰是。先慎曰：依淮南作「徐」是也。「涂」爲「徐」字形近之誤，後人又加土於其下耳。**「事者爲也，爲生於時，知者無常事。**○王渭曰：「知」當作「時」。先慎曰：王説是。道應訓「時」上有

「知」字，乃誤衍，當依此訂正。**書者言也，言生於知，知者不藏書。**○顧廣圻曰：淮南子無「不」字。先慎曰：淮南脱「不」字。「知」，讀曰智。**今子何獨負之而行？」於是王壽因焚其書而儛之。**○先慎曰：高誘注：「自喜焚其書，故舞之也。」**故知者不以言談教，而慧者不以藏書篋，**○王先謙曰：「書」字當在「藏」字上。**此世之所過也，而王壽復之，**○先慎曰：河上公注：「復之者，使反本也。」**是學不學也。故曰：「學不學，復歸衆人之所過也。」**○顧廣圻曰：傅本及德經無「歸」字、「也」字。又傅本「復」上有「以」字，與各本全異。先慎曰：王弼注：「學不學，以復衆人之過。」「歸」字疑衍。

夫物有常容，因乘以導之，因隨物之容。○顧廣圻曰：有誤，未詳。先慎曰：顧説非也。下「因」字微逗，其義甚明。物有定形，乘其機以引導之，不待雕琢，而聽其自然以成形。**故静則建乎德，動則順乎道。**○王先謙曰：静則心有常主，動則物來順應。**宋人有爲其君以象爲楮葉者，**○顧廣圻曰：「象」，列子説符篇作「玉」。**三年而成。豐殺莖柯，**○顧廣圻曰：「豐」，列子作「鋒」。先慎曰：作「豐」是。「豐殺」，謂肥瘦也。「殺」，音所拜反。**毫芒繁澤，亂之楮葉之中而不可别也。**○先慎曰：列子同。白孔六帖八十三引「亂」作「雜」，「别」作「辨」。**此人遂以功食禄於宋邦。**○顧廣圻曰：「功」，列子作「巧」。先慎曰：「功」當作「巧」。列子下文云「聖人恃道化而不恃智巧」，張湛注：「此明用巧能不足以贍物，因道而化則無不周」，即承此「巧」字言之。「功」、「巧」形近而誤。**列子聞之曰：「使天地三年而成一葉，則物之有葉者寡矣。」**○先慎曰：白孔六帖引「天地」作「造化」,「寡」作「鮮」。故不乘天地之資而載一人之身,不隨道理之數而學一人之智,○先慎曰:乾道本「智」上無「之」字,趙本有,依上文當有,改從趙本。此皆一葉之行也。故冬耕之稼,后稷不能羨也;○俞樾曰:「羨」當作「美」,字之誤也。下文云「豐年大禾,臧獲不能惡也」,「美」與「惡」相對。豐年大禾,臧獲不能惡也。以一人力,則后稷不足;隨自然,則臧獲有餘。故曰:「恃萬物之自然而不敢爲也。」○顧廣圻曰:「恃」字,傳本及今德經皆作「以輔」。下「也」字,今德經無,傳本有,與此合。先慎曰:治要引老子「也」作「焉」。以上見六十四章。

空竅者,神明之户牖也。○先慎曰:乾道本連上,盧文弨云「當分段」,今從拾補。耳目竭於聲色,精神竭於外貌,故中無主。中無主,則禍福雖如丘山無從識之。故曰:「不出於户,可以知天下;不闚於牖,可以知天道。」○顧廣圻曰:兩「可以」二字,今德經無,傳本有,與此合。皆無「於」字。下「知」字,今德經作「見」,傳本作「知」,與此合。淮南道應訓引有「以」字,無「於」字,下「知」字亦作「見」。先慎曰:「闚」,河上公及傳本作「規」。畢沅考異云:「説文:『窺,小視也。』『闚,閃也。』『閃,闚頭門中也。』方言:『凡相竊視,南楚謂之「闚」。』」蓋穴中竊視曰「窺」,門中竊視曰「闚」。老子楚人,用楚語作「窺」,韓子自作「闚」。此言神明之不離其實也。

趙襄主學御於王子期,○顧廣圻曰:「期」上當有「於」字,下文及本書外儲説右下皆同。先慎曰:顧説是。古「於」字作「于」,與「子」形近,淺人以爲複衍而妄删之,下已改「于」爲「於」,故得存其真耳。盧本反據此以改下文「於」

字爲「子」，誤。俄而與於期逐，三易馬而三後。襄主曰：○先慎曰：趙本「主」作「王」，誤。「子之教我御，術未盡也？」對曰：「術已盡，用之則過也。凡御之所貴，馬體安於車，人心調於馬，而後可以進速致遠。今君後則欲逮臣，先則恐逮於臣。夫誘道争遠，非先則後也；○先慎曰：「誘道」，誘馬於道也。而先後心在於臣，上何以調於馬？○顧廣圻曰：今本「上」作「尚」。先慎曰：「上」、「尚」古通。張榜本「何」作「可」，誤。此君之所以後也。」○先慎曰：此當連下爲一條。

白公勝慮亂，○先慎曰：秦策高注：「慮，謀也。」罷朝，倒杖而策鋭貫頰，○顧廣圻曰：淮南子道應訓、列子説符篇作「罷朝而立，倒杖策，錣上貫頤」。按「頰」即「頤」字之别體也。玉藻鄭注「頤，或爲『霤』」，可借證矣。先慎曰：御覽三百六十八引無「而」字，「頰」作「頤」。血流至於地而不知。鄭人聞之曰：「頰之忘，將何爲忘哉！」○顧廣圻曰：「爲」，淮南子、列子作「不」。先慎曰：作「不」是，「爲」字誤。故曰：「其出彌遠者，其智彌少。」○顧廣圻曰：傅本及今德經皆無「者」字。「少」，傅本作「尠」，與各本異。此言智周乎遠，則所遺在近也，○王先謙曰：思遠則忽近。是以聖人無常行也。能並智，故曰：「不行而知。」能並視，故曰：「不見而明。」○顧廣圻曰：傅本及今德經「明」皆作「名」。隨時以舉事，因資而立功，用萬物之能而獲利其上，故曰：「不爲而成。」○先慎曰：趙孟頫本「不」作「無」。以上見四十七章。

楚莊王莅政三年，○先慎曰：乾道本連上，盧文弨云：「當分段，凌本提行。」今據改。無令發，無政爲也。右司馬御座○盧文弨曰：張、凌本「座」作「坐」。而與王隱曰：「有鳥止南方之阜，三年不翅，不飛不鳴，○顧廣圻曰：史記楚世家、新序無「不翅」，餘亦各不同。呂氏春秋重言篇「不翅」作「不動」。嘿然無聲，此爲何名？」王曰：「三年不翅，將以長羽翼；○先慎曰：乾道本「長」上有「觀」字，顧廣圻云：「藏本、今本無『觀』字。」今據删。不飛不鳴，將以觀民則。○先慎曰：「則」，法也。雖無飛，飛必冲天；雖無鳴，鳴必驚人。子釋之，不穀知之矣。」處半年，乃自聽政，所廢者十，所起者九，誅大臣五，舉處士六，而邦大治。舉兵誅齊，敗之徐州，○顧廣圻曰：史記年表「威王七年圍齊於徐州」，楚世家同。或此莊王謂威王也。勝晉於河雍，合諸侯於宋，遂霸天下。莊王不爲小害善，故有大名；○王先謙曰：「害」字不當有，蓋與「善」形近誤衍。不蚤見示，故有大功。故曰：「大器晚成，大音希聲。」○顧廣圻曰：傳本「希」作「稀」。按「希」、「稀」同字也。先慎曰：傳本「音」作「言」，與各本全異。見四十一章。

楚莊王欲伐越，○盧文弨曰：連下爲一條。顧廣圻曰：荀子楊倞注引無「莊」字。按莊王與莊蹻不同時，或此莊王亦謂威王也。古今人表下有嚴蹻與威王相接。莊子諫曰：○先慎曰：乾道本「莊」作「杜」。顧廣圻云：楊注引此「杜」作「莊」。先慎案：「杜」乃「莊」之誤，御覽三百六十六引作「莊」，下同，今據改。「王之伐越何也？」曰：「政亂兵弱。」莊子曰：「臣患智之如目也，○先慎曰：乾道本「臣」下有「愚」字，「智之」作「之智」。盧文弨云：「愚」字衍，張、凌本無。「之智」，當作「智之」，舊倒，譌。王渭云：「患」下有脱字。先慎案：盧説是。下

「此智之如目也」即承此句，王渭不知「之智」二字之倒，故疑有脱文。御覽引正作「臣患知之如目也」，今據删。能見百步之外，而不能自見其睫。○先慎曰：御覽引無「自」字，「睫」作「眥」。王之兵自敗於秦晉，喪地數百里，此兵之弱也；莊蹻爲盜於境内，○先慎曰：乾道本「蹻」上有「蹊」字。顧廣圻云：藏本、今本無「蹊」字。按「蹊」字當衍。荀子議兵篇「莊蹻起，楚分爲三四」，楊倞注引此無「蹊」字。史記西南夷列傳「始楚威王時，使將軍莊蹻將兵」，又云「莊蹻者，故楚莊王苗裔也」，索隱「楚莊王弟爲盜者」，當是據此耳。呂氏春秋介立篇云「莊蹻之暴郢」，高誘注「莊蹻，楚成王之大盜」，「成」當作「威」。又異用篇云「跖與企足」，高誘注：「企足，莊蹻也，皆大盜人名。」「蹻」誤作「蹊」，校者旁改，遂致兩有。先慎按：顧說是，今據删。而吏不能禁，此政之亂也。王之弱亂非越之下也，而欲伐越，○先慎曰：乾道本「欲」上脱「而」字。盧文弨云：張、凌本有。先慎案：御覽引亦有，今據補。此智之如目也。」王乃止。故知之難，不在見人，在自見。故曰：「自見之謂明。」○顧廣圻曰：傳本及今道經「之謂」二字作「者」。傳本末有「也」字，下句同。先慎曰：「自見」，老子作「自知」，此文上言「臣患智之如目也」，又言「此智之如目也」，即以莊王事喻老子「自知之謂明」句，道經「自知」即承「知人者智也」而言，無作「見」之本。此「見」字即緣上兩「見」字而誤，非韓子所見本有不同也。當依老子作「知」。

子夏見曾子，曾子曰：「何肥也？」對曰：「戰勝，故肥也。」○先慎曰：御覽三百七十八引無「也」字。曾子曰：「何謂也？」子夏曰：「吾入見先王之義則榮之，出見富貴之樂又榮之，兩者戰於胷中，未知勝負，故臞。今先王之義勝，故肥。」是以志之難也，不在勝人，在自勝也。故曰：「自勝之謂强。」○先愼曰：以上見三十三章。周有玉版，紂令膠鬲索之，文王不予；費仲來求，因予之。是膠鬲賢而費仲無道也，○先愼曰：事類賦九引無「而」字。周惡賢者之得志也，故予費仲。文王舉太公於渭濱者，貴之也；而資費仲玉版者，是愛之也。故曰：「不貴其師，不愛其資，雖知大迷，○先愼曰：「知」讀爲「智」。趙本「大」作「太」，誤。是謂要妙。」○顧廣圻曰：傅本「是」作「此」，與各本全異。先愼曰：河上公注：「能通此意，是謂知微妙要道也。」見二十七章。

說林上第二十二

○盧文弨曰：藏本卷七起。先愼曰：索隱云：「說林者，廣說諸事，其多若林，故曰說林也。」

湯以伐桀，○先愼曰：「以」、「已」同。而恐天下言己爲貪也，因乃讓天下於務光。而恐務光之受之也，乃使人說務光曰：「湯殺君而欲傳惡聲于子，故讓天下於子。」○先愼曰：言湯欲嫁名於務光，故讓務光以天下；受湯之天下，是並弑君之名而受之。務光因自投於河。

秦武王令甘茂擇所欲爲於僕與行事，○俞樾曰：「事」字衍文。下文曰「公佩僕璽而爲行事」，是「僕」

與「行」爲官名，言佩僕之壐，而爲行之事也。讀者誤以「行事」連讀，遂於此文亦增「事」字矣。孟卯曰：「公不如爲僕。公所長者使也，○先慎曰：「長」，音直良切。公雖爲僕，王猶使之於公也。○先慎曰：言雖受僕之職而行之事猶使公。公佩僕壐而爲行事，是兼官也。」

子圉見孔子於商太宰。孔子出，子圉入，請問客。太宰曰：「吾已見孔子，則視子猶蚤蝨之細者也，吾今見之於君。」子圉恐孔子貴於君也，因謂太宰曰：○先慎曰：各本「謂」作「請」，緣上文「請」字而誤。御覽九百五十一引作「謂」，今據正。「君已見孔子，亦將視子猶蚤蝨也。」○先慎曰：乾道本重「孔子」二字，趙本「視子」作「視之」。盧文弨云：「已」，張、凌本作「君」，凌本不重「孔子」，藏本、凌本「之」作「子」。顧廣圻云：今本下「子」字作「之」，誤。按「孔子」二字不當更有。先慎案：趙本「君」亦作「已」，誤。御覽不重「孔子」二字，今據刪。太宰因弗復見也。

魏惠王爲臼里之盟，○顧廣圻曰：「臼」，戰國韓策作「九」。將復立於天子。○先慎曰：「立於」二字當衍，策無。彭喜謂鄭君曰：○顧廣圻曰：「彭」，策作「房」。「鄭君」，策作「韓王」。按「房」當是「旁」之誤，「彭」、「旁」同字也。「鄭」，即韓也。韓策有「謂鄭王曰」章，本書七術篇「魏王謂鄭王曰」，又「困梁、鄭」，六微篇「公叔因內齊軍於鄭」，皆可證也。「君勿聽。大國惡有天子，小國利之。○先慎曰：「惡」，烏路反。若君與大不聽，魏焉能與小立之。」○先慎曰：策「大」、「小」下並有「國」字。

晉人伐邢，○顧廣圻曰：與左傳不同。先慎曰：乾道本連上，今從趙本提行。齊桓公將救之。鮑叔曰：「太蚤。邢不亡，晉不敝；晉不敝，齊不重。且夫持危之功，不如存亡之德大。君不如晚救之以敝晉，齊實利；○先慎曰：「齊」當爲「其」之誤，下「其名美」，此言「其實利」，明不當作「齊」。待邢亡而復存之，其名實美。」○王渭曰：「實」字衍。桓公乃弗救。子胥出走，○顧廣圻曰：燕策云「張丑」。先慎曰：吳越春秋作「伍子胥」，與此同。邊候得之。○先慎曰：「候」，吏也。吳越春秋作「關吏欲執之」。子胥曰：「上索我者，以我有美珠也；今我已亡之矣，我且曰子取吞之。」候因釋之。○先慎曰：藝文類聚八十四引「候」上有「邊」字，「因」字作「憂而」二字，誤。吳越春秋作「關吏因舍焉」，正作「因」字。

慶封爲亂於齊而欲走越，○顧廣圻曰：左傳云「奔吳」。先慎曰：舊連上，今提行。其族人曰：「晉近，奚不之晉？」慶封曰：「越遠，利以避難。」族人曰：「變是心也，居晉而可；不變是心也，雖遠越，其可以安乎！」

智伯索地於魏宣子，○顧廣圻曰：「宣」，策作「桓」，說苑權謀篇作「宣」。先慎曰：十過篇作「宣」，與此同。魏宣子弗予。任章曰：○顧廣圻曰：說苑權謀篇作「任增」。按魏策與此同，古今人表中中有任章。先慎曰：淮南人間訓作「任登」，「登」、「增」聲近，本書外儲說左上篇作「王登」，「王」即「壬」之誤，「任」、「壬」古通；「章」、「登」蓋一人而二名耳。「何故不予？」宣子曰：「無故請地，故弗予。」○先慎曰：「請」當爲「索」，上下文並作「索」，策亦作「索」。任章曰：「無故索地，鄰國必恐；彼重欲無厭，天下必懼。君予之地，智伯必驕而輕敵，鄰邦必懼而相親。以相親之兵，待輕敵之國，則智伯之命不長矣。○盧文弨曰：「伯」，張、凌本作「氏」。先慎曰：策亦作「氏」。周書曰：『將欲敗之，必姑輔之；將欲取之，必姑予之。』○先慎曰：王應麟疑此爲蘇秦所讀周書、陰符之類。君不如予之，以驕智伯。且君何釋以天下圖智氏，而獨以吾國爲智氏質乎？」○先慎曰：「質」，的也。存韓篇「則秦必爲天下兵質矣」，義正同。君曰：「善。」乃與之萬户之邑。智伯大悦，因索地於趙，弗與，因圍晉陽。韓、魏反之外，趙氏應之內，智氏自亡。○先慎曰：策「自」作「遂」，說苑亦作「遂」。

秦康公築臺三年，荆人起兵，將欲以兵攻齊。任妄曰：「饑召兵，疾召兵，勞召兵，亂召兵。君築臺三年，今荆人起兵，將攻齊，臣恐其攻齊爲聲，而以襲秦爲實也，不如備之。」戍東邊，荆人輟行。○先慎曰：「輟」，一本作「輒」，非。

齊攻宋，宋使臧孫子南求救於荆。○顧廣圻曰：宋衛策無「孫」字。荆大說，許救之甚歡。○顧廣圻曰：「歡」，當從策作「勸」，高注：「勸，力也。」臧孫子憂而反。其御曰：「索救而得，今子有憂色，何也？」臧孫子曰：「宋小而齊大。夫救小宋而惡於大齊，此人之所以憂也，而荆王說，○先慎曰：策「說」下有「甚」字。必以堅我也。我堅而齊敝，荆之所利也。」臧孫子乃歸。齊人拔五城於宋，而荆救不至。

魏文侯借道於趙而攻中山，趙肅侯將不許，趙刻曰：○顧廣圻曰：「刻」，趙策作「利」。「君過矣。魏攻中山而弗能取，則魏必罷，罷則魏輕，魏輕則趙重。魏拔中山，必不能越趙而有中山也，是用兵者魏也，而得地者趙也。君必許之。而大歡，○顧廣圻曰：藏本、今本重「許之」，策有。「歡」，當從策作「勸」。彼將知君利之也，必將輟行。君不如借之道，示以不得已也。」

鴟夷子皮事田成子，○顧廣圻曰：墨子非儒篇「乃樹鴟夷子皮於田常之門」，即其事也。説苑臣術篇：「陳成子謂鴟夷子皮。」田成子去齊，走而之燕，鴟夷子皮負傳而從。至望邑，子皮曰：「子獨不聞涸澤之蛇乎？澤涸，○先慎曰：各本作「涸澤」，誤倒。藝文類聚九十六、御覽九百三十三、事類賦二十八引作「澤涸」，今據乙。蛇將徙，有小蛇謂大蛇曰：『子行而我隨之，人以爲蛇之行者耳，必有殺子者。子不如相銜負我以行，○先慎曰：各本脱「子者」二字，文不成句。藝文類聚、御覽引有「子」字，無「者」字，亦誤。今依事類賦引補「子者」二字。人必以我爲神君也。』○先慎曰：乾道本無「必」字。盧文弨云：「人」下脱「必」字。先慎案：藝文類聚、御覽、事類賦引有「必」字，今據補。乃相銜負以越公道而行，○先慎曰：乾道本無「而行」二字。顧廣圻云：藏本、今本「道」下有「而行」二字，按不當有。先慎案：「而行」二字不當省，藝文類聚、御覽、事類賦引亦有，今據補。人皆避之，曰：『神君也。』今子美而我惡，以子爲我上客，千乘之君也；以子爲我使者，萬乘之卿也。子不如爲我舍人。」田成子因負傳而隨之，至逆旅，逆旅之君待之甚敬，因獻酒肉。

温人之周，周不納客，○顧廣圻曰：句絶。問之曰：「客耶？」對曰：「主人。」○顧廣圻曰：周策無「問之曰客」四字，「耶」作「即」，非。姚校「一本同此」者是。問其巷而不知也，○先慎曰：各本「巷」下衍「人」字，周策作「問其巷而不知也」，無「人」字，此涉上文而誤。御覽六百四十二引此無「人」字，今據删。吏因囚之。君使人問之曰：「子非周人也，而自謂非客，何也？」對曰：「臣少也誦詩，曰：『普天之下，莫非王土；率土之濱，莫非王臣。』○先慎曰：詩小雅北山之篇。今君天子，則我天子之臣也，豈有爲人之臣而又爲之客哉？故曰主人也。」君使出之。

韓宣王謂樛留曰：○顧廣圻曰：「樛」，韓策作「摎」。案「樛」、「摎」同字，本書難一篇作「樛」。先慎曰：乾道本連上，今從趙本提行。「吾欲兩用公仲、公叔，其可乎？」對曰：「不可。晉用六卿而國分，簡公兩用田成、闞止而簡公殺，魏兩用犀首、張儀而西河之外亡。○先慎曰：難一篇「犀首、張儀」作「樓、翟」，餘亦不同。今王兩用之，其多力者樹其黨，○顧廣圻曰：此「樹」上脱「内」字，策有。寡力者借外權。羣臣有内樹黨○顧廣圻曰：「有」，策作「或」。按「或」、「有」同字。以驕主，内○顧廣圻曰：此衍「内」

字，策無。先慎曰：此「内」字即上文「樹」上〔二〕「内」字，錯移在此。**有外爲交以削地，**○王念孫曰：「削地」當爲「列地」。「列」，古「裂」字。（艮九三曰：「艮其限，列其夤。」大戴禮曾子天圓篇曰：「割列禳瘞。」管子五輔篇曰：「博帶梨大袂列。」荀子哀公篇曰：「兩驂列兩服入廄。」）「裂」，分也。言借外權以分地也。韓策作「或外爲交以裂其地」，是其明證。「列」字本作「𠛱」，形與「削」相似，因誤爲「削」。説文：「𠛱，分解也。從刀，𡿪聲。」「裂，繒餘也。從衣，𠛱聲。」今九經中「分列」之字多作「裂」，未必非後人所改，此「列」字若不誤爲「削」，則後人亦必改爲「裂」矣。**則王之國危矣。」紹績昧醉寐而亡其裘，**○先慎曰：御覽四百九十七引「績」作「緇」，無「寐」字。**宋君曰：**○先慎曰：御覽引「宋」作「梁」。**「醉足以亡裘乎？」對曰：「桀以醉亡天下，而康誥曰：『毋彝酒。』**○盧文弨曰：「而」字，孫云衍。先慎曰：今在酒誥中。楊子法言問神篇云：「昔之説書者序以百，而酒誥之篇俄空焉，今亡夫。」是漢時已無酒誥，而康誥亦有佚文，後人纂輯酒誥，並康誥佚句亦併錯入，當據此訂正。**彝酒者，常酒也。**○盧文弨曰：「者」字舊誤在上「彝酒」下，孫移正。先慎曰：孫移是，今從之。「常酒」，謂常飲酒也。**常酒者，天子失天下，匹夫失其身。」**

管仲、隰朋從桓公伐孤竹，○先慎曰：各本「桓」上有「於」字，「伐」上有「而」字。意林及御覽四百九十、事

〔二〕「上」，原本作「下」，據正文「内樹」改。

類賦三十引並無「於」字、「而」字，今據删。春往冬反，迷惑失道。管仲曰：「老馬之智可用也。」乃放老馬而隨之，遂得道。行山中無水，隰朋曰：「蟻冬居山之陽，夏居山之陰，蟻壤寸而有水。」○先慎曰：各本「寸」上有「一」字，「而」下有「仞」字。意林及御覽卷三十七又九百四十七、事類賦引無「一」字、「仞」字，今據删。乃掘地，遂得水。以管仲之聖而隰朋之智，至其所不知，不難師於老馬與蟻。今人不知以其愚心而師聖人之智，不亦過乎！○先慎曰：乾道本「聖人」上無「師」字。顧廣圻云：藏本、今本有。先慎案：此謂管仲、隰朋之聖智，尚師老馬與蟻之所知，而今人不知己之愚以師聖人之智，是謂過矣。「師老馬與蟻」與「師聖人之智」相比成文，「聖人」上不當無「師」字，今據藏本、今本補。

有獻不死之藥於荆王者，謁者操之以入。中射之士問曰：「可食乎？」曰：「可。」因奪而食之。王大怒，使人殺中射之士。中射之士使人説王曰：「臣問謁者，○先慎曰：楚策三重「謁者」二字，是也，此脱。曰『可食』，臣故食之，是臣無罪而罪在謁者也。○先慎曰：謁者漫云「可食」，故食者不任罪。且客獻不死之藥，臣食之而王殺臣，是死藥也，是客欺王也。夫殺無罪之臣而明人之欺王也，不如釋臣。」王乃不殺。

田駟欺鄒君，鄒君將使人殺之。田駟恐，告惠子。惠子見鄒君曰：「今有人見君則睞其一目，奚如？」○先慎曰：「睞」，御覽三百六十六引作「牒」，下同。注云：「大叶切，閉目也。」蓋即韓子舊注。玉篇「䁯，閉一目也」，本此爲訓。「映」爲目旁毛，義稍隔。君曰：「我必殺之。」惠子曰：「瞽兩目映，君奚爲不殺？」○先慎曰：藝文類聚十七引作「瞽映兩目，君奚弗殺」。君曰：「不能勿映。」惠子曰：「田駟東欺齊侯，○先慎曰：各本「欺」作「慢」。顧廣圻云：「慢」，讀爲謾。先慎案：藝文類聚、御覽引「慢」並作「欺」，是也。下「駟之欺人」，正承此「欺」字言，明不當作「慢」，今據改。南欺荊王，駟之於欺人，瞽也，君奚怨焉？」○先慎曰：瞽以閉目爲常，駟以欺人爲常，習與性成，又何尤焉。鄒君乃不殺。

魯穆公使衆公子或宦於晉，或宦於荊。○先慎曰：欲結援晉、楚，故使公子宦焉。乾道本上「宦」〔二〕字作「宧」，據趙本改。犁鉏曰：「假人於越而救溺子，越人雖善遊，子必不生矣。失火而取水於海，海水雖多，火必不滅矣，遠水不救近火也。今晉與荊雖强，而齊近，魯患其不救乎？」

嚴遂不善周君，○盧文弨曰：「周君」二字當重。患之。馮沮曰：○顧廣圻曰：即周策之「馮且」也。「沮」、「且」同字。「嚴遂相，而韓傀貴於君，○顧廣圻曰：與本書六微篇及韓策不同。不如行賊於韓傀，則君必以爲嚴氏也。」

張譴相韓，病將死，公乘無正懷三十金而問其疾。居一月，公自問張譴曰：○先慎曰：

〔二〕「宦」，原本作「官」，據正文改。

各本無「公」字，拾補「自」改「君」。顧廣圻云：「居」當作「君」，「月」當作「日」。先慎案：「居一月」與下「孟孫」條及六微篇「居三月」文法正同。盧、顧二家不知「自」上脱「公」字，故改上下文以就其義，皆非也。御覽八百十引有「公」字，今據補。「若子死，將誰使代子？」答曰：「無正重法而畏上，○先慎曰：御覽引無「重」字。雖然，不如公子食我之得民也。」張譴死，因相公乘無正。

樂羊爲魏將而攻中山，○先慎曰：治要、御覽六百四十五、初學記十七引無「而」字，中山策亦無。説苑貴德篇「而」作「以」。其子在中山，中山之君烹其子而遺之羹。樂羊坐於幕下而啜之，盡一杯。○先慎曰：藝文類聚七十三、御覽、初學記引「啜」並作「饗」。淮南人閒訓作「啜三杯」。文侯謂堵師贊曰：○顧廣圻曰：「堵」，魏策作「覩」，姚校云：「後語作堵。」「樂羊以我故，而食其子之肉。」答曰：「其子而食之，且誰不食？」樂羊罷中山，○先慎曰：吴語韋注：「罷，歸也。」謂樂羊歸自中山也。文侯賞其功而疑其心。孟孫獵得麑，○先慎曰：各本「孟」下提行。治要連上，自「樂羊爲將」至「秦西巴以有罪益信」爲一條，是也。今據改。使秦西巴持之歸，○先慎曰：各本「持之歸」作「載之持歸」。案：「載之持歸」語重複，蓋一本作「載之歸」，一本作「持之歸」，校者誤合爲一，又誤乙「持」字於「之」字下耳。治要、藝文類聚六十六、御覽八百二十二引無「載」字，説苑亦無，今據改。淮南子作「持歸烹之」。其母隨之而啼，秦西巴弗忍而與之。○先慎曰：藝文類聚、御覽引「之」字作「其母」二字。孟孫適至而求麑，○先慎曰：各本「適」作「歸」。案：「歸至」二字複，今據藝文類聚、御覽引改。淮南子作「孟孫歸求麑安在」。答曰：「余弗忍而與其母。」孟孫大怒，逐之；居三月，復召以爲其子傅。○先愼曰：淮南子、説苑「居三月」作「居一年」。其御曰：「曩將罪之，今召以爲子傅，何也？」孟孫曰：「夫不忍麑，又且忍吾子乎？」故曰：「巧詐不如拙誠。」樂羊以有功見疑，秦西巴以有罪益信。○先愼曰：各本「西巴」作「巴西」。案：上兩云「西巴」，此誤。治要正作「西巴」，今據改。藝文類聚引並上亦誤作「巴西」。

曾從子，善相劍者也。衛君怨吳王，曾從子曰：「吳王好劍，臣相劍者也，臣請爲吳王相劍，拔而示之，因爲君刺之。」衛君曰：「子爲之是也，非緣義也，爲利也。吳强而富，衛弱而貧，子必往，吾恐子爲吳王用之於我也。」乃逐之。○先愼曰：乾道本無「之」字，顧廣圻云：「藏本、今本『逐』下有『之』字。」今據補。

紂爲象箸而箕子怖，○先愼曰：乾道本無「而」字。盧文弨云：脱，凌本有。先愼案：御覽七百六十引有「而」字，喻老亦有，今據補。以爲象箸必不盛羹於土鉶，○先愼曰：乾道本「不」上無「必」字，「鉶」作「簋」。盧文弨云：凌本有「必」字。先愼案：喻老亦有「必」字，「簋」作「鉶」，御覽七百五十九引同，今據改。則必犀玉之杯；玉杯象箸必不盛菽藿，則必旄象豹胎；旄象豹胎必不衣短褐而舍茅茨之下，○先愼曰：喻老篇作「而食於茅屋之下」。則必錦衣九重，高臺廣室也。稱此以求，則天下不足矣。聖人見微以知萌，〇顧廣圻曰：「萌」當作「明」。見端以知末。故見象箸而怖，知天下不足也。〇先慎曰：知不滿其欲也。

周公旦已勝殷，將攻商蓋，〇江聲曰：「商蓋」，商奄也。辛公甲曰：〇先慎曰：即辛甲，周太史，見左襄四年傳。一曰「辛尹」，晉語所謂文王訪於辛尹者也。「大難攻，小易服，不如服衆小以劫大。」乃攻九夷而商蓋服矣。

紂爲長夜之飲，懼以失日，〇顧廣圻曰：「懼」當作「懽」。問其左右，盡不知也。乃使人問箕子。箕子謂其徒曰：〇先慎曰：御覽四百九十七引「徒」作「從」。「爲天下主而一國皆失日，天下其危矣。一國皆不知而我獨知之，吾其危矣。」辭以醉而不知。

魯人身善織屨，妻善織縞，〇先慎曰：禮王制正義云：「生絹曰縞。」而欲徙於越。或謂之曰：「子必窮矣。」魯人曰：「何也？」曰：「屨爲履之也，〇先慎曰：說文：「屨，履也。」「履，足所依也。」是「履」爲足踐之通稱。而越人跣行；縞爲冠之也，〇先慎曰：禮王制鄭注「殷尚白而縞衣裳」，是周以前衣裳皆用縞。玉藻「縞冠素紕，既祥之冠也」，則周人惟冠用縞耳。而越人被髮。以子之所長，游於不用之國，欲使無窮，其可得乎！」

陳軫貴於魏王。○顧廣圻曰：魏策云「田需」。按「田」、「陳」同字，「軫」當依策作〔二〕「需」。惠子曰：「必善事左右。夫楊横樹之即生，倒樹之即生，○先慎曰：策「即」作「則」，二字通。折而樹之又生。然使十人樹之而一人拔之，則毋生楊矣。○先慎曰：乾道本無「矣」字。盧文弨云：凌本「則」作「即」，「楊」下有「矣」字。先慎案：策亦有，今據補。至以十人之衆，○盧文弨曰：凌本「至」作「夫」。先慎曰：策作「故」。樹易生之物而不勝一人者，何也？樹之難而去之易也。子雖工自樹於王，而欲去子者衆，子必危矣。」

魯季孫新弑其君，吴起仕焉。或謂起曰：「夫死者，始死而血，已血而衂，○先慎曰：乾道本「衂」上無「而」字。顧廣圻云：藏本、今本有。先慎案：依上下文當有「而」字，今據補。「衂」乃「衄」之俗字，廣雅釋言：「衄，縮也。」又「朒」之假借，説文「朒」下云：「朔而月見東方謂之縮朒。」「衂」、「朒」並音女六反，義相近，故通用。此言人血盡則皮肉皆縮。已衂而灰，已灰而土，及其土也，無可爲者矣。○先慎曰：言不能爲祟也。趙本「及」作「反」，誤。今季孫乃始血，其毋乃未可知也。」吴起因去之晉。

隰斯彌○先慎曰：見人表第五。見田成子，田成子與登臺四望，三面皆暢，南望隰子家之樹

〔二〕「作」，原本作「所」，據顧氏韓非子識誤改。

蔽之。○王先謙曰：「家之」二字誤倒。田成子亦不言。隰子歸，使人伐之；斧離數創，○先愼曰：「離」，割也，見儀禮士冠禮注。「數」，音所矩反，言斧割其樹創未多也。隰子止之。其相室曰：「何變之數也？」○先愼曰：「數」，急也。隰子曰：「古者有諺曰：『知淵中之魚者不祥。』夫田子將有大事，○盧文弨曰：「大事」二字，張作「事事大」三字。而我示之知微，我必危矣。不伐樹，未有罪也；知人之所不言，其罪大矣。」乃不伐也。

楊子過於宋東之逆旅，○先愼曰：莊子山木篇「楊」作「陽」，釋文：「司馬云：『陽朱也。』」案「楊」、「陽」二字古通，本書自作「楊」，下「楊朱之弟」及此皆作「楊」。「東之」，當依莊子作「宿於」。下重「逆旅」字。有妾二人，其惡者貴，美者賤。楊子問其故，逆旅之父答曰：○先愼曰：莊子作「逆旅小子對曰」。「美者自美，吾不知其美也；惡者自惡，吾不知其惡也。」楊子謂弟子曰：「行賢而去自賢之心，焉往而不美。」○先愼曰：「行」，音下孟反。「去」，音起呂反。

衛人嫁其子而教之曰：「必私積聚，爲人婦而出，常也；其成居，幸也。」○先愼曰：書益稷鄭注：「成，猶終也。」國語周語：「成，德之終也。」終與同室未可必也。其子因私積聚，其姑以爲多私而出之，其子所以反者倍其所以嫁。○盧文弨曰：「反」上脱「自」字。張、凌本有。先愼曰：御覽五百四十一引此正同。張、凌本涉下文而衍「自」字耳。其父不自罪於教子非也，而自知其益富。○顧廣圻曰：「知」

讀爲「智」。令人臣之處官者，皆是類也。○先慎曰：人主令臣聚斂附益，傷損國體，與教其嫁子無異也。

魯丹三説中山之君而不受也，因散五十金事其左右。復見，未語而君與之食。魯丹出，不反舍，○先慎曰：各本「不」上有「而」字。御覽八百十引無，今據删。遂去中山。其御曰：「及見，乃始善我，○先慎曰：乾道本「及」作「反」。顧廣圻云：藏本、今本「反」作「及」。先慎案：「及」、「反」形相近，又涉上文而誤，今據改。御覽引「及見」二字作「交」。何故去之？」魯丹曰：「夫以人言善我，○先慎曰：意林有「者」字。必以人言罪我。」○先慎曰：意林有「也」字。未出境，而公子惡之曰：「爲趙來間中山。」君因索而罪之。

田伯鼎好士而存其君，白公好士而亂荆，其好士則同，其所以爲則異。○先慎曰：「以」下當有「好士之」三字。此謂其好士則同，其所以好士之爲則異。下文「其自刑則同，其所以自刑之爲則異」、「其東走則同，其所以東走之爲則異」，與此語句一律，明此脱「好士之」三字。淮南時則訓注：「爲，故也。」公孫友自刖而尊百里，○盧文弨曰：「友」當作「支」。先慎曰：盧説是，左傳作「枝」，「枝」、「支」同字。豎刁自宫而諂桓公，其自刑則同，其所以自刑之爲則異。○先慎曰：乾道本無「以」字。盧文弨云：「所」下脱「以」字，張、凌本有。先慎案：此與上下文法一律，今據補。慧子曰：○盧文弨曰：「慧」、「惠」同。「狂者東走，○先慎曰：趙本「狂」作「往」。逐者亦東走，其東走則同，其所以東走之爲則異。故曰：『同事之人，不可不審察也。』」

韓非子集解卷第八

說林下第二十三

○顧廣圻曰：藏本連前爲卷，非。

伯樂教二人相踶馬，相與之簡子廐觀馬。一人舉踶馬，其一人舉踶馬其一人○顧廣圻曰：今本無此六字。按有者，衍也。先慎曰：此六字當在下文「自以爲失相」上，上衍「此」字。「其」猶「之」也，古人「其」、「之」通用，呂氏春秋音初篇注云：「之，其也。」「之」可訓爲「其」，「其」亦可訓爲「之」。「舉踶馬其一人」，即謂「舉踶馬之一人」。因傳寫誤衍「此」字，又不知「其」、「之」同義，故移於上以爲疊句。趙本知其誤而不知其所以誤，遂删此六字耳。蓋一人舉踶馬，一人自後循撫而馬不踶；故舉踶馬之一人自以爲失相，而自後循撫之一人解之曰：「子非失相也。」文字極爲從順，一經譌誤，遂不可讀。從後而循之，三撫其尻而馬不踶，此自以爲失相。其一人曰：「子非失相也，○先慎曰：乾道本無「曰」字，顧廣圻云「今本人下有曰字」，今據補。此其爲馬也，踒肩而腫膝。夫踶馬也者，舉後而任前，腫膝不可任也，故後不舉。子巧於相踶馬而拙於任腫膝。」○顧廣圻曰：乾道本「任」下有「在腫膝而不任拙於」八字。按有者衍也。俞樾曰：乾道本錯誤不可讀，各本皆作「子巧於相踶馬而拙於任腫膝」，顧氏識誤從之。然上文云「夫踶馬也者，舉後而任前，腫膝不可任也」，是任膝者馬也，非相馬者也，安得云「巧於相踶馬，拙於任腫膝」乎？疑韓子原文本作「子巧於相踶馬而拙於在腫膝」，「在」者，察也。蓋徒知其爲踶馬，而不能察知其腫膝之不可任，是「巧於相踶馬而拙於在腫膝」也。乾道本「在腫膝」三字不誤，但「在」上又有「任」字，則是因「任」與「在」形似，又涉上下文諸「任」字而誤衍耳。其下又有「而不任拙於腫膝」七字，全無意義，則即上句之複文，傳寫又錯誤，當刪去無疑。乃各本皆作「而拙於任腫膝」，則徒知乾道本之誤，而以意刪改之，仍無當也。先慎曰：趙本「任」下無「在」字，是誤以「在」字爲衍文，而不知衍「任」字也。又無「而不任拙於腫膝」七字，與俞説合，今據刪。夫事有所必歸，而以有所。○先慎曰：語意不完，疑有脱文。腫膝而不任，智者之所獨知也。惠子曰：「置猿於柙中，則與豚同。」○先慎曰：意林「柙中」二字作「檻」。故勢不便，非所以逞能也。

衛將軍文子見曾子，曾子不起而延於坐席，正身見於奥。○先慎曰：各本無「見」字。御覽一百八十八引「身」下有「見」字，今據補。説文：「奥，宛也，室之西南隅。」謂藏室之尊處也。己處於尊，客坐於旁，故文子以爲侮而不敬也。文子謂其御曰：「曾子，愚人也哉！以我爲君子也，君子安可毋敬也！以我爲暴人也，暴人安可侮也！曾子不僇，命也。」鳥有翢翢者，○盧文弨曰：文選阮嗣宗詠懷詩「周周尚銜羽」，李善注引此亦作「周周」。顧廣圻曰：「翢」、「周」同字。集韻又云：「翢，弱羽者」，即此。重首而屈尾，將欲飲於河，則必顛，乃銜其羽而飲之。人之所有飲不足者，不可不索其羽也。○趙用賢曰：疑有脱文。

鱣似蛇，○先慎曰：「鱣」即「鱓」叚字。蠶似蠋，人見蛇則驚駭，見蠋則毛起。漁者持鱣，○先慎曰：事類賦二十九引「持」作「取」，下七術篇作「握」。婦人拾蠶，利之所在，皆爲賁、諸。○先慎曰：事類賦「賁、諸」作「賁、育」。

伯樂教其所憎者相千里之馬，教其所愛者相駑馬。以千里之馬時一有，○先慎曰：各本無「以」字、「有」字。藝文類聚九十三、御覽八百九十六引並有「以」字、「有」字，今據增。其利緩；駑馬日售，其利急。此周書所謂「下言而上用者，惑也」。○孫詒讓曰：此所引蓋逸周書佚文，淮南子氾論訓云：「昔者周書有言曰：『上言者下用也，下言者上用也；上言者常也，下言者權也。』」高注：「用，可否相濟也。常，謂君常也。權，謀也。謀度事宜，不失其道。」兩文同出一原，而意恉皆不甚明晰。以高説推之，似謂上言而下用之者爲事之常，下言而上用之者則爲權時暫用。「權」與「常」相對爲文。故文子道德篇亦云「上言者常用也，下言者權用也」，即隱襲淮南書語，蓋尚得其恉。此云「下言而上用者，惑也」，「惑」，古字與「或」通用，「或」亦不常用之言，與淮南子、文子言「權」畧同。韓子引之者，以況「千里馬時一有，其利緩」，猶下言上用之不可爲常耳。

桓赫曰：○顧廣圻曰：「桓赫」未詳，或「桓」當是「杜」也。「刻削之道，鼻莫如大，目莫如小。鼻大可小，小不可大也；目小可大，大不可小也。」舉事亦然，爲其後可復者也，則事寡敗矣。○先慎曰：乾道本「後」作「不」。盧文弨云：「不」字衍。先慎案：張榜本「不」作「後」，今從之。崇侯、惡來知不適紂之誅也，○先慎曰：書大傳一注：「適，得也。」而不見武王之滅之也。比干、子胥知其君之必亡也，而不知身之死也。故曰：「崇侯、惡來知心而不知事，○先慎曰：二人窺見紂心之喜怒，而不明國事廢興。比干、子胥知事而不知心。」○先慎曰：二人能料國事之成敗，而不知己之生死。聖人其備矣。

宋太宰貴而主斷。季子將見宋君，梁子聞之曰：「語必可與太宰三坐乎，○顧廣圻曰：「三」，讀爲參，高誘注戰國策云：「參，三人竝也。」不然，將不免。」季子因說以貴主而輕國。○顧廣圻曰：「主」當作「生」，呂氏春秋有貴生，即其義。宋君貴重其生，輕賤其國，則太宰長擅宋，故參坐而無惡於太宰矣。

楊朱之弟楊布衣素衣而出，天雨，解素衣，衣緇衣而反。其狗不知而吠之，楊布怒，將擊之。楊朱曰：「子毋擊也，子亦猶是。曩者使女狗白而往，黑而來，子豈能毋怪哉！」

惠子曰：「羿執鞅持扞，○王引之曰：「鞅」爲馬頸靼，非射所用。「鞅」當爲「決」。「決」誤爲「泱」，後人因改爲「鞅」耳。「決」，謂韘也，箸於右手大指，所以鉤弦也。「扞」，謂「韝」也，或謂之「拾」，或謂之「遂」，箸於左臂，所以扞弦也。故曰：「執決持扞，操弓關機。」衛風芄蘭篇「童子佩韘」，毛傳曰：「韘，玦也。」小雅車攻篇「決拾既佽」，毛傳曰：「決，鉤弦也。拾，遂也。」周官：「繕人掌王之用弓弩矢箙，矰弋〔二〕抉拾。」鄭注引鄭司農云：「抉，謂引弦彄也。拾，謂韝扞也。」鄉射禮「袒決遂」，鄭注曰：「決，猶闓也，以象骨爲之，箸右大擘指以鉤弦。闓，體也。遂，射韝也。以韋爲之，箸左臂，所以遂弦也。」内則曰「右佩玦捍」，賈子春秋篇曰「丈夫釋玦靬」，「抉」、「玦」竝與「決」同，「捍」、「靬」竝與「扞」同。**操弓關機，越人争爲持的。弱子扞弓，慈母入室閉户。**○王引之曰：「扞弓」當作「扜弓」。「扜」字從「于」，不從「干」。「扜弓」，引弓也。説文：「弙，滿弓有所鄉也。」字或作「扜」，大荒南經「有人方扜弓射黄蛇」，郭注曰：「扜，挽也，音紆。」呂氏春秋壅塞篇「扜弓而射之」，高注曰：「扜，引也。」淮南原道篇「射者扜烏號之弓」，高注曰：「扜，張也。」「弱子扜弓」則矢必妄發，故「慈母入室閉户」。若作扞禦之「扞」，則義不可通。（今本呂覽、淮南「扜」字皆誤「扞」，惟山海經不誤，則賴有郭音也。）**故曰：『可必，則越人不疑羿；不可必，則慈母逃弱子。』」**

桓公問管仲：「富有涯乎？」○先慎曰：説文「厓」下云「山邊也」，又「崖，高邊也」，皆有「邊」義。新附云：「涯，水邊也。」水至於邊，則無水矣，是「涯」爲水之止境。許書收韓子而無「涯」字，疑脱文。**答曰：「水之以涯，其無水者也。富之以涯，**○先慎曰：乾道本「富」上有「以」字，顧廣圻云：「今本無上『以』字。」今據删。**其富已足者也。人不能自止於足，而亡其富之涯乎。」**○先慎曰：「亡」讀爲「忘」。謂欲富無厭，故忘其涯也。

宋之富賈有監止子者，與人争買百金之璞玉，○先慎曰：御覽八百二十八引無「玉」字。**因佯失**

〔二〕「弋」，原本作「戈」，據周禮改。

而毁之，負其百金，○孫詒讓曰：「負其百金」者，謂償其值百金。「負」，猶後世言陪也。（韓詩外傳：「子產之治鄭，一年，而負罰之過省。」）魏書刑法志云：「盜官物一備五，私物一備十。」通鑑宋紀胡三省注云：「備，陪償。」今人多云「陪」。「備」、「負」、「陪」聲近字通。「陪」今俗作「賠」，古無此字。而理其毁瑕，得千溢焉。○顧廣圻曰：今本「溢」作「鎰」，誤。先慎曰：御覽引作「得十鎰焉」。事有舉之而有敗，而賢其毋舉之者，負之時也。

有欲以御見荆王者，衆騶妒之，因曰：「臣能撽鹿。」○盧文弨曰：「撽」，音竅，旁擊也。見王，王爲御，不及鹿；自御，及之。王善其御也，乃言衆騶妒之。

荆令公子將伐陳。○先慎曰：左哀十六年傳「楚公孫朝帥師伐陳」，杜注：「子西子。」此言公子，當即公孫朝。丈人送之曰：「晉强，不可不慎也。」公子曰：「丈人奚憂，吾爲丈人破晉。」丈人曰：「可。吾方廬陳南門之外。」○先慎曰：公子方伐陳，丈人即爲廬於南門之外，較公子所説爲更易矣。公子曰：「是何也？」曰：「我笑句踐也，爲人之如是其易也，己獨何爲密密十年難乎！」

堯以天下讓許由，許由逃之，舍於家人，家人藏其皮冠。夫棄天下而家人藏其皮冠，是不知許由者也。

三蝨食彘，相與訟，○先慎曰：各本無「食彘」二字。御覽九百五十一引有，今據補。一蝨過之，○先慎曰：御覽引「過」作「遇」。曰：「訟者奚説？」三蝨曰：「爭肥饒之地。」一蝨曰：「若亦不患臘之至而茅之燥耳，○先慎曰：說文：「臘，冬至後三戌臘祭百神。」詩汝墳釋文：「楚人名火曰『燥』。」「耳」，讀爲耶。言若不患臘祭之日至，而人之燥以茅耶。若又奚患？」於是乃相與聚噉其身而食之。○先慎曰：各本「身」作「母」。御覽引作「身」，是，今據改。彘耀，人乃弗殺。○顧廣圻曰：卷首至此，藏本脱。

蟲有螝者，或作「蚘」。一身兩口，爭食相齕，遂相殺也。○先慎曰：乾道本「螝」作「就」，「爭」下無「食」字，「齕」下有「也」字，「遂相殺」下無「也」字，有「因自殺」三字。張、趙本「螝」作「蚘」，「遂相殺」下有「食自殺」三字。盧文弨云：「蚘」、「虮」皆非，據顔氏家訓勉學篇改正作「螝」。「爭」下脱「食」字，顔有，張本同。「齕」下「也」字衍，「遂相」下「食因自」三字衍，俱依顔改，下「蚘」字當併改。顧廣圻云：古今字詁「螝，亦古之『虺』字」，舊注當云「或作『虺』」，藏本、今本皆作「蚘」。王渭云：「洪興祖楚辭注引及柳子厚天對亦作『螝』也。」藏本「爭」下有「食」字。先慎案：御覽九百五十一引正作「螝」字，「爭」下有「食」〔一〕字，是也，今據改。人臣之爭事而亡其國者，皆螝類也。○先慎曰：乾道本「螝」作「就」，說見上。

宮有堊，器有滌，則潔矣。行身亦然，無滌堊之地則寡非矣。

公子糾將爲亂，○先慎曰：乾道本連上，今依趙本提行。桓公使使者視之。使者報曰：「笑不

〔一〕「食」，原本作「也」，據太平御覽「爭食相噛也」改。

樂，視不見，必爲亂。」乃使魯人殺之。

公孫弘斷髮而爲越王騎，公孫喜使人絶之曰：「吾不與子爲昆弟矣。」公孫弘曰：「我斷髮，子斷頸而爲人用兵，我將謂子何？」周南之戰，公孫喜死焉。

有與悍者鄰，欲賣宅而避之。人曰：「是其貫將滿矣，○先慎曰：乾道本「滿」下有「也遂去之故曰勿之」八字，盧文弨云：下「遂去之或曰勿之矣」八字，從凌本删。先慎案：八字涉下文而複衍。顧廣圻謂「也」當作「矣」，是也。御覽一百八十引無「也遂去之故曰勿之」八字，今據删。子姑待之。」答曰：「吾恐其以我滿貫也。」遂去之。○先慎曰：乾道本脱「之」字。盧文弨云：「之」字，張、凌本有。先慎案：御覽引有「之」字，今據補。故曰：「物之幾者，非所靡也。」

孔子謂弟子曰：「孰能導子西之釣名也？」子貢曰：「賜也能。」乃導之，不復疑也。孔子曰：「寬哉！不被於利。絜哉！民性有恒。曲爲曲，直爲直。」○先慎曰：數句當是子西對子貢言，「孔子」二字疑「子西」之誤。子貢導其釣名，子西曰：「寬哉不被於利」，何必釣名；「絜哉民性有恒」，謂我有恒性，無庸導也。恒性若何？曲者則爲曲，直者則爲直，此其恒性也。皆子西對子貢之言。下「直於行者曲於欲」，即指子西「曲爲曲，直爲直」之語，此孔子聞之，而知其不免也。今誤「子西」爲「孔子」，義不可通。孔子曰：○先慎曰：各本同。孫星衍孔子集語引此云「宋本提行」，誤。「子西不免。」白公之難，子西死焉。故曰：「直於行者曲於欲。」

晉中行文子出亡，過於縣邑，從者曰：「此嗇夫，公之故人，公奚不休舍？且待後車。」文子曰：「吾嘗好音，此人遺我鳴琴；吾好珮，此人遺我玉環。是振我過者也。○先慎曰：孟子趙注：「振，揚也。」以求容於我者，吾恐其以我求容於人也。」乃去之。果收文子後車二乘而獻之其君矣。

周趮○顧廣圻曰：「趮」，魏策作「肖」。按又作「霄」，皆同字。謂宮他曰：「爲我謂齊王曰：『以齊資我於魏，請以魏事王。』」宮他曰：「不可，是示之無魏也，齊王必不資於無魏者而以怨有魏者。公不如曰：『以王之所欲，臣請以魏聽王。』齊王必以公爲有魏也，必因公。○先慎曰：策作「必資公矣」。是公有齊也，因以有齊、魏矣。」○顧廣圻曰：「有齊」當作「齊有」。策云「以齊有魏也」，可證。

白圭謂宋令尹曰：「君長，自知政，公無事矣。今君少主也，而務名，不如令荆賀君之孝也，則君不奪公位而大敬重公，則公常用宋矣。」

管仲、鮑叔相謂曰：「君亂甚矣，必失國。齊國之諸公子其可輔者，非公子糾則小白也。與子人事一人焉，先達者相收。」○先慎曰：乾道本「先」作「相」。顧廣圻云：藏本、今本上「相」字作

「先」。先愼案：作「先」者是，今據改。管仲乃從公子糾，鮑叔從小白。國人果弒君。小白先入爲君，魯人拘管仲而效之，鮑叔言而相之。故諺曰：「巫咸雖善祝，不能自祓也；秦醫雖善除，○先愼曰：乾道本「秦」上有「養」字。顧廣圻云：藏本、今本無「養」字，按未詳。先愼案：「養」字涉上下文「善」字而誤衍。此與上「巫咸雖善祝」對文，不當有「養」字，今據各本刪。不能自彈也。」以管仲之聖而待鮑叔之助，此鄙諺所謂「虜自賣裘而不售，士自譽辯而不信」者也。○先愼曰：御覽八百二十八引「虜」作「傭」，「裘」作「衣」。荆王伐吳，吳使沮衛、蹷融犒於荆師，○顧廣圻曰：未詳，左傳云「蹷由」，餘多不同。先愼曰：御覽三百三十八引作「吳使沮衛獻蟲蠹於荆師」。荆將軍曰：○先愼曰：乾道本「荆」作「而」，顧廣圻云：「今本『而』作『荆』」。今據改。「縛之，殺以釁鼓。」問之曰：「汝來卜乎？」答曰：「卜。」「卜吉乎？」曰：「吉。」○先愼曰：乾道本無「乎曰吉」三字，顧廣圻云：「藏本、今本有『乎曰吉』三字。」今據補。荆人曰：「今荆將以女釁鼓，其何也？」○先愼曰：乾道本「以」作「欲」，盧文弨云：「欲，張、凌本作『以』。」今據改。答曰：「是故其所以吉也。吳使人來也，固視將軍怒，○盧文弨曰：「人」，凌本作「臣」。「怒」字衍。將軍怒，將深溝高壘；將軍不怒，將懈怠。今也將軍殺臣，則吳必警守矣。且國之卜，非爲一臣卜。夫殺一臣而存一國，其不言『吉』何也？且死者無知，則以臣釁鼓無益也；死者有知也，臣將當戰之時，臣使鼓不鳴。」荆人因不殺也。

知伯將伐仇由○顧廣圻曰：戰國策作「厹由」，注：「或作『仇首』。」史記樗里子傳作「仇猶」。「首」者，「酋」之誤。本書説林上篇作「仇由」，同此。吳師道引此「由」作「繇」，吕氏春秋權勳篇作「夙繇」，高誘注：「或作『仇酋』。」「夙」、「厹」之誤也，當互正。説文云：「臨淮有厹猶縣。」漢書地理志同。而道難不通。○先慎曰：吕氏春秋作「而無道也」。此「難不」二字，疑衍其一。乃鑄大鐘遺仇由之君，仇由之君大説，除道將内之。赤章曼枝曰：○顧廣圻曰：「曼」，吕氏春秋作「蔓」。先慎曰：「枝」，御覽五百七十五引作「之」，下同。「不可。此小之所以事大也，而今也大以來，卒必隨之，○先慎曰：乾道本「必」作「以」。顧廣圻云：藏本、今本「以」作「必」，吕氏春秋作「必」。先慎案：御覽引正作「必」，今據改。不可内也。」仇由之君不聽，遂内之。赤章曼枝因斷轂而驅，至於齊七月，而仇由亡矣。○顧廣圻曰：「月」當作「日」。吕氏春秋云「至衛七日」。先慎曰：御覽引作「十月」。越已勝吳，又索卒於荆而攻晉。左史倚相謂荆王曰：「夫越破吳，豪士死，鋭卒盡，大甲傷。今又索卒以攻晉，示我不病也。不如起師與分吳。」○顧廣圻曰：藏本同。今本「與」作「以」，誤。盧文弨曰：「以」，張、凌本作「與」。荆王曰：「善。」因起師而從越。越王怒，將擊之。大夫種曰：「不可。吾豪士盡，大甲傷，我與戰必不剋，不如賂之。」乃割露山之陰五百里○顧廣圻曰：説苑權謀篇云：「遂取東國。」以賂之。

荆伐陳，○先慎曰：説苑指武篇云「楚莊王」，案倚相、子期與莊王不同時。吳救之，軍間三十里，雨十日，夜星。○顧廣圻曰：說苑指武篇云：「雨十日十夜，晴。」按「星」正字作「姓」，說文：「雨而夜除星見也。」集韻有「姓」、「晴」、「暒」三文。先慎曰：「姓」、「星」疊韻，古文本通用「星」。毛詩：「星言夙駕」，韓詩云：「星者，精也。」「精」，今「晴」字。漢書天文志孟康注「暒，精明也」，韋昭注「精，清朗也」，郭璞爾雅釋天注「暒，雨止無雲也」，是「暒」、「姓」、「精」皆今之「晴」字，而詩作「星」，與本書同，明古文通用「星」字。左史倚相謂子期曰：「雨十日，甲輯而兵聚，吳人必至，不如備之。」乃爲陳，陳未成也而吳人至，見荆陳而反。○先慎曰：御覽十引「陳」作「有戒」。左史曰：「吳反覆六十里，其君子必休，小人必食，我行三十里擊之，必可敗也。」乃從之，遂破吳軍。

韓、趙相與爲難，韓子索兵於魏○王渭曰：「子」字衍，策無。孫詒讓曰：存韓篇亦云：「書言韓子之未可舉」，則「子」字似非衍。先慎曰：「子」字不當有，存韓篇亦誤，孫說非。曰：「願借師以伐趙。」魏文侯曰：「寡人與趙兄弟，不可以從。」趙又索兵攻韓，文侯曰：「寡人與韓兄弟，不敢從。」二國不得兵，怒而反。已乃知文侯以搆於己，乃皆朝魏。○顧廣圻曰：「搆」，策作「講」。按「搆」、「講」同字。

齊伐魯，索讒鼎，○顧廣圻曰：呂氏春秋審己篇、新序節士篇云「岑鼎」。魯以其鴈往。齊人曰：「鴈也。」魯人曰：「真也。」齊曰：「使樂正子春來，○顧廣圻曰：呂氏春秋、新序云「柳下季」。吾將聽子。」魯君請樂正子春，樂正子春曰：「胡不以其真往也？」君曰：「我愛之。」○先慎曰：

各本「之」下有「信」字。俞樾云：「『信』字衍文。『君曰：『我愛之』』，『之』者指鼎而言，君固愛鼎不愛信也。涉下句而衍『信』字，則義不可通。」先慎案：俞説是，御覽四百三十引正無「信」字，今據删。答曰：「臣亦愛臣之信。」

韓咎立爲君，未定也。弟在周，周欲重之，而恐韓咎不立也。綦毋恢曰：「不若以車百乘送之。得立，因曰『爲戒』；不立，則曰『來效賊』也。」○先慎曰：「效」，致也。咎爲韓君，以兵車爲其弟之戒。否則咎爲韓賊，則以兵車致賊於韓也。

靖郭君將城薛，○先慎曰：乾道本「君」下有「曰」字。顧廣圻云：今本無「曰」字。齊策無。新序雜事同，「將」作「欲」。先慎案：無「曰」字是，御覽一百九十二引正無「曰」字，今據删。客多以諫者。靖郭君謂謁者曰：「毋爲客通。」齊人有請見者曰：「臣請三言而已，過三言，臣請烹。」靖郭君因見之。客趨進曰：「海大魚。」因反走。靖郭君曰：「請聞其説。」客曰：「臣不敢以死爲戲。」靖郭君曰：「願爲寡人言之。」答曰：「君聞大魚乎？網不能止，繳不能絓也，蕩而失水，螻蟻得意焉。今夫齊亦君之海也，君長有齊，奚以薛爲？君失齊，雖隆薛城至於天，猶無益也。」靖郭君曰：「善。」乃輟，不城薛。○盧文弨曰：「城」上「不」字衍，齊策無。顧廣圻曰：新序作「罷民弗城薛也」。先慎曰：此當各依本書。「輟」乃「輒」之譌，本書「輟」、「輒」多互亂，御覽一百九十二引「乃不城薛」，蓋不審「輟」爲「輒」之誤而誤删之也。

荆王弟在秦，○先慎曰：説苑權謀篇云：「楚公子午。」秦不出也。中射之士曰：○先慎曰：御覽八百十引「射」作「尉」。「資臣百金，臣能出之。」因載百金之晉，見叔向曰：「荆王弟在秦，秦不出也。請以百金委叔向。」叔向受金，而以見之晉平公曰：「可以城壺丘矣。」○先慎曰：乾道本「壺」作「壼」，今據趙本改，下同，説苑正作「壺」。左傳：「彭城降晉，晉人以宋五大夫在彭城者歸寘諸瓠丘」，注：「瓠丘，晉地，河東東垣東南有壺丘。」平公曰：「何也？」對曰：「荆王弟在秦，秦不出也，○先慎曰：御覽無「也」字。是秦惡荆也，必不敢禁我城壺丘。若禁之，我曰：『爲我出荆王之弟，吾不城也。』彼如出之，可以得荆；彼不出，是卒惡也，必不敢禁我城壺丘矣。」公曰：「善。」乃城壺丘，謂秦公曰：「爲我出荆王之弟，吾不城也。」秦因出之，荆王大説，以鍊金百鎰遺晉。○顧廣圻曰：藏本「鍊」作「諫」，「鎰」作「溢」。按作「溢」是也，「諫」當作「練」，「練」、「鍊」同字也。先慎曰：御覽同。藏本誤，不可從。淮南子云：「秦以一鎰爲一金而重一斤，漢以一斤爲一金。」「以百鎰鍊金遺晉」，語自可通，毋庸改字。

闔廬攻郢，戰三勝，問子胥曰：「可以退乎？」子胥對曰：「溺人者，一飲而止則無逆者，○顧廣圻曰：藏本、今本「逆」作「溺」。按所改誤也，「逆」當作「遂」，形近之誤。十過篇云「不可遂」，又云「子其使遂之」。以其不休也，不如乘之以沈之。」

鄭人有一子，將宦，○先慎曰：説難篇「鄭」作「宋」。謂其家曰：「必築壞牆，是不善人將竊。」其巷人亦云。不時築，而人果竊之。以其子爲智，○先慎曰：「以」上當有「其家」二字，説難篇作「其家甚智其子」。以巷人告者爲盜。

觀行第二十四○盧文弨曰：藏本卷八起。

古之人目短於自見，故以鏡觀面；智短於自知，故以道正己。鏡無見疵之罪，○先慎曰：各本「鏡」上有「故」字，涉上文而衍。藝文類聚七十、御覽七百十七、初學記二十五引並無「故」字，今據删。道無明過之惡。○先慎曰：各本「惡」作「怨」。藝文類聚、御覽、初學記引作「惡」，今據改。目失鏡則無以正鬚眉，身失道則無以知迷惑。西門豹之性急，故佩韋以自緩；○先慎曰：各本「自緩」作「緩己」。藝文類聚二十三、御覽三百七十六引「緩己」作「自緩己」。案「自」字是，「佩韋以自緩」與「佩絃以自急」文法正同，「己」字誤衍。御覽四百五十九、意林引並作「自緩」，無「己」字，今據改。董安于之心緩，故佩弦以自急。○先慎曰：治要「安」作「閼」，説見難言篇。意林「心」作「性」，是。故以有餘補不足，○先慎曰：張榜本無「有」字。盧文弨云：脱，張、凌本有。顧廣圻云：藏本同。今本無「有」字，誤。先慎案：藝文類聚二十三、御覽四百五十九引「以」上有「能」字，是。類聚、御覽並有「有」字。以長續短之謂明主。

天下有信數三：一曰智有所不能立，二曰力有所不能舉，三曰彊有所不能勝。故雖有堯之智而無衆人之助，大功不立；有烏獲之勁而不得人助，不能自舉；有賁育之彊而無法術，不得長生。故勢有不可得，○先慎曰：乾道本「勢」作「世」。盧文弨云：「世」，凌本作「勢」。先慎案：

治要正作「勢」，今據改。事有不可成。故烏獲輕千鈞而重其身，非其身重於千鈞也，勢不便也。離朱易百步而難眉睫，○先慎曰：治要「朱」作「婁」，下同。非百步近而眉睫遠也，道不可也。故明主不窮烏獲，以其不能自舉；不困離朱，以其不能自見。因可勢，求易道，○先慎曰：此言因其可得之勢，求其易行之道也，即承上「勢不便」、「道不可」而言。故用力寡而功名立。時有滿虛，事有利害，物有生死，人主爲三者發喜怒之色，則金石之士離心焉。聖賢之撲淺深矣。○盧文弨曰：賢聖舊倒，今從張、凌本。「撲」作「樸」。故明主觀人不使人觀己。明於堯不能獨成，烏獲之不能自舉，○先慎曰：乾道本無「之」字，盧文弨云：「獲下脱之字，張、凌本有。」今據補。賁育之不能自勝，以法術則觀行之道畢矣。

安危第二十五

安術有七，危道有六。安術：一曰賞罰隨是非，二曰禍福隨善惡，三曰死生隨法度，四曰有賢不肖而無愛惡，五曰有愚智而無非譽，○先慎曰：「非」讀爲「誹」。六曰有尺寸而無意度，七曰有信而無詐。

危道：一曰斲削於繩之内，二曰斲割於法之外，○顧廣圻曰：藏本同。今本「斲」作「斷」。按此有誤，未詳。先慎曰：「法」疑作「繩」，大體篇「不引繩之外，不推繩之内」，孤憤篇「必在繩之外矣」，是其證。三曰利人之所害，四曰樂人之所禍，五曰危人之所安，○先慎曰：乾道本「之」作「於」，顧廣圻云：「藏本、今本『於』作『之』。」今據改。六曰所愛不親所惡不疏。如此，則人失其所以樂生而忘其所以重死，人不樂生則人主不尊，不重死則令不行也。○盧文弨曰：凌本無「不重死則令不行也」八字。

使天下皆極智能於儀表，盡力於權衡，以動則勝，以静則安。治世使人樂生於爲是，愛身於爲非，小人少而君子多，故社稷常立，○盧文弨曰：「常」，張、凌本作「長」。國家久安。奔車之上無仲尼，覆舟之下無伯夷。故號令者，國之舟車也。安則智廉生，危則争鄙起。故安國之法若饑而食，○盧文弨曰：「饑」當作「飢」，下同。寒而衣，不令而自然也。先王寄理於竹帛，○盧文弨曰：凌本「寄」下有「治」字。先慎曰：「治」字衍文。「理」，治也。其道順故後世服。○先慎曰：句絶。今使人饑寒去衣食，○先慎曰：乾道本作「令使人去饑寒」。盧文弨云：從凌本增改作「今使人饑寒去衣食」。先慎案：盧校是，今依改。顧廣圻謂作「今」者誤，以「令」字屬上讀，非。雖賁育〔二〕不能行；廢自然，雖順道而不

〔二〕「育」，原本作「欲」，據四部叢刊影宋乾道本改。

立。强勇之所不能行，則上不能安；○顧廣圻曰：藏本同。今本「則」作「雖」，誤。先慎曰：盧文弨云：張、凌本亦作「則」。上以無厭責已盡，則下對「無有」，○先慎曰：既盡而猶索之，故下以實對。無有則輕法。○先慎曰：乾道本無「無有」二字。顧廣圻云：藏本、今本有。按當重「下對無有」四字。先慎案：顧説是也，今據藏本、今本補二字。法所以爲國也而輕之，則功不立，名不成。聞古扁鵲之治其病也，以刀刺骨；○先慎曰：「其」字當爲「甚」之殘闕字。「甚病」與「危國」相對爲文，明「其」爲「甚」之誤，下云「甚病之人，利在忍痛」，作「甚」字，即其證。聖人之救危國也，以忠拂耳。○先慎曰：忠言也。刺骨，故小痛在體，而長利在身；拂耳，故小逆在心，而久福在國。故甚病之人利在忍痛，猛毅之君以福拂耳。○先慎曰：謂以拂耳之言爲福也。忍痛，故扁鵲盡巧；拂耳，則子胥不失；○顧廣圻曰：七字爲一句。壽安之術也。病而不忍痛，則失扁鵲之巧；危而不拂耳，則失聖人之意。如此長利不遠垂，功名不久立。

人主不自刻以堯，而責人臣以子胥，是幸殷人之盡如比干。盡如比干則上不失，下不亡。不權其力而有田成，而幸其身盡如比干，○先慎曰：盧文弨拾補改「身」爲「臣」。顧廣圻云：此二句以「其力」與「其身」相對。言人主當權其臣之力，使不得爲田成；不當責其臣之身，使爲比干也。或謂此有誤字，非。先慎案：顧説是。故國不得一安。廢堯、舜而立桀、紂，則人不得樂所長而憂所短。失所長，則國家無功；守所短，則民不樂生。以無功御不樂生，○顧廣圻曰：乾道本此下重「以無功御不樂生」七字，藏本、今本無。先慎曰：道藏本、今本是，今據刪。不可行於齊民。如此則上無以使下，下無以事上。

安危在是非，不在於强弱；存亡在虚實，不在於衆寡。故齊萬乘也，○盧文弨曰：「齊」下脱「故」字，張、凌本有。先慎曰：「齊」下不當有「故」字，張、凌本誤。而名實不稱，上空虚於國，內不充滿於名實，故臣得奪主。○先慎曰：此指田成而言。殺天子也，○盧文弨曰：凌本作「以成其簒弑也」。顧廣圻曰：「故臣得奪主」句絶。「殺」當作「桀」，形近之誤。「桀」字逗，「天子也」句，與上文「故齊萬乘也」句例同。戰國策、新序皆言宋康王「剖傴之背」，史記云：「於是諸侯皆曰桀宋。」下文「使傴以天性剖背」，是其證矣。先慎曰：顧説是。凌本不得其義而改之耳。而無是非。賞於無功，使讒諛以詐僞爲貴；誅於無罪，使傴以天性剖背。以詐僞爲是，○先慎曰：乾道本無「爲」字。顧廣圻云：藏本、今本「僞」下有「爲」字。先慎案：「詐僞爲是」、「天性爲非」相對成文，有「爲」字者是，今據補。天性爲非，小得勝大。○顧廣圻曰：藏本同。今本「大」下有「矣」字，誤。

明主堅內，故不外失。失之近而不亡於遠者無有。○先慎曰：乾道本「而」作「正」。盧文弨云：凌本「正」作「而」。顧廣圻云：「正」字當衍。先慎案：顧説是，今依凌本改。趙用賢云：「近失正國之理也」，是據誤本而爲之辭，不可從。故周之奪殷也，拾遺於庭。使殷不遺於朝，則周不敢望秋毫於境，而況敢易位乎。

明主之道忠法，其法忠心，故臨之而法，去之而思。堯無膠漆之約於當世而道行，○先慎曰：乾道本「道」作「遺」。顧廣圻云：藏本、今本「遺」作「道」。先慎案：下「能立道於往古」即指「道行」而言，明「遺」字形近而誤，今據改。舜無置錐之地於後世而德結。○先慎曰：御覽七百六十四引有「民心」二字。能立道於往古○先慎曰：乾道本「往」下有「名」字，顧廣圻云「今本無名字」，今據刪。而垂德於萬世者之謂明主。

守道第二十六

聖王之立法也，其賞足以勸善，其威足以勝暴，其備足以必完。法○盧文弨曰：「其備足以必完」句，凌本無「必」字，非。「法」字疑衍。治世之臣功多者位尊，力極者賞厚，情盡者名立。善之生如春，惡之死如秋。故民勸極力而樂盡情，此之謂上下相得。上下相得，故能使用力者自極於權衡，而務至於任鄙；戰士出死，○先慎曰：此當有脱字。而願爲賁育；守道者皆懷金石之心，○先慎曰：趙本「皆」作「出」，是。以死子胥之節。用力者爲任鄙，戰如賁育，中爲金石，○顧廣圻曰：藏本、今本「中」作「守」。先慎曰：「中」字是。「中爲金石」即心懷金石也，此指上「守道者皆懷金石之心」而言。則君人者高枕而守己完矣。

古之善守者，以其所重禁其所輕，以其所難止其所易。故君子與小人俱正，盜跖與曾史俱廉，何以知之？夫貪盜不赴谿而掇金，赴谿而掇金○先慎曰：乾道本不重「赴谿而掇金」五字，據道藏本、趙本補。則身不全；賁育不量敵則無勇名，盜跖不計可則利不成。

明主之守禁也，賁育見侵於其所不能勝，盜跖見害於其所不能取。○先慎曰：己不能禁，賁育得而勝之；己不能守，盜跖得而取之。故能禁賁育之所不能犯，守盜跖之所不能取，則暴者守愿，邪者反正。大勇愿，巨盜貞，○先慎曰：乾道本「貞」下有「平」字，按「平」字涉下文而衍，今從趙本删。則天下公平，而齊民之情正矣。人主離法失人，則危於伯夷不妄取，而不免於田成、盜跖之禍，○先慎曰：乾道本「禍」作「耳」。顧廣圻云：今本「耳」作「禍」，誤。按「不」字衍。「耳」當作「身」，形相近也。與上句對。先慎案：説文：「危，在高而懼也。」故「危」有「高」義。文選七命注引論語鄭注，莊子盜跖篇釋文引李注並云：「危，高也。」此言人主雖於伯夷不妄取之高，離法失人，不能禁止臣下，終有田常、盜跖之禍。顧説謬甚。趙本「耳」作「禍」，是也，今依改。何也？○先慎曰：乾道本「何」作「可」，今據趙本改。今天下無一伯夷，而姦人不絶世，故立法度量。度量信則伯夷不失是，而盜跖不得非。法分明則賢不得奪不肖，强不得侵弱，衆不得暴寡。託天下於堯之法，則貞士不失分，姦人不徼幸；寄千金於羿之矢，則伯夷不得亡，而盜跖不敢取。堯明於不失姦，故天下無邪；羿巧於不失發，○先慎曰：「不失發」，乾道本作「失廢」。

顧廣圻云：「藏本、今本『於』下有『不』字。乾道本『發』作『廢』，譌。」今據改。故千金不亡。邪人不壽，○顧廣圻曰：藏本同。今本「壽」作「售」，誤。按上文云「惡之死如秋」，此其義也。而盜跖止，○王先謙曰：句絶。如此，故圖不載宰予，不舉六卿；書不著子胥，不明夫差。○王先謙曰：此宰予謂齊簡公臣，與田成爭權而死者。蓋周世有二説，或云闞止，或即以爲孔子弟子宰我也。「六卿」，晉臣。言無爭奪亡滅之禍，故圖書不得而載著。孫吴之略廢，盜跖之心伏。人主甘服於玉堂之中，而無瞋目切齒傾取之患；○先慎曰：拾補「瞋」作「瞑」。盧文弨云：「瞑」，張、凌本作「瞋」。先慎案：作「瞋」者是。莊子説劍篇「瞋目而語〔二〕難」。人臣垂拱於金城之内，○先慎曰：乾道本無「於」字。顧廣圻云：「今本『拱』下有『於』字。按依上文當有。」今據補。而無扼腕聚脣嗟唶之禍。○盧文弨曰：「捥」、「腕」同。服虎而不以柙，禁姦而不以法，塞僞而不以符，此賁育之所患，堯舜之所難也。故設柙非所以備鼠也，所以使怯弱能服虎也；立法非所以避曾史也，○顧廣圻曰：藏本、今本「避」作「備」，按「備」字涉上句誤。所以使庸主能止盜跖也；○先慎曰：乾道本無「使」字。顧廣圻云：藏本、今本「以」下有「使」字。先慎案：依上下文當有，今據補。爲符非所以豫尾生也，所以使衆人不相謾也。不恃比干之死節，○先慎曰：乾道本「不」下有「獨」字，盧文弨云「凌本無

〔二〕「語」，原本作「誤」，據莊子改。

『獨』字」，今據刪。不幸亂臣之無詐也；恃怯之所能服，○盧文弨曰：「恃」，凌本作「持」。顧廣圻曰：藏本同。今本「怯」下有「士」字，誤。按依上文當有「弱」字。握庸主之所易守。當今之世，爲人主忠計，爲天下結德者，利莫長於如此。○先慎曰：「如」字衍。故君人者無亡國之圖，而忠臣無失身之畫。明於尊位必賞，○盧文弨曰：「賞」，凌本作「法」。故能使人盡力於權衡，死節於官職。通賁、育之情，○顧廣圻曰：藏本同。今本「通」下有「於」字，誤。不以死易生，惑於盜跖之貪，○王渭曰：「惑」字有誤。不以財易身，則守國之道畢備矣。

用人第二十七

聞古之善用人者，必循天順人而明賞罰。循天則用力寡而功立，順人則刑罰省而令行，明賞罰則伯夷、盜跖不亂。如此則白黑分矣。治國之臣效功於國以履位，見能於官以受職，盡力於權衡以任事。人臣皆宜其能，勝其官，輕其任，○先慎曰：不兼官也。而莫懷餘力於心，莫負兼官之責於君。故內無伏怨之亂，外無馬服之患。○盧文弨曰：「馬」，凌本作「矯」。王先謙曰：凌本非也，「馬服」謂趙括。明君使事不相干，故莫訟；使士不兼官，故技長；使人不同功，故莫爭。○先慎曰：乾道本「爭」下有「訟」字。盧文弨云：「訟」字，秦本無。顧廣圻云：「訟」字衍，此涉下句而誤。先慎案：飭令篇亦無「訟」字，今據秦本删。爭訟止，技長立，則彊弱不鬬力，冰炭不合形，天下莫得相傷，治之至也。

釋法術而任心治，○先慎曰：各本無「任」字。御覽八百三十引「心」上有「任」字，是。下「去規矩而妄意度」，「妄意度」與「任心治」相對爲文，明此脱「任」字，今據補。堯不能正一國；去規矩而妄意度，○先慎曰：御覽引「妄」作「委」，治要無「度」字，均誤。解老篇「妄」作「忘」，説詳彼。奚仲不能成一輪；廢尺寸而差短長，王爾不能半中。○王先謙曰：「王爾」，巧工。淮南子：「王爾無所錯其剞劂。」先慎曰：「中」，音丁仲反。使中主守法術，拙匠執規矩尺寸，○先慎曰：各本「執」作「守」，治要、藝文類聚五十四、御覽引並作「執」。則萬不失矣。○先慎曰：藝文類聚引「矣」作「一」。君人者能去賢巧之所不能，守中拙之所萬不失，○先慎曰：治要「守」上有「而」字。則人力盡而功名立。

明主立可爲之賞，設可避之罰。故賢者勸賞而不見子胥之禍，不肖者少罪而不見傴剖背，○先慎曰：此宋康王事，安危篇云「誅於無罪，使傴以天性剖背」，是也。盲者處平而不遇深谿，愚者守静而不陷險危。如此則上下之恩結矣。古之人曰：「其心難知，喜怒難中也。」故以表示目，以鼓語耳，○顧廣圻曰：「鼓」當作「教」，下文「其教易知故言用」承此。以法教心。○顧廣圻曰：此「教」字誤，未詳所當作。君人者釋三易之數，而行一難知之心，○先慎曰：乾道本「行」下有「之」字，「知之」下無「心」字。顧廣圻云：「今本無上『之』字，下『之』字下有『心』字，按依上文當删補。」今據改。如此則怒積於上而怨積於下，以積怒而御積怨，則兩危矣。

明主之表易見，故約立；其教易知，故言用；其法易爲，故令行。三者立而上無私心，則下得循法而治，望表而動，隨繩而斲，○先慎曰：安危篇云「一曰斲削於繩之內，二曰斲割於繩之外」，是也。因攢而縫。○俞樾曰：「攢」字無義，當作「簪」。荀子賦篇「簪以爲父」，楊倞注：「簪形似箴而大。」是「簪」亦「箴」類，故曰「因簪而縫」也。説文金部：「鐕，可以綴著物者。」「簪」即「鐕」之叚字。亦或作「撍」，周易豫九四「朋盍簪」，京作「撍」，是也。古本韓子當亦作「撍」，傳寫因誤爲「攢」矣。如此則上無私威之毒，而下無愚拙之誅。故上君明而少怒，○顧廣圻曰：藏本同。今本「君」作「居」。按「君」字誤。下盡忠而少罪。

聞之曰：「舉事無患者，堯不得也。」而世未嘗無事也。君人者不輕爵禄，不易富貴，不可與救危國。故明主厲廉恥，招仁義。昔者介子推無爵禄而義隨文公，不忍口腹而仁割其肌，故人主結其德，書圖著其名。人主樂乎使人以公盡力，而苦乎以私奪威；人臣安乎以能受職，而苦乎以一負二。謂一身兩役也。故明主除人臣之所苦，而立人主之所樂。上下之利莫長於此。不察私門之内，輕慮重事，厚誅薄罪，久怨細過，長侮偷快，長輕侮人，偷取一時之快也。數以德追禍，禍賊當誅，而反以德報之也。是斷手而續以玉也，故世有易身之患。

人主立難爲而罪不及，則私怨生；○先慎曰：乾道本「生」作「立」。顧廣圻云：「今本『立』作『生』。按『立』字譌。」今據改。人臣失所長而奉難給，則伏怨結。勞苦不撫循，憂悲不哀憐。喜則譽小人，賢不肖俱賞；怒則毀君子，使伯夷與盜跖俱辱。故臣有叛主。

使燕王內憎其民而外愛魯人，○先慎曰：乾道本不提行，今依趙本。則燕不用而魯不附。見憎，不能盡力而務功；○顧廣圻曰：藏本同。今本「見」上有「民」字。按當脫「燕」字。魯見說，而不能離死命而親他主。如此則人臣爲隙穴，而人主獨立。以隙穴之臣而事獨立之主，此之謂危殆。

釋儀的而妄發，雖中小不巧；○顧廣圻曰：藏本同。今本「小」作「而」，誤。釋法制而妄怒，雖殺戮而姦人不恐。罪生甲，禍歸乙，伏怨乃結。故至治之國，有賞罰而無喜怒。故聖人極有刑法，而死無螫毒，故姦人服。發矢中的，賞罰當符，故堯復生，羿復立。如此則上無殷夏之患，下無比干之禍，君高枕而臣樂業，道蔽天地，○先慎曰：「蔽」當作「被」。德極萬世矣。

夫人主○先慎曰：乾道本連上，今依趙本提行。不塞隙穴，而勞力於赭堊，暴雨疾風必壞。不去眉睫之禍，而慕賁育之死；不謹蕭牆之患，而固金城於遠境；不用近賢之謀，而外結萬乘之交於千里。飄風一旦起，則賁育不及救，而外交不及至，禍莫大於此。當今之世爲人主忠計者，必無使燕王説魯人，無使近世慕賢於古，無思越人以救中國溺者。○先慎曰：見説林上「魯穆公」條。如此則上下親，内功立，外名成。

功名第二十八

明君之所以立功成名者四：一曰天時，二曰人心，三曰技能，四曰勢位。非天時，雖十堯不能冬生一穗；逆人心，雖賁育不能盡人力。故得天時則不務而自生，○先慎曰：乾道本無「不」字。盧文弨云：「則」下脱「不」字，凌本有。先慎案：治要有「不」字，今據補。得人心則不趣而自勸，因技能則不急而自疾，得勢位則不進而名成。○先慎曰：各本「進」上有「推」字，案「推」即「進」字誤而衍者，治要無，今據删。若水之流，若船之浮。守自然之道，行毋窮之令，故曰明主。

夫有材而無勢，雖賢不能制不肖。故立尺材於高山之上，下臨千仞之谿，○先慎曰：乾道本「下」作「則」，「千」作「十」。盧文弨云：「則」字，凌本作「而下」二字。「十」，張、凌本作「千」。先慎案：意林「則」作「下」，「十」作「千」，今據改。材非長也，位高也。桀爲天子，能制天下，非賢也，勢重也。堯爲匹夫，不能正三家，非不肖也，位卑也。千鈞得船則浮，錙銖失船則沈。○先慎曰：白孔六帖十一引兩「船」字並作「舟」。非千鈞輕而錙銖重也，○先慎曰：乾道本「鈞」作「金」，無「而」字。盧文弨云：「金」，藏本作「鈞」。先慎案：上文作「鈞」，明「鈞」者是，「而」字脱，據藝文類聚七十一、白孔六帖、御覽七百六十八引改補。有勢之與無勢也。故短之臨高也以位，不肖之制賢也以勢。人主者，天下一力以共載之，故安；衆同心以共立之，故尊；人臣守所長，盡所能，故忠。以尊主主御忠臣，則長樂生而功名成。名實相持而成，○盧文弨曰：「尊主」下馮校添「以尊」二字。「持」，張本作「待」。王渭曰：當衍一「主」字。先慎曰：王說是。「持」字，御覽三百七十引作「須」。形影相應而立，故臣主同欲而異使。人主之患在莫之應，故曰：一手獨拍，雖疾無聲。人臣之憂在不得一，故曰：右手畫圓，左手畫方，不能兩成。○先慎曰：御覽三百七十引「右」、「左」互易。故曰：至治之國，君若桴，臣若鼓，技若車，事若馬。故人有餘力易於應，而技有餘巧便於事。○先慎曰：乾道本無「便」字。顧廣圻云：「易」字當衍。今本「巧」下有「便」字，誤，藏本無。先慎案：有「便」字是，此二文相對。顧氏以上「易」字爲衍，故下不應有「便」字。改從今本。立功者不足於力，親近者不足於信，成名者不足於勢。近者已親，而遠者不結，則名不稱實者也。○盧文弨曰：張、凌本無「者」字。聖人德若堯舜，行若伯夷，而位不載於世，則功不立，名不遂。故古之能致功名者，衆人助之以力，近者結之以成，遠者譽之以名，尊者載之以勢。如此，故太山之功長立於國家，而日月之名久著於天地。○先慎曰：乾道本「名」作「明」。顧廣圻云：

「藏本『明』作『名』。」王渭云：「文選解嘲注引此作『名』。『名』字是，此皆以『功』、『名』對言。」今據改。此堯之所以南面而守名，○顧廣圻曰：藏本同。今本「名」作「功」誤。舜之所以北面而效功也。

大體第二十九

古之全大體者，○盧文弨曰：孫詒穀云：文選四子講德論注引作「古之人君大體者」。先慎曰：治要、御覽四百二十九引與本書同，選注誤，不可從。望天地，觀江海，因山谷，日月所照，四時所行，雲布風動；不以智累心，○先慎曰：御覽引「智」作「欲」。不以私累己；○先慎曰：治要「私」作「心」。寄治亂於法術，託是非於賞罰，屬輕重於權衡；不逆天理，不傷情性；不吹毛而求小疵，不洗垢而察難知；不引繩之外，不推繩之內；○先慎曰：用人篇云「隨繩而斲」，是也。不急法之外，不緩法之內；守成理，因自然；禍福生乎道法而不出乎愛惡，榮辱之責在乎己而不在乎人。故至安之世，○先慎曰：乾道本「至」上有「致」字。顧廣圻云：今本無「致」字。先慎案：「致」即「至」字誤而複者，改從今本。法如朝露，純樸不散；○先慎曰：乾道本「樸」作「撲」，今從趙本改。心無結怨，口無煩言。故車馬不疲弊於遠路，旌旗不亂於大澤，萬民不失命於寇戎，雄駿不創壽於旗幢；豪傑不著名於圖書，不録功於盤盂，記年之牒空虛。故曰：利莫長於簡，福莫久於安。使匠石以千歲之壽操鉤，○顧廣圻曰：藏本同。今本「鉤」作「鈞」，誤。視規矩，舉繩墨而正太山；使賁育帶干將而齊萬民；雖盡力於巧，極盛於壽，太山不正，民不能齊。故曰：古之牧天下者，不使匠石極巧以敗太山之體，不使賁育盡威以傷萬民之性。因道全法，君子樂而大姦止；澹然閒靜，因天命，持大體。故使人無離法之罪，魚無失水之禍。如此，故天下少不可。○盧文弨曰：「少」凌本作「無」。顧廣圻曰：藏本同。今本「可」作「治」，誤。

上不天則下不偏覆，心不地則物不畢載。○先慎曰：乾道本「畢」作「必」，今據治要改作「畢」。太山不立好惡，故能成其高；江海不擇小助，故能成其富。故大人寄形於天地而萬物備，歷心於山海而國家富。○先慎曰：治要「歷」作「措」。上無忿怒之毒，○先慎曰：治要「毒」作「志」，注云：「『志』作『毒』。」下無伏怨之患，○先慎曰：治要注：「怨，舊作『愆』，改之。」上下交順，○先慎曰：乾道本「順」作「撲」，盧文弨云：「撲，凌本作『順』。」今據改。以道爲舍。故長利積，大功立，名成於前，德垂於後，治之至也。

韓非子集解卷第九

内儲説上七術第三十

「儲」，聚也。謂聚其所説，皆君之内謀，故曰内儲説。

主之所用也七術，所察也六微。○先慎曰：即内儲説下。七術：一曰衆端參觀，「端」，直也。欲求衆直，必參驗而聽觀也。○先慎曰：注誤。方言十：「緤，末紀緒也，南楚或曰『端』。」引申之，則凡末紀緒皆謂之「端」。禮記中庸：「執其兩端。」詩載驅序箋：「故，猶端也。」疏竝云：「端，謂頭緒也。」此謂頭緒衆多，則必參觀，否則誠不得聞而爲臣壅塞矣。若訓爲「直」，則與下文不合。二曰必罰明威，三曰信賞盡能，四曰一聽責下，專聽一理，必有失；責下不一，能則不明。○先慎曰：「責下」，謂責臣下專司之事，下云「責下則人臣不參」，是也。注未明晰。五曰疑詔詭使，疑危而制之，譎詭而使之，則下不敢隱情。○先慎曰：乾道本注「詭而」下衍「囘」字，今從趙本删。六曰挾知而問，○先慎曰：下文「知」作「智」，字同。七曰倒言反事。或倒其言，或反其事，則姦情可得而盡。此七者，主之所用也。

觀聽不參則誠不聞，「不參」，謂偏聽一人，則誠者莫告。○先慎曰：乾道本連上，盧文弨云：「本提行。」今據改。聽有門户則臣壅塞。其聽有所從，若門户然，則爲臣所塞。○先慎曰：拾補「壅」改「壅」。盧文弨云：後凡「擁」字，皆本作「壅」。先慎按：趙本注「其」作「各」。其說在侏儒之夢見竈，侏儒夢竈，言竈有一人煬，則後人不見，此譏靈公偏聽子瑕。○先慎曰：乾道本無「在」字，顧廣圻云：「今本『說』下有『在』字，按依句例當補。」改從今本。哀公之稱「莫衆而迷」。公言謀事，無衆故迷。孔子對舉國盡黨季孫，與之同亂，是一國爲一人，公之迷宜矣。故齊人見河伯，齊王專信一人，故被誑以大魚爲河伯。與惠子之言「亡其半」也。惠子言君之謀事，有半疑，有半今皆稱不疑，則雷同朋黨，故曰「亡其半」。此上五說皆不參門户之聽。○盧文弨曰：注「半疑」下衍「有半」二字。其患在豎牛之餓叔孫，叔孫專聽豎牛，故身餓死，而二子戮亡也。而江乙之說荆俗也。荆俗不言人惡，故白公得以爲亂。○先慎曰：乾道本「乙」作「乞」，下同。顧廣圻云：藏本「乞」作「乙」，是也。先慎案：策正作「乙」，今據改。嗣公欲治不知，謂不知治之術也。故使有敵。恐其所貴臣妾擁己，故更貴臣妾以敵之，彼得敵，適足以成其朋黨，爲擁更甚也。是以明主推積鐵之類，積鐵爲室，盡以備矢，則體不傷。積疑爲心，盡以備臣，則姦不生。而察一市之患。雖一市之人言市有虎，猶未可信，況三人乎。○先慎曰：乾道本注「虎」上衍「之」字，今從趙本删。

參觀一

愛多者則法不立，威寡者則下侵上。是以刑罰不必，則禁令不行。其說在董子之行石邑，董子至石邑，象深澗以立法，故趙國治也。與子產之教游吉也。子產教游吉，令法火以嚴斷。○先慎曰：趙本注「火」誤作「吏」。故仲尼說隕霜，仲尼對哀公言隕霜不殺草，則以宜殺而不殺故也。而殷法刑棄灰；將行去樂池，將行以樂池不專任以刑賞之柄，故去之。○盧文弨曰：注「將行」，一本有「官名」二字。而公孫鞅重輕罪。公孫鞅以謂輕罪尚不能犯，則無由犯重罪，故先重輕罪。是以麗水之金不守，竊麗水之金其罪辜磔，猶竊而不止，則有竊而獲免者，故雖重罪不止也。○先慎曰：「守」當作「止」，註不誤。而積澤之火不救。魯之積澤火焚而人不救，則以不行法故也。成歡以太仁弱齊國，成歡以齊王太仁，知其必弱齊國。○盧文弨曰：成歡後作「讙」，荀子解蔽篇作「戴讙」。顧廣圻曰：說「歡」作「驩」，「驩」、「歡」同字。先慎曰：「歡」、「驩」、「讙」三字古通用。禮記樂記「鼓鼙之聲讙」，注：「或爲『歡』。」「驩」爲馬名本字。孟子「驩如」，荀子大略篇「夫婦不得不驩」，皆以「驩」爲歡樂字。「驩」、「歡」、「讙」音義並同，故通用。春秋文公六年「晉侯驩」，公羊作「讙」，史記作「歡」，是其證。荀子楊注引「成」作「戴」，誤，說見下。卜皮以慈惠亡魏王。卜皮以魏王慈惠，知其必亡其身也。○盧文弨曰：注上「其」字一本無。先慎曰：乾道本注脫「知」字，今從趙本。管仲知之，故斷死人；知治國當〔二〕嚴，禁人之厚葬，不用命者戮其尸。嗣公知之，故買胥靡。嗣公亦知國當必罰，有胥靡逃之，以一都買而誅之。

必罰二

〔二〕「當」，原本作「常」，形近而誤，今改。

賞譽薄而謾者下不用，「謾」，欺也。○先慎曰：乾道本「用」下有「也」字。顧廣圻云：藏本、今本無「也」字。先慎案：無「也」字是也。「下不用」與「下輕死」句法一律，不當有「也」字，今據删。賞譽厚而信者下輕死。其說在文子稱「若獸鹿」。獸鹿唯就薦草，猶人臣之歸恩厚也。故越王焚宫室，焚其室者，欲行賞罰於救火，以驗人之用命。而吴起倚車轅，賞移轅者，欲示其信而不欺也。李悝斷訟以射，欲人之善射，故其斷訟與善射者理也。宋崇門以毁死。崇門之人居喪而瘠，君與之官，故多毁死者也。句踐知之，故式怒鼃；句踐知勸賞可以詔人，故式怒鼃以求勇。○先慎曰：乾道本無「之」字。顧廣圻云：藏本、今本「知」下有「之」字。先慎案：有者是也，今據補。注趙本「詔」作「招」。昭侯知之，故藏弊袴。○先慎曰：「弊」，今本作「蔽」，誤。厚賞之使人爲賁、諸也，婦人之拾蠶，漁者之握鱣，是以效之。「拾蠶」、「握鱣」而不惱者，利在故也。此得利忘難之效也。○俞樾曰：「是以效之」當作「以是效之」。「效」者，明也。「是」即指「婦人」、「漁者」而言。謂厚賞之下，可使人人爲賁、諸，以「婦人之拾蠶，漁者之握鱣」明之也。下文云「鱣似蛇，蠶似蠋，人見蛇則驚駭，見蠋則毛起，然而婦人拾蠶，漁者握鱣，利之所在則忘其所惡，皆爲孟賁」，是其義也。荀子正論篇「故桀、紂無天下，而湯、武不弑君，由此效之也」，楊注曰：「效，明也。」與此文句法正同，今誤作「是以效之」。舊注謂「此得利忘難之效也」，失其解矣。

賞譽三

一聽則愚智不分，直聽一理，不反覆參之，則愚智不分。責下則人臣不參。下之材能一一責之，則人臣不得參襍。**其説在索鄭**。魏王以鄭本梁地，故索鄭而合之；不思梁本鄭地，鄭人亦索梁而合之。此一聽之過也。**與吹竽**。混商吹竽，是不責下也，故令得參襍。○盧文弨曰：注「混商」當是「混同」。**其患在申子之以趙紹、韓沓爲嘗試**。申子爲請兵，先令趙紹、韓沓嘗韓君，知其意然後説，終成其私也。○盧文弨曰：注「申子爲」下脱「趙」字。先慎曰：「趙紹、韓沓」，國策作「趙卓、韓鼂」。**故公子氾議割河東**，韓王欲河東以搆三國，此非計也，公子氾激君行令。○盧文弨曰：注「韓王欲」下脱「割」字。**而應侯謀弛上黨**。應侯謀上黨亦非計也，秦王從之。此上二事皆一聽之患也。○先慎曰：注「謀」下脱「弛」字。

一聽四

數見久待而不任，姦則鹿散；謂人數見於君，或復久待，雖不任用，外人則謂此得主之意，終不敢爲姦，如鹿之散。○顧廣圻曰：「姦則鹿散」四字爲一句。**使人問他則不鬻私**。謂使此雖知其所爲，陽若不知，更試以他事，或問之他人，不敢鬻其私矣。「鬻」，猶售。**是以龐敬還公大夫，**龐敬使市者不爲姦，故還大夫而警之。**而戴讙詔視轀車；**戴讙欲知奉笥者，更使視轀車。**周主亡玉簪，**周主故亡玉簪，以求神明之譽也。**商太宰論牛矢**。太宰詭論牛矢，以求聽察之名也。

詭使五

挾智而問，則不智者至；挾己所智而有所問，則雖不智者莫不皆智也。○趙用賢曰：言挾己之智而問，則自多其智，故不智者反得以用其欺。是不若深知一物，則智有所積，而衆隱皆變爲顯也。乃與下事相合，注非。顧廣圻曰：「智」，讀爲知，下同。**深智一物，衆隱皆變。**於一物智之能深，則衆隱伏之物莫不變而露見。○先慎曰：乾道本注「於」下有「伏」字，今從趙本删。**其説在昭侯之握一爪也。**握爪佯亡，以驗左右之誠。**故必南門而三鄉得。**必審南門之牛犯苗，而三鄉之犯者皆得其情實。○顧廣圻曰：藏本同。今本「必」下有「審」字，誤。**周主索曲杖而羣臣懼，**私得曲杖，羣臣聳懼。**卜皮事庶子，**使庶子愛御史，便得彼陰懼也。○盧文弨曰：注「陰情」譌「陰懼」。先慎曰：「事」當作「使」，下文「卜皮爲縣令，其御史汙穢，而有愛妾，卜皮乃使少庶子佯愛之，以知御史陰情」，正作「使」字。注作「使庶子」是也，謂「愛御史」亦誤。卜皮使庶子佯愛御史之愛妾，非愛御史也，下説注同誤。**西門豹詳遺轄。**謀遺其轄，欲取清明之稱也。○盧文弨曰：注「詳」譌作「謀」。顧廣圻曰：説「詳」作「佯」，「詳」、「佯」同字。

挾智六

倒言反事，以嘗所疑，則姦情得。倒錯其言，反爲其事，以試其所疑也。**故陽山謾樛豎，**僞謾樛豎知君疑也。○先慎曰：乾道本「樛」作「摎」。顧廣圻云：「陽山」當倒，詳後。藏本、今本「摎」作「樛」。先慎案：「樛」字是，下文亦作「樛」。此誤，今據改。**淖齒爲秦使，**詐爲秦使知君惡己。**齊人欲爲亂，**佯逐所愛，令君知而不疑。

子之以白馬，謬言白馬，以驗左右之誠。子産離訟者，分離訟者，便得兩訟之情。嗣公過關市。知過者之輸金，便得聽察之稱。○先慎曰：注「聽」字當作「明」，下文「而以嗣公爲明察」，是其證。

倒言七　右經

衛靈公之時，彌子瑕有寵，專於衛國。○先慎曰：難四篇無「專」字。〔一〕○盧文弨曰：凌本作「傳一」，下倣此。侏儒有見公者曰：「臣之夢踐矣。」○先慎曰：乾道本「踐」作「賤」。盧文弨云：「『賤』，凌本作『踐』。」先慎案：作「踐」是，今據改。難四篇作「淺」，亦誤。公曰：「何夢？」對曰：「夢見竈，爲見公也。」公怒曰：「吾聞見人主者夢見日，奚爲見寡人而夢見竈？」對曰：「夫日兼燭天下，一物不能當也；言一物不能蔽日之光也。人君兼燭一國，○先慎曰：乾道本「國」下有「人」字。盧文弨云：「凌本無下『人』字。」先慎案：「人」字涉下文而衍，難四篇無「人」字，是其證，今據刪。一人不能擁也。一人不能擁君之明。○顧廣圻曰：「擁」當作「壅」。故將見人主者夢見日。夫竈一人煬焉，則後人無從見矣。一人煬，則蔽竈之光，故後人不見之。「煬」，然也。○先慎曰：注「之煬」當作「煬之」。今或者一人有煬君者乎？此譏彌子瑕專擁蔽君之明也。○先慎曰：乾道本注「也」作「乎」。盧文弨云：「一本無上『者』字。注『乎』字譌，本作『也』。」今據改。則臣雖夢見竈，不亦可乎！」

魯哀公問於孔子曰：「鄙諺曰：『莫衆而迷。』舉事不與衆謀者，必迷惑。今寡人舉事與羣臣慮之，而國愈亂，其故何也？」○先慎曰：乾道本無「何」字，顧廣圻云：「藏本、今本『故』下有『何』字。」今據補。孔子對曰：「明主之問臣，一人知之，一人不知也。「一人知之，一人不知」，則得再三詳議。如是者，明主在上，羣臣直議於下。今羣臣無不一辭同軌乎季孫者，舉魯國盡化爲一，舉國既化爲一，則不得論其是非也。○先慎曰：趙本注「不」作「安」。君雖問境内之人，猶不免於亂也。」境内之人，亦與季孫爲一，故問之無益。○先慎曰：乾道本「猶」下有「之人」二字。顧廣圻云：藏本無「人」字，今本無「之人」二字。先慎案：「之人」二字涉上文而衍，今據删。一曰：○顧廣圻曰：按「一曰」者，劉向叙録時所下校語也。謂「一」見於晏子春秋，其所「曰」者如此。凡本書「一曰」皆同例。晏嬰子聘魯，○盧文弨曰：凌本無「嬰」字。哀公問曰：○王渭曰：晏子春秋「哀」作「昭」。「語曰：『莫三人而迷。』舉事不與三人謀，必知迷惑也。○先慎曰：注「知」字衍。今寡人與一國慮之，魯不免於亂，何也？」晏子曰：「古之所謂『莫三人而迷』者，一人失之，二人得之，三人足以爲衆矣，故曰『莫三人而迷』。今魯國之羣臣以千百數，一言於季氏之私，○先慎曰：謂衆口同聲也。人數非不衆，所言者一人也，安得三哉！」

齊人有謂齊王曰：「河伯，大神也，○先慎曰：御覽八百八十二引「大」作「水」。王何不試與之遇乎？臣請使王遇之。」乃爲壇場大水之上，○先慎曰：乾道本「乃」作「遇」，拾補作「乃」。盧文弨云：

「乃」字脱，張本有。顧廣圻云：藏本「遇」作「乃」，今本無。俞樾云：上「遇」字當作「與」，上文云「王何不試與之遇乎」，故此云「臣請使王與之遇」。乾道本作「遇之遇」，傳寫誤耳。道藏本改下「遇」字爲「乃」字，屬下讀，趙本並删「乃」字，均非其舊。先慎案：下「遇」字爲「乃」字之譌，「乃」與「廼」同，爾雅：「廼，乃也。」俗作「迺」，與「遇」字形相近，乾道本因譌作「遇」，趙本從而删之，惟道藏本、張本不誤。讀當於「之」字絶句，「廼」字屬下讀。「請使王遇之」，「使」字即有「與」之意，既言「使」，不得復言「與」。且下文「爲壇場大水之上」上無「迺」字，則文氣不接。俞説非也。御覽引正作「乃」，今據改。而與王立之焉。有間，大魚動，因曰：「此河伯。」直信一人言，故有斯弊。

張儀欲以秦、韓與魏之勢伐齊、荆，而惠施欲以齊、荆偃兵。以齊、荆爲援，則秦、韓不敢加兵，故兵可偃也。二人争之。羣臣左右皆爲張子言，而以攻齊、荆爲利，而莫爲惠子言。王果聽張子，而以惠子言爲不可。攻齊、荆事已定，惠子入見。王言曰：○先慎曰：「言」字不當有，涉下文而衍。「先生毋言矣！攻齊、荆之事果利矣，一國盡以爲然。」惠子因説：「不可不察也。夫齊、荆之事也誠利，一國盡以爲利，是何智者之衆也？攻齊、荆之事誠不利，○先慎曰：乾道本「不」下有「可」字，顧廣圻云：「藏本、今本無『可』字。」今據删。一國盡以爲利，何愚者之衆也？凡謀者，疑也。有疑然後謀。疑也者，誠疑以爲可者半，以爲不可者半。若誠有疑，則半可半不可。今一國盡以爲可，是王亡半也。無致疑之人，故亡其半。劫主者，固亡其半者也。」無人致疑，則大盜得恣其謀。田成、趙高成其簒殺者，無人疑故也。○先慎曰：乾道本「簒」上有「言」字，今依趙本删。

叔孫相魯，貴而主斷。其所愛者曰豎牛，亦擅用叔孫之令。叔孫有子曰壬，豎牛妬而欲殺之。因與壬游於魯君所，魯君賜之玉環，壬拜受之而不敢佩，使豎牛請之叔孫，豎牛欺之曰：「吾已爲爾請之矣，使爾佩之。」壬因佩之。豎牛因謂叔孫：「何不見壬於君乎？」叔孫曰：「孺子何足見也？」豎牛曰：「壬固已數見於君矣，○先愼曰：乾道本「壬」上無「豎牛曰」三字，顧廣圻云：「今本有『豎牛曰』三字。」今依補。君賜之玉環，壬已佩之矣。」叔孫召壬見之，而果佩之，叔孫怒而殺壬。壬兄曰丙，豎牛又妒而欲殺之。叔孫爲丙鑄鐘，鐘成，丙不敢擊，使豎牛請之叔孫。豎牛不爲請，又欺之曰：「吾已爲爾請之矣，○先愼曰：乾道本「已爲」二字作「以」字。顧廣圻云：藏本「以」上有「爲」字，今本作「已爲」。先愼案：此與上文「吾已爲爾請之矣」句法一律，作「已爲」者是也。御覽五百七十五引正作「已爲」，今據改。使爾擊之。」丙因擊之。叔孫聞之曰：「丙不請而擅擊鐘。」怒而逐之。丙出走齊，居一年，豎牛爲謝叔孫，叔孫使豎牛召之，又不召而報之曰：「吾已召之矣，丙怒甚，不肯來。」叔孫大怒，使人殺之。二子已死，叔孫有病，豎牛因獨養之，而去左右，不內人，曰：「叔孫不欲聞人聲。」因不食而餓死。○先愼曰：乾道本無「因」字，「死」作「殺」。盧文弨云：「『殺』，一本作『死』。」顧廣圻云：「藏本、今本『不』上有『因』字。」今據增改。叔孫已死，豎牛因不發喪也，徙其府庫重寶空之而奔齊。○先愼曰：事見左昭四年傳。彼言仲壬奔齊，此謂孟丙。左氏記當時事，韓子傳聞，故不相符。夫聽所信之言而子父爲人僇，此不參之患也。

江乙爲魏王使荆，○先慎曰：乾道本連上，今從趙本提行。謂荆王曰：「臣入王之境内，聞王之國俗曰：『君子不蔽人之美，不言人之惡。』誠有之乎？」王曰：「有之。」「然則若白公之亂，得庶無危乎！不言人惡，則白公得成其姦謀，故危也。○顧廣圻曰：藏本、今本無「庶」字。楚策云：「得無遂乎！」誠得如此，臣免死罪矣。」有惡不言，何罪之有。

衛嗣君○先慎曰：「君」當作「公」，嗣公，衛平侯之子，秦貶其號爲君，非此書未入秦作，必不從秦所貶爲稱。且上經「嗣公欲治不知」，不作「君」，是「君」當爲「公」之誤。荀子王道篇注引此正作「公」。重如耳，愛世姬，○顧廣圻曰：荀子注引「世」作「泄」，按「世」、「泄」同字。而恐其皆因其愛重以壅己也，○先慎曰：荀子注引「壅」作「雍」，古字通。乃貴薄疑以敵如耳，○先慎曰：乾道本「敵」下有「之」字。盧文弨云：「之」字衍，凌本無。先慎案：張榜本無，荀子注引亦無「之」字，今據删。尊魏姬以耦世姬，○先慎曰：荀子注「魏姬」作「魏妃」。曰：「以是相參也。」嗣君知欲無壅，而未得其術也。夫不使賤議貴，賤不得與貴議也。○先慎曰：此謂賤不得訾議貴者也，舊注誤。下必坐上，下得罪，必坐於與上議也。○盧文弨曰：凌本作「下偪上」，但注不如此。先慎曰：「必」字衍文，「賤議貴」、「下坐上」均承上「夫不使」來。「坐」，即商君告坐之法。不使下坐上者，不使下與上告坐也。八説篇：「明君之道，賤得議貴，下必坐上，不待勢重之鈞也。」此與八説相反，故云「不使賤議貴，下坐上」，凌本不知

「必」字之誤，而改「必坐」爲「偪」，得其意而失其真矣。注不可讀，盧氏據之，亦非。而必待勢重之鈞也，而後敢相議，今兩受，勢重既鈞，正可相與議。則是益樹壅塞之臣也，兩受共謀，爲壅更甚，此嗣君不得術。○盧文弨曰：注「兩愛共謀」，「愛」譌「受」。嗣君之壅乃始。○先慎曰：言乃自此始。

夫矢來有鄉，「鄉」，方也。有來從之方。則積鐵以備一鄉；謂聚鐵於身以備一處，即甲之不全者也。矢來無鄉，則爲鐵室以盡備之。謂甲之全者，自首至足無不有鐵，故曰「鐵室」。備之則體不傷。故彼以盡備之不傷，此以盡敵之無姦也。言君亦當盡敵於臣，皆所防疑，則姦絶也。○先慎曰：趙本注「所」下有「以」字。盧文弨云：注「以」字衍。

龐恭與太子質於邯鄲，○顧廣圻曰：魏策「恭」作「葱」，姚校云：「孫作『恭』。」按「恭」字是，新序亦作「恭」。下文有「龐敬縣令也」，當是一人。先慎曰：事類賦二十引「恭」作「共」，古字通用。謂魏王曰：「今一人言市有虎，王信之乎？」曰：「不信。」○先慎曰：御覽一百九十一又八百二十七、八百九十一、事類賦二十引「不信」二字並作「不」，下同。「二人言市有虎，王信之乎？」曰：「不信。」「三人言市有虎，王信之乎？」王曰：「寡人信之。」龐恭曰：「夫市之無虎也明矣，然而三人言而成虎。今邯鄲之去魏也遠於市，議臣者過於三人，願王察之。」龐恭從邯鄲反，竟不得見。○先慎曰：事類賦引「見」作「入」。

〔二〕董閼于爲趙上地守，○先慎曰：藝文類聚九又五十四、御覽卷六十九又六百三十八引「閼」作「安」，案二字古通，説見難言篇。行石邑山中，見深澗峭如牆，○先慎曰：各本「見深澗」作「澗深」，今據藝文類聚、御覽引改。深百仞，因問其旁鄉左右○先慎曰：藝文類聚、御覽引無「旁」字。曰：「人嘗有入此者乎？」對曰：「無有。」曰：「嬰兒盲聾狂悖之人嘗有入此者乎？」○先慎曰：各本「盲」作「癡」。今據文選永明九年策秀才文注引改。藝文類聚、御覽引「盲」作「狂」，亦誤。對曰：「無有。」「牛馬犬彘嘗有入此者乎？」○先慎曰：藝文類聚引「牛」上重「有」字。案「有」當爲「曰」之譌，此脱，上文正有「曰」字，即其證。藝文類聚上「曰」字亦作「有」。對曰：「無有。」董閼于喟然太息曰：○先慎曰：拾補「太」作「大」。「吾能治矣，使吾法之無赦，○先慎曰：乾道本「法」作「治」。盧文弨云「治」，張、凌本作「法」。顧廣圻云：藏本「治」作「法」。王渭云：文選注引作「吾法無赦也」。先慎案：藝文類聚、御覽引並作「法」，今據改。猶入澗之必死也，則人莫之敢犯也，何爲不治！」○先慎曰：各本句末有「之」字。盧文弨云：文選注引句上有「又」字，無「之」字。先慎案：藝文類聚引亦無「之」字，今據删。

子産相鄭，○先慎曰：乾道本連上，今從趙本提行。病將死，謂游吉曰：「我死後，子必用鄭，必以嚴莅人。夫火形嚴，故人鮮灼；水形懦，故人多溺。○先慎曰：乾道本無「故」字。盧文弨云：「故」字脱，藏本有。先慎案：此與上文句法一例，有「故」字是，今據增。子必嚴子之刑，○先慎曰：乾道本「刑」作

「形」，顧廣圻云：「今本『形』作『刑』，案當作『刑』，下同。」今據改。無令溺子之懦。」故子産死，○盧文弨曰：「故」字衍。游吉不忍行嚴刑。○先慎曰：乾道本作「游吉不肯嚴形」。盧文弨云：「張、凌本作『游吉不忍行嚴刑』。」今據改。鄭少年相率爲盜，處於雚澤，○盧文弨曰：今左傳作「萑苻之澤」，唐石經初刻「萑」作「雚」，李義山詩：「直是滅雚蒲」，「萑」乃「雚」之省文。先慎曰：詩小弁「萑葦淠淠」，韓詩外傳作「雚」，是「雚」爲今文，「萑」爲古文也。將遂以爲鄭禍。游吉率車騎與戰，一日一夜，僅能剋之。游吉喟然歎曰：「吾蚤行夫子之教，必不悔至於此矣！」

魯哀公問於仲尼曰：「春秋之記曰：○王先謙曰：此所謂不修春秋也。『冬十二月霣霜不殺菽。』○顧廣圻曰：春秋經僖公三十三年「菽」作「草」。先慎曰：「菽」當作「草」，下云「草木猶犯干之」，承此而言，明「菽」爲「草」之譌。周之十二月，即今之十月，不應有菽，且菽亦不得言可以殺也。前經注引正作「草」，明注所據之本尚未誤。何爲記此？」仲尼對曰：「此言可以殺而不殺也。夫宜殺而不殺，桃李冬實。○顧廣圻曰：藏本「桃」作「梅」。按春秋經云「李梅實」。天失道，草木猶犯干之，而況於人君乎！」人君失道，人臣凌之者宜。○盧文弨曰：藏本「人君」作「君人」，倒。

殷之法刑棄灰於街者。○先慎曰：初學記二十引「刑」字在「者」字下。子貢以爲重，問之仲尼。仲尼曰：「知治之道也。夫棄灰於街必掩人，灰塵播揚，善掩翳人也。○先慎曰：初學記引「掩」作「燔」。

掩人，人必怒，怒則鬬，鬬必三族相殘也。因鬬相殘傷。此殘三族之道也，雖刑之可也。且夫重罰者，人之所惡也；而無棄灰，人之所易也。使人行之所易而無離所惡，此治之道。」○先慎曰：行之所易，即去其所易也。「行」，猶去也；「之」，猶其也。下「公孫鞅」章正作「去其所易」。「離」，讀爲罹。一曰：殷之法棄灰于公道者斷其手。子貢曰：「棄灰之罪輕，斷手之罰重，古人何太毅也？」「毅」，酷也。曰：「無棄灰，所易也；斷手，所惡也。行所易，不關所惡，古人以爲易，故行之。」○先慎曰：不關所惡，謂不入斷手之法也。書大傳「雖禽獸之聲猶悉關於律」，注：「關，猶入也。」

中山之相樂池以車百乘使趙，選其客之有智能者以爲將行，將主行道之人，以爲行位。○先慎曰：乾道本「能」下有「有」字。顧廣圻云：「藏本、今本無下『有』字。」今據刪。中道而亂。樂池曰：「吾以公爲有智，而使公爲將行，○先慎曰：依上文，「智」下脱「能」字。今中道而亂，何也？」客因辭而去，曰：「公不知治。有威足以服之人，○顧廣圻曰：藏本同。今本無「之」字，誤。依下句此當衍「人」字。而利足以勸之，○顧廣圻曰：藏本同。今本「之」誤「人」。故能治之。今臣，君之少客也。言在客之少也。夫從少正長，從賤治貴，而不得操其利害之柄以制之，此所以亂也。嘗試使臣，彼之善者我能以爲卿相，彼不善者我得以斬其首，○顧廣圻曰：藏本同。今本「得」作「能」，誤。何故而不治！」

公孫鞅之法也重輕罪。重罪者，人之所難犯也；○先慎曰：乾道本無「重罪」二字。顧廣圻云：

今本「者」上有「重罪」二字。先慎案：「重罪」二字，與下「小過」相對，今本有是也，今依增。**而小過者，人之所易去也。使人去其所易，無離其所難，此治之道。夫小過不生，大罪不至，是人無罪而亂不生也。**今重輕罪〔二〕，輕罪避，故能無罪而不生亂也。**一曰：公孫鞅曰：「行刑重其輕者。輕者不至，重者不來。**不犯輕，自然無重罪也。○俞樾曰：「不至」當作「不生」，言犯輕罪者不得生也。商子說民篇曰「輕者不生」，是其證。**是謂以刑去刑。」**以輕刑去重刑。

荆南之地，麗水之中生金，人多竊采金。采金之禁，得而輒辜磔於市，甚衆，壅離其水也；又設防禁遮擁，令人離其水也。○顧廣圻曰：「離」，讀爲籬。俞樾曰：此言辜磔其人而棄尸於水之中，流爲積尸壅遏，遂至分流，是謂「壅離其水」，極言辜磔者之多也。據下文云「夫罪莫重辜磔於市，猶不止者，不必得也」，又曰「故不必得也，則雖辜磔，竊金不止；知必死，則天下不爲也」，竝無設禁遮擁令人離水之義。且設禁遮擁令人離水而猶竊金不止，則是設禁之未善，與下文「不必得」及「知必死」之意不相應矣。顧氏讀「離」爲「籬」，此亦不得其解而强爲之辭。先慎曰：俞說是。「采金之禁」句。「得」，謂獲其人也。「而輒辜磔於市」，「而」猶則也。**而人竊金不止。夫罪莫重辜磔於市，猶不止者，不必得也。**言犯罪者不必一一皆得而有免脱者，則人幸其免脱而輕犯重罪。**故今有於**

〔二〕「今重輕罪」，原本作「今重罪輕」，據上文「公孫鞅之法也重輕罪」乙。

此，曰：「予汝天下而殺汝身。」庸人不爲也。夫有天下，大利也，猶不爲者，知必死。故不必得也，則雖辜磔，竊金不止；知必死，則天下不爲也。○盧文弨曰：凌本「則」字作「雖予之」三字，疑以意改。王先謙曰：「不必得」三字，當在「也」字下，文誤倒耳。「天下」上奪「有」字，以文義繹之如此。

魯人燒積澤，天北風，火南倚，火勢南靡，故曰「倚」也。恐燒國，哀公懼，自將衆趣救火。○先慎曰：乾道本「趣」作「輒」，「火」下有「者」字。俞樾云：「輒」當作「趣」，「者」字衍文。上文云「魯人燒積澤」，所謂火田也，哀公實親在其間。及火南倚，將燒國，故哀公懼，自將衆趣救火也。「趣」誤作「輒」，蓋以形似之故。又因下文三言「救火者」而亦衍「者」字，於是其義愈晦，並「輒」字之誤莫之能正矣。先慎案：趙本「輒」作「趣」，藝文類聚八十、御覽八百六十九、初學記二十引並作「趣」，無「者」字，今據改。左右無人，盡逐獸而火不救。乃召問仲尼，仲尼曰：「夫逐獸者樂而無罰，救火者苦而無賞，此火之所以無救也。」哀公曰：「善。」仲尼曰：「事急，不及以賞，○先慎曰：事急不及以賞，謂事急不及與賞也。詩江有汜、擊鼓、桑柔，儀禮鄉射禮、大射儀，箋、注並云：「以，猶與也。」藝文類聚、御覽引「賞」作「罰」，是不知「以」有「與」義而妄改，下云「請徒行罰」，則此何得謂「事急不及以罰」乎？救火者盡賞之，則國不足以賞於人，請徒行罰。」○先慎曰：乾道本「罰」作「賞」。顧廣圻云：「賞」當依馮氏舒校改作「罰」。先慎案：藝文類聚、御覽引並作「請徒行罰」，今據改。哀公曰：「善。」於是仲尼乃下令曰：「不救火者比降北之罪，逐獸者比入禁之罪。」令下未遍而火已救矣。○先慎曰：趙本「令下未遍」作「令未下遍」，藝文類聚、初學記引正作「令下未遍」。

成驩謂齊王曰：○顧廣圻曰：荀子解蔽篇楊注引此「成」作「戴」，云：「蓋爲唐鞅所逐，奔之齊也。」今按此非一人，楊説附會，失之也。「王太仁，太不忍人。」王曰：「太仁、太不忍人，非善名邪？」對曰：「此人臣之善也，非人主之所行也。夫人臣必仁而後可與謀，不忍人而後可近也；不仁則不可與謀，忍人則不可近也。」王曰：「然則寡人安所太仁、安不忍人？」○王渭曰：「安」下當有「所」字。對曰：「王太仁於薛公，而太不忍於諸田。太仁薛公，則大臣無重；太仁則縱之驕奢，不修德義，衆必輕之，故威不得重也。○先慎曰：此謂齊王不裁抑薛公，則大臣得無重乎？「無」，猶得無也。古書多如是，士喪禮筮宅辭曰「無有後艱」，鄭注「得無後將有艱難乎」；又卜葬日辭曰「無有近悔」，鄭注「得無近於咎悔乎」，是其證。韓子一書，皆不欲大臣重於君，故孤憤篇一則曰〔一〕「人主愈弊，大臣愈重」；再則曰「人主壅蔽，大臣專權」，「權」即「重」也；（説見説難篇。）又曰「萬乘之患，大臣太重」，此即其義。注謂「威不得重」，失其旨矣。下文云「大臣無重則兵弱於外」者，即八姦篇所謂「爲人臣者，虚其國以事大國而用其威，求誘其君，甚則舉兵以聚邊境而制斂於内，薄者數内大使以震其君，使之恐懼」之意。太不忍諸田，則父兄犯法。大臣無重，則兵弱於外；父兄犯法，則政亂於内。兵弱於外，政亂於内，○先慎曰：趙本「内」作「外」，誤。此亡國之本也。」

魏惠王謂卜皮曰：「子聞寡人之聲聞亦何如焉？」○盧文弨曰：藏本作「問」。對曰：「臣

〔一〕「故孤憤篇一則曰」，原本作「故孤憤一篇則曰」，「一篇」二字誤倒，據下文「再則曰」乙。

聞王之慈惠也。」王欣然喜曰：「然則功且安至？」對曰：「王之功至於亡。」王曰：「慈惠，行善也。行之而亡，何也？」卜皮對曰：「夫慈者不忍，而惠者好與也。不忍則不誅有過，好予則不待有功而賞。有過不罪，無功受賞，雖亡不亦可乎！」○先慎曰：上兩「卜」字，今局本均作「十」，誤。

齊國好厚葬，布帛盡於衣衾，材木盡於棺椁。桓公患之，以告管仲曰：「布帛盡則無以爲幣，○先慎曰：各本「幣」作「蔽」，御覽五百五十五又六百四十一、八百二十引並作「幣」，今據改。材木盡則無以爲守備，而人厚葬之不休，禁之奈何？」管仲對曰：「凡人之有爲也，非名之則利之也。」於是乃下令曰：「棺椁過度者戮其尸，罪夫當喪者。」夫戮死無名，罪當喪者無利，人何故爲之也。

衛嗣君之時，○先慎曰：「君」當從經作「公」，說見上。有胥靡逃之魏，因爲襄王之后治病。魏襄王之后也。○顧廣圻曰：未詳，宋衛策無此句，餘亦多不同。衛嗣君聞之，使人請以五十金買之，五反而魏王不予，乃以左氏易之。「左氏」，都邑名也。羣臣左右諫曰：「夫以一都買一胥靡，可乎？」王○先慎曰：乾道本「胥靡」上無「一」字，盧文弨云：藏本有。先慎案：策作「贖一胥靡」，是有「一」字是，今據增。曰：○顧廣圻曰：「王」當從宋衛策作「君」。「非子之所知也。夫治無小而亂無大，若不治小者，則大亂起也。法不立而誅不必，當誅而不誅，故曰「不必」也。雖有十左氏無益也，法立而誅必，雖失十左氏無害也。」魏王聞之曰：「主欲治而不聽之，不祥。」因載而往，徒獻之。徒獻胥靡，不取都金。○先慎曰：乾道本注「獻」下有「雖」字，今據趙本删。

〔三〕齊王問於文子曰：「治國何如？」對曰：「夫賞罰之爲道，利器也。君固握之，不可以示人。若如臣者，○先慎曰：「若」、「如」同義，「如」字涉上文而衍。猶獸鹿也，唯薦草而就。」獸鹿就薦草，人臣歸厚賞。故賞罰之利器，不可示於人也。

越王問於大夫種曰：○先慎曰：乾道本「種」上有「文」字。盧文弨云：凌本無「文」字。先慎案：藝文類聚五十四又八十、御覽六百三十八引無「文」字，今據删。「吾欲伐吴，可乎？」對曰：「可矣。吾賞厚而信，罰嚴而必。君欲知之，○先慎曰：乾道本無「知」字。顧廣圻云：藏本、今本「欲」下有「知」字。先慎案：藝文類聚、御覽引有「知」字，今據補。何不試焚宫室。」於是遂焚宫室，人莫救之。○先慎曰：藝文類聚、御覽引「人」作「民」，下同，「之」作「火」。乃下令曰：「人之救火者死，比死敵之賞；○先慎曰：「者死」當作「死者」。救火而不死者，比勝敵之賞；不救火者，比降北之罪。」○先慎曰：趙本「降北」作「北降」，誤倒。人之塗其體、被濡衣而走火者，○先慎曰：各本無「之」字，據藝文類聚引增。盧文弨云：「走」，張、凌本作「赴」。先慎案：御覽引亦作「赴」，藝文類聚仍作「走」。左三千人，右三千人。此知必勝之勢也。

吳起爲魏武侯西河之守，秦有小亭臨境，吳起欲攻之。不去則甚害田者，言小亭能爲田者害，政當去之。○盧文弨曰：注「政」或是「故」。去之則不足以徵甲兵。亭小故也。○盧文弨曰：「甲兵」，藏本倒。於是乃倚一車轅於北門之外○先慎曰：事類賦十六引「倚」作「徙」。而令之曰：「有能徙此南門之外者，賜之上田上宅。」人莫之徙也。及有徙之者，遂賜之如令。○先慎曰：各本「遂」作「還」。御覽二百九十六、六百三十八引「還」作「遂」，今據改。俄又置一石赤菽於東門之外○先慎曰：各本無「於」字。案與上文「倚一車轅於北門之外」文法一律，此脱「於」字，御覽引有，今據補。而令之曰：「有能徙此於西門之外者，賜之如初。」人爭徙之。乃下令曰：○先慎曰：各本「令」下有「大夫」二字。案此涉下文而衍，御覽二百九十六及七百七十五、八百四十二、初學記二十七引並無此二字，今據删。「明日且攻亭，有能先登者，仕之國大夫，賜之上田上宅。」○先慎曰：各本「宅」上無「上」字。案上文「有能徙此南門之外者，賜之上田上宅」句法一律，此不當省，御覽、事類賦引並有「上」字，今據補。人爭趨之，於是攻亭，一朝而拔之。

李悝爲魏文侯上地之守，而欲人之善射也，○先慎曰：藝文類聚五十引「人」作「民」，下同。乃下令曰：「人之有狐疑之訟者，令之射的，「的」，所射質。○先慎曰：藝文類聚引「的」作「狗」。中之者勝，不中者負。」令下而人皆疾習射，○先慎曰：「疾」，讀爲亟。日夜不休。及與秦人戰，大敗之，以人之善射也。○先慎曰：各本「射」上有「戰」字。顧廣圻云：「戰射」當作「射戰」。先慎案：「戰」字涉上文而誤衍，藝文類聚引無「戰」字，今據删。

宋崇門之巷人，服喪而毁，甚瘠，上以爲慈愛於親，舉以爲官師。明年，人之所以毁死者歲十餘人。子之服親喪者，爲愛之也，而尚可以賞勸也，況君上之於民乎！君而無賞，則功不立。

越王慮伐吴，「慮」，謀也。○先慎曰：乾道本連上，今依趙本提行。欲人之輕死也，出見怒鼃，乃爲之式。從者曰：「奚敬於此？」王曰：「爲其有氣故也。」○先慎曰：御覽九百四十九引「氣」作「勇」，誤，下文正作「氣」。明年之請以頭獻王者歲十餘人。○先慎曰：趙本「明年」下無「之」字。由此觀之，譽之足以殺人矣。譽於勇則人以頭獻。○先慎曰：乾道本「譽」作「毁」。顧廣圻云：藏本、今本「毁」作「譽」。按當作「敬」，形近之誤。上文云「奚敬於此」。先慎案：顧説非也。「毁」乃「譽」字之譌，注不誤，御覽四百三十七引正作「譽」，今據改。一曰：○先慎曰：乾道本提行，今依趙本。越王句踐見怒鼃而式之，御者曰：「何爲式？」王曰：「鼃有氣如此，可無爲式乎？」士人聞之曰：「鼃有氣，王猶爲式，況士人之有勇者乎！」○先慎曰：乾道本無「之」字，盧文弨云：「脱，藏本有。」今據補。是歲人有自剄死，以其頭獻者。「剄」，割也。○先慎曰：此謂人有以自剄之頭獻者。故越王將復吴而試其教，○先慎曰：乾道本「越」作「曰」，「吴」作「吾」，今依張榜本、趙本改。燔臺而鼓之，使民赴火者，賞在火也；火雖殺人，赴之必得賞，故赴之不懼也。○先慎曰：「民」，當作「人」，注不誤。臨江而鼓之，使人赴水者，賞在水也；臨戰而使人絶頭刳腹而無顧心者，賞在兵也。○盧文弨曰：「頭」，一本作「頸」。又況據法而進賢，其助甚此矣。進賢可以得賞，又無水火之難，則人豈不爲哉！其所不進賢者，但不賞故也。○顧廣圻曰：「助」當作「勸」。盧文弨曰：注「但」下脱「君」字。先慎曰：注「所」下脱「以」字。

韓昭侯使人藏弊袴，侍者曰：「君亦不仁矣，弊袴不以賜左右而藏之。」昭侯曰：「非子之所知也。吾聞明主之愛，一嚬一笑，必憂其不善，勸其能善，不妄爲也。嚬有爲嚬，而笑有爲笑。今夫袴豈特嚬笑哉！嚬笑尚不妄爲，況弊袴豈可以無功而與也。袴之與嚬笑相去遠矣，○先慎曰：各本無「相去」二字，今據御覽三百九十二、六百三十三引補。吾必待有功者，故藏之未有予也。」○先慎曰：各本「故」下有「收」字，御覽無，今據删。

鱣似蛇，○盧文弨曰：已見前説林下篇，此重出。先慎曰：此條見之於經，説林誤重。蠶似蠋。人見蛇則驚駭，見蠋則毛起。然而婦人拾蠶，漁者握鱣，○先慎曰：説林「握」作「持」。利之所在，則忘其所惡，皆爲賁諸。鱣蠶有利，故人握拾，皆有賁諸之勇。○先慎曰：乾道本「賁諸」作「孟賁」，注同。案經及説林下篇並作「賁諸」，明「孟賁」爲「賁諸」之誤，今依張榜本改，御覽八百二十五、九百三十三引正作「賁諸」。又案：張榜本依説林删「則忘其所惡」五字，不可從。

〔四〕魏王謂鄭王曰：○先慎曰：鄭，即韓也，説見説林上。「始鄭、梁一國也，已而別，今願復得鄭而合之梁。」鄭君患之，召羣臣而與之謀所以對魏。鄭公子謂鄭君曰：○先慎曰：乾道本「公」上無「鄭」字，顧廣圻云：「藏本、今本『公』上有『鄭』字。」今據補。「此甚易應也。君對魏曰：『以鄭爲故魏○先慎曰：張榜本「魏」作「梁」。而可合也，則弊邑亦願得梁而合之鄭。』」魏王乃止。

齊宣王使人吹竽，必三百人。南郭處士請爲王吹竽，宣王説之，廩食以數百人。「廩」，給。○先慎曰：御覽五百八十一引「粟食與三百人等」，北堂書鈔一百十引與此同。宣王死，湣王立，○先慎曰：御覽引「湣」作「文」，誤。北堂書鈔引與此同。好一一聽之，處士逃。一曰：韓昭侯曰：「吹竽者衆，吾無以知其善者。」田嚴對曰：○先慎曰：御覽引「嚴」作「巖」。「一一而聽之。」

趙令人因申子於韓請兵，將以攻魏。申子欲言之君，而恐君之疑己外市也，爲外請兵，取其貨利，故曰「市」。○先慎曰：乾道本「疑」上有「欲」字，盧文弨云：「下『欲』字張本、凌本皆無。」今據刪。不則恐惡於趙，乃令趙紹、韓沓嘗試君之動貌而後言之。許不之貌，必有變動，可得而知，故曰「動貌」。內則知昭侯之意，外則有得趙之功。既爲之請，若許，其恩固以成；不許，終以爲之請矣，亦不敢許其恩，固趙之功也。

三國至韓，王謂樓緩曰：○盧文弨曰：此見秦策「三國攻秦，入函谷，秦王謂樓緩曰」云云。下「公子氾」作「公子池」。顧廣圻曰：藏本、今本「國」下有「兵」字，此「韓」即「函」之譌，又脱「谷」字耳。下文亦當云「三國入函谷」。「王」上當依策有「秦」字。先慎曰：顧説是。張本自「三國」以下，均脱。「三國之兵深矣，寡人欲割河東而講，何如？」「講」，謂有急且與之，後寧將復取，事疑存，終反復，若講論，故曰「講」。○先慎曰：策高注：「講，成也。」案春秋時人謂之「成」，戰國時人謂之「講」，其義一也。春秋時多背成，與戰國時多反復，皆事後變計，不可謂「講」字本有是義。說文：「講，和解也。」注說非。對曰：「夫割河東，大費也；免國於患，大功也。此父兄之任也，王何不召公子氾而問焉？」王召公子氾而告之，對曰：「講亦悔，不講亦悔。王今割河東而講，三國歸，王必曰：『三國固且去矣，吾特以三城送之。』三國自去，又與之城，是徒以三城為送，此悔之辭。不講，三國也入韓，則國必大舉矣，○顧廣圻曰：策云：「三國入函谷，咸陽必危。」王必大悔王曰：『不獻三城也。』若不講之，三國入而韓必大舉，王必悔曰：「不獻三城之故也。」○盧文弨曰：下「王」字衍。注「三國」下脫「入」字，「悔曰」下脫「吾」字，凌本皆有。顧廣圻曰：「王」當作「之」。先慎曰：盧說是，玩注說則所見之本尚無「王」字。注「入」字，趙本亦脫。臣故曰：『王講亦悔，不講亦悔。』」王曰：「為我悔也，○盧文弨曰：策作「鈞吾悔也」。寧亡三城而悔，無危乃悔，寡人斷講矣。」言講事斷定。○盧文弨曰：「無危」，舊倒譌。先慎曰：策作「無危咸陽而悔也」〔一〕。

應侯謂秦王曰：「王得宛、葉、藍田、陽夏，斷河內，因梁、鄭，○先慎曰：梁、鄭即魏、韓。所以未王者，趙未服也。弛上黨在一而已，廢上黨，棄一郡而已。以臨東陽，則邯鄲口中虱也。以守上黨

〔一〕「無危咸陽而悔也」，原本作「無為成陽而悔也」，據戰國策秦策改。

之兵臨東陽，則邯鄲危如口中虱也。○先慎曰：「口」即「圍」之古文。王拱而朝天下，○先慎曰：「拱」，拱手。後者以兵中之。「中」，傷也。然上黨之安樂，其處甚劇，臣恐弛之而不聽，奈何？」今上黨既安樂，而其處又煩劇，雖欲弛之，恐王不聽。王曰：「必弛易之矣。」謂移易其兵，以臨東陽，吾斷定矣。○顧廣圻曰：「易」字當衍，「弛」即易也，不容複出。謂以地易上黨，舊注全誤。

〔五〕龐敬，縣令也，遣市者行，而召公大夫而還之，公大夫亦遣爲市。立有間，○先慎曰：乾道本「有」作「以」。顧廣圻云：今本「以」作「有」。先慎案：御覽八百二十七引亦作「有」，今據改。無以詔之，卒遣行。不命，卒遣去，俱不測其由也。市者以爲令與公大夫有言，不相信，以至無姦。大夫雖告以不命，復亦不信，故不敢爲姦。○盧文弨曰：注「復」字，藏本作「反」，凌本作「返」。先慎曰：御覽引注「復」作「彼」，是也。

戴驩，宋太宰，夜使人曰：「吾聞數夜有乘輼車至李史門者，謹爲我伺之。」○盧文弨曰：荀子解蔽篇注引「輼」作「輜」，下同；「伺」作「司」，古字。使人報曰：○盧文弨曰：荀注「人」作「者」。「不見輼車，見有奉笥而與李史語者，有間，李史受笥。」遣伺輼車，故實奉笥，本令伺奉笥，彼當易其辭。

周主亡玉簪，令吏求之，三日不能得也。周主令人求，而得之家人之屋間。周主曰：「吾知吏之不事事也，不事於臣之事也。○先慎曰：乾道本「知」作「之」。顧廣圻曰：今本上「之」字作「知」，按依下文當作「知」。先慎案：北堂書鈔一百二十七引正作「知」，今據改。求簪三日不得之，吾令人求之，不移日而得之。」於是吏皆聳懼，以爲君神明也。

商太宰〇顧廣圻曰：上文云「戴驩宋太宰」，六微篇同，説林下篇「宋太宰貴而主斷」，與此皆一人。「商」，宋也。使少庶子之市，顧反而問之曰：「何見於市？」對曰：「無見也。」太宰曰：「雖然，何見也？」對曰：「市南門之外甚衆牛車，僅可以行耳。」太宰因誡使者：「無敢告人吾所問於女。」因召市吏而誚之曰：「市門之外何多牛屎！」〇先慎曰：「屎」，經作「矢」〔二〕，是也，御覽八百二十七引正作「矢」。市吏甚怪太宰知之疾也，乃悚懼其所也。〇先慎曰：「悚懼其所」，即悚懼其知也，下文「吏以昭侯爲明察，皆悚懼其所」，即悚懼其明察也。「所」字即承上爲義。禮記哀公問：「今之君子，午其衆以伐有道，求得當欲不以其所。」鄭注：「所，道也。」孔疏：「言不以道而侵民，求其所得，必須稱己所欲，不用其養民之道。」是句末「所」字承上文爲義之證。

〔六〕韓昭侯握爪而佯亡一爪，〇先慎曰：御覽三百七十引「握」作「除」，「佯」作「陽」。求之甚急。左右因割其爪而效之。〇先慎曰：意林作「左右而取備之」，原注與此同，是馬氏所見本已有異者。昭侯以此察左右之不誠。割爪不誠。〇先慎曰：乾道本「以」下無「此」字，「之」下有「臣」字，「誠」作「割」。盧文弨云：

〔二〕「矢」，原本作「失」，形近而誤，今改。

「以」下脱「此」字，張本有。「臣」，藏本作「誠」。「不」下「誠」字衍。顧廣圻云：藏本「臣」作「誠」，是也。今本「割」作「誠」。按「誠不」句絶，「不」、「否」同字也。「割」字當衍。今本所改誤甚。俞樾云：「割」字涉注文而衍，顧氏已訂正矣。顧以「誠不」句絶，非也。「誠不」當作「不誠」，注云「割爪不誠」，則所見本未倒也。下文云「子之以此知左右之不誠信」，注云「僞報有白馬者，是不誠信」，正與此一律。先慎案：「割」字，張榜本作「誠」，是也。上「臣」字，藏本誤作「誠」耳；「臣」字當衍。盧、顧誤從藏本，故於下「不誠」二字未誤之張本而反訾之。俞氏止知顧氏讀「誠不」之非，而不審張本作「不誠」之是，亦未見其能擇善而從也。御覽引作「以此察左右之不誠」，是其證，今據删改。意林作「以此察左右之虚實」，亦有此字，「虚實」即「不誠」也，明爲馬氏所改。

韓昭侯使騎於縣，○先慎曰：乾道本連上，趙本提行。「昭」下無「侯」字。顧廣圻云：「藏本、今本『昭』下有『侯』字。」今據改。使者報，昭侯問○盧文弨曰：藏本有「之」字。曰：「何見也？」對曰：「無所見也。」昭侯曰：「雖然，何見？」曰：「南門之外，有黄犢食苗道左者。」昭侯謂使者：「毋敢洩吾所問於女。」乃下令曰：「當苗時禁牛馬入人田中，固有令，○先慎曰：乾道本令下有「入」字。顧廣圻云：今本無「入」字。先慎案：「入」字涉上文而衍，今據删。「固」字，藏本作「同」，趙本作「國」，並誤。而吏不以爲事，牛馬甚多入人田中。亟舉其數上之；不得，將重其罪。」於是三鄉舉而上之。昭侯曰：「未盡也。」復往審之，乃得南門之外黄犢，吏以昭侯爲明察，皆悚懼其所而不敢爲非。

周主下令索曲杖，○先慎曰：白孔六帖十四引「主」作「王」。吏求之數日不能得。周主私使人求之，不移日而得之。乃謂吏曰：「吾知吏不事事也。曲杖甚易也，而吏不能得；我令人求之，不移日而得之。豈可謂忠哉！」吏乃皆悚懼其所，以君爲神明。○先慎曰：此當作「吏乃以君爲神明，皆悚懼其所」，文義乃順。後人不明「所」字之義，因移「以君爲神明」於「所」字下，失之。上文「吏甚怪太宰知之疾也，乃悚懼其所」，又「以韓昭侯爲明察，皆悚懼其所」，句法一例，是其證。

卜皮爲縣令。其御史汙穢，而有愛妾。○顧廣圻曰：藏本、今本「史」作「吏」，下文同。按「吏」字誤也，韓策云：「安邑之御史死。」卜皮乃使少庶子佯愛之，佯愛御史。○盧文弨曰：注下似當有「之妾」二字。先慎曰：上經注云「使庶子愛御史」，亦無「之妾」二字，是注本作「愛御史」也，其誤已詳上經注下。以知御史陰情。

西門豹爲鄴令，佯亡其車轄，令吏求之不能得，使人求之而得之家人屋間。○先慎曰：此下疑有脫文，上經注云「欲取清明之稱也」，當本此下說。

〔七〕陽山君相謂，聞王之疑己也，乃僞謗樛豎以知之。樛豎，王之所愛，令僞謗之，必慎而言王之疑己也。○盧文弨曰：注「令」當作「今」。顧廣圻曰：藏本同。今本「謂」作「衛」。按「謂」當作「韓」，「陽山」當作「山陽」，戰國韓策有「或謂山陽君曰『秦封君以山陽』」云云，可爲證。樛豎亦韓人，本書說林上及難一篇皆云「韓宣王謂樛留」也。今本輒改爲「衛」，謬甚。

淖齒聞齊王之惡己也，乃矯爲秦使以知之。王既不疑秦使，必以情告。○盧文弨曰：藏本「齊」下有

「文」字，或「湣」作「汶」而脱其旁。先慎曰：乾道本重「也」字。顧廣圻云：藏本、今本不重「也」字。先慎案：「也」字不當重，今據删。張榜本此接前下不提行，誤。

齊人有欲爲亂者，恐王知之，因詐逐所愛者，令走王知之。王知逐所愛，則不疑其爲亂也。○俞樾曰：此本作「令王知之」，「走」字衍文也。舊注於上經云「佯逐〔二〕所愛，令君知而不疑」，「令君知」即令王知也，可證舊本之無「走」字。先慎曰：乾道本連上，今從趙本提行。

子之相燕，坐而佯言曰：「走出門者何，白馬也？」左右皆言不見。有一人走追之，報曰：「有。」子之以此知左右之不誠信。僞報有白馬者，是不誠信。○顧廣圻曰：藏本作「誠信不」。按此當作「誠不」，舊注誤。先慎曰：「以此知左右之不誠信」，語極明顯，不當倒「不」字，顧説非。

有相與訟者，子産離之而無使得通辭，倒其言以告而知之。謂得以此言以告彼，彼言以告此，則知訟者之情實。○盧文弨曰：「倒」字，後十一卷中作「到」，乃古字，此亦當同。

衞嗣公使人爲客過關市，關市苛難之，○先慎曰：意林作「關吏乃呵之」。因事關市，以金與關吏，乃舍之。○盧文弨曰：「與」字衍，意林作「因以金與關吏」，乃翦截成文。「吏」，荀子王制注引作「市」，後亦同。顧廣圻曰：「因事關市以金與」句絶，「關吏乃舍之」五字爲一句。王先謙曰：「因事關市」句，「以金與關吏」句。關市

〔二〕「逐」，原本作「遂」，據前注文及俞氏諸子平議改。

蓋關吏之從者，與吏有別。以情事論，苛難之事，吏不便自爲之，故知有別也。此人僞事關市，因緣得通關吏而與以金，文自明顯，後人失其讀耳。先慎曰：荀子注作「賂之以金」，亦非原文。**嗣公爲關吏曰：**○先慎曰：拾補「爲」改爲「謂」。顧廣圻云：荀子注引「爲」作「召」。先慎案：「爲」、「謂」古通，作「爲」不誤。御覽八百二十七引「爲」作「謂」，「吏」作「市」。**「某時有客過而所，**○王渭曰：句絶。**與汝金，而汝因遣之。」**○盧文弨曰：荀注引「因」作「回」。**關市乃大恐，**○顧廣圻曰：藏本同。今本「市」作「吏」，誤，楊注引作「市」。**而以嗣公爲明察。**○顧廣圻曰：此下今本有「右傳」二字，誤。乾道本、藏本皆無，後各卷同。此説也，非傳。

韓非子集解卷第十

内儲説下六微第三十一

六微：一曰權借在下，二曰利異外借，三曰託於似類，四曰利害有反，五曰参疑内争，六曰敵國廢置。此六者，主之所察也。

權勢不可以借人，上失其一，臣以爲百。故臣得借則力多，力多則内外爲用，内外爲用則人主壅。○先慎曰：乾道本不重「内外爲用」四字，顧廣圻云：「藏本、今本重。」今據增。其説在老聃之言失魚也。是以人主久語，而左右鬻懷刷。○先慎曰：張榜本、趙本「刷」作「尉」。盧文弨云：藏本作「刷」，凌本同。北齊書顔之推傳觀我生賦云：「祇夜語之見疑，寧懷刷之足恃。」「夜語」當亦本此，今此作「久語」，未定孰是。「刷」本作「㕞」，則「尉」字爲誤明矣。顧廣圻云：「以」下當有「故」字，「主」當作「富」，見下文。「刷」，今本作「尉」，誤。説文「刷」本作「㕞」，云：「拭也。」蓋巾帨之屬，可用以拭者。俞樾云：按顔賦疑古本韓子「久語」作「夕語」，古人朝見謂之朝，夕見謂之夕。其患在胥僮之諫厲公，○先慎曰：乾道本「諫」作「權」。顧廣圻云：今本「權」作「諫」。按此有誤，未詳。先慎按：下文「胥僮長魚矯諫曰」、「又諫曰」，「諫」字兩見，作「諫」者是，改從今本。與州侯之一言，而燕人浴矢也。

權借一

君臣之利異，故人臣莫忠，故臣利立而主利滅。○先慎曰：「臣」上「故」字衍。是以姦臣者，召敵兵以內除，舉外事以眩主，苟成其私利，不顧國患。其説在衛人之夫妻禱祝也。○先慎曰：乾道本「夫妻」作「妻夫」。盧文弨云：「夫妻」舊倒，今從張本，與後文同。先慎按：張榜本亦作「夫妻」，今據改。故戴歇議子弟，而三桓攻昭公；○先慎曰：「攻」，張榜本誤作「公」。公叔內齊軍，而翟黄召韓兵；○顧廣圻曰：説「黄」作「璜」。按「黄」、「璜」同字。太宰嚭説大夫種，大成牛教申不害；○盧文弨曰：韓策、史記趙世家、漢書古今人表俱作「大成午」，此「牛」字譌，後同。先慎曰：「成」，史作「戊」，通志氏族略四謂：「大戊氏，晉公子大戊之後，或謂殷大戊後。」案徐廣史注云「戊，一作『成』」，與韓策及本書合，則作「戊」者，形近而誤也。路史後紀十注又作「郕」，古字通。司馬喜告趙王，○先慎曰：策「喜」作「憙」。呂倉規秦、楚；○先慎曰：下作「秦荆」，本書「荆」、「楚」並用。宋石遺衛君書，白圭教暴譴。

利異二

似類之事，人主之所以失誅，而大臣之所以成私也。是以門人捐水而夷射誅，○先慎曰：「門人」當作「門者」。濟陽自矯而二人罪，司馬喜殺爰騫而季辛誅，○先慎曰：乾道本無「誅」字。顧廣圻云：藏本同。今本此下有「誅」字。按脱一字，未詳。「爰」、「袁」同字也。先慎按：下文「司馬喜與季辛惡，因令人殺爰騫，中山之君以爲季辛也，因誅之」，明此脱「誅」字，今依補。鄭袖言惡臭而新人劓，費無忌教郄宛而令尹誅，○先慎曰：「忌」，下説作「極」，左昭十五年傳作「極」，史記侯表、楚世家、子胥傳、呂覽慎行篇、淮南人間訓、吳越春秋作「忌」。「極」、「忌」聲近通用。陳需殺張壽而犀首走。故燒芻廥而中山罪，○先慎曰：下「廥」作「廄」。殺老儒而濟陽賞也。

似類三

事起而有所利，其尸主之；○先慎曰：乾道本「尸」作「市」。顧廣圻云：藏本、今本「市」作「尸」。按句有誤。先慎案：「尸」字不誤。「尸」，主也。「其尸主之」，謂其君主之也。下云「國害則省其利者」，即指君言。今從藏本、今本改。有所害，必反察之。是以明主之論也，國害則省其利者，臣害則察其反者。其説在楚兵至而陳需相，黍種貴而廩吏覆。是以昭奚恤執販茅，而不僖侯譙其次；○顧廣圻曰：藏本、今本無「不」字。按依説當作「昭」。文公髮繞炙，而穰侯請立帝。

有反四

參疑之勢，亂之所由生也，故明主慎之。是以晉驪姬殺太子申生而鄭夫人用毒藥，衛州吁殺其君完，公子根取東周，王子職甚有寵而商臣果作亂，嚴遂、韓廆爭而哀公果遇賊，田常、闞止，戴驩、皇喜敵而宋君、簡公殺。○先慎曰：「田常」，下説作「田恒」，後人避諱改也。其説在狐突之稱二好，與鄭昭之對未生也。

參疑五

敵之所務在淫察而就靡，○先慎曰：「淫」，亂也；「靡」，非也。人主之察既亂，則舉事皆非。人主不察，則敵廢置矣。○先慎曰：此言人主不明敵之所務，則敵得以廢置我之人才矣。故文王資費仲，而秦王患楚使，黎且去仲尼，而干象沮甘茂。是以子胥宣言而子常用，内美人而虞、虢亡，○先慎曰：乾道本「宣」下有「王」字，無「人」字，顧廣圻云：「藏本、今本無『王』字，『美』下有『人』字。」今據删補。佯遺書而萇宏死，○先慎曰：趙本無「宏」字。盧文弨云：「宏」字脱，張本有。用雞猳而鄶桀盡。○先慎曰：「桀」，一本作「傑」。盧文弨云：「傑」，張本作「桀」，後同。

廢置六

參疑、廢置之事，明主絶之於内而施之於外。資其輕者，輔其弱者，此謂廟攻。參伍既用於内，觀聽又行於外，則敵僞得。其説在秦侏儒之告惠文君也。故襄疵言襲鄴，而嗣公賜令蓆。○先慎曰：説作「席」。

廟攻○先慎曰：趙本作「廟攻七」。盧文弨云：此承上「參疑」「廢置」爲言，故不在六微中。顧廣圻云：藏本同。今本此下有「七」字，誤。先慎案：經既明言六微，則不應有「七」字。此接上文而來，並不應另標「廟攻」二字。

右經

〔一〕勢重者，人主之淵也；臣者，勢重之魚也。魚失於淵而不可復得也，人主失其勢重於臣而不可復收也。古之人難正言，故託之於魚。○先慎曰：老子云：「魚不可脱於淵。」賞罰者，○先慎曰：乾道本「賞」下提行，盧文弨云：「凌本連上，是。」今據改。利器也。君操之以制臣，臣得之以擁主。故君先見所賞，則臣鬻之以爲德；君先見所罰，則臣鬻之以爲威。故曰：「國之利器不可以示人。」○先慎曰：喻老篇「國」作「邦」，此作「國」，漢人改也。

靖郭君相齊，與故人久語，則故人富；○顧廣圻曰：藏本同。今本「與故」作「故與」，誤。先慎曰：

「久」當作「夕」，下同，説見上。懷左右刷，則左右重。○先慎曰：張榜本、趙本「刷」作「尉」，誤，下同，説見上。久語、懷刷，小資也，猶以成富，○顧廣圻曰：此下當有「取重」二字。況於吏勢乎。

晉厲公之時，六卿貴。○先慎曰：一本不提行。盧文弨云：本提行。胥僮長魚矯諫曰：「大臣貴重，敵主爭事，外市樹黨，下亂國法，上以劫主，而國不危者，未嘗有也。」公曰：「善。」乃誅三卿。胥僮長魚矯又諫曰：「夫同罪之人偏誅而不盡，是懷怨而借之間也。」公曰：「吾一朝而夷三卿，予不忍盡也。」長魚矯對曰：「公不忍之，彼將忍公。」公不聽，居三月，諸卿作難，遂殺厲公而分其地。○先慎曰：事見左成十八年傳。

州侯相荆，貴而主斷。荆王疑之，因問左右，左右對曰「無有」，如出一口也。

燕人惑易，故浴狗矢。○先慎曰：乾道本「惑易」作「無惑」。案「無惑」則不浴矣。下文「公惑易也」，明「無惑」乃「惑易」之譌，今據張榜本改。此條舊連上，今提行。燕人其妻有私通於士，其夫早自外而來，士適出，夫曰：「何客也？」其妻曰：「無客。」問左右，左右言「無有」，如出一口。其妻曰：「公惑易也。」○顧廣圻曰：四字爲一句。因浴之以狗矢。一曰：燕人李季好遠出，○先慎曰：乾道本重「好」字。顧廣圻云：藏本、今本不重「好」字。先慎案：藝文類聚十七、御覽三百九十五及四百九十九引不重「好」字，今據删。其妻私有通於士，季突至，○先慎曰：乾道本「至」作「之」。顧廣圻云：今本「之」作「至」。按句有誤。

先慎按：季好遠遊，今不期而返，出家室意計之外也。作「至」字是，改從今本。御覽四百九十九引作「李季至」，三百九十五引作「季忽歸」，藝文類聚作「季至」，皆非原文，不足據。士在内中，妻患之。其室婦曰：○先慎曰：藝文類聚引無「中」字，「其室婦曰」作「妾曰」。「令公子裸而解髮，直出門，吾屬佯不見也。」○先慎曰：御覽引「公子」作「士」，下同。「佯」作「陽」。於是公子從其計，疾走出門。季曰：「是何人也？」家室皆曰：「無有。」○先慎曰：乾道本無「曰」字。趙本「皆」下有「曰」字，藝文類聚、御覽引並有「曰」字，今據補。季曰：「吾見鬼乎？」婦人曰：「然。」「爲之柰何？」曰：「取五牲之矢一云「屎」。○先慎曰：乾道本「牲」作「姓」。盧文弨云：「姓」，一作「牲」，藏本作「性」，似「牲」之譌。先慎案：御覽引正作「牲」，今據改。左昭十一年傳杜注：「五牲：牛、羊、豕、犬、雞也。」浴之。」季曰：「諾。」乃浴以矢。一曰浴以蘭湯。○顧廣圻曰：此亦劉向校語，本卷上文云「矢」「一云『屎』」，下文「共立，一云『公子赫』」，皆同例。與舊注相混，而實非舊注也。今山海經、晏子春秋皆多如此云者，韓子當不止三條，殆經後人删去之耳。

〔二〕衛人有夫妻禱者而祝曰：「使我無故，○顧廣圻曰：句絶。「故」與下文「布」韻。得百束布。」○先慎曰：乾道本「束」上有「來」字。顧廣圻云：藏本、今本無，此不當有。先慎案：「來」，即「束」字形近誤衍。藝文類聚八十五、御覽五百二十九、八百二十引並無「來」字，今據删。其夫曰：「何少也？」對曰：「益是，子將以買妾。」○先慎曰：藝文類聚引句末有「矣」字。

荆王欲宦諸公子於四鄰，戴歇曰：「不可。」「宦公子於四鄰，四鄰必重之。」○顧廣圻曰：

二句荆王之言也，上無「曰」字，古書多此例。曰：「子出者重，重則必爲所重之國黨，則是教子於外市也，不便。」

魯孟孫、叔孫、季孫相戮力劫昭公，遂奪其國而擅其制。○顧廣圻曰：此下當有「一曰」二字。魯三桓公偪，○顧廣圻曰：藏本同。今本無「公」字，按此不當有。先慎曰：「魯三桓偪」四字不成句。「公偪」當作「偪公」，「公」謂公室也。乾道本、藏本誤倒，今本不審而删之，不可從。昭公攻季孫氏，而孟孫氏、叔孫氏相與謀曰：「救之乎？」叔孫氏之御者○盧文弨曰：張、凌本皆無「者」字。先慎曰：「御者」，左昭二十五年傳作「司馬鬷戾」。曰：「我，家臣也，安知公家？凡有季孫與無季孫於我孰利？」○先慎曰：乾道本脱上「季」字，趙本移「季」字於「與」下，誤。顧廣圻云：「藏本、今本『有』下有『季』字。」今據補。皆曰：「無季孫必無叔孫。」「然則救之。」於是撞西北隅而入。○先慎曰：撞公圍也。孟孫見叔孫之旗入，亦救之。三桓爲一，昭公不勝。逐之，死於乾侯。○先慎曰：「逐」當爲「遂」之誤。「之」下當有「齊」字，事見左傳。

公叔相韓而有攻齊，○顧廣圻曰：藏本、今本「攻」作「功」。按「攻」、「功」皆當衍，讀以「有齊」句絶。俞樾曰：爾雅釋詁：「攻，善也。」「有」，讀爲又。「相韓而有攻齊」，謂相韓而又善齊也。下文云「翟璜，魏王之臣也，而善於韓」，其義相同。藏本、趙本改「攻」爲「功」，失之。公仲甚重於王，公叔恐王之相公仲也，使齊、韓約而攻魏；○顧廣圻曰：藏本同。今本「魏」作「衛」，誤。公叔因内齊軍於鄭，○先愼曰：鄭即韓也，説見説林上。以劫其君，以固其位，而信兩國之約。

翟璜，○盧文弨曰：「璜」，藏本作「黄」，與前同。先愼曰：乾道本連上，今從趙本提行。魏王之臣也，而善於韓，乃召韓兵令之攻魏，因請爲魏王搆之以自重也。○先愼曰：「搆」，講也。

越王攻吴王，吴王謝而告服。越王欲許之，范蠡、大夫種曰：「不可。昔天以越與吴，吴不受。今天反夫差，亦天禍也。○先愼曰：「今天」當作「今若」。以吴予越，再拜受之，不可許也。」太宰嚭遺大夫種書曰：「狡兔盡則良犬烹，敵國滅則謀臣亡。大夫何不釋吴而患越乎？」大夫種受書讀之，太息而歎曰：「殺之，越與吴同命。」○先愼曰：「殺」，謂殺其使也。「吴」當作「吾」，文種自謂，故後嚭之譖種，種之見殺，實基如此。

大成牛○先愼曰：「牛」乃「午」之誤，説見前。從趙謂申不害於韓曰：「以韓重我於趙，○先愼曰：「以」上當有「子」字。下「白圭相魏王」條「子以韓輔我於魏」，語意正同。此脱「子」字。請以趙重子於韓，是子有兩韓，我有兩趙。」

司馬喜，中山君之臣也，而善於趙。嘗以中山之謀微告趙王。○先愼曰：拾補「嘗」改「常」，是也。

呂倉，○先慎曰：乾道本連上，盧文弨云：「凌本別爲條。」今據改。魏王之臣也，而善於秦、荆，微諷秦、荆令之攻魏，因請行和以自重也。

宋石，魏將也；○顧廣圻曰：藏本同。今本「魏」作「衛」，誤。衛君，荆將也。兩國搆難，二子皆將。宋石遺衛君書曰：「二軍相當，○先慎曰：乾道本「軍」作「君」。顧廣圻云：今本「君」作「軍」，誤。按：依此，上文「宋石」、「石」當作「君」〔二〕也。先慎案：顧説謬。「君」與「軍」音近，又涉上文而譌，當作「軍」，今據改。兩旗相望，唯毋一戰，戰必不兩存。此乃兩主之事也，與子無有私怨，善者相避也。」

白圭相魏，○先慎曰：乾道本「魏」下有「王」字，顧廣圻云：「藏本、今本無『王』字。」今據删。暴譴相韓。白圭謂暴譴曰：「子以韓輔我於魏，我以魏待子於韓；臣長用魏，子長用韓。」

〔三〕齊中大夫有夷射者，○盧文弨曰：此即左定二年邾莊公夷射姑事而傳譌耳。御飲於王，醉甚而出，倚於郎門。門者刖跪請曰：○先慎曰：「跪」與「危」通，足也，説詳外儲説左下篇。「足下無意賜之餘隸乎？」○顧廣圻曰：藏本同。今本「隸」作「瀝」。夷射叱曰：「去！○先慎曰：乾道本「叱曰」二字誤倒，從張榜本改。刑餘之人，何事乃敢乞飲長者！」刖跪走退。及夷射去，刖跪因捐水郎門霤下，類

〔二〕「君」，原本作「軍」，據顧氏韓非子識誤改。

溺者之狀。明日，王出而訶之曰：「誰溺於是？」刖跪對曰：「臣不見也，雖然，昨日中大夫夷射立於此。」王因誅夷射而殺之。○王先謙曰：「誅」，責也。與下「乃誅萇弘而殺之」文句一例。

魏王臣二人不善濟陽君，濟陽君因僞令人矯王命而謀攻己。王使人問濟陽君曰：○先慎曰：乾道本重「濟陽君」三字，顧廣圻云：「今本不重『濟陽君』，按此當衍。」今據删。「誰與恨？」對曰：「無敢與恨。雖然，嘗與二人不善，不足以至於此。」○王先謙曰：言不足至此，故設爲疑詞。王問左右，左右曰：「固然。」王因誅二人者。

季辛與爰騫相怨。司馬喜新與季辛惡，因微令人殺爰騫。中山之君以爲季辛也，因誅之。

荆王○先慎曰：張榜本「荆王」以下至「一曰」並脱。趙用賢云：此以下近本俱脱失，今從宋板校定。所愛妾有鄭袖者，荆王新得美女，鄭袖因教之曰：「王○顧廣圻曰：「王」字下至「乃誅萇弘而殺之」，藏本脱。甚喜人之掩口也，爲近王，必掩口。」○先慎曰：「爲」當作「若」。美女入見，近王，因掩口。王問其故，鄭袖曰：「此固言惡王之臭。」及王與鄭袖、美女三人坐，袖因先誡御者曰：「王適有言，必亟聽從○先慎曰：「亟」、「急」同字。王言。」美女前，○王先謙曰：此當再有「美女」二字。近王甚，數掩口。王悖然怒曰：○顧廣圻曰：今本「悖」作「勃」，誤。按「悖」、「佛」同字，後又多作「佛」。「劓之！」御因揄刀而劓美人。○先慎曰：「御」下當有「者」字。一曰：魏王遺荆王美人，荆王甚悦之。○先慎曰：藝文類聚十八引「荆」作「楚」，「美人」作「美女」。夫人鄭袖知王悦愛之也，亦悦愛之，甚於王，衣服玩好擇其所欲爲之。王曰：「夫人知我愛新人也，其悦愛之甚於寡人，此孝子所以養親，○先慎曰：「子」下當有「之」字，此與下句文法一例，戰國楚策正有「之」字，明此脱。忠臣之所以事君也。」夫人知王之不以己爲妒也，因爲新人曰：○先慎曰：「爲」與「謂」古本通，趙本及御覽三百六十七引作「謂」，後人所改。「王甚悦愛子，然惡子之鼻，子見王常掩鼻，則王長幸子矣。」於是新人從之，每見王，常掩鼻。王謂夫人曰：「新人見寡人常掩鼻何也？」對曰：「不己知也。」○盧文弨曰：「己」字疑衍。顧廣圻曰：戰國策云：「妾知也。」先慎曰：「己」即「人己」之「己」，「不己知也」，言我不知也。故王强問之，正女子進讒常態，無「不」字則與下文「王强問之」句不合。策下作「王曰：雖惡必言之」，與此不同。兩書不能强合，當各依本書爲是。王强問之，對曰：「頃嘗言惡聞王[二]臭。」○先慎曰：張榜本「惡聞王臭」下用上「及王與鄭袖、美女三人坐」[三]，但「掩口」作「掩鼻」，「悖然」作「勃然」，末句「御」作「御者」。王怒曰：「劓之！」夫人先誡御者曰：「王適有言，必可從命。」○先慎曰：「可」當作「亟」。御者因揄刀而劓

〔二〕「王」，原本作「玉」，據四部叢刊影宋乾道本改。
〔三〕「坐」下原本衍一「坐」字，據正文删。

美人。

費無極，荆令尹之近者也。○先慎曰：左傳邇無及也。（「及」即「極」之誤。）杜注：「邇，近也。」陸氏釋文云：「近，附近之『近』。」郄宛新事令尹，令尹甚愛之。無極因謂令尹曰：「君愛宛甚，何不一爲酒其家？」令尹曰：「善。」因令之爲具於郄宛之家。無極教宛曰：「令尹甚傲而好兵，子必謹敬，先亟陳兵堂下及門庭。」宛因爲之。令尹往而大驚曰：「此何也？」無極曰：「君殆去之！○盧文弨曰：「殆」當作「急」，吴越春秋作「王急去之」，「王」謂平王。先慎曰：事見左昭二十七年傳，時平王已死，吴越春秋誤作「王」。「殆」，猶必也。「君殆去之」，謂君必去之也。吕覽自知云：「座殆尚在於門」，注：「殆，猶必也。」盧説非。事未可知也。」令尹大怒，舉兵而誅郄宛，遂殺之。

犀首與張壽爲怨，○先慎曰：「爲」，猶相也。上文「季辛與爰騫相怨」，句法正同。陳需新入，不善犀首，○俞樾曰：「入」字衍文。上文云：「司馬喜新與季辛惡」，與此條情事相同，文法亦一律。此云「陳需新不善犀首」，猶彼云「司馬喜新與季辛惡」也。因使人微殺張壽。魏王以爲犀首也，乃誅之。○顧廣圻曰：「張壽」，張旄也。「陳需」，田需也。大致與戰國楚策所云「張旄果令人要靳尚刺之」爲一事，傳之不同也。王先謙曰：上言「犀首走」，此「誅之」疑「逐之」之誤。

中山有賤公子，馬甚瘦，車甚弊。左右有私不善者，乃爲之請王曰：○先慎曰：「請」下當有「於」字。「公子甚貧，馬甚瘦，王何不益之馬食。」王不許。左右因微令夜燒芻廄，○顧廣圻曰：「廄」，當依上文作「廥」。王以爲賤公子也，乃誅之。

魏有老儒而不善濟陽君，○顧廣圻曰：今本無「而」字，誤也。客有與老儒私怨者，因攻老儒殺之，以德於濟陽君曰：「臣爲其不善君也，故爲君殺之。」濟陽君因不察而賞之。○先慎曰：謂不察客固有私怨也。一曰：濟陽君有少庶子者，○先慎曰：乾道本「者」作「有」，今據趙本改。顧廣圻云「少」上「有」字當作「之」，非。不見知，欲入愛於君者。齊使老儒掘藥於馬梨之山，濟陽少庶子欲以爲功，入見於君曰：「齊使老儒掘藥於馬梨之山，名掘藥也，實間君之國，君殺之，○王先謙曰：「殺之」上當有「不」字，無則義不可通。是將以濟陽君抵罪於齊矣。臣請刺之。」君曰：「可。」於是明日得之城陰而刺之，濟陽君還，益親之。○先慎曰：「益」字疑衍。上文「少庶子不見知，欲入愛於君」，是濟陽君初不親少庶子也。刺老儒，君還親之，則「親」上不當有「益」字。「還」音「旋」。

〔四〕陳需，魏王之臣也，善於荆王，而令荆攻魏。荆攻魏，陳需因請爲魏王行解之，因以荆勢相魏。○先慎曰：「解」，和也。本書多用「搆」字。

韓昭侯之時，黍種常貴尠有。○先慎曰：各本「尠有」二字作「甚」，據藝文類聚八十五引改。謂民間尠有黍種也。昭侯令人覆廩，廩吏果竊黍種而糶之甚多。○先慎曰：各本不重「廩」字，據藝文類聚引補。

昭奚恤之用荆也，有燒倉廥穽者，○顧廣圻曰：「穽」當作「窌」。而不知其人。昭奚恤令吏執販茅者而問之，果燒也。○王先謙曰：「果燒」下疑有「者」字。

昭僖侯之時，宰人上食而羹中有生肝焉。昭侯召宰人之次而誚之曰：「若何爲置生肝寡人羹中？」宰人頓首服死罪，曰：「竊欲去尚宰人也。」一曰：僖侯浴，湯中有礫。僖侯曰：「尚浴免，則有當代者乎？」左右對曰：「有。」僖侯曰：「召而來。」譙之曰：「何爲置礫湯中？」對曰：「尚浴免，則臣得代之，是以置礫湯中。」

文公之時，宰臣上炙而髮繞之。○先慎曰：意林「而」下有「有」字。文公召宰人而譙之○先慎曰：藝文類聚十七引「譙」作「誚」，下同。曰：「女欲寡人之哽邪？奚爲以髮繞炙？」宰人頓首再拜請曰：「臣有死罪三：○先慎曰：各本無「臣」字，今據藝文類聚、意林補。援礪砥刀，利猶干將也，切肉肉斷而髮不斷，臣之罪一也。援錐貫臠○先慎曰：各本「錐」字作「木而」二字，今據藝文類聚、意林改刪。而不見髮，臣之罪二也。奉熾爐炭，肉盡赤紅，○先慎曰：各本「肉」作「火」，今據藝文類聚、意林引改。炙熟而髮不焦，○先慎曰：各本「炙」上有「而」字，「焦」作「燒」，今據藝文類聚刪改。臣之罪三也。堂下得微有疾臣者乎？」○先慎曰：乾道本「得」下有「財無」兩字。顧廣圻云：今本無「財」字。按句有誤。王引之云：「無」字後人所加，「得微」即「得無」也。邶風式微傳云：「微，無也。」晏子春秋襍篇云「諸侯得微有故乎，國家得微有事乎」，莊子盜跖篇「得微往見跖耶」，皆其證也。後人加「無」字於「微」字之上，而其義遂不可通矣。先慎案：王説是。藝文類聚引作「堂下得微有嫉臣者乎」，今據删。「疾」、「嫉」古通。公曰：「善。」乃召其下而譙之，○先慎曰：各本「下」上有「堂」字。按「堂」字衍，「召其下」，謂召其次也。藝文類聚引正無「堂」字，今據删。果然，乃誅之。

一曰：晉平公觴客，少庶子進炙而髮繞之，平公趣殺炮人，毋有反令。炮人呼天曰：「嗟乎！臣有三罪，死而不自知乎！」○先慎曰：御覽八百六十三引「死而」作「而死」。平公曰：「何謂也？」對曰：「臣刀之利，風靡骨斷而髮不斷，是臣之一死也。桑炭炙之，肉紅白而髮不焦，是臣之二死也。炙熟，又重睫而視之，髮繞炙而目不見，是臣之三死也。意者堂下其有翳憎臣者乎？殺臣不亦蚤乎！」○先慎曰：御覽引無「翳」字，「蚤」作「枉」。

穰侯相秦而齊强，穰侯欲立秦爲帝而齊不聽，因請立齊爲東帝而不能成也。○顧廣圻曰：「不」當作「乃」。

〔五〕晉獻公之時，驪姬貴，擬於后妻，而欲以其子奚齊代太子申生，因患申生於君而殺之，○先慎曰：「患」當作「惡」。遂立奚齊爲太子。

鄭君已立太子矣，而有所愛美女，欲以其子爲後。○先慎曰：句絶。夫人恐，因用毒藥賊君殺之。

衞州吁重於衞，擬於君，羣臣百姓盡畏其勢重。州吁果殺其君而奪之政。公子朝，周太子也。弟公子根甚有寵於君，君死，遂以東周叛，分爲兩國。○顧廣圻云：本書難三篇「朝」作「宰」。史記周本紀云「威公卒，子惠公代立，乃封其少子於鞏以奉王，號東周惠公」，即其事。索隱云「名班」，與此不同。

楚成王以商臣爲太子，既而又欲置公子職。商臣作亂，遂攻殺成王。一曰：楚成王○先慎曰：此下當有「以」字。商臣爲太子，既欲置公子職。商臣聞之，○先慎曰：乾道本「臣」作「人」，今據趙本改。未察也，乃爲其傅潘崇曰：○先慎曰：「爲」、「謂」字通。「奈何察之也？」潘崇曰：「饗江芈〔一〕而勿敬也。」太子聽之，江芈〔二〕曰：「呼，役夫！宜君王之欲廢女而立職也。」商臣曰：「信矣。」潘崇曰：「能事之乎？」曰：「不能。」「能爲之諸侯乎？」○俞樾曰：「爲」字衍文。「能之諸侯乎」，言能適諸侯乎。左傳作「能行乎」，是其證也。曰：「不能。」「能舉大事乎？」曰：「能。」於是乃起宿營之甲○顧廣圻曰：左傳云：「宫甲。」而攻成王。成王請食熊膰而死，不許，遂自殺。

韓廆相韓哀侯，嚴遂重於君，二人甚相害也。嚴遂乃令人刺韓廆於朝，○先慎曰：即聶政，

〔一〕〔二〕「江芈」，原本作「江芊」，據左傳改。

見韓策。韓廆走君而抱之，○先慎曰：策作「韓廆走而抱哀公」。遂刺韓廆而兼哀侯。○顧廣圻曰：説林上篇及韓策「廆」作「傀」，同字。「哀侯」〔二〕即世家之「烈侯」，世本謂之「武侯」，戰國策及此謂之「哀侯」，各不同。事在三年，與世家之「哀侯」非一人也。

田恒相齊，闞止重於簡公，二人相憎而欲相賊也。田恒因行私惠以取其國，遂殺簡公而奪之政。

戴驩爲宋太宰，皇喜重於君，二人争事而相害也。皇喜遂殺宋君而奪其政。

狐突曰：「國君好内則太子危，好外則相室危。」

鄭君問鄭昭曰：「太子亦何如？」對曰：「太子未生也。」君曰：「太子已置，而曰『未生』，何也？」對曰：「太子雖置，然而君之好色不已，所愛有子，君必愛之，愛之則必欲以爲後，臣故曰『太子未生也』。」

〔六〕文王資費仲而游於紂之旁，○先慎曰：喻老篇：「資費仲以玉版。」令之諫紂而亂其心。○盧文弨曰：「諫」，凌本作「閒」。案顏氏家訓音辭篇：「穆天子傳音『諫』爲『閒』。」蓋穆天子傳「道里悠遠山川諫之」下

〔二〕「哀侯」，原本作「哀公」，據正文及韓非子識誤改。

郭璞注也。今本乃改正文作「閒」，注作「閒，音諫」，殊誤。此書亦是以「諫」爲「閒」，凌本遽改作「閒」，其誤亦同。

荆王使人之秦，秦王甚禮之。王曰：「敵國有賢者，國之憂也。今荆王之使者甚賢，寡人患之。」羣臣諫曰：「以王之賢聖與國之資厚，願荆王之賢人，王何不深知之而陰有之，○王先謙曰：「深知之」，猶言深結之。先慎曰：「陰」當作「陽」，字之誤也。「陽」與「佯」通。荆以爲外用也，則必誅之。」

仲尼爲政於魯，道不拾遺。齊景公患之。黎且謂景公曰：○盧文弨曰：孫云：「後漢書馮衍傳注引作『犂鉏』。」顧廣圻曰：上文作「黎」，下文作「犂」，「犂」是也。今本皆作「黎」，非。史記孔子世家作「犂鉏」。先慎曰：御覽四百七十八引作「黎鉏」，意林作「黎且」。「去仲尼猶吹毛耳，君何不迎之以重禄高位，遺哀公女樂以驕榮其意。○盧文弨曰：「哀」字譌，後漢書注引「君何不遺魯君以女樂」，此在定公時，云「哀公」皆誤。王渭曰：「榮」當作「熒」，下文「以榮其意」同。先慎曰：「哀公」，後漢注引同。明此韓非子傳聞偶誤，非字譌也。後漢注上作「定」，下作「哀」，不足爲據。哀公新樂之，必怠於政，仲尼必諫，諫○盧文弨曰：後漢書注引有「而不聽」三字。必輕絶於魯。」景公曰：「善。」乃令犂且以女樂二八遺哀公，○先慎曰：各本「二八」字作「六」字。盧文弨云：意林亦作「六」，疑皆「二八」兩字之譌。太平御覽五百七十一引家語作「好女子二八」，今家語作「八十」，疑後人以史記之文改之。八十人太多，六人太少，即非「二八」，亦是八人方成舞列，下晉遺虞亦同。先慎案：「六」字乃「二八」二字之誤，御覽四百七十八引正作「二八」，今據改。哀公樂之，果怠於政。仲尼諫，不聽，去而之楚。○先慎曰：後漢注作「遂去之」三字，御覽引作「去而之齊」。

楚王謂干象曰：○顧廣圻曰：史記甘茂傳作「范蜎」，徐廣云：「一作『蠉』。」索隱云：「戰國策一作『蝝』字。」今楚策作「環」。先慎曰：汲古閣文選過秦論李注引「干象」作「于象」，「干」、「于」字形相近而誤。吴鼒云：「宋槧一卷中前作『于』，後作『干』，查姓氏急就篇注，楚有干象，不誤。」「吾欲以楚扶甘茂而相之秦，可乎？」干象對曰：「不可也。」王曰：「何也？」曰：「甘茂少而事史舉先生，史舉，上蔡之監門也，大不事君，小不事家，以苛刻聞天下，茂事之順焉。惠王之明，張儀之辨也，茂事之，取十官而免於罪，是茂賢也。」王曰：「相人敵國而相賢，其不可何也？」○先慎曰：「賢」上「相」字衍。干象曰：「前時王使邵滑之越，○顧廣圻曰：徐廣云：「滑一作『涓』。」策無「邵」字。先慎曰：史記甘茂傳作「召」，賈誼新書亦作「召」，秦本紀作「昭」，楚策作「卓」，趙策作「淖」。「召」、「昭」、「卓」、「淖」皆一聲之轉。李善文選過秦論注引此亦作「召」，「召」、「邵」古通。五年而能亡越，○先慎曰：文選注引「亡越」作「盛之」。所以然者，越亂而楚治也。日者知用之越，○王先謙曰：「日」字疑「昔」脱其半。今忘之秦，不亦太亟忘乎！」○先慎曰：乾道本兩「忘」字作「亡」。顧廣圻云：當依策作「忘」。先慎按：張榜本作「忘」，今據改。王曰：「然則爲之柰何？」干象對曰：「不如相共立。」王曰：「共立可相何也？」對曰：「共立少見愛幸，長爲貴卿，被王衣，○俞樾曰：「王」當作「玉」，三國志魏文帝紀注云「舜承堯禪，被珍裘」，「玉衣」猶云「珍裘」

矣。古人於美好之物皆曰「玉」，食言「玉食」，衣言「玉衣」，其義同也。此與下文之「握玉環」本同。作「王」，後人不解而臆改耳。含杜若，握玉環，以聽於朝，且利以亂秦矣。」「共立」，一云「公子赫」。○顧廣圻曰：策作「公孫赫」。史記云「向壽」，不同也。

吴攻荆，○先慎曰：乾道本「攻」作「政」，今從趙本改。子胥使人宣言於荆曰：「子期用，將擊之；子常用，將去之。」荆人聞之，因用子常而退子期也。吴人擊之，遂勝之。

晉獻公○先慎曰：乾道本連上，今從趙本提行。欲伐虞、虢，○先慎曰：乾道本無「欲」字。盧文弨云：一本作「欲伐虞」。案經是虞、虢。先慎案：乾道本脱「欲」字，一本脱「虢」字耳。御覽三百五又四百七十八、五百六十八引作「欲伐虞、虢」，今據補。乃遺之屈産之乘，垂棘之璧，女樂二八，以榮其意而亂其政。○先慎曰：各本「二八」字作「六」字，今據御覽引改。「榮」當作「熒」。

叔向之讒萇弘也，○王渭曰：困學紀聞謂此時叔向死已久。先慎曰：説苑權謀篇記誅萇宏事與本書略同，蓋古人相傳偶異也。爲萇弘書，○先慎曰：乾道本作「爲書曰萇弘」，拾補作「爲萇弘書」，盧文弨云：「『爲書曰萇弘』誤。」今從凌本删乙。謂叔向曰：「子爲我謂晉君，所與君期者，時可矣。何不亟以兵來？」因佯遺其書周君之庭而急去行。○先慎曰：「行」字當衍。周以萇弘爲賣周也，乃誅萇弘而殺之。○盧文弨曰：凌本無此三字。王先謙曰：「而殺之」三字句例見前，凌本妄删。先慎曰：難言篇云：「萇宏分胣。」

鄭桓公將欲襲鄶，○顧廣圻曰：他書「鄶」又作「檜會」。先問鄶之豪傑、良臣、辯智、果敢之士，盡與姓名，○盧文弨曰：張本無「與」字，凌本作「盡與其名姓」。顧廣圻曰：「盡與」，説苑權謀篇作「書其」。俞樾曰：「與」當作「舉」。周官師氏「王舉則從」，注曰「故書『舉』爲『與』」，是其例也。襄二十七年左傳「仲尼使舉是禮也」，釋文引沈云：「舉，謂紀録之也。」然則「盡舉姓名」，爲悉記録其姓名矣。擇鄶之良田賂之，爲官爵之名而書之，因爲設壇場郭門之外而埋之，○先慎曰：乾道本「埋」作「理」。顧廣圻云：「理」當作「埋」。先慎案：張榜本作「埋」，今據改。釁之以雞豭，若盟狀。鄶君以爲内難也，而盡殺其良臣。桓公襲鄶，遂取之。

〔七〕○王先謙曰：「七」字不當有。秦侏儒善於荆王，而陰有善荆王左右而内重於惠文君。○先慎曰：「有」讀爲「又」。荆適有謀，侏儒常先聞之，以告惠文君。

鄴令襄疵○顧廣圻曰：乾道本、藏本此條在「秦侏儒」前〔二〕，當譌倒也。先慎曰：依經次不誤，顧説非。陰善趙王左右。趙王謀襲鄴，襄疵常輒聞而先言之魏王。魏王備之，○先慎曰：乾道本不重「魏王」二字，盧文弨云：「舊不重，張、凌本皆重。」今據補。趙乃輒還。○王念孫曰：「輒還」當作「輟行」，言趙王知魏之有備而止其行也。「輟」字既譌作「輒」，後人不得其解，故改「輒行」爲「輒還」。不知上言趙謀襲鄴，則兵尚未出，不得言

〔二〕「前」，原本作「後」，據四部叢刊影宋乾道本改。

還也。

衛嗣君之時，有人於縣令之左右。○先慎曰：各本脱「縣」字，據御覽七百九引補。縣令發蓐而席弊甚，○先慎曰：各本「令」下衍「有」字，據御覽引删。嗣公還令人遺之席，曰：「吾聞汝今者發蓐而席弊甚，賜汝席。」縣令大驚，以君爲神也。

韓非子集解卷第十一

外儲説左上第三十二

○先慎曰：索隱云：「外儲，言明君觀聽臣下之言行以斷其賞罰，賞罰在彼，故曰『外』也。」

〔一〕明主之道，如有若之應密子也。○顧廣圻曰：藏本同。今本「密」作「宓」，案説作「宓」，「宓」、「密」同字。明主之聽言也，美其辯；其觀行也，賢其遠。故羣臣士民之道言者迂弘，其行身也離世。○王先謙曰：「弘」與「閎」同。「迂弘」與下「迂深閎大」同義。「離世」，謂遠於事情。其説在田鳩對荆王也。故墨子爲木鳶，謳癸築武宫。夫藥酒用言，明君聖主之以獨知也。○顧廣圻曰：藏本同。今本「君」作「在」，誤。先慎曰：「用」，張榜本作「無」。案：「用」當作「忠」，「明君聖主」當作「知者明主」。謂「藥酒忠言，知者明主之所以獨知也」。下説「良藥苦於口，知者勸而飲之；忠言拂於耳，而明主聽之」，是其證。

〔二〕人主之聽言也，不以功用爲的，○先慎曰：「用爲」，張榜本作「爲用」，誤。此與下「不以儀的爲關」相對爲文。則説者多棘刺白馬之説；不以儀的爲關，則射者皆如羿也。○先慎曰：「儀」，準也，見國語周語注。人主於説也，皆如燕王學道也；而長説者，皆如鄭人爭年也。是以言有纖察微難而非務也，○王先謙曰：以下文例之，「而」字當衍。故李、惠、宋、墨皆畫策也；○顧廣圻曰：「李」當作「季」。季良、惠施、宋鈃、墨翟也。論有迂深閎大非用也，○先慎曰：乾道本無「迂」字，顧廣圻云：「今本有。」今據補。故畏震瞻車狀皆鬼魅也；○顧廣圻曰：「畏」當作「魏」，魏牟也，聲近誤。「震」當作「處」。瞻何，莊子讓王篇釋文云：「瞻子，賢人也。」淮南作「詹」。「車」當作「陳」，陳駢也，形近誤。「狀皆」當作「皆狀」。言而拂難堅確非功也，○顧廣圻曰：「言而」當作「行有」。故務、卞、鮑、介、墨翟皆堅瓠也。○顧廣圻曰：務光、卞隨、鮑焦、介之推也。「墨翟」二字有誤，或當作「申徒狄」。先慎曰：「墨翟」，即「田仲」之譌。下説「屈穀獻堅瓠於田仲」，即此。且虞慶詘匠也而屋壞，○先慎曰：「也」字衍文。此與下句相對成文，不當有「也」字。范且窮工而弓折。是故求其誠者，非歸餉也不可。○先慎曰：「餉」，下説作「饟」，字同。

〔三〕挾夫相爲則責望，○顧廣圻曰：藏本同。今本「挾夫」作「夫挾」，誤。自爲則事行。故父子或怨譟，○顧廣圻曰：「譟」，當依説作「譙」。取庸作者進美羹。説在文公之先宣言，與句踐之稱如皇也。○趙用賢曰：「如皇」，臺名。故桓公藏蔡怒而攻楚，吴起懷瘳實而吮傷。○先慎曰：張榜本「挾夫」至此脱，下「且」字作「夫」。案：「實」疑「士」之聲近而誤。「懷瘳士」，謂欲士之病愈也。且先王之賦頌，鍾鼎之銘，皆播吾之迹，○顧廣圻曰：「播」，藏本、今本作「潘」，他書又作「番」。先慎曰：張榜本作「潘」，云：「當作

『番』。」案：「播」、「潘」、「番」古字通用。華山之博也。○王先謙曰：下「然」字當在「也」上，誤倒。然先王所期者利也，○先慎曰：張本無「然」下二十二字。所用者力也。築社之諺，目辭說也。○王先謙曰：「目」乃「自」之誤，言晉文自辭說。先慎曰：趙本「社」作「杜」，譌，下說正作「社」。請許學者而行宛曼於先王，或者不宜今乎。如是，不能更也。○先慎曰：「如是」以下三十字，張榜本無。鄭縣人得車厄也，○顧廣圻曰：藏本同。今本「厄」作「軶」，案說作「軶」。先慎曰：「厄」即「軶」之通借字。衛人佐弋也，○先慎曰：乾道本無「也」字。顧廣圻云：「藏本、今本『弋』下有『也』字。」今據補。卜子妻為弊袴也，○先慎曰：乾道本「為」作「寫」，趙本作「爲」。盧文弨云：「爲」，凌本作「寫」，俱譌。後作「象」，今定爲「為」，「為」即「象」字，謂仿象也。顧廣圻云：「卜」，當依說作「乙」。先慎案：盧說是，今從拾補本改。「卜」字不誤，說見下。而其少者也。○王先謙曰：語意不完，依說「者」下奪「侍長者飲」四字。先王之言，有其所爲小而世意之大者，有其所爲大而世意之小者，未可必知也。○先慎曰：乾道本「小」上無「之」字。顧廣圻云：藏本、今本有。先慎案：依上文當有，今據補。張榜本無下「說」至「記也」十四字。說在宋人之解書，與梁人之讀記也。故先王有郢書，而後世多燕說。夫不適國事而謀先王，皆歸取度者也。

〔四〕利之所在民歸之，名之所彰士死之。是以功外於法而賞加焉，則上不信得所利於下；○先慎曰：「信」，趙本作「能」。名外於法而譽加焉，則士勸名而下畜之於君。○顧廣圻曰：藏本同。今本「下」作「不」。故中章、胥己仕，而中牟之民棄田圃而隨文學者邑之半；平公腓痛足痺而不敢壞坐，晉國之辭仕託者國之錘。○先慎曰：乾道本「託」作「記」。顧廣圻云：藏本「記」作「託」，今本作「托慕」，案説作「託慕」。俞樾云：乾道本「託」誤作「記」，當從道藏本訂正。趙用賢本「託」下有「慕」字，則由誤讀下文而衍也。下文曰：「晉國之辭仕託慕叔向者，國之錘矣。」此於「託」字絶句。「仕」謂仕者，「託」謂託者。襄二十七年左傳：「衛子鮮出奔晉，託於木門，終身不仕。」然則古人自有仕與託之兩途。凡託於諸侯者，君必有以養之，觀孟子可見，故曰「辭仕託」。蓋仕可辭，託亦可辭也。「慕叔向者」自爲句，後人不達「託」字之義，誤以「託慕」連讀，遂於此文亦增入「慕」字耳。又「錘」字無義，疑古本止作「垂」。莊子逍遥遊篇「其翼若垂天之雲」，崔譔曰：「垂，猶邊也，其大如天一面雲也。」然則「國之垂」猶云國之一面，與上文「中牟之民棄田圃而隨文學者邑之半」文義一律。「國之垂」猶邑之半，「垂」亦「半」也。今加金作「錘」，則不可通矣。先慎案：俞説是，今從藏本。此三士者，○先慎曰：三士：中章、胥己、叔向。言襲法則官府之籍也，行中事則如令之民也，○先慎曰：「中」，音竹仲反。二君之禮太甚。若言離法而行遠功，則繩外民也，○王先謙曰：「繩外」，繩墨之外。二君又何禮之，禮之當亡。○先慎曰：乾道本不重「禮之」二字。顧廣圻云：「藏本、今本重。」今據補。且居學之士，國無事不用力，有難不被甲，禮之則惰修耕戰之功，不禮則周主上之法。○盧文弨曰：「周」當是「害」之譌。國安則尊顯，危則爲屈公之威，○王先謙曰：「威」即「畏」，「威」、「畏」同字。人主奚得於居學之士哉！○王先謙曰：滅儒之端已兆於此。故明王論李疵視中山也。○盧文弨曰：「王」當作「主」。

〔五〕詩曰：「不躬不親，庶民不信。」傅説之以無衣紫，緩之以鄭簡、宋襄，○顧廣圻曰：藏本「緩」作「綬」，今本「緩之」作「子産」，皆誤。「宋襄」二字連上讀。先慎曰：此言鄭簡謂子産、宋襄與楚人戰二條，「緩」字未詳所當作。責之以尊厚耕戰。○先慎曰：疑當作「責尊厚以耕戰」，「之」字衍。「尊厚」猶貴富，謂人君。夫不明分，不責誠，而以躬親位下，○顧廣圻曰：「親」字句絶。今本「位」作「莅」，誤，未詳所當作。先慎曰：顧讀非，「位下」連上爲句。「位」、「涖」古字通。周禮注：「故書『位』爲『涖』，『涖』亦爲『位』。」「以躬親涖下」，與下説「鄒君先戮以涖民」句例相同。「夫」字當衍。且爲下走睡卧，○先慎曰：乾道本無「且爲下」三字。顧廣圻曰：藏本、今本「走」上有「且爲下」三字。先慎案：張榜本「而以躬親莅下」下有「且爲下走，是則將令人主耕以爲食，服戰雁行也，民乃肯耕戰，則人主不泰危乎！而人臣不泰安乎」三十八字，合下説而成，非定本也。「走」上當有「且爲下」三字，今據補。「下走」，即下説景公釋車下走事；「睡卧」，即昭王〔二〕讀法睡卧事。與去揜弊微服。○顧廣圻曰：藏本同。今本「去」作「夫」。按説不見此事。孔丘不知，故稱「猶盂」；鄒君不知，故先自僇。明主之道，如叔向賦獵，與昭侯之奚聽也。

〔六〕小信成則大信立，故明主積於信。賞罰不信，則禁令不行。説在文公之攻原與箕

〔二〕「昭王」，原本作「昭侯」，據正文改。

鄭救餓也。是以吳起須故人而食，文侯會虞人而獵。故明主信，如曾子殺彘也。○顧廣圻曰：藏本、今本「主」下有「表」字，按非也。此當有「尊」字。患在尊厲王擊警鼓與李悝謾兩和也。○顧廣圻曰：「尊」字當衍，上文所錯入也。

右經○先慎曰：乾道本無此二字，顧廣圻云：「今本此下有『右經』二字，乾道本、藏本無，下卷同，按此當有。」今據補。

〔一〕宓子賤治單父，有若見之曰：「子何臞也？」宓子曰：「君不知齊不肖，○先慎曰：乾道本「不齊」二字作「賤」，誤。今據張榜本改。使治單父，官事急，心憂之，故臞也。」有若曰：「昔者舜鼓五絃，歌南風之詩而天下治。今以單父之細也，治之而憂，治天下將奈何乎？故有術而御之，身坐於廟堂之上，有處女子之色，無害於治；無術而御之，身雖瘁臞，猶未有益。」

楚王謂田鳩曰：「墨子者，顯學也。其身體則可，○王先謙曰：「身體」當作「體身」，誤倒。其言多不辯，何也？」○先慎曰：各本「多」下有「而」字。顧廣圻云：「而」字當衍。先慎案：御覽五百四十一引無，今據刪。曰：「昔秦伯嫁其女於晉公子，令晉爲之飾裝，○先慎曰：御覽引無「令晉」二字。從文衣之媵七十人，○先慎曰：各本「文衣」作「衣文」，據御覽乙。至晉，晉人愛其妾而賤公女。此可謂善嫁妾而未可謂善嫁女也。楚人有賣其珠於鄭者，爲木蘭之櫝，薰以桂椒，○先慎曰：各本作「薰桂椒之櫝」，今據藝文類聚八十四、御覽七百十三又八百三、八百二十八、初學記二十七引改。綴以珠玉，飾以玫瑰，輯以羽翠，○先慎曰：藝文類聚、御覽引均作「緝以翡翠」。鄭人買其櫝而還其珠。此可謂善賣櫝矣，未可謂善鬻珠也。今世之談也，皆道辯説文辭之言，人主覽其文而忘有用。墨子之説，傳先王之道，論聖人之言以宣告人。若辯其辭，則恐人懷其文忘其○顧廣圻曰：此下當有「用」字。直，以文害用也。此與楚人鬻珠，秦伯嫁女同類，故其言多不辯。」

墨子爲木鳶，三年而成，○顧廣圻曰：句絕。蜚一日而敗。○顧廣圻曰：五字爲一句，下同。弟子曰：「先生之巧，至能使木鳶飛。」墨子曰：○盧文弨曰：張本有「吾」字。「不如爲車輗者巧也，用咫尺之木，不費一朝之事，而引三十石之任，致遠力多，久於歲數。今我爲鳶三年成，蜚一日而敗。」惠子聞之曰：「墨子大巧，巧爲輗，拙爲鳶。」

宋王與齊仇也，築武宮。○張榜曰：蓋王偃時築以備齊。謳癸倡，行者止觀，築者不倦。王聞，召而賜之，對曰：「臣師射稽之謳又賢於癸。」○先慎曰：「稽」，御覽五百七十二引作「瞀」，下同。王召射稽使之謳，行者不止，築者知倦。王曰：「行者不止，築者知倦，其謳不勝如癸美，何也？」○先慎曰：張榜本無「勝」字。對曰：「王試度其功。」癸四板，射稽八板；擿其堅，癸五寸，射稽二寸。

夫良藥苦於口，而智者勸而飲之，知其入而已己疾也。○盧文弨曰：下當作「己」。忠言拂於耳，而明主聽之，知其可以致功也。

〔二〕宋人有請爲燕王以棘刺之端爲母猴者，必三月齋，然後能觀之。燕王因以三乘養之。○先慎曰：「乘」下當有「之奉」二字。右御、冶工○先慎曰：乾道本「冶」作「治」。趙本作「冶工」，與下文合，是也，今據改。言王曰：○先慎曰：「言」當作「謂」。「臣聞人主無十日不燕之齋。今知王不能久齋以觀無用之器也，○先慎曰：乾道本「以」上有「今」字，顧廣圻云：「藏本、今本『以』上無『今』字。」今據删。故以三月爲期。凡刻削者，以其所以削必小。今臣冶人也，無以爲之削，此不然物也，王必察之。」王因囚而問之，果妄，乃殺之。冶又謂王曰：○先慎曰：各本「又」作「人」，據御覽九百五十七引改。「計無度量，言談之士多棘刺之説也。」一曰：燕王徵巧術人，○先慎曰：乾道本作「一曰好微巧」。王渭云：「曰」下當脱「燕王」二字，選注有。先慎案：張榜本「一曰」作「燕王」，無「一曰」二字，亦非。「微」即「徵」字，形近而誤。藝文類聚九十五、御覽九百十引正作「燕王徵巧術人」，是其證，今據改。御覽五百三十引作「燕王欲攻衛」，白孔六帖八十三引作「燕王好微巧」，九十七引作「燕王好微巧」，並誤。然皆有「燕王」二字。衛人請以棘刺之端爲母猴。○先慎曰：乾道本「請以」作「曰能以」三字，藝文類聚、御覽引並作「請以」二字，今據改。張榜本「請以」二字作「有請爲以」四字，亦誤。燕王説之，養之以五乘之奉。王曰：「吾試觀客爲棘刺之母猴。」客曰：「人主欲觀之，○先慎曰：乾道本無「客曰」二字。顧廣圻云：今本句上有「客曰」二字。先慎案：有者是也，據今本增。藝文類聚引有「曰」字。必半歲不入宮，不飲酒食肉，雨霽日出，視之晏陰之間，而棘刺之母猴乃可見也。」燕王因養衛人，不能觀其母猴。鄭有臺下之冶者謂燕王曰：「臣爲削者也，○先慎曰：乾道本無「爲」字，盧文弨云：「『臣』下張本有『爲』字。」顧廣圻云：「藏本有。」今據補。諸微物必以削削之，○先慎曰：乾道本不重「削」字，顧廣圻云：「藏本、今本重『削』字。」今據補。而所削必大於削。今棘刺之端不容削鋒，難以治棘刺之端。○盧文弨曰：凌本無此句。王試觀客之削，能與不能可知也。」王曰：「善。」謂衛人曰：「客爲棘削之？」○盧文弨曰：此下多脱文。孫云：「文選魏都賦注引『王曰：「客爲棘刺之端，何以理之」』，『理』必本是『治』字，今此接『削之』二字，誤，當删。」顧廣圻曰：「削」當作「刺」，「之」下當有「母猴何以」四字。曰：「以削。」○先慎曰：「以」讀爲「已」。王曰：○先慎曰：各本無「王曰」二字，盧文弨云：「文選注有『王曰』二字。」今據補。「吾欲觀見之。」○盧文弨曰：選注引「吾欲觀客之削也」。顧廣圻云：「見」字衍。客曰：「臣請之舍取之。」因逃。

兒説，○先慎曰：乾道本「兒」作「見」。顧廣圻云：今本「見」作「兒」，案「兒」是也。兒説見呂氏春秋君守篇、淮南人間訓。先慎案：顧説是，今據改。乾道本連上，今依張榜本、趙本提行。宋人，善辯者也。持「白馬非馬也」服齊稷下之辯者。○先慎曰：藝文類聚九十三引「白馬」下有「之」字。乘白馬而過關，則顧白馬之賦。○先慎曰：「顧」，視也。古人馬稅當別毛色，故過關視馬而賦，不能辯也。故籍之虛辭○先慎曰：「之」字衍，藝文類聚引無「之」字。「虛」字作「空」。則能勝一國，考實按形不能謾於一人。

夫新砥礪殺矢，彀弩而射，雖冥而妄發，其端未嘗不中秋毫也，然而莫能復其處，不可謂善射，無常儀的也；○先慎曰：張榜本「常」作「嘗」，下仍作「常」。設五寸之的，引十步之遠，○先慎曰：「十步」當作「百步」。非羿、逢蒙不能必全者，○先慎曰：問辯篇「全」作「中」。有常儀的也。有度難而無度易也。有常儀的，則羿、逢蒙以五寸爲巧；○先慎曰：乾道本無「逢」字，顧廣圻云：「今本『羿』下有『逢』字，案依上文當補。問辯篇有『逢』字。」今據增。無常儀的，則以妄發而中秋毫爲拙。故無度而應之，則辯士繁說；設度而持之，雖知者猶畏失也，不敢妄言。○王先謙曰：「也」字當在「言」下。今人主聽說不應之以度，○顧廣圻曰：句絕。而說其辯；○顧廣圻曰：逗。「說」，讀如悅。不度以功，○顧廣圻曰：句絕。譽其行，○顧廣圻曰：句絕。而不入關。○顧廣圻曰：句絕。藏本同。今本「不度」下有「之」字，「譽」上有「而」字，無「而不入關」四字，皆誤。上文云「不以儀的爲關」，此其說也。此人主所以長欺，而說者所以長養也。

客有教燕王爲不死之道者，王使人學之，所使學者未及學而客死。王大怒，誅之。王不知客之欺己，而誅學者之晚也。夫信不然之物，而誅無罪之臣，不察之患也。且人所急無如其身，不能自使其無死，安能使王長生哉！

鄭人有相與爭年者，一人曰：「吾與堯同年。」○先慎曰：乾道本無「一人曰吾與堯同年」八字，今據御覽四百九十六、意林引增。其一人曰：「我與黃帝之兄同年。」○先慎曰：意林「兄」下有「弟」字，御覽引無。「我」並作「吾」。訟此而不決，○盧文弨曰：藏本作「訣」。先慎曰：趙本作「訣」，誤。御覽作「決」。以後息者爲勝耳。○先慎曰：意林「息」作「罷」。案此謂皆無情理，故以辭長者爲勝。

客有爲周君畫莢者，○盧文弨曰：「莢」譌，下同。前作「策」，「策」、「筴」同。三年而成。君觀之與髹莢者同狀，○先慎曰：「髹」，本作「髤」，玉篇：「髤，同『髹』。」史記貨殖傳「木器髤者千枚」，注：「徐廣云：『髤，漆也。』」漢書皇后傳「殿上髤漆」，師古云：「以漆漆物謂之『髤』，今關東俗器物一再著漆者，謂之『捎漆』，捎即『髤』聲之轉。」此謂所畫不辨黑白，與漆筴同也。周君大怒。畫莢者曰：「築十版之牆，鑿八尺之牖，而以日始出時加之其上而觀。」○先慎曰：加筴於牆牖之上以觀其畫也。案此即西人光學之權輿。周君爲之，望見其狀盡成龍蛇禽獸車馬，萬物之狀備具，周君大悅。此莢之功非不微難也，然其用與素髹筴同。○先慎曰：「素」，未畫也。此言畫筴之用，何異素髹。

客有爲齊王畫者，齊王問曰：「畫孰最難者？」曰：「犬馬最難。」○先慎曰：各本無下「最」字，據藝文類聚七十四、御覽七百五十、意林引補。「犬」作「狗」，下同。「孰易者？」曰：「鬼魅最易。」夫犬馬，人所知也，旦暮罄於前，○盧文弨曰：詩大明「俔天之妹」，韓詩作「磬」，是「磬」、「俔」同義。説文：「俔」，一訓「聞見」。蓋「俔」從見，是有「見」義。「罄」、「磬」本同以「俔」爲義，當爲朝夕見於前也。先慎曰：御覽引「罄」作「覩」，下同。不可類之，故難。鬼魅無形者，○先慎曰：各本「魅」作「神」。案「神」當依上文作「魅」，藝文類聚、意林、御覽引正作「魅」，今據改。意林「形」下有「像」字。不罄於前，故易之也。○先慎曰：藝文類聚、御覽「不」上有「無形者」三字。

齊有居士田仲者，○盧文弨曰：即陳仲子。宋人屈穀見之，○盧文弨曰：文選七命注引「穀」作「轂」，下有「往」字，「見之」下有「謂之」二字。曰：「穀聞先生之義，不恃人而食。○先慎曰：各本「恃」下有「仰」字，盧文弨云：「『仰』字疑衍，下選注引無。」今據刪。今穀有樹瓠之道，○先慎曰：選注引作「轂有巨瓠」。案「樹」、「巨」聲近而誤，當作「巨」。「之道」二字衍。堅如石，厚而無竅，○盧文弨曰：選注此下不同，云：「而效之先生，田仲曰：『堅如石不可剖而斲，厚而無竅不可以受水漿，吾無用此瓠以爲也。』屈轂曰：『然，其棄物乎？』曰：『然。』『今先生雖不恃人之食，亦無益人之國矣，猶可棄之瓠也。』田仲若有所失，慙而不對。」獻之。」仲曰：「夫瓠所貴者，謂其可以盛也。今厚而無竅，則不可剖以盛物；○顧廣圻曰：「剖」字當衍。而任重如堅石，〇顧廣圻曰：「任重」二字涉下節而衍。「如堅」當作「堅如」。則不可以剖而以斟。〇顧廣圻曰：下「以」字當衍。吾無以瓠爲也。」曰：「然，穀將棄之。」〇先慎曰：乾道本「棄」上有「以欲」二字，今據張榜本删。今田仲不恃人而食，〇先慎曰：各本「恃」下有「仰」字，説見上。張榜本無「田」字。亦無益人之國，亦堅瓠之類也。

虞慶爲屋，〇盧文弨曰：下三條宜連。顧廣圻曰：虞卿也，「慶」、「卿」同字。吕氏春秋别類篇云「高陽應」，高誘注：「或作『魋』。」謂匠人曰：「屋太尊。」〇盧文弨曰：嫌其太崇也。藏本「太」作「大」。匠人對曰：「此新屋也，塗濡而椽生。」虞慶曰：「不然。夫濡塗重而生椽撓，以撓椽任重塗，此宜卑。」〇先慎曰：乾道本此五字在「夫濡塗重」上。顧廣圻云：藏本同。今本「虞慶曰不然」五字在「此宜卑」下，誤。先慎案：今本是也。「夫濡塗重而生椽撓」，正申「塗濡椽生」之義，以「撓椽任重此宜卑」辨虞慶屋太尊之説，皆匠人之詞。宋本誤以「虞慶曰不然」五字於「夫濡塗重」上，文義不可通，藏本沿其誤耳。今改從今本。更日久，則塗乾而椽燥。塗乾則輕，椽燥則直，以直椽任輕塗，〇先慎曰：乾道本無「以直」二字，顧廣圻云：「藏本『直』下有『以直』二字。」今據補。今本無「以」字。此益尊。」匠人詘，爲之而屋壞。一曰：虞慶將爲屋，匠人曰：「材生而塗濡，夫材生則撓，塗濡則重，以撓任重，今雖成，久必壞。」虞慶曰：「材乾則直，塗乾則輕。今誠得乾，日以輕直，雖久必不壞。」匠人詘，作之，成，有間，屋果壞。

范且曰：○顧廣圻曰：范睢也，「且」、「睢」同字。「弓之折，必於其盡也，不於其始也。夫工人張弓也，伏檠三旬而蹈弦，一日犯機，是節之其始而暴之其盡也，焉得無折！且張弓不然，○先慎曰：張榜本、趙本作「范且曰不然」，誤。此皆范且自謂，不應有「曰」字。伏檠一日而蹈弦，三旬而犯機，是暴之其始而節之其盡也。」工人窮也，爲之，○先慎曰：工窮於詞，依且爲之。弓折。

范且、虞慶之言，皆文辯辭勝而反事之情，人主説而不禁，此所以敗也。夫不謀治强之功，而豔乎辯説文麗之聲，是卻有術之士而任壞屋折弓也。故人主之於國事也，皆不達乎工匠之搆屋張弓也。○王先謙曰：儗之不能遠過。然而士窮乎范且、虞慶者，○顧廣圻曰：連上十〔二〕字爲一句。乾道本以下皆誤以「范且」提行。爲虛辭，其無用而勝；實事，其無易而窮也。○顧廣圻曰：「爲虛辭」逗，「其無用而勝」句絶，「實事」逗，「其無易而窮也」句。以上今失其讀。先慎曰：「無易」者，其道不可易。人主多無用之辯，而少無易之言，此所以亂也。今世之爲范且、虞慶者不輟，而人主説之不止，是貴敗折之類，而以知術之人爲工匠也。不得施其技巧，○顧廣圻曰：「不」上當有「工匠」二字。故屋壞弓折；知治之人不得行其方術，故國亂而主危。

〔二〕「十」下原本衍「一」字，據正文字數删。

夫嬰兒相與戲也，以塵爲飯，以塗爲羹，以木爲胾；　然至日晚必歸饟者，塵飯塗羹可以戲而不可食也。夫稱上古之傳頌，辯而不慤，道先王仁義而不能正國者，此亦可以戲而不可以爲治也。夫慕仁義而弱亂者，三晉也；　不慕而治强者，秦也。然而未帝者，治未畢也。○先慎曰：趙本「然而」下有「秦强而」三字。張本從「夫慕」至此均無。

〔三〕人爲嬰兒也，父母養之簡，○先慎曰：句。子長而怨。○先慎曰：句。子盛壯成人，○先慎曰：句。其供養薄，○先慎曰：句。父母怒而誚之。○先慎曰：以上今皆失讀。子父至親也，而或譙或怨者，皆挾相爲而不周於爲己也。夫賣庸而播耕者，主人費家而美食，調布而求易錢者。○顧廣圻曰：「調」當作「請」，「易錢」當作「錢易」。「易」，去聲，下同。非愛庸客也，曰：「如是，耕者且深，耨者熟耘也。」○顧廣圻曰：「熟」上當有「且」字。「耘」當作「云」。此與下文「錢布且易云也」句對，不知者改作「耘」字，誤甚。庸客致力而疾耘耕者，○顧廣圻曰：「者」字衍，「耕」句絶。盡巧而正畦陌畦時者，○顧廣圻曰：藏本同。今本下「畦」作「疇」。案「時」非此之用。句當衍二字，未詳。孫詒讓曰：「時」當作「埒」。一切經音義引倉頡篇云「畦，埒也」，是其證。此「畦埒」二字蓋注文傳寫誤混入正文，遂複舛不可通耳。非愛主人也，曰：「如是，羹且美，錢布且易云也。」此其養功力，有父子之澤矣，而心調於用者，○盧文弨曰：「調」疑「周」。先慎曰：盧説是，「調」即「周」之誤。上文「不周於爲己」，即其證。皆挾自爲心也。故人行事施予，以利之爲心，則越人易和；以害之爲心，則父子離且怨。

文公伐宋，乃先宣言曰：「吾聞宋君無道，蔑侮長老，分財不中，教令不信，余來爲民誅之。」○顧廣圻曰：「公」當作「王」，「宋」當作「崇」，見説苑指武篇。先慎曰：經亦作「文公」，疑非文王伐崇事。

越伐吳，乃先宣言曰：「我聞吳王築如皇之臺，掘淵泉之池，○先慎曰：各本「淵」作「深」，無「泉之」二字，據御覽一百七十七引改增。「掘淵泉之池」與「築如皇之臺」二文相對，明「深」乃「淵」之誤，又脱「泉之」二字耳。罷苦百姓，煎靡財貨，以盡民力，余來爲民誅之。」○先慎曰：乾道本無「來」字。盧文弨云：張本有。先慎案：依上文當有，今據補。

蔡女爲桓公妻，桓公與之乘舟。夫人蕩舟，桓公大懼，禁之不止，怒而出之。乃且復召之，因復更嫁之，○先慎曰：左傳作「蔡人嫁之」。桓公大怒，將伐蔡。仲父諫曰：「夫以寢席之戲，不足以伐人之國，功業不可冀也，請無以此爲稽也。」○顧廣圻曰：藏本、今本「稽」作「規」，誤。俞樾曰：「稽」字無義，疑當作「指」。漢書河間獻王德傳「文約指明」，注云：「指，謂意之所趨若人以手指物也。」字亦作「旨」，孟子告子篇「願聞其旨」是也。齊桓公伐蔡，意在蔡姬，故管仲請無以此爲指也。「稽」從旨聲，故得通借。禮記王制篇「有旨無簡不聽」，即尚書呂刑篇「有稽無簡不聽」之異文，然則「稽」、「旨」通用，古有徵矣。道藏本改「稽」爲「規」，非是。先慎曰：「稽」字不誤，史記樗里子甘茂傳正義、漢書賈誼傳應劭注、司馬遷傳顏注、荀子王制楊注並云：「稽，計也。」桓公之計在伐蔡，故管仲請無以此爲計也。語極明顯，俞氏謂「稽」字無義，失之考耳。桓公不聽。仲父曰：「必不得已，楚之菁茅不貢於天子三年矣，君不如舉兵爲天子伐楚。楚服，因還襲蔡，曰『余爲天子伐楚，而蔡不以兵聽從』，因遂滅之。○先愼曰：乾道本無「因」字，盧文弨云「張本有」，今據補。此義於名而利於實，故必有爲天子誅之名，○先愼曰：乾道本無「爲」字，盧文弨云：「『有』下脱『爲』字，張、凌本有。」今據補。而有報讎之實。」

吳起爲魏將而攻中山，○先愼曰：乾道本連上，今據趙本提行。軍人有病疽者，吳起跪而自吮其膿，傷者母立而泣，○先愼曰：各本作「傷者之母立泣」。盧文弨云：「立」疑衍。俞樾云：「立」字不當有，蓋即「泣」字之誤而衍者。先愼案：上「之」字衍，盧、俞説並誤，「立」下脱「而」字。今據藝文類聚五十九、御覽四百七十七引改。人問曰：「將軍於若子如是，尚何爲而泣？」對曰：「吳起吮其父之創而父死，今是子又將死也，今吾是以泣。」○先愼曰：下「今」字當衍，藝文類聚引作「吳子吮其父之傷而殺之涇水之上，今安知不殺是子乎」，御覽引與藝文類聚略同，蓋所見本與今異。説苑復恩篇作「吳子吮此子父之創而殺之於涇水之戰，戰不旋踵而死，今又吮之，安知是子何戰而死，是以哭之矣」。

趙主父令工施鉤梯而緣播吾，○王先謙曰：「播吾」即「番吾」，見史記趙世家、六國表，又作「鄱吾」。漢常山郡有蒲吾縣，「蒲」、「番」雙聲字變，在今正定府平山縣東南。漢地理志云「縣有鐵山」，一統志以爲即房山，當即主父「令工施鉤梯」者也。先愼曰：「播」，張榜本、趙本作「潘」，説見上。刻疎人迹其上，○盧文弨曰：「疎」即「疋」之異文，「疋」，足也。下「人迹」二字當本是注誤入正文。俞樾曰：「疎」當作「踈」，即「迹」字也。「迹」，籒文作「速」，此變作「疎」，亦猶「迹」之變作「跡」矣。古本韓子當作「刻人疎其上」，寫者依今字作「迹」，而「疎」字失不删去，遂誤倒在「人」字之上，又誤其字作「疎」也。廣三尺，長五尺，而勒之曰：「主父常遊於此。」

秦昭王令工施鉤梯而上華山，以松柏之心爲博，箭長八尺，棊長八寸，○顧廣圻曰：「爲博」句絶，「箭長八尺」句。而勒之曰：「昭王嘗與天神博於此矣。」○先慎曰：張榜本無「矣」字，御覽三十九卷引亦無「矣」字。

文公反國，至河，令籩豆捐之，○盧文弨曰：孫云：「文選鮑明遠東武吟注引『令』下有『曰』字，可省。」「豆」，藏本作「笠」，下同。先慎曰：治要、御覽七百九又七百五十九引均無「曰」字。席蓐捐之，手足胼胝、面目黧黑者後之。○先慎曰：乾道本「面」作「回」，「黧」下無「黑」字。顧廣圻云：藏本、今本「黧」下有「黑」字。先慎案：張榜本、趙本「回」作「面」，「手足胼胝、面目黧黑」相對成文，乾道本誤，下文作「面目黧黑」是其證，今據改。治要引正作「面目黧黑」。咎犯聞之而夜哭。公曰：「寡人出亡二十年，乃今得反國，咎犯聞之不喜而哭，意不欲寡人反國邪？」○盧文弨曰：選注引「意」下有「者」字。犯對曰：「籩豆所以食也，而君捐之；○先慎曰：乾道本無「而君捐之」四字。盧文弨云：選注有。先慎案：治要、御覽引亦有「而君捐之」四字，今據補。席蓐所以卧也，而君棄之；○先慎曰：乾道本「棄」作「捐」，今據選注、治要改。手足胼胝、面目黧黑，勞有功者也，○盧文弨曰：「有功」，選注倒。而君後之。今臣與在後，中不勝其哀，故哭。○先慎曰：乾道本「臣」下有「有」字。盧文弨云：選注無。先慎案：治要及御覽引並無，今據删。且臣爲君行詐僞以反國者衆矣，臣尚自惡也，而況於君！」○先慎曰：治要有「乎」字。再拜而辭。文公止之曰：「諺曰『築社者攓撅而置之，○顧廣圻曰：藏本同。今本「攓」作「攓」。王渭曰：「魏書古弼傳引此作『蹇蹷』。」今案此同字耳，字書無「攓」字。端冕而祀之。』今子與我取之，而不與我治之；與我置之，而不與我祀之焉。」乃解左驂而盟于河。○先慎曰：乾道本「乃」作「可」，誤。治要作「乃」，今據改。

鄭縣人卜子○王先謙曰：此條依經當在「衛人佐弋」後。先慎曰：乾道本「卜」作「乙」。顧廣圻云：今本「乙」作「卜」，誤，此猶言某乙也。姦劫弑臣云「春申君之正妻子曰甲」，亦猶言某甲。用人云「罪生甲，禍歸乙」〔二〕，亦可證。先慎案：顧説非。北堂書鈔一百二十九、御覽六百九十五引「乙」作「卜」，今據改。使其妻爲袴。其妻問曰：「今袴何如？」夫曰：「象吾故袴。」○先慎曰：乾道本無「故」字。顧廣圻云：藏本、今本「吾」下有「故」字，案此不當有。先慎案：御覽引作「似吾故袴」，明乾道本脱「故」字，顧説非。北堂書鈔引正作「象吾故袴」，今據補。妻因毁新令如故袴。○先慎曰：各本「妻」下有「子」字。北堂書鈔引無，今據删。御覽引作「妻因鑿新袴爲孔」。

鄭縣人有得車軛者，而不知其名，問人曰：「此何種也？」對曰：「此車軛也。」俄又

〔二〕「罪生甲，禍歸乙」，原本作「罪生某，禍生乙」，據顧氏韓非子識誤及用人篇改。

復得一，○先慎曰：謂又得一車軛也。問人曰：「此是何種也？」對曰：「此車軛也。」問者大怒曰：「曩者曰『車軛』，今又曰『車軛』，是何衆也？此女欺我也！」遂與之鬬。

衛人有佐弋者，鳥至，因先以其裷麾之，鳥驚而不射也。○先慎曰：方言「襎裷謂之幭」，郭注：「即帊幞也。」

鄭縣人卜子○先慎曰：各本「卜」作「乙」。御覽六十三又九百三十二引「乙」作「卜」，是以「卜」爲姓，今據改。又九百三十二引「子」下有「毒」字。妻之市，買鼈以歸，過潁水，以爲渴也，因縱而飲之，遂亡其鼈。○顧廣圻曰：此條不見於上。先慎曰：御覽引「亡其」二字作「失」字。

夫少者侍長者飲，長者飲，亦自飲也。一曰：魯人有自喜者，○先慎曰：「自喜」二字，疑「效善」之譌。見長年飲酒不能釂則唾之，亦效唾之。一曰：宋人有少者欲效善，○先慎曰：各本「欲」上有「亦」字。御覽八百四十五引無，今據刪。見長者飲無餘，非斟酒飲也，而欲盡之。○先慎曰：「非」下九字，御覽引作「亦自飲而盡之」六字。

書曰：「紳之束之。」宋人有治者，因重帶自紳束也。人曰：「是何也？」對曰：○先慎曰：乾道本「對」上有「書」字，顧廣圻云：「藏本、今本無『書』字。」今據刪。「書言之，固然。」

書曰：「既雕既琢，還歸其樸。」○先慎曰：乾道本以下並連上，趙本於「梁」下提行，並誤。今依盧校改。上「書」字當作「記」，涉上文而誤。下「書言之固然」亦當作「記言之固然」。經言「宋人之讀書，與梁人之解記」，若下不作「記」字，則經不分別言矣。梁人有治者，動作言學，舉事於文，曰難之，○顧廣圻曰：「曰」當作「日」，人質切。顧失其實。人曰：「是何也？」對曰：「書言之，固然。」

郢人有遺燕相國書者，○先慎曰：藝文類聚八十、白孔六帖十四、御覽五百九十五引「郢」作「鄭」。夜書，火不明，因謂持燭者曰「舉燭」，而誤書「舉燭」。○先慎曰：各本「而」上有「云」字，「誤」作「過」。今據藝文類聚、御覽八百七十引刪改。御覽五百九十五引作「而誤於書中云」，白孔六帖引作「而設書舉燭」，字並非。舉燭，非書意也，燕相國受書而說之，○先慎曰：各本無「國」字，據白孔六帖、御覽引增。「說」，讀爲悅。曰：「舉燭者，尚明也，○先慎曰：藝文類聚、御覽引「尚」作「高」。尚明也者，舉賢而任之。」燕相白王，王大悅，○先慎曰：乾道本不重「王」字，盧文弨云：「舊脱其一。」今據拾補增。國以治。治則治矣，非書意也。今世學者，多似此類。○先慎曰：乾道本「世」下有「舉」字，顧廣圻云：「藏本、今本無。」今據刪。

鄭人有欲買履者，○先慎曰：各本「欲買」作「且置」。御覽四百九十九、六百九十七、八百二十七引「置」均作「買」，今據改。「欲」，御覽一作「身」。先自度其足而置之其坐，至之市○先慎曰：御覽八百二十七引「之」作「入」。而忘操之。已得履，乃曰：「吾忘持度。」反歸取之。及反，市罷，遂不得履。人曰：「何不試之以足？」曰：「寧信度，無自信也。」○先慎曰：御覽引「度」下有「數」字。

〔四〕○先慎曰：乾道本無「四」字，顧廣圻云：「今本有。」今據補。王登爲中牟令，○顧廣圻曰：「王」當作「壬」，呂氏春秋知度篇作「任」，「壬」、「任」同字。**上言於襄主曰：「中牟有士曰中章、胥己者，**○盧文弨曰：「中章」二字，呂作「瞻」。先慎曰：「中章、胥己」，二人名，下文「一日而見二中大夫」是其證。呂作「瞻」，則爲一人，誤。**其身甚修，其學甚博，君何不舉之？」主曰：「子見之，我將爲中大夫。」**○王先謙曰：「爲」上疑奪「以」字。**相室諫曰：「中大夫，晉重列也。今無功而受，非晉臣之意。**○盧文弨曰：呂作「非晉國之故」。顧廣圻曰：「臣」當作「國」，「意」當作「章」。**君其耳而未之目邪？」襄主曰：「我取登，既耳而目之矣，登之所取又耳而目之，是耳目人絶無已也。」**○盧文弨曰：「絶」，呂作「終」。**王登一日而見二中大夫，予之田宅。中牟之人棄其田耘，賣宅圃而隨文學者邑之半。**○先慎曰：乾道本無「邑」字，顧廣圻云：「今本『者』下有『邑』字，案依上文當有。」據今本增。

叔向御坐平公請事，公腓痛足痺，轉筋而不敢壞坐。晉國聞之，皆曰：「叔向賢者，平公禮之，轉筋而不敢壞坐。」晉國之辭仕託、慕叔向者國之錘矣。○先慎曰：一本「錘」作「鍾」。盧文弨云：「錘」，張本作「鍾」，與前同，語難解。顧廣圻云：藏本同。今本「錘」作「鍾」，誤。案上文亦云「錘」，皆未詳。案八説篇云「死傷者軍之乘」，或此與彼同。先慎案：「錘」、「鍾」皆「垂」之誤。「國之錘」猶「國之半」也，説詳前。八説篇作「乘」，亦誤。又案：御覽三百七十二引韓子曰：「晉平公與唐彥坐而出，叔向入，公曳一足，叔向問之，公曰：『吾侍唐子，腓痛足痺而不敢伸。』叔向不悦，公曰：『子欲貴，吾爵子；欲富，吾禄子。夫唐先生無欲也，非正坐吾無以養之。』」（「腓脹」下「唐彥」，一作「唐亥」。案即「亥唐」倒文。）當爲此條。一曰佚文。

鄭縣人有屈公者，聞敵，恐因死，恐已因生。○先慎曰：上「恐」字下當有「已」字。「恐已因死，恐已因生」，二句文當一律。

趙主父使李疵視中山可攻不也，還報曰：「中山可伐也，君不亟伐，將後齊燕。」主父曰：「何故可攻？」李疵對曰：「其君見好巖穴之士，○顧廣圻曰：「見好」，當依下文作「好顯」。所傾蓋與車以見窮閭隘巷之士○顧廣圻曰：中山策「以見」作「而朝」。以十數，伉禮下布衣之士以百數矣。」○先慎曰：御覽二百九十一引「伉」作「亢」。君曰：「以子言論，是賢君也，安可攻？」疵曰：「不然。夫好顯巖穴之士而朝之，則戰士怠於行陳；上尊學者，下士居朝，○先慎曰：「下士居朝」，御覽引作「下居士而朝之」。則農夫惰於田。戰士怠於行陳者，○先慎曰：乾道本無「陳」字。顧廣圻云：今本「行」下有「陳」字。先慎案：依上文當有，御覽引作「陣」。「陣」即「陳」字，今據補。則兵弱也；農夫惰於田者，則國貧也。兵弱於敵，國貧於內，而不亡者，未之有也。伐之不亦可乎！」主父曰：「善。」舉兵而伐中山，遂滅也。

〔五〕齊桓公好服紫，一國盡服紫。當是時也，五素不得一紫。○先慎曰：乾道本無「得」字。顧廣圻云：藏本、今本「不」下有「得」字。先慎案：御覽三百八十九、八百十四兩引有「得」字，今據補。桓公患之，謂管仲曰：「寡人好服紫，紫貴甚，○先慎曰：乾道本不重「紫」字，顧廣圻云：「藏本、今本重『紫』字。」今據補。一國百姓好服紫不已，寡人奈何？」管仲曰：「君欲止之，何不試勿衣紫也，○先慎曰：乾道本無「止之」二字。顧廣圻云：藏本同。今本無「欲」字。案「欲」下有脱文。先慎案：御覽三百八十九引「欲」下有「止之」二字，是也，今據補。八百十四引無「欲何不試」四字，節文也。今本不審，並删「欲」字，不可從。謂左右曰：『吾甚惡紫之臭。』於是左右適有衣紫而進者，公必曰，『少卻，吾惡紫臭』。」公曰：「諾。」於是日，郎中莫衣紫；其明日，國中莫衣紫；三日，境内莫衣紫也。一曰：齊王好衣紫，齊人皆好也。齊國五素不得一紫。齊王患紫貴，傅説王曰：「詩云：『不躬不親，庶民不信。』今王欲民無衣紫者，○先慎曰：乾道本「王」字作「欲」，顧廣圻云：「藏本、今本上『欲』字作『王』。」今據改。王請自解紫衣而朝，○先慎曰：乾道本「請」作「以」。顧廣圻云：藏本同。今本「以」作「請」，案「以」上有脱文。先慎案：「以」乃「請」之誤，依今本改。「王請自解紫衣而朝」，謂王朝時請先解己之紫衣也，此句並無脱文。羣臣有紫衣進者，曰：『益遠！寡人惡臭。』」是日也，郎中莫衣紫；是月也，國中莫衣紫；是歲也，境内莫衣紫。

鄭簡公謂子産曰：「國小，迫於荆、晉之間。今城郭不完，兵甲不備，不可以待不虞。」子産曰：「臣閉其外也已遠矣，而守其内也已固矣，雖國小，○先慎曰：趙本「國小」二字誤倒。猶不危之也。君其勿憂。」是以没簡公身無患。○先慎曰：「患」下當有「一曰」二字。子産相鄭，簡公謂子産曰：「飲酒不樂也，○先慎曰：「也」字衍文。俎豆不大，鍾鼓竽瑟不鳴，寡人之○顧廣圻曰：「之」下當有「罪」字，「事」上當有脱字，未詳。先慎曰：治要引尸子治天下篇作「寡人之任也」，下「子之罪」亦作「子之任」。事不一；國家不定，百姓不治，耕戰不輯睦，亦子之罪。子有職，寡人亦有職，各守其職。」子産退而爲政五年，國無盜賊，道不拾遺，桃棗之蔭於街者莫援也，○先慎曰：舊本無「之」字，「莫」下有「有」字，今據御覽九百六十五、事類賦二十六引删。錐刀遺道三日可反，三年不變，民無飢也。○先慎曰：「變」字疑誤。

宋襄公與楚人戰於涿谷上，○顧廣圻曰：與三傳不合。宋人既成列矣，楚人未及濟。右司馬購强○顧廣圻曰：未詳。趨而諫曰：「楚人衆而宋人寡，請使楚人半涉，未成列而擊之，必敗。」襄公曰：「寡人聞君子曰：『不重傷，○盧文弨曰：下「曰」字藏本無。不擒二毛，不推人於險，不迫人於阨，不鼓不成列。』今楚未濟而擊之，害義。請使楚人畢涉成陳，而後鼓士進之。」右司馬曰：「君不愛宋民，腹心不完，特爲義耳。」公曰：「不反列，且行法。」右司馬反列，楚人已成列撰陳矣，公乃鼓之。宋人大敗，公傷股，三日而死。○盧文弨曰：春秋襄公之卒，在次年五月。此乃慕自親仁義之禍。○先慎曰：「自親」二字，涉下文而衍。夫必恃人主之自躬親而後民聽從，是則將令人主耕以爲上，○先慎曰：「上」當作「食」。上經下張本有此數句，蓋誤以説入經。然作

「耕以爲食」，則張氏所見之本不作「上」，正可以訂正「上」爲「食」之誤。服戰鴈行也民乃肯耕戰，則人主不泰危乎！而人臣不泰安乎！

齊景公游少海，○先慎曰：「少海」即勃海。傳騎從中來謁曰：「嬰疾甚，且死，恐公後之。」景公遽起，傳騎又至。景公曰：「趨駕煩且之乘，○王渭曰：晏子春秋「煩且」作「繁駔」。案：此同字也。使騶子韓樞御之。」○先慎曰：晏子春秋内篇諫上第一云「公使韓子休追之」，此「韓樞」疑即彼「韓子休」。行數百步，以騶爲不疾，奪轡代之御；可數百步，以馬爲不進，盡○俞樾曰：韓子古本當作「以馬爲不盡」，「不盡」即「不進」也。列子天瑞篇〔一〕「終進乎不知也」，張湛注：「『進』當爲『盡』。」是「進」與「盡」古通用。詩文王篇毛傳訓「盡」爲「進」，師古注漢書高帝紀曰：「『進』字本作『賮』，又作『贐』。」皆其例也。寫者依本字作「進」，而失删「盡」字，遂並失其讀矣。釋車而走。以煩且之良而騶子韓樞之巧，○先慎曰：乾道本無「樞」字，顧廣圻云：「藏本、今本有。」今據補。而以爲不如下走也。

魏昭王欲與官事，○王先謙曰：「與」，去聲。謂孟嘗君曰：「寡人欲與官事。」君曰：「王欲與官事，則何不試習讀法？」昭王讀法十餘簡而睡卧矣。王曰：「寡人不能讀此法。」夫

〔一〕「天瑞篇」，原本作「天端篇」，據列子改。

不躬親其勢柄，而欲爲人臣所宜爲者也，○先慎曰：「宜」〔一〕字涉下文衍。睡不亦宜乎。

孔子曰：○先慎曰：乾道本連上，今從趙本提行。「爲人君者猶盂也，民猶水也；盂方水方，盂圜水圜。」○先慎曰：治要引尸子處道篇「圜」作「圓」。案說文「圜，天體也，全也，周也」，是「圜」爲正字。御覽七百六十引二句互易。

鄒君好服長纓，左右皆服長纓，纓甚貴。○先慎曰：乾道本不重「纓」字。御覽三百八十九、六百八十六、事類賦十二引並重，今據增。鄒君患之，問左右，左右曰：「君好服，百姓亦多服，是以貴。」君因先自斷其纓而出，國中皆不服長纓。君不能下令爲百姓服度以禁之，乃斷纓出以示民，○先慎曰：乾道本「乃斷」二字作「長」字，「民」上有「先」字。顧廣圻云：今本作「乃斷纓出以示民」，案句有誤。先慎案：今本語極明顯，今據改。是先戮以莅民也。

叔向賦獵，功多者受多，功少者受少。

韓昭侯謂申子曰：「法度甚不易行也。」○先慎曰：乾道本無「不」字，今依拾補增。申子曰：「法者，見功而與賞，因能而受官。今君設法度而聽左右之請，此所以難行也。」昭侯曰：「吾自今以來知行法矣，寡人奚聽矣。」一日，○先慎曰：趙本「日」作「曰」，誤。申子請仕其從兄官，

〔一〕「宜」，原本作「官」，形近而誤，據正文改。

昭侯曰：「非所學於子也，聽子之謁，敗子之道乎？亡其用子之謁。」○顧廣圻曰：韓策云「又亡子之術而廢子之謁其行乎」云云，此有脱文。申子辟舍請罪。

〔六〕晉文公攻原，裹十日糧，○先慎曰：僖二十五年左傳：晉侯圍原，命三日之糧。國語亦作「三日」。遂與大夫期十日。至原十日，而原不下，擊金而退，罷兵而去。士有從原中出者，曰：「原三日即下矣。」羣臣左右諫曰：「夫原之食竭力盡矣，君姑待之。」公曰：「吾與士期十日，不去，是亡吾信也。得原失信，吾不爲也。」遂罷兵而去。原人聞曰：「有君如彼其信也，可無歸乎！」乃降公。衛人聞曰：「有君如彼其信也，可無從乎！」乃降公。孔子聞而記之曰：「攻原得衛者，信也。」

文公問箕鄭曰：「救餓奈何？」對曰：「信。」公曰：「安信？」曰：「信名。○俞樾曰：「信名」之下當有「信義、信事」四字。蓋文公曰「安信」，箕鄭告以「信名、信義、信事」，下乃一一申之也。今奪之，則文不備。信名，則羣臣守職，善惡不踰，百事不怠；信事，則不失天時，百姓不踰；信義，則近親勸勉，而遠者歸之矣。」

吳起出，遇故人而止之食，故人曰：「諾。」期返而食。○先慎曰：乾道本「期返而食」作「今返而御」。顧廣圻云：藏本同。今本「今」作「令」，誤。先慎案：御覽八百四十九引作「期反而食」，今據改。吳子曰：「待公而食。」故人至暮不來，吳起至暮不食而待之。○先慎曰：各本作「起不食待之」。御覽四百七十五、八百四十九引並作「吳起至暮不食而待之」，今據改。明日，早令人求故人，故人來方與之食。○先慎曰：御覽引「方」作「乃」。

魏文侯與虞人期獵。明日，會天疾風，○顧廣圻曰：魏策云「天雨」，餘多不同。先慎曰：治要無「天」字。左右止文侯，不聽，曰：「不可以風疾之故而失信，吾不爲也。」○先慎曰：治要「可」上無「不」字，「風疾」作「疾風」。遂自驅車往，犯風而罷虞人。

曾子之妻之市，○顧廣圻曰：「之妻」二字當衍。先慎曰：「妻」上治要無「之」字。其子隨之而泣，○先慎曰：治要無「之」字。其母曰：「女還，顧反爲女殺彘。」妻適市來，○先慎曰：乾道本無「妻」字。治要有，今據補。「適」作「道」，誤。曾子欲捕彘殺之，妻止之曰：「特與嬰兒戲耳。」曾子曰：「嬰兒非與戲也。○王先謙曰：「非」下疑有「可」字。嬰兒非有知也，待父母而學者也，聽父母之教。今子欺之，○先慎曰：乾道本「今」作「令」。顧廣圻云：藏本同。今本「令」作「今」。先慎案：治要作「今」，今據改。是教子欺也。母欺子，子而不信其母，○先慎曰：各本上「母」字作「父」，不重「子」字，今據治要增改。非以成教也。」遂烹彘也。

楚厲王有警鼓，與百姓爲戒。○先慎曰：各本「警」下有「爲」字，「與」上有「以」字，「戒」作「戍」，今據御覽五百八十二、事類賦十一引删改。飲酒醉，過而擊，○先慎曰：各本「擊」下有「之也」二字，據御覽、事類賦删。民大驚。使人止之，○先慎曰：各本無「之」字，拾補增。盧文弨云：脱。先慎案：御覽、事類賦引有「之」字，今據補。曰：「吾醉而與左右戲而擊之也。」○先慎曰：各本下「而」字作「過」，御覽、事類賦引作「而」，是。「過」字涉上文而誤，今據改。民皆罷。居數月，有警，擊鼓而民不赴。○先慎曰：御覽、事類賦引「赴」下有「也」字。乃更令明號而民信之。

李悝警其兩和，曰：「謹警敵人，旦暮且至擊汝。」如是者再三而敵不至。兩和懈怠，不信李悝。居數月，秦人來襲之，至幾奪其軍。此不信患也。一曰：李悝與秦人戰，謂左和曰：「速上，右和已上矣。」又馳而至右和曰：「左和已上矣。」左右和曰：「上矣。」○先慎曰：「曰上矣」三字，涉上而衍。此言左右和聞李悝之言，於是皆争上，明不應有「曰上矣」三字。於是皆争上。其明年，與秦人戰，秦人襲之，至幾奪其軍。此不信之患。

有相與訟者，○顧廣圻曰：藏本同。今本無自此至末。案皆複出七術，不當有也。子産離之，而毋使通辭，到至其言以告而知也。○先慎曰：「至」字衍文。「到」即「倒」字。惠嗣公使人僞關市，○先慎曰：「惠」當作「衛」，「僞」當作「過」。關市呵難之；因事關市以金，關市乃舍之。嗣公謂關市曰：「某時有客過而予汝金，因譴〔一〕之。」關市大恐，以嗣公爲明察。

〔一〕「譴」，七術篇作「遣」。

韓非子集解卷第十二

外儲説左下第三十三

○先慎曰：乾道本無「下」字。顧廣圻云：藏本同。今本有。先慎案：治要引有「下」字，今據補。

〔一〕以罪受誅，人不怨上，罪當，故不怨也。跀危坐子皋。皋雖刑之，有不忍之心，跀者懷恩報德。○顧廣圻曰：藏本同。今本「坐」作「生」，按依説當作「逃」。王先謙曰：作「生」是也，與「坐」形近而誤。先慎曰：「危」讀爲「跪」，足也，詳下説。以功受賞，臣不德君，功當，故不以爲德。翟璜操右契而乘軒。功當受寵，故乘軒而無慙。○先慎曰：「璜」，下作「黄」，古今字通。襄王不知，不知功當厚賞也。故昭卯五乘而履屩。卯西卻秦，東止齊，大矣，而王唯養之五乘。功大賞薄，猶富人而履屩也。○先慎曰：張榜本、趙本「屩」作「屫」，注同。説文：「屩，從履省，喬聲。」是「屩」爲正字，「屫」、「屫」均別字。説作「蹻」，古通。上不過任，臣不誣能，即臣將爲失少室周。周以勇力事襄主，貞信不誣人，有勇力多己者，即進之以自代。○顧廣圻曰：「失」當作「夫」，在「爲」字上，如字讀之。先慎曰：「失」字衍，顧讀「即臣將夫爲少室周」，亦不成文。

〔二〕恃勢而不恃信，恃勢則信者不生心，恃信則有時不信。故東郭牙議管仲。公欲專仲國柄，牙以仲雖忠矣，儻不忠，必危矣。公因命仲理外，隰朋治内矣。○先慎曰：乾道本注「危必」互倒，今從趙本。恃術而不恃信，故渾軒非文公。晉文公以箕鄭信誠，以爲原令，曰：「必不叛我。」軒曰：「人主不以術御臣，而恃其不叛，其若之何也。」○梁玉繩曰：「渾軒」即「渾罕」，非子産者。古「軒」、「罕」通，左傳「罕虎」、「罕達」，公羊並作「軒」。故有術之主，信賞以盡能，必罰以禁邪，雖有駁行，必得所利，「駁行」，不貞白而駁襍者。簡主之相陽虎，虎逐魯疑齊，是行駁也。趙主以術御之，盡其用，而趙幾霸。哀公問「一足」。問孔子曰：「夔一足若何？」曰：「夔反戾惡心，然所以免禍者也。」公曰：「其信一足，故曰『一足』。」○盧文弨曰：注「然所以免禍者」下當有「信」字。先慎曰：「反戾」，下説作「忿戾」。

〔三〕失臣主之理，則文王自履而矜。君雖有師，臣當亦謹，小臣當即充指顧之役。文王理解，左右無可使者，是亦失士也。託言君所與者皆其師，是矜過而飾非也。○盧文弨曰：注「文王理解」，當作「繫解」。王先謙曰：「自履」文不成義，「履」上當有「繫」字。不易朝燕之處，則季孫終身莊而遇賊。朝當莊，燕當試，今季孫一之，故終身莊而遇害也。○先慎曰：趙本注「朝」下有「堂」字，「燕」下無「當試今」三字。張本「試」作「舒」。

〔四〕利所禁，禁所利，雖神不行。當禁而利，當利而禁，如此，雖神不行，况不神乎。譽所罪，毁所賞，雖堯不治。當罪而譽，當賞而毁，如此，雖堯不治，况非堯乎。夫爲門而不使入，門不入，不如無門也。委利而不使進，與利不進，不如止也。亂之所以産也。門不使入，利不使進，亂所由生也。齊侯不聽左右，魏

主不聽譽者，而明察照羣臣，則鉅不費金錢，鉅費金，以齊王用左右故也。○顧廣圻曰：說無「錢」字，此當衍，舊注未譌。**孱不用璧。**孱用玉，以魏主用毀故。○顧廣圻曰：藏本、今本「璧」上有「玉」字。按說無，舊注亦未譌，此所添，誤。先慎曰：注乾道本「玉」作「王」，改從趙本。**西門豹請復治鄴，足以知之。**初治鄴，不事左右，故君奪之。後治，事之，君乃迎而拜。據此是知左右能爲國之害。**猶盜嬰兒之矜裘，與跀危子榮衣。**盜者子，不恥其父盜，以父所盜衣矜人。跀者兒，不恥其父跀，以跀所著衣榮人。人所諂媚爲非猶是。○先慎曰：乾道本注「跀以」下衍「不也」二字，改從趙本。**子綽左右畫，**左畫圜，右畫方，必不得俱成。喻用左右言，亦不能得賢也。○先慎曰：乾道本注「俱」下有「能」字，趙本無，今據刪。**去蟻驅蠅，**以骨去蟻，以魚去蠅，則蠅蟻愈至。喻溫言訓左右，愈諂。**安得無桓公之憂索官，**公聽左右索官，無以與之，故憂也。**與宣王之患臞馬也。**王不察掌馬者竊芻豆，但患馬臞也。○先慎曰：「宣」，張榜本作「先」。按下說作「韓宣子」，則作「宣」字是。「王」當作「主」，注亦誤。

〔五〕臣以卑儉爲行，則爵不足以勸賞；○先慎曰：乾道本「勸」作「觀」，盧文弨曰：「觀，張本作勸。」今據改。**寵光無節，則臣下侵偪。說在苗賁皇非獻伯，孔子議晏嬰。**獻伯爲相，妻不衣帛，晏嬰亦然，故非其太偪下。○先慎曰：孔子議晏嬰條今奪，北堂書鈔一百二十九、御覽六百八十九、事類賦十二引韓子曰：「晏嬰相齊，妾不衣帛，馬不食粟。」（御覽「妾」作「妻」。）當即此條佚文。**故仲尼論管仲與孫叔敖**〔一〕。仲有三歸，以其

〔一〕「孫叔敖」，原本作「叔孫敖」，據下文乙。

太奢。敖有糲餅，以其太儉。○先慎曰：「餅」當作「飯」，說見下。而出入之容變，陽虎之言見其臣也；○先慎曰：乾道本「變」作「孌」。顧廣圻云：今本「孌」作「變」。句有誤，未詳。先慎案：「變」字是。陽虎入齊，其臣因之見於君，及其出也，皆不爲虎。是入則因之見，出則背之，一出一入之間，其容遂變。「陽虎之言見其臣也」，此倒句而成文，順之爲「陽虎之言見其臣而出入之容變也」。顧氏不知古書倒文成義之法，而讀「變」字句絶，所以疑句有誤也。改從今本。而簡主之應人臣也失主術。虎言居齊已有三人，及其得罪，而三人爲君執逐。虎言明己無私，簡主相以私臣之事，言其舉非之，譬樹枳棘者反得其刺也。○先慎曰：此謂簡子應虎樹枳棘則刺，樹柤梨橘柚則甘之言，爲失術也。下云「非所以教國也」，即承此失術言，注說非。又案乾道本注「及」作「反」，改從趙本。「非之」疑「之非」倒文。朋黨相和，臣下得欲，則人主孤；羣臣公舉，下不相和，則人主明。陽虎將爲趙武之賢、解狐之公，此三人皆以公舉人，內不避親，外不避讎，虎言己舉亦同之也。○盧文弨曰：注「二人」譌「三人」。而簡主以爲枳棘，非所以教國也。主云所舉害己，與枳棘者同，此反教人爲私也。○先慎曰：乾道本脱「主」字，顧廣圻云：「藏本、今本『簡』下有『主』字。」今據補。

〔六〕公室卑則忌直言，私行勝則少公功。說在文子之直言，武子之用杖；武子，文子之子〔二〕，好直言。武子曰：夫直言者必危身，而禍及父也。子產忠諫，子國譙怒；夫忠諫者必離羣臣，而又危難於父也。

〔二〕文子係武子之子，注誤。

○先慎曰：乾道本自「子産」至「父也」二十三字均脱，張榜本有八大字，趙本大小字並有。盧文弨出「子國譙怒」云：「注『必離羣臣』，『離』字脱。」是盧所見本亦有此二十三字，惟注脱「離」字耳。顧廣圻云：藏本、今本有「子産忠諫，子國譙怒」，並注云云，此藏本所添，未必是也。先慎案：下説有此事，經必應有。張榜本、趙本及盧所見本不盡出於藏本，顧氏謂藏本所添，非也。今據補。梁車用法，而成侯收璽；車爲鄴令，其姊犯法，刖之。趙侯以爲不慈，免其官也矣。○先慎曰：趙本注「姊」譌「妹」，下無「矣」字。管仲以公，而國人謗怨。仲不報封人之恩，唯賢是用，人怨謗也。

右經○先慎曰：各本脱，今依例補。

〔一〕孔子相衛，弟子子皋爲獄吏，刖人足，所跀者守門。人有惡孔子於衛君者，曰：「尼欲作亂。」○先慎曰：張榜本無「尼」字。衛君欲執孔子，孔子走，弟子皆逃。子皋從出門，○顧廣圻曰：「從」當作「後」。説苑至公篇：「子皋走郭門，郭門閉。」先慎曰：「從」字不誤。「出門」當作「後門」，吕氏春秋云：「戎夷違齊如魯，天大寒而後門。」「後門」與説苑「門閉」合，明「出」爲「後」之誤。跀危引之而逃之門下室中，吏追不得。夜半，子皋問跀危曰：「吾不能虧主之法令而親跀子之足，是子報仇之時也，○盧文弨曰：藏本「仇」下有「怨」字。而子何故乃肯逃我？我何以得此於子？」跀危曰：「吾斷足也，固吾罪當之，不可奈何。然方公之欲治臣也，○先慎曰：乾道本「欲」作「獄」，誤，今依張榜本、趙本改。公傾側法令，先後臣以言，欲臣之免也甚，而臣知之。及獄決罪定，公憱然不悅，形於顏色，臣見又知之。非私臣而然也，夫天性仁心固然也。此臣之所以悅而德公也。」跀者行步危，故曰「跀危」也。○俞樾曰：注說非，「危」乃「跪」之省文，古謂跀足者爲「跀跪」，內儲說下篇「門者跀跪請曰」是其證也。晏子春秋雜上篇「刖跪擊其馬而反之」，孫星衍云「跪，足也」，此說得之。先慎曰：荀子勸學篇「蟹六跪而二螯」，楊倞注：「跪，足也。韓子以刖足爲『跀跪』。」據此，是楊所見韓子作「跪」也，「跪」訓爲「足」，又其一證。「悅而德公也」，張榜本重「而」字。案此下當接「孔子曰：『善爲吏者樹德，不能爲吏者樹怨。槩者，平量者也；吏者，平法者也。治國者，不可失平也。』」今錯簡在後，另爲一條。說苑此下接「孔子聞之曰：『善爲吏者樹德，不善爲吏者樹怨』」云云，是也。

田子方從齊之魏，望翟黃乘軒騎駕出，既乘軒車，又有輕騎。○先慎曰：說苑臣術篇云：「翟黃乘軒車，載華蓋，黃金之勒，約鎮簟席，如此者其駟八十乘。」方以爲文侯也，移車異路而避之，則徒翟黃也。「徒」，獨。○先慎曰：乾道本無「徒」字，顧廣圻云：「藏本、今本有『徒』字，按依注當有。」今據補。方問曰：「子奚乘是車也？」曰：「君謀欲伐中山，臣薦翟角而謀得。果且伐之，○先慎曰：乾道本無「且」字。盧文弨云：張本有。先慎案：「且」，將也，此字當有，今據補。臣薦樂羊而中山拔。得中山，憂欲治之，臣薦李克而中山治。是以君賜此車。」方曰：「寵之稱功尚薄。」稱服也。○先慎曰：乾道本無注三字，今據張榜本補。

秦、韓攻魏，昭卯西說而秦、韓罷。○顧廣圻曰：「昭卯」即「孟卯」也。顯學篇：「魏任孟卯之辨。」難三篇：「孰與曩之孟嘗、芒卯。」俞樾曰：「昭」當作「明」。「明卯」即「孟卯」也，又作「芒卯」，「明」、「孟」、「芒」古音俱同。「孟卯」之爲「明卯」，猶「孟津」之爲「盟津」；「芒卯」之爲「明卯」，猶「民甿」之爲「民萌」。今作「昭」者，蓋與「明」形似義同，因而致誤。齊、荆攻魏，卯東説而齊、荆罷。魏襄王養之以五乘將軍。養之以五乘使爲將軍也。○顧廣圻曰：「五乘」句絶。「將軍」二字當衍，涉下文而誤耳。舊注全譌。先慎曰：「將軍」，疑爲「之奉」二字之譌。「養之以五乘」文義未備，「乘」下脱「之奉」二字，寫者妄以「將軍」補之，注遂因譌字作解也。外儲説左上「燕王悦之，養之以五乘之奉」，文法正同，是其證。御覽八百二十九引「乘」作「車」。卯曰：「伯夷以將軍葬於首陽山之下，而天下曰：『夫以伯夷之賢與其稱仁，而以將軍葬，是手足不掩也。』今臣罷四國之兵，而王乃與臣五乘，此其稱功猶嬴勝而履蹻。」「嬴」，利也。謂賈者嬴利倍勝，今以薄賞報大功，猶嬴勝之人履草屩也。○顧廣圻曰：「嬴勝」當作「嬴縢」，形相近也。舊注全譌。先慎曰：御覽八百二十九引「嬴」作「羸」，注同。「蹻」作「屩」，案「蹻」、「屩」二字古今文通用。説文：履，「從尸」，古文作「𩓞」，云「從足」。莊子天下篇「以跂蹻爲服」，釋文：「李云：麻曰『屩』，木曰『屐』，『屐』與『跂』同，『屩』與『蹻』同」，是也。

孔子曰：「善爲吏者樹德，不能爲吏者樹怨。槩者，平量者也；吏者，平法者也。治國者，不可失平也。」○先慎曰：此乃錯簡，當在孔子相衛後。

少室周者，古之貞廉潔慤者也，爲趙襄主力士，與中牟徐子角力，不若也，入言之襄主以自代也。襄主曰：「子之處，人之所欲也，何爲言徐子以自代？」○先慎曰：張榜本「代」誤「伐」。

曰：「臣以力事君者也，今徐子力多臣，臣不以自代，恐他人言之而爲罪也。」有蔽賢之罪也。

一曰：少室周爲襄主驂乘，至晉陽，有力士牛子耕與角力而不勝，周言於主曰：「主之所以使臣騎乘者，○顧廣圻曰：「騎」當作「驂」。以臣多力也，今有多力於臣者，願進之。」

〔二〕齊桓公將立管仲，令羣臣曰：「寡人將立管仲爲仲父，善者入門而左，不善者入門而右。」東郭牙中門而立。公曰：「寡人立管仲爲仲父，令曰：『善者左，不善者右。』今子何爲中門而立？」牙曰：「以管仲之智，爲能謀天下乎？」公曰：「能。」「以斷，爲敢行大事乎？」公曰：「敢。」牙曰：「君知能謀天下，○顧廣圻曰：「君」當作「若」，「知」即「智」字。斷敢行大事，君因專屬之國柄焉；○盧文弨曰：張本「之」下有「以」字。以管仲之能，○先慎曰：乾道本無「之」字，盧文弨云：「張、凌本有『之』字。」顧廣圻云：「藏本亦有。」今據補。乘公之勢以治齊國，得無危乎？」公曰：「善。」乃令隰朋治內，管仲治外，以相參。

晉文公出亡，箕鄭挈壺餐而從，○先慎曰：「餐」，御覽八百五十引作「飱」，四百二十六、二百六十六引作「飡」。「箕鄭」作「趙衰」。迷而失道，與公相失，飢而道泣，寢餓而不敢食。及文公反國，舉兵攻原，克而拔之。○先慎曰：乾道本「原克」作「用兑」。顧廣圻云：今本「用兑」二字作「原」，按句有誤。孫詒讓云：「用」當爲「周」之誤。「兑」，讀爲隧，謂六遂也。「隧」、「兑」字通。（詳老子。）周語云：「晉文公既定襄王於郟，王勞之以地，辭，請隧焉。」韋注云：「隧，六隧也。」（事亦見僖二十五年左傳，杜預注以「隧」爲王之葬禮，與韋説異。）此文公「攻原」，即周襄王所賜之地，於王國爲都鄙，不在六遂。而云「攻周遂」者，戰國時已有文公請六遂之説，展轉傳譌，遂以文公伐原爲攻周之遂地。先秦諸子解經，已不免沿譌，悉心推校，可略得其蹤迹。今本作「原」，則明人不知而妄改，不足據也。先慎按：孫説非。「用」乃「原」之誤，「兑」乃「克」之誤。御覽二百六十六引作「舉兵攻原，克而拔之」，是其證，今據改。文公曰：「夫輕忍飢餒之患而必全壺餐，是將不以原叛。」乃舉以爲原令。大夫渾軒聞而非之，曰：「以不動壺餐之故，怙其不以原叛也，不亦無術乎！」故明主者，不恃其不我叛也，恃吾不可叛也；〇先慎曰：乾道本「吾」上無「恃」字，顧廣圻云：「藏本、今本有。」今據補。不恃其不我欺也，恃吾不可欺也。

陽虎議曰：「主賢明則悉心以事之，不肖則飾姦而試之。」逐於魯，疑於齊，走而之趙。趙簡主迎而相之，左右曰：「虎善竊人國政，何故相也？」簡主曰：「陽虎務取之，我務守之。」我既守，則彼不能得利。遂執術而御之。陽虎不敢爲非，以善事簡主，興主之强，幾至於霸也。

魯哀公問於孔子曰：「吾聞古者有夔一足，其果信有一足乎？」孔子對曰：「不也，夔非一足也。夔者忿戾惡心，人多不説喜也。雖然，其所以得免於人害者，以其信也。人皆曰：『獨此一，足矣。』夔非一足也，一而足也。」哀公曰：「審而是，固足矣。」〇先慎曰：

「而」，讀若如。一曰：○先慎曰：乾道本提行，今從趙本。哀公問於孔子曰：「吾聞夔一足，信乎？」曰：○先慎曰：御覽三百七十二引「曰」上有「對」字。「夔，人也，何故一足？彼其無他異，而獨通於聲。堯曰：『夔一而足矣，使爲樂正。』故君子曰：『夔有一足。』」○先慎曰：乾道本「足」作「之」。顧廣圻云：「今本『之』作『足』。按『之』當作『而足』二字。呂氏春秋察傳篇作『故曰夔一足』。」王先謙云：「『之』作『足』，是也。『而』字不可有，有則不待釋而明矣。」改從今本。非一足也。」

〔三〕文王伐崇，○顧廣圻曰：呂氏春秋不苟篇云：「武王至殷郊。」先慎曰：帝王世紀亦云武王之事。至鳳黄虛，韤繫解，因自結。太公望曰：「何爲也？」王曰：「君與處皆其師，○顧廣圻曰：「君」上當有「上」字。中皆其友，下盡其使也。今皆先王之臣，故無可使也。」○先慎曰：乾道本「皆」作「王」，顧廣圻云：「今本『王』作『皆』。」今據改。一曰：晉文公與楚人戰，○先慎曰：乾道本無「一曰」二字。在「魯哀公問」後另爲一條。「楚」下無「人」字。顧廣圻云：「今本與下條『文王伐崇』倒，上有『一曰』二字。」先慎案：以此條列「文王伐崇」後，方與經次相合，據今本乙。「人」字，據初學記二十六引增。至黄鳳之陵，○先慎曰：初學記引「黄鳳」作「鳳皇」。履繫解，○顧廣圻曰：今本「係」作「繫」，誤。先慎曰：乾道本亦作「繫」，「係」、「繫」古通用。初學記引作「係履墮」。因自結之。左右曰：「不可以使人乎？」公曰：「吾聞：上，君所與居，皆其所畏也；言有德也。○先慎曰：以下文例之，「所」上當有「之」字。中，君之所與居，皆其所愛也；能敬順君，故可愛也。下，君之所與居，皆其所侮也。材輕且侮。○盧文弨曰：注「且」疑「見」之誤。寡人雖不肖，先君之人皆在，是以難之也。」○先慎曰：治要引韓子：「文王伐崇，至黄鳳墟而韈繫解，左右顧無可令結係，文王自結之。（以上初學記卷九引同。）太公曰：『君何爲自結係？』文王曰：『吾聞：上君之所與處者盡其師也，中君之所與處者盡其友也，下君之所與處者盡其使也。今寡人雖不肖，所與處者皆先君之人也，故無可令結之也。』」（御覽四百七十四引韓子曰：「文王伐崇，與大夫謀，韈係解，視左右而自結之。」六百九十七引「韈」作「履」，無「伐崇與大夫謀」六字，「左右」下作「盡賢無可使係者，因俛而係之」。）當即「文王伐崇」條異文。

季孫好士，終身莊，居處衣服常如朝廷。而季孫適懈，有過失，暫廢其矜莊也。而不能長爲也。故客以爲厭易己，○先慎曰：「易」，輕易也。相與怨之，遂殺季孫。故君子去泰去甚。南宮敬子問顔涿聚曰：○盧文弨曰：此條當連上。先慎曰：盧説是也。上當有「一曰」二字。趙用賢謂此不著經文中，不知此即上之異文，脱「一曰」二字耳。「季孫養孔子之徒，所朝服與坐者以十數，而遇賊，何也？」曰：「昔周成王近優侏儒以逞其意，而與君子斷事，是能成其欲於天下。今季孫養孔子之徒，所朝服而與坐者以十數，而與優侏儒斷事，是以遇賊。故曰：不在所與居，在所與謀也。」

孔子侍坐於魯哀公，○顧廣圻曰：自此至「寧使民諂上」，不見於上文。先慎曰：各本「侍」作「御」。藝文類聚八十五又八十六、御覽九百六十七引「御」作「侍」，今據改。哀公賜之桃與黍。哀公曰：○先慎曰：各本無

「曰」字。盧文弨云：家語子路初見篇有「曰」字。先慎案：藝文類聚八十五引亦有，今據補。「請用。」仲尼先飯黍而後啗桃，○先慎曰：御覽、事類賦二十六引「啗」作「食」。藝文類聚八十五又八十六引「啗」作「噉」。左右皆揜口而笑。○先慎曰：藝文類聚八十五引「而」作「失」。哀公曰：「黍者，非飯之也，以雪桃也。」○先慎曰：「雪」，洗也。仲尼對曰：「丘知之矣。夫黍者，五穀之長也，祭先王爲上盛。○先慎曰：藝文類聚八十五、白孔六帖八十一引「爲」上有「以」字。果蓏有六，而桃爲下，祭先王不得入廟。丘之聞也，君子以賤雪貴，不聞以貴雪賤。今以五穀之長雪菓蓏之下，是從上雪下也。○先慎曰：藝文類聚八十五引作「是侵上忽下也」。丘以爲妨義，故不敢以先於宗廟之盛也。」○先慎曰：「先」上當有「桃」字。

趙簡子謂左右曰：○先慎曰：各本無「趙」字、「曰」字，「子」作「主」。今據藝文類聚六十九、御覽七百九引補。「車席泰美。夫冠雖賤，頭必戴之；屨雖貴，足必履之。○先慎曰：趙本「屨」、「履」作「屨」、「履」，下注同。藝文類聚引「賤」作「惡」，「貴」作「美」。今車席如此，大美，○先慎曰：藝文類聚「大美」作「其大美也」。吾將何屩以履之？「屩」，所履。席大美則更無美屩以履之也。○先慎曰：依注，「屩」當作「屨」。夫美下而耗上，言席美則履又當美，履美衣又當美，累美不已，則居上彌有所費也。○先慎曰：藝文類聚引「夫」上有「且」字，注「累」字，張、趙本作「求」。妨義之本也。」○先慎曰：藝文類聚引「本」作「道」。

費仲說紂曰：「西伯昌賢，百姓悅之，諸侯附焉，不可不誅；不誅，必爲殷禍。」○先慎曰：乾道本無「禍」字，拾補作「患」。盧文弨云：「張本作『禍』。」顧廣圻云：「藏本有『禍』字，今本有『患』字。」今據藏本補。紂曰：「子言，義主，何可誅？」費仲曰：「冠雖穿弊，必戴於頭；履雖五采，必踐之於地。今西伯昌，○先慎曰：乾道本「伯」作「戎」，今據趙本改。盧文弨云：張本作「戎」，亦誤。人臣也，修義而人向之，卒爲天下患，其必昌乎！人人不以其賢爲其主，○盧文弨曰：上「人」字，或改「夫」。顧廣圻曰：藏本同。按下「人」字當作「臣」。今本「不」作「欲」，誤。非可不誅也。且主而誅臣，焉有過！」紂曰：「夫仁義者，上所以勸下也，今昌好仁義，誅之不可。」三說不用，故亡。

齊宣王問匡倩曰：「儒者博乎？」曰：「不也。」王曰：「何也？」匡倩對曰：「博者貴梟，○先慎曰：乾道本無「者」字，盧文弨云：「張本有。」今據補。勝者必殺梟，殺梟者，是殺所貴也；儒者以爲害義，故不博也。」又問曰：「儒者弋乎？」曰：「不也。弋者從下害於上者也，是從下傷君也；儒者以爲害義，故不弋。」○先慎曰：乾道本無「義」字。顧廣圻云：今本「害」下有「義」字。先慎案：依上下文當有，御覽八百三十二引有「義」字，今據補。又問「儒者鼓瑟乎？」曰：「不也。夫瑟以小絃爲大聲，以大絃爲小聲，是大小易序，貴賤易位；○先慎曰：意林「序位」二字互易。儒者以爲害義，故不鼓也。」宣王曰：「善。」仲尼曰：「與其使民諂下也，寧使民諂上。」諂下則朋黨，諂上則尊敬。○盧文弨曰：注「尊敬」，張本作「卑敬」。

〔四〕鉅者，齊之居士；○先慎曰：乾道本「鉅」作「詎」。盧文弨云：「詎」，張本作「鉅」。顧廣圻云：藏本作「鉅」。王渭云：困學紀聞引作「距」。先慎案：「距」、「詎」並「鉅」字之誤，呂氏春秋去私篇有「鉅子」，高注「鉅，姓」，是也。今從藏本，上文正作「鉅」。孱者，魏之居士。齊、魏之君不明，不能親照境内，而聽左右之言，故二子費金璧而求入仕也。

西門豹爲鄴令，清剋潔慤，秋毫之端無私利也，而甚簡左右；不事君左右也。左右因相與比周而惡之。居期年，上計，君收其璽。豹自請曰：○先慎曰：乾道本無「請」字，顧廣圻云：「藏本、今本有。」今據補。「臣昔者不知所以治鄴，今臣得矣，願請璽復以治鄴，不當，請伏斧鑕之罪。」文侯不忍而復與之。豹因重斂百姓，急事左右。期年，上計，文侯迎而拜之。豹對曰：「往年臣爲君治鄴，而君奪臣璽；今臣爲左右治鄴，而君拜臣。臣不能治矣。」遂納璽而去。文侯不受，曰：「寡人曩不知子，今知矣，願子勉爲寡人治之。」遂不受。不受豹所納之璽也。○先慎曰：張榜本無「遂不受」及注十一字。

齊有狗盜之子，與刖危子戲而相誇。○先慎曰：「刖」，經作「跀」。案說文：「跀，斷足之刑也。」經典通作「刖」。盜子曰：「吾父之裘獨有尾。」言裘尚有所盜之狗尾。○盧文弨曰：「狗盜」，象狗以入人家，故後有尾。舊注非。危子曰：○顧廣圻曰：「危」上當有「刖」字。「吾父獨冬不失袴。」刖足者不衣袴，雖終其冬夏無所損失也。○盧文弨曰：癃疾之人，上給其袴，故云然。注亦非。俞樾曰：疑注所據本作「終不失袴」，故云「雖終其冬夏無所損失」。今涉注文有「冬」字，而誤「終」爲「冬」，則不可通矣。刖者既不衣袴，何有冬夏之别，安得獨於冬言不失歟？當據注訂正。先慎曰：御覽六百九十四引作「吾父冬夏獨有一足袴」，與注所據之本不同，蓋相傳本異也。

子綽曰：「人莫能左畫方而右畫圓也。」○先慎曰：經注作「左畫圓右畫方」。以肉去蟻蟻愈多，以魚驅蠅蠅愈至。○先慎曰：舊連上，今提行。御覽九百四十四引作「以火去蛾蛾愈多，以魚毆蠅蠅愈至」，又九百四十七引作「以骨去蟻蟻愈多，以肉驅蠅蠅愈至」。意林「肉」作「骨」，藝文類聚九十七引亦作「骨」。

桓公謂管仲曰：「官少而索者衆，寡人憂之。」○先慎曰：御覽六百二十四引注云：「索，求也。」當即本書舊注。管仲曰：「君無聽左右之請，○先慎曰：乾道本「請」上有「謂」字。顧廣圻云：藏本、今本無「謂」字。按「謂」當作「謁」。先慎案：「謂」字衍文。御覽引無「謂」字，意林作「君無聽人有請」，經注作「君勿聽左右之請」，並無「謂」字，今據删。因能而受禄，○先慎曰：意林「受」作「授」。録功而與官，則莫敢索官，君何患焉！」○先慎曰：乾道本無「君」字，趙本下「官」字作「君」。按「君」字脱，趙本改「官」爲「君」，非也，今據御覽引增。

韓宣子○王渭曰：「子」字誤。曰：「吾馬菽粟多矣，甚臞何也？寡人患之。」周市對曰：「使騶盡粟以食，雖無肥，不可得也。名爲多與之，○先慎曰：「爲」字，一本作「與」。盧文弨云：

「與」，張本作「爲」。其實少，雖無臞，亦不可得也。主不審其情實，坐而患之，馬猶不肥也。」

桓公問置吏於管仲，○顧廣圻曰：此條上文未見。管仲曰：○先慎曰：乾道本無「管仲」二字。盧文弨云：「凌本有。」今據補。「辯察於辭，清潔於貨，習人情，夷吾不如弦商，○盧文弨曰：新序雜事四作「寧」，呂氏春秋勿躬篇誤作「章」。顧廣圻曰：管子云「賓須無」。請立以爲大理。登降肅讓，以明禮待賓，臣不如隰朋，請立以爲大行。墾草仞邑，「仞」，入也。所食之邑，能入其租税也。○俞樾曰：「仞」當作「剏」，謂剏造其邑也。作「仞」者，字之誤。舊注訓「仞」爲「入」，未詳其義。新序載此事正作「剏邑」，當據以訂正。先慎曰：管子小匡篇「仞」作「入」，即舊注所本，俞氏失考耳。廣雅釋詁三：「入，得也。」辟地生粟，臣不如甯武，○盧文弨曰：「武」，「戚」字之譌，新序作「戚」。顧廣圻云：呂氏春秋作「遬」。先慎曰：盧説是，管子亦作「戚」，「戚」有「宿」音，故通作「遬」。請以爲大田。三軍既成陳，使士視死如歸，臣不如公子成父，○顧廣圻曰：呂氏春秋作「王子城父」。先慎曰：管子亦作「王子城父」，晏子春秋問上篇、新序四又作「成甫」。「城」、「成」，「父」、「甫」，古字並通。魏王基碑以爲王子比干之後，（見錢大昕金石文跋尾一。）明「公」爲「王」之誤。請以爲大司馬。犯顏極諫，臣不如東郭牙，請立以爲諫臣。治齊，此五子足矣；將欲霸王，夷吾在此。」

〔五〕○先慎曰：乾道本無「五」字，顧廣圻云：「今本有。」今據補。孟獻伯相魯，○顧廣圻曰：「孟」當作「盂」，「盂」者，晉邑。杜預注「太原盂縣」，是也。「獻伯」，晉卿，盂其食邑，以配謚而稱之，猶言「隨武子」之比矣。「魯」當作「晉」。先慎曰：藝文類聚六十九引「獻」作「懿」。堂下生藿藜，門外長荊棘，食不二味，坐不重席，無衣帛之妾，○先慎曰：乾道本「無」上有「晉」字，盧文弨云：「凌本無『晉』字。」顧廣圻云：「『晉』字，上文所錯入也。」今據凌本刪。居不粟馬，出不從車。叔向聞之，以告苗賁皇，賁皇非之曰：「是出主之爵禄以附下也。」一曰：晉孟獻伯拜上卿，○先慎曰：各本無「晉」字。王渭云：晉卿無孟氏，此或即晉語叔向賀韓宣子憂貧事而致誤。先慎案：王説非是，顧氏已辨於上。御覽五百四十三引上有「晉」字，今據補。叔向往賀，門有御，○顧廣圻曰：此下當有「車」字。馬不食禾。向曰：「子無二馬二輿，何也？」○顧廣圻曰：上「二」字，當作「秣」。先慎曰：御覽引作「子無二輿，馬不食禾，何也」，與此異。獻伯曰：「吾觀國人尚有飢色，是以不秣馬；班白者多徒行，故不二輿。」○先慎曰：乾道本「多」作「不」，趙本作「多」，今據改。御覽引「多」字作「多以」二字，亦非。向曰：「吾始賀子之拜卿，今賀子之儉也。」向出，語苗賁皇曰：「助吾賀獻伯之儉也。」苗子曰：「何賀焉！夫爵禄旂章，○盧文弨曰：「旂」，藏本作「旗」。所以異功伐、別賢不肖也。故晉國之法，上大夫二輿二乘，中大夫二輿一乘，下大夫專乘，此明等級也。且夫卿必有軍事，是故循車馬，○王渭曰：「循」當作「脩」。比卒乘，以備戎事。有難則以備不虞，平夷則以給朝事。今亂晉國之政，乏不虞之備，以成節，○顧廣圻曰：藏本、今本「節」下有「儉」字，誤。按「節」上當有「私」字。以絜私名，獻伯之儉也可與？言辭制當誅之故可與也。○盧文弨曰：注亂譌，「辭」、「故可與也」文有脱誤，當云：「可與，言不可也。」又何賀！」○先慎曰：此下當有孔子議晏嬰一事，説見上。

管仲相齊，曰：「臣貴矣，然而臣貧。」桓公曰：「使子有三歸之家。」○先慎曰：「三歸」，臺名，古藏貨財之所，故能富。他書以「三歸」爲取三姓女，非。曰：「臣富矣，然而臣卑。」桓公使立於高、國之上。曰：「臣尊矣，然而臣疏。」乃立爲仲父。孔子聞而非之曰：「泰侈偪上。」一曰：管仲父出，朱蓋青衣，置鼓而歸，自朝歸設鼓吹之樂。庭有陳鼎，家有三歸。孔子曰：「良大夫也，其侈偪上。」

孫叔敖相楚，○王先謙曰：上文言仲尼論管仲與孫叔敖，則孫叔敖以下皆孔子之言，「偪上」、「偪下」文又相對，當連上爲一條，不提行。棧車柴車也。牝馬，糲飯菜羹，○先慎曰：各本「飯」作「餅」。王念孫云：「餅」當爲「飰」。「飰」與「飯」同，見玉篇、廣韻。「糲飯菜羹」，猶言疏食菜羹耳。「飰」與「餅」字形相似，傳寫往往譌溷。（廣雅云：「飰，食也。」方言注云：「篆，盛飰筥也。」爾雅釋言釋文曰：「飰字又作餅。」今本「飰」字竝譌作「餅」。）初學記器物部引此正作「糲飯」。先慎案：御覽八百四十九又八百五十、北堂書鈔一百四十四引均作「糲飯」，今據改。枯魚之膳，冬羔裘，夏葛衣，面有飢色，則良大夫也。其儉偪下。

陽虎去齊走趙，簡主問曰：「吾聞子善樹人。」虎曰：「臣居魯，樹三人，皆爲令尹；○先慎曰：「令尹」二字誤。及虎抵罪於魯，皆搜索於虎也。臣居齊，薦三人，一人得近王，一人爲縣令，一人爲候吏；及臣得罪，近王者不見臣，縣令者迎臣執縛，候吏者追臣至境上，不及而止。虎不善樹人。」主俛而笑曰：「夫樹柤梨橘柚者，食之則甘；○先慎曰：乾道本無「夫」字，各本無「柤梨」二字。盧文弨云：張本有「夫」字。先慎案：藝文類聚八十六、初學記二十八引有「夫」字及「柤梨」二字，御覽九百六十九引亦有「柤梨」二字，今據增。樹枳棘者，成而刺人。故君子愼所樹。」

中牟無令，魯平公問趙武曰：「中牟，三國之股肱，趙、齊、燕也。邯鄲之肩髀，寡人欲得其良令也，誰使而可？」武曰：「邢伯子可。」○先慎曰：各本「邢」作「刑」，據御覽二百六十六引改。公曰：「非子之讎也？」○王先謙曰：「也」，猶邪，古通。曰：「私讎不入公門。」公又問曰：「中府之令，誰使而可？」曰：「臣子可。」故曰：「外舉不避讎，内舉不避子。」趙武所薦四十六人於其君，○先慎曰：乾道本「趙」下另爲一條。盧文弨云：張、凌本俱連上。先慎案：當連，今從張、凌本。「於其君」三字各本無，據御覽六百三十二、初學記二十引補。及武死，各就賓位，○先慎曰：御覽、初學記引作「及武之死也，四十六人皆就賓位」。其無私德若此也。○先慎曰：御覽引此下更有「武薦白屋之士十餘家」九字，初學記引有「又曰趙武以薦白屋之士管庫者六十家」十四字，與御覽略有增省，皆此佚文。

平公問叔向曰：「羣臣孰賢？」曰：「趙武。」公曰：「子黨於師人。」向，武之屬大夫。向曰：「武立如不勝衣，○先慎曰：乾道本無「向曰」二字，今依拾補補。盧文弨云：二字脱，當有。顧廣圻云：新序雜事四云：「子黨於子之師也。」對曰：「臣敢言，趙武之爲人也，立若不勝衣」云云。言如不出口，然其所舉士也數十人，○先慎曰：各本無「其」字，據御覽四百二引增。皆令得其意，稱叔向，故得意。○盧文弨曰：令士得其意，皆可以盡其材也。注謬難曉。先慎曰：乾道本無「令」字，御覽引有，盧文弨云：「藏本有『令』字。」今據補。而公家甚賴之。況武子之生也不利於家，○先慎曰：各本「況」作「及」，今據御覽改。死不託於孤，臣敢以爲賢也。」

解狐薦其讎於簡主以爲相，○盧文弨曰：韓詩外傳九又云「魏文侯」，並譌。先慎曰：說苑作「晉文侯問咎犯」，蓋往事傳聞不同，要以韓非爲近古。其讎以爲且幸釋己也，乃因往拜謝。狐乃引弓迎而射之，○先慎曰：各本「迎」作「送」，藝文類聚二十二、御覽四百二十九引並作「迎」，今據改。曰：「夫薦汝公也，以汝能當之也；夫讎汝吾私怨也，不以私怨汝之故擁汝於吾君。」○盧文弨曰：「擁」當作「壅」。故私怨不入公門。一曰：解狐[二]舉邢伯柳爲上黨守，○先慎曰：乾道本無「一曰」二字，「解」下提行，顧廣圻云：「今本上有『一曰』二字，不提行。」今據增改。柳往謝之，曰：「子釋罪，敢不再拜。」曰：「舉子，公也；怨子，私也。子往矣，怨子如初也。」○先慎曰：白孔六帖四十四引韓子曰：「趙簡王問解狐，孰可爲

[二]「解狐」，原本作「解孤」，據四部叢刊影宋乾道本改。

上黨守，曰：『荆伯柳。』王曰：『非子之讐乎？』曰：『舉賢不避仇讐也。』」

鄭縣人賣豚，人問其價，曰：「道遠日暮，安暇語汝。」○先慎曰：乾道本無「遠」字。顧廣圻云：今本「道」下有「遠」字。先慎案：今本有「遠」字是，今據補。此條不見上經，疑南面篇文錯簡在此。

〔六〕范文子喜直言，武子擊之以杖：「夫直議者○先慎曰：「夫」當作「曰」。不爲人所容，無所容則危身。非徒危身，又將危父。」

子産者，子國之子也。子産忠於鄭君，子國譙怒之曰：「夫介異於人臣，○趙用賢曰：「介異」，言介然異於人臣也。而獨忠於主，○先慎曰：乾道本無「忠」字，顧廣圻云：「藏本、今本『獨』下有『忠』字。」今據增。主賢明能聽汝，不明將不汝聽。聽與不聽未可必知，而汝已離於羣臣；離於羣臣，則必危汝身矣。非徒危己也，又且危父矣。」○盧文弨曰：下「矣」字，張本無。

梁車爲鄴令，○先慎曰：各本「爲」上有「新」字，據白孔六帖十九引删。盧文弨云：前後俱無「新」字，是也。其姊往看之，暮而後至，閉門，○先慎曰：各本無「至」字，「閉門」作「門閉」，據白孔六帖增改。御覽四百九十二、五百一十七引作「暮而門閉」。因踰郭而入。車遂刖其足。趙成侯以爲不慈，奪之璽而免之令。○先慎曰：白孔六帖引「免之令」作「逐之」。

管仲束縛，自魯之齊，道而飢渴，過綺烏封人而乞食。烏封人跪而食之，○顧廣圻曰：上文云「綺烏」，皆未詳。先慎曰：御覽八百四十九引作「綺邑」。甚敬。封人因竊謂仲曰：「適幸，及齊不死而用齊，將何報我？」曰：「如子之言，我且賢之用，能之使，○先慎曰：乾道本「能」下無「之」字。顧廣圻云：今本有「之」字。先慎案：御覽引有，今據補。勞之論，我何以報子？」封人怨之。

韓非子集解卷第十三

外儲説右上第三十四

君所以治臣者有三：〔一〕勢不足以化則除之。師曠之對，晏子之説，皆合勢之易也，而道行之難，○顧廣圻曰：「合」當作「舍」，形近誤。此「舍」與「道」、「勢」與「行」皆相對。「行」，去聲讀之。難一篇「釋庸主之所易，道堯舜之所難」，又難二篇「不出乎莫不然之數，而道乎百無一之行」，句例同。又用人篇「釋三易之數，而行一難知之心」，五蠹篇「舍必不亡之術，而道必滅之事」，句例皆同。王先謙曰：「道」，由也。「行」，如字，義順，不必讀去聲。是與獸逐走也，未知除患。患之可除，在子夏之説春秋也：「善持勢者，蚤絶其姦萌。」故季孫讓仲尼以遇勢，○顧廣圻曰：「遇」當作「過」。而況錯之於君乎！是以太公望殺狂矞，而臧獲不乘驥。嗣公知之，故不駕鹿。○先慎曰：乾道本「不」作「而」。顧廣圻云：「而」當作「不」。先慎案：張榜本作「不」，今據改。薛公知之，故與二欒博。○盧文弨曰：疑「欒」作「孿」，下同。俞樾曰：「欒子」

即「蘭子」也。「欒」與「蘭」音近，説文門部「闌，妄入宫掖也，讀若『闌』」，即其例也。列子説符篇「宋有蘭子者」，釋文云：「凡人物不知生出者，謂之『蘭』也。」是「蘭子」之「蘭」，即「闌」之引申義，故此書以「欒」爲之矣。先慎曰：説文「欒」從「䜌」聲，「孿」從「䜌」聲，二字聲同。釋名釋宫室：「欒，孿也，其體上曲孿拳然也。」易中孚「有孚孿如」，一本作「孿」。是「欒」、「孿」二字義通，故本書叚「欒」爲「孿」。蒼頡篇：「孿，一生兩子也。」説文：「孿，一乳兩子也。」其言「二欒」者，謂昆弟皆來博也。則「欒」爲「孿」叚借，仍當以「雙生」訓之，俞以「欒」爲「蘭」，失其旨矣。此皆知同異之反也。故明主之牧臣也，説在畜烏。○先慎曰：乾道本「烏」作「焉」，拾補作「馬」。案「焉」、「馬」二字，皆「烏」字形近而譌，説作「烏」不誤，今從張榜本作「烏」。

〔二〕人主者，利害之軺轂也，○先慎曰：乾道本連上，今從張榜本、趙本提行。射者衆，故人主共矣。是以好惡見則下有因，而人主惑矣；辭言通則臣難言，而主不神矣。説在申子之言六慎，與唐易之言弋也。○顧廣圻曰：「易」下説有「鞫」字。患在國羊之請變，○先慎曰：乾道本「羊」作「年」。顧廣圻云：今本「年」作「羊」，説作「羊」。先慎案：作「羊」是，改從今本。與宣王之太息也。明之以靖郭氏之獻十珥也，○先慎曰：「氏」當作「君」。與犀首、甘茂之道穴聞也。○先慎曰：乾道本「茂」作「戊」。顧廣圻云：藏本、今本作「茂」。按「戊」當作「戊」，「戊」、「茂」同字也。古今人表作「戊」。先慎案：漢表用古文作「戊」，本書例用今文作「茂」，今從藏本，説正作「茂」。堂谿公知術，故問玉巵；昭侯能術，故以聽獨寢。○先慎曰：「以」字當在「能」字下。「以」，用也。言昭侯能用術，故每聽必獨寢。明主之道，在申子之勸獨斷也。

〔三〕術之不行，有故。不殺其狗則酒酸。夫國亦有狗，且左右皆社鼠也。人主無堯之再誅，與莊王之應太子，而皆有薄媼之決蔡嫗也。知貴不能○先慎曰：「知貴」，疑「欲知」之誤。以教歌之法先揆之。吴起之出愛妻，文公之斬顛頡，皆違其情者也。故能使人彈疽者，必其忍痛者也。

右經

〔一〕賞之譽之不勸，罰之毀之不畏，四者加焉不變，則除之。○先慎曰：乾道本「則」下有「其」字。盧文弨云：一本無「則」字。王渭云：「其」字衍。先慎案：張榜本無「其」字，今據删。

齊景公之晉，從平公飲，師曠侍坐。始坐，○先慎曰：乾道本無「始坐」二字。盧文弨云：「張本有。」顧廣圻云：「藏本有。」今據補。景公問政於師曠曰：「太師將奚以教寡人？」師曠曰：「君必惠民而已。」○王先謙曰：以下文例之，句末當有「矣」字。中坐，酒酣，將出，又復問政於師曠曰：「太師奚以教寡人？」曰：「君必惠民而已矣。」景公出之舍，師曠送之，又問政於師曠。師曠曰：「君必惠民而已矣。」景公歸思，未醒，而得師曠之所謂：○先慎曰：「歸」，謂歸其舍。「未醒」，承上酒酣言，寤寐思之，恍然有得，不待酒醒也。公子尾、公子夏者，景公之二弟也，甚得齊民，家富貴而民説之，擬於公室，此危吾位者也。今謂我惠民者，使我與二弟争民邪！於是反國，發廩粟以賦衆貧，○先慎曰：乾道本「粟」作「栗」，誤。今據趙本改。散府餘財以賜孤寡，○俞樾曰：「餘」字衍文。「散府財」與「發廩粟」相對爲文，不當有「餘」字，涉下文「府無餘財」而衍。倉無陳粟，府無餘財；宮婦不御者出嫁之，七十受禄米，鬻德惠施於民也。○先慎曰：「惠施」當作「施惠」。已與二弟争民。○先慎曰：乾道本無「民」字。顧廣圻云：今本「争」下有「民」字。「已」，讀爲以。盧文弨云：「已」字，張本作「不」。先慎案：「已」、「以」古通，顧讀是。「争」下無「民」字，則句義不完，今據今本補。居二年，二弟出走，公子夏逃楚，公子尾走晉。○盧文弨曰：子尾無出亡事。其子高疆昭十年奔魯，遂奔晉。先慎曰：左傳「子夏」作「子雅」。古「雅」、「夏」通用。

景公與晏子游於少海，登柏寢之臺而還望其國曰：「美哉！泱泱乎，堂堂乎，後世將孰有此？」晏子對曰：「其田成氏乎！」景公曰：「寡人有此國也，而曰田成氏有之，何也？」晏子對曰：「夫田成氏甚得齊民，其於民也，上之請爵禄行諸大臣，○先慎曰：二柄篇作「行之羣臣」。下之私大斗斛區釜以出貸，小斗斛區釜以收之。○先慎曰：左昭三年傳：「齊舊四量：豆、區、釜、鍾。四升爲豆，各自其四，以登於釜，釜十則鍾。陳氏三量，皆登一焉，鍾乃大矣。以家量貸，而以公量收之。」

殺一牛，取一豆肉，餘以食士。終歲，布帛取二制焉，餘以衣士。故市木之價不加貴於山，澤之魚鹽龜鼈贏蚌不加貴於海。○先慎曰：乾道本「蚌」作「蚌」，無「加」字。今依拾補改增。君重斂，而田成氏厚施。齊嘗大飢，道旁餓死者不可勝數也，父子相牽而趨田成氏者不聞不生。故周秦之民○顧廣圻曰：「秦」當作「齊」。「周」，遍也。謂遍齊國之人。相與歌之曰：『謳乎，其已乎！苞乎，其往歸田成子乎！』○盧文弨曰：孫貽穀云：史記田敬仲世家：齊人歌之曰：「嫗乎采芑，歸乎田成子。」此疑有誤。俞樾曰：「已」當作「芑」。昭十二年左傳「我有圃生之杞乎，從我者子乎」，與此文義相似。史記載此歌正作「芑」。惟此本以「謳」、「苞」爲韻，「芑」、「子」爲韻。史記作「歸乎田成子」，「歸」與「謳」則非韻矣。當以此爲正。詩曰：『雖無德與女，式歌且舞。』○先慎曰：晏子春秋外篇「女」作「汝」，同字。今田成氏之德而民之歌舞，民德歸之矣。○先慎曰：「之歌舞」當作「歌舞之」。故曰：『其田成氏乎。』」公泫然出涕曰：「不亦悲乎！寡人有國而田成氏有之，今爲之奈何？」晏子對曰：「君何患焉！若君欲奪之，則近賢而遠不肖，治其煩亂，緩其刑罰；振貧窮而恤孤寡，行恩惠而給不足，民將歸君，則雖有十田成氏其如君何！」○先慎曰：「田成氏」，御覽一百六十及一百七十七引無「成」字。

或曰：景公不知用勢，而師曠、晏子不知除患。夫獵者，託車輿之安，用六馬之足，使王良佐轡，則身不勞而易及輕獸矣。今釋車輿之利，捐六馬之足與王良之御，而下走逐獸，則

雖樓季之足無時及獸矣。託良馬固車，則臧獲有餘。國者，君之車也；勢者，君之馬也。夫不處勢以禁誅擅愛之臣，

○先慎曰：「誅」字衍。「擅愛」，即上請爵祿行之大臣也。「禁擅愛之臣」，與下文「禁侵陵之臣」句例正同。

而必德厚以與天下齊行以爭民，

○先慎曰：乾道本「民」作「名」。顧廣圻云：「天」字衍。藏本「名」作「民」，是也。見本書難三篇。先慎案：顧說是，拾補亦作「民」，今據改。

是皆不乘君之車，不因馬之利，

○先慎曰：「君之車」當作「車之安」。「車之安」與「馬之利」相對爲文。上云「託車輿之安」，即其證。

釋車而下走者也。

○先慎曰：乾道本無「釋」字。顧廣圻云：「車」字當衍。今本「車」上有「舍」字者，非是。先慎案：顧說非。御覽六百二十四引「車」上有「釋」字，是。此與外儲說左上「釋車而走」句例正合，今據增。

或曰：景公不知用勢之主也，而師曠、晏子不知除患之臣也。

○先慎曰：乾道本師曠下有「不知」二字。顧廣圻云：藏本、今本無「不知」二字。先慎案：御覽引亦無「不知」二字，今據刪。

子夏曰：「春秋之記臣殺君、子殺父者，以十數矣，皆非一日之積也，有漸而以至矣。

○先慎曰：拾補無「以」字。盧文弨云：張本有「以」字。顧廣圻云：藏本同。今本無「以」字，誤。

凡姦者，行久而成積，積成而力多，力多而能殺，故明主蚤絶之。」今田常之爲亂有漸見矣，而君不誅。晏子不使其君禁侵陵之臣，而使其主行惠，故簡公受其禍。故子夏曰：「善持勢者，蚤絶姦之萌。」

季孫相魯，子路爲郈令。○盧文弨曰：家語致思篇作「蒲宰」。先慎曰：説苑臣術篇作「蒲令」，家語即本説苑。魯以五月起衆爲長溝，當此之時，○先慎曰：各本「時」作「爲」，據御覽八百四十九引改。子路以其私秩粟爲漿飯，○先慎曰：「漿飯」，粥也。要作溝者於五父之衢而湌之。○先慎曰：御覽二十二及一百九十五、八百四十九引「飯」竝作「飲」，下「覆其飯」並作「覆其飲」。孔子聞之，使子貢往覆其飯，擊毀其器，曰：「魯君有民，子奚爲乃湌之？」子路怫然怒，攘肱而入，請曰：「夫子疾由之爲仁義乎？所學於夫子者，仁義也；仁義者，與天下共其所有而同其利者也。今以由之秩粟而湌民，其不可何也？」○先慎曰：各本無「其」字，據御覽引補。孔子曰：「由之野也！吾以女知之，女徒未及也，女故如是之不知禮也？女之湌〔二〕之，爲愛之也。夫禮，天子愛天下，諸侯愛境內，大夫愛官職，士愛其家，過其所愛曰侵。今魯君有民，而子擅愛之，是子侵也，不亦誣乎！」言未卒，而季孫使者至，讓曰：「肥也起民而使之，先生使弟子止徒役而湌〔三〕之，○先慎曰：各本「止」作「令」，據御覽引改。將奪肥之民耶？」孔子駕而去魯。以孔子之賢，而季孫非魯君也，

〔二〕「湌」，原本作「滄」，據四部叢刊影宋乾道本改。

〔三〕「湌」，原本作「滄」，據文義改。

以人臣之資，假人主之術，蚤禁於未形，而子路不得行其私惠，而害不得生，況人主乎！以景公之勢而禁田常之侵也，則必無劫弒之患矣。

太公望東封於齊，齊東海上有居士曰狂矞、華士昆弟二人者，○顧廣圻曰：論衡非韓篇「矞」作「譎」。荀子宥坐篇楊倞注引此「士」作「仕」。先慎曰：御覽六百四十五引「矞」作「獝」，無「者」字。立議曰：「吾不臣天子，不友諸侯，耕作而食之，掘井而飲之，吾無求於人也；無上之名，無君之祿，不事仕而事力。」太公望至於營丘，使執而殺之，○先慎曰：乾道本作「使吏執殺之」。盧文弨云：「執」下脱「而」字。荀子注引有。先慎案：荀子注引無「吏」字。御覽引作「使執而殺之」，今據改。以爲首誅。周公旦從魯聞之，發急傳而問之曰：「夫二子，賢者也，今日饗國而殺賢者，何也？」太公望曰：「是昆弟二人立議曰：『吾不臣天子，不友諸侯，耕作而食之，掘井而飲之，吾無求於人也；無上之名，無君之祿，不事仕而事力。』彼不臣天子者，是望不得而臣也；不友諸侯者，是望不得而使也；耕作而食之，掘井而飲之，無求於人者，是望不得以賞罰勸禁也。且無上名，雖知不爲望用；不仰君祿，雖賢不爲望功。不仕則不治，不任則不忠。且先王之所以使其臣民者，非爵祿則刑罰也。今四者不足以使之，則望當誰爲君乎？不服兵革而顯，不親耕耨而名，又所以教於國也。○顧廣圻曰：藏本、今本「又」下有「非」字，誤。今有馬於此，如驥之狀者，天下之至良也；然而驅之不前，卻之不止，○先慎曰：御覽引「卻」作「引」，「止」作「至」。左之不左，右之不右，則臧獲雖賤，不託其足。臧獲之所願託其足於驥者，以驥之可以追利辟害也。今不爲人用，臧獲雖賤，不託其足焉。已自謂以爲世之賢士，而不爲主用，行極賢而不用於君，此非明主之所臣也，亦驥之不可左右矣，是以誅之。」一曰：太公望東封於齊，海上有賢者狂矞，○先慎曰：北堂書鈔四十五引「者」下有「名」字。太公望聞之，往請焉，三卻馬於門而狂矞不報見也，太公望誅之。當是時也，周公旦在魯，馳往止之，比至，已誅之矣。周公旦曰：「狂矞，天下賢者也，夫子何爲誅之？」○先慎曰：北堂書鈔引無「夫子」二字。太公望曰：「狂矞也○先慎曰：「也」字衍文。議不臣天子，不友諸侯，○先慎曰：北堂書鈔引「議」作「義」，二字古通。吾恐其亂法易教也，故以爲首誅。今有馬於此，形容似驥也，然驅之不往，引之不前，雖臧獲不託足以旋其軫也。」○先慎曰：乾道本「託」上有「許」字，「以旋」二字作「於」字，顧廣圻云：「藏本、今本無『許』字，『於』作『以旋』。」今據改。

如耳說衛嗣公，衛嗣公說而太息。左右曰：「公何爲不相也？」公曰：「夫馬似鹿者，而題之千金。○先慎曰：事類賦二十三引無「之」字。然而有百金之馬而無千金之鹿者，何也？○先慎曰：各本「千」字作「一」，無「何也」二字，據論衡、藝文類聚九十三、御覽八百九十三引補。馬爲人用而鹿不爲人用也。今如耳萬乘之相也，外有大國之意，其心不在衛，雖辯智，亦不爲寡人用，吾是以不相也。」

薛公之相魏昭侯也，左右有欒子者曰陽胡、潘，其於王甚重，○先慎曰：御覽七百五十四引「潘其」作「潘者」。而不爲薛公。薛公患之，於是乃召與之博，予之人百金，令之昆弟博，○先慎曰：「令之」，當作「令其」。俄又益之人二百金。方博有間，謁者言客張季之子在門，○先慎曰：張榜本無「之子」二字。公怫然怒，撫兵而授謁者曰：「殺之！吾聞季之不爲文也。」立有間，時季羽在側，○顧廣圻曰：「季羽」，未詳。先慎曰：「時」字疑衍。曰：「不然。竊聞季爲公甚，顧其人陰未聞耳。」乃輟不殺客而大禮之，○先慎曰：乾道本無「而」字，盧文弨云：「張本有。」今據補。曰：「曩者聞季之不爲文也，故欲殺之；今誠爲文也，豈忘季哉！」告廩獻千石之粟，告府獻五百金，告騶私厩獻良馬固車二乘，因令奄將宮人之美妾二十人并遺季也。欒子因相謂曰：「爲公者必利，不爲公者必害，吾曹何愛不爲公？」因私競勸而遂爲之。○先慎曰：乾道本「私」作「斯」，案「私」、「斯」二字聲近而誤，張榜本、趙本作「私」，是。欒子兄弟見薛公遺季，因私相勸勉爲薛公。「斯」字誤，今據改。薛公以人臣之勢，假人主之術也，而害不得生，況錯之人主乎！夫馴烏者斷其下翎，○先慎曰：乾道本無「者」字，「翎」作「頷」，下有「焉斷其下頷」五字，今據御覽九百二十、事類賦十九引增刪。則必恃人而食，○先慎曰：事類賦「恃」作「待」。焉得不馴乎？夫明主畜臣亦然，令臣不得不利君之祿，不得無服上之名。夫利君之禄，服上之名，焉得不服？

〔二〕申子曰：「上明見，人備之；其不明見，人惑之。○先慎曰：「惑」字失韻，疑誤。其知見，人飾之；不知見，人匿之。其無欲見，人司之；其有欲見，人餌之。故曰：吾無從知之，惟無爲可以規之。」一曰：申子曰：「慎而言也，人且知女；○俞樾曰：「知」當作「和」，字之誤也。「和」與下「隨」字相爲韻，下文「匿」與「意」、「臧」與「行」皆相爲韻，若作「知」則首句失其韻矣。慎而行也，人且隨女。而有知見也，人且匿女；而無知見也，人且意女。女有知也，人且臧女；女無知也，人且行女。故曰：惟無爲可以規之。」

田子方問唐易鞠曰：「弋者何慎？」○先慎曰：乾道本「田」上有圈，今從趙本。對曰：「鳥以數百目視子，子以二目御之，子謹周子廩。」田子方曰：「善。子加之弋，我加之國。」鄭長者聞之○先慎曰：漢藝文志道家有鄭長者一篇，云：「六國時，先韓子，韓子稱之。」師古注：「別録云：『鄭人，不知其名。』」袁淑真隱傳：鄭長者，隱德無名，著書一篇，言道家事，韓非稱之，世傳是長者之辭，因以爲名。曰：「田子方○先慎曰：乾道本無「曰」字，顧廣圻云：「今本有『曰』字。」今據補。知欲爲廩，而未得所以爲廩。夫虚無無見者，廩也。」一曰：齊宣王問弋於唐易子○顧廣圻曰：漢書古今人表中上有唐易子，即此，上文云「鞠」，或其名。曰：「弋者奚貴？」唐易子曰：「在於謹廩。」王曰：「何謂謹廩？」對曰：

「鳥以數十目視人，人以二目視鳥，奈何其不謹廩也？」○先慎曰：乾道本無「其」字，盧文弨云：「其〔二〕字脱，張本有。」今據補。故曰『在於謹廩』也。」王曰：「然則爲天下何以異此廩？」○先慎曰：乾道本「王」作「故」，「異」作「爲」，拾補「爲」作「異」，顧廣圻云：「今本『故』作『王』，下『爲』字作『異』。」今據改。今人主以二目視一國，一國以萬目視人主，將何以自爲廩乎？」對曰：「鄭長者有言曰：『夫虛靜無爲而無見也。』其可以爲此廩乎？」

國羊重於鄭君，○先慎曰：乾道本連上，今從趙本提行。聞君之惡己也，侍飲，因先謂君曰：「臣適不幸而有過，願君幸而告之。臣請變更，則臣免死罪矣。」

客有説韓宣王，宣王説而太息，左右引王之説之曰先告客以爲德。○盧文弨曰：「曰」，秦本作「以」。顧廣圻曰：句有誤。俞樾曰：「引」當作「以」，「曰」當作「日」，皆字之誤也。隸書「以」字或作「卧」，因誤爲「引」矣。蓋因客説宣王，宣王説而太息，故左右以王之説之日先告客以爲德也。

靖郭君之相齊也，王后死，未知所置，乃獻玉珥以知之。一曰：薛公相齊，齊威王夫人死，○顧廣圻曰：齊策無「威」字。楚策云「楚王后死，未立后也，謂昭魚曰」云云，不同。有十孺子，皆貴於王，○先

〔二〕「其」，原本作「二」，據盧氏群書拾補改。

慎曰：各本「有」上有「中」字，據御覽六百二十六、七百一十八引删。又御覽注云「所窺者凡十人」，當亦本書舊注。薛公欲知王所欲立，而請置一人以爲夫人。王聽之，則是說行於王而重於置夫人也；王不聽，是說不行而輕於置夫人也。欲先知王之所欲置以勸王置之，○先慎曰：乾道本「勸」下有「之」字。顧廣圻云：藏本、今本無「之」字。先慎案：北堂書鈔三十一引亦無「之」字，今據删。於是爲十玉珥而美其一○先慎曰：張榜本「玉」誤「王」。而獻之。王以賦十孺子，明日坐，視美珥之所在而勸王以爲夫人。

甘茂相秦惠王，惠王愛公孫衍，與之間有所言，○顧廣圻曰：六字爲一句。「言」，秦策作「立」。曰：「寡人將相子。」甘茂之吏道穴聞之，○顧廣圻曰：藏本同。今本「道」作「通」，誤。策「穴」誤作「而」，當依此訂。先慎曰：吴師道策補云：韓非子「道而」作「道穴」。以告甘茂。○先慎曰：乾道本「以」上有「曰」字，顧廣圻云：「今本無曰字，策無。」今據删。甘茂入見王曰：「王得賢相，臣敢再拜賀。」王曰：「寡人託國於子，安更得賢相？」對曰：「將相犀首。」王曰：「子安聞之？」對曰：「犀首告臣。」王怒犀首之泄，乃逐之。一曰：犀首，天下之善將也，梁王之臣也。秦王欲得之與治天下，犀首曰：「衍人臣也，○先慎曰：乾道本「衍」下有「其」字，「臣」下有「者」字。盧文弨云：「『其』字、『者』字，一本無。」今據删。不敢離主之國。」居期年，犀首抵罪於梁王，逃而入秦，秦王甚善之。樗里疾，秦之將也，恐犀首之代之將也，鑿穴於王之所常隱語者。俄而王果與犀首計曰：「吾欲攻韓，奚如？」犀首曰：「秋可矣。」王曰：「吾欲以國累子，子必勿泄也。」犀首反走再拜曰：「受命。」於是樗里疾已道穴聽之矣。○先慎曰：乾道本「已」作「也」，據張榜本、趙本改。見郎中皆曰：「兵秋起攻韓，○先慎曰：乾道本無「見」字，盧文弨云：「一本有『見』字。」今據補。犀首爲將。」於是日也，郎中盡知之；於是月也，境内盡知之。○先慎曰：乾道本「月」作「日」，拾補作「月」。盧文弨云：「『日』字譌。」顧廣圻云：「『日』當作『月』。」今依拾補改。王召樗里疾曰：「是何匈匈也，何道出？」○先慎曰：「道」，由也。言人匈匈，謂兵秋起攻韓，何由出此言也。樗里疾曰：「似犀首也。」王曰：「吾無與犀首言也，其犀首何哉？」樗里疾曰：「犀首也羈旅，新抵罪，其心孤，是言自嫁於衆。」王曰：「然。」使人召犀首，已逃諸侯矣。○先慎曰：張榜本、趙本「逃」下有「入」字。

堂谿公謂昭侯曰：「今有千金之玉巵而無當，○先慎曰：乾道本「而」上有「通」字。盧文弨云：「通」字衍。先慎案：御覽八百五引無「通」字，今據删。張榜本「而」誤「有」。可以盛水乎？」昭侯曰：「不可。」「有瓦器而不漏，可以盛酒乎？」昭侯曰：「可。」對曰：「夫瓦器至賤也，不漏可以盛酒。雖有千金之玉巵，至貴而無當，漏不可盛水，○先慎曰：乾道本「有」下有「乎」字，「盛水」作「乘水」。盧文弨云：「『乎』字，凌本無；『乘』，藏本作『盛』。」今據删改。則人孰注漿哉！今爲人主而漏其羣臣之語，○先慎曰：乾道本「主」上有「之」字，盧文弨云：「『之』字衍，張本無。」今據删。是猶無當之玉巵也，雖有聖智，莫盡其術，爲其漏也。」昭侯曰：「然。」昭侯聞堂谿公之言，自此之後，欲發天下之大事，未嘗不獨寢，恐夢言而使人知其謀也。一曰：堂谿公見昭侯曰：○先慎曰：藝文類聚七十三、御覽三百九十三、七百六十一引「公」作「空」，下同。「今有白玉之巵而無當，有瓦巵而有當，君渴，將何以飲？」君曰：「以瓦巵。」堂谿公曰：「白玉之巵美，而君不以飲者，以其無當耶？」君曰：「然。」堂谿公曰：「爲人主而漏泄其羣臣之語，譬猶玉巵之無當也。」○先慎曰：各本無「也」字，據藝文類聚、御覽引補。堂谿公每見而出，昭侯必獨卧，惟恐夢言泄於妻妾。

申子曰：○先慎曰：舊連上，今提行。獨視者謂明，獨聽者謂聰，能獨斷者故可以爲天下主。○顧廣圻曰：「主」當作「王」，與上文「明」、「聽」韻。

〔三〕宋人有酤酒者，升概甚平，遇客甚謹，爲酒甚美，縣幟甚高，然而不售，酒酸。○先慎曰：各本「然而」作「著然」。盧文弨云：「著然」，孫云：「文選與滿公琰書注引作『然而』。」先慎案：藝文類聚九十四、御覽八百二十八引並作「然而」，今據改。怪其故，問其所知閭長者楊倩，○先慎曰：乾道本「閭」作「問」，趙本脱，拾補作「閭」。盧文弨云：「閭」字脱，選注有，意林同。顧廣圻云：當作「閭」。韓詩外傳云「問里人」，說苑、晏子春秋同。先慎案：盧、顧說是。藝文類聚、御覽引並作「閭」，今據補。藝文類聚引「倩」作「青」，下同。倩曰：「汝狗猛耶？」曰：〇盧文弨曰：下「曰」字，藏本、張本皆無。先慎曰：藝文類聚、御覽引並有。「狗猛則酒何故而不售？」曰：「人畏焉。或令孺子懷錢挈壺罋而往酤，而狗迓而齕之，〇先慎曰：拾補「齕」下旁注「⿰齒亢」字，案説文無「⿰齒亢」字。「齕」，齧也；齧，噬也。明此作「齕」是。下文趙本亦誤作「⿰齒亢」。藝文類聚引「迓」作「迎」。此酒所以酸而不售也。」夫國亦有狗，〇先慎曰：藝文類聚引「狗」上有「猛」字。有道之士懷其術而欲以明萬乘之主，〇先慎曰：拾補「明」作「輔」。盧文弨云：文選注引作「輔」。顧廣圻云：「明」字是。韓詩外傳七云「欲白萬乘之主」，「白」，明也。荀子、外傳多言「白」，其義皆同。先慎案：顧説是，藝文類聚、御覽引正作「明」。御覽引「而」下有「往」字。大臣爲猛狗，迎而齕之，此人主之所以蔽脅，而有道之士所以不用也。故桓公問管仲曰：〇先慎曰：乾道本無「曰」字，顧廣圻云：「藏本、今本有『曰』字。」今據補。「治國最奚患？」對曰：「最患社鼠矣。」公曰：「何患社鼠哉？」對曰：「君亦見夫爲社者乎？樹木而塗之，鼠穿其間，掘穴託其中，燻之則恐焚木，灌之則恐塗阤，此社鼠之所以不得也。今人君之左右，出則爲勢重而收利於民，入則比周而蔽惡於君，內間主之情以告外，外內爲重，諸臣百吏以爲富，〇先慎曰：「富」，當作「輔」，聲之誤。吏不誅則亂法，誅之則君不安。據而有之，〇顧廣圻曰：「不」當作「所」。晏子春秋云：「則爲人主所案據腹而有之。」説苑云：「則爲人主所察據腹而有之。」「案」、「安」同字，「察」即「案」形近譌。又按依二書，此「而」上當脱「腹」字。此亦國之社鼠也。」故人臣執柄而擅禁，〇先慎曰：乾道本「禁」下有「禦」字。顧廣圻云：藏本、今本無「禦」字。先慎按：「禦」字不當有，下文無，即其證。今據顧校删。明爲己者必利，而不爲己者必害，此亦猛狗也。夫大臣爲猛狗而齕有道之士矣，左右又爲社鼠而間主之情，○顧廣圻曰：藏本、今本「情」下有「矣」字，誤。人主不覺，如此主焉得無壅，國焉得無亡乎！一曰：宋之酤酒者有莊氏者，其酒常美。或使僕往酤莊氏之酒，其狗齕人，使者不敢往，乃酤佗家之酒。問曰：「何爲不酤莊氏之酒？」對曰：「今日莊氏之酒酸。」故曰：「不殺其狗則酒酸。」一曰：桓公問管仲曰：○先慎曰：乾道本無「一曰」二字。「桓」下提行。顧廣圻云：藏本、今本「桓」上有「一曰」二字，按有者是也。先慎案：今依趙本連上，補「一曰」二字。「治國何患？」對曰：「最苦社鼠。夫社，木而塗之，鼠因自託也。燻之則木焚，灌之則塗阤，此所以苦於社鼠也。今人君左右，出則爲勢重以收利於民，入則比周謾侮蔽惡以欺於君，不誅則亂法，誅之則人主危。據而有之，○顧廣圻曰：「危」當作「安」，說見上。「安據」連文，失其讀者改之耳。此亦社鼠也。」故人臣執柄擅禁，明爲己者必利，不爲己者必害，亦猛狗也。故左右爲社鼠，用事者爲猛狗，則術不行矣。○先慎曰：說本晏子春秋内篇問上，「桓公」、「管仲」作「景公」、「晏子」。

堯欲傳天下於舜，鯀諫曰：「不祥哉！孰以天下而傳之於匹夫乎？」堯不聽，舉兵而誅殺鯀於羽山之郊。○顧廣圻曰：依下句，當衍「殺」字。先慎曰：下句「誅」字乃「流」字之誤，不得據以爲例。「誅殺」，謂罪而殺之也，「殺」字非衍文。共工又諫曰：「孰以天下而傳之於匹夫乎？」堯不聽，又舉兵而流共工於幽州之都。○先慎曰：各本「流」作「誅」，據御覽六百四十五引改。尚書、孟子並作「流」。於是天下莫敢言無傳天下於舜。仲尼聞之曰：「堯之知舜之賢，非其難者也。夫至乎誅諫者，必傳之舜，乃其難也。」一曰：「不以其所疑敗其所察則難也。」

荆莊王有茅門之法，○孫詒讓曰：「茅門」，下作「茆門」。説苑至公篇與此略同，亦作「茅」。案「茅門」即雉門也。説文隹部「雉，古文作𨿅」，或省爲「弟」，與「茅」形近而誤。史記魯世家「築茅闕門」，即春秋定二年經之「雉門兩觀」也。諸侯三門，庫、雉、路。外朝在雉門外。茅門之法，廷理掌之，即周禮秋官：「朝士掌建邦外朝之法也。」天子、諸侯三朝皆有廷士。「士」、「理」〔一〕字通。先慎曰：孫説「茅」即「弟」之誤，是也。御覽六百三十八引正作「弟」，可證。曰：「羣臣大夫諸公子入朝，馬蹏踐霤者，廷理斬其輈，戮其御。」於是太子入朝，馬蹏踐霤，廷理斬其輈，戮其御。太子怒，○先慎曰：怒廷理之執法也。入爲王泣曰：「爲我誅戮廷理。」王曰：「法者所以敬宗廟，尊社稷。故能立法從令，尊敬社稷者，社稷之臣也，焉可誅也！夫犯法廢令，不尊敬社稷者，是臣乘君而下尚校也。○盧文弨曰：「尚」、「上」同。「校」，疑當作「陵」。説苑至公篇作「下陵上」。先慎曰：此當作「下校尚」，傳寫誤倒耳。「下校尚」，謂下亢上也。國策秦策：「足以校於秦矣。」高誘

〔一〕「士理」，原本作「理」，涉上文「廷士」誤脱「士」字，今補。

注：「『校』猶『亢』也。」「校」、「尚」誤倒。說苑「乘」作「棄」，「校」作「陵」，皆劉向所易，未可據。臣乘君則主失威，下尚校則上位危。威失位危，社稷不守，吾將何以遺子孫。」於是太子乃還走，避舍露宿三日，北面再拜請死罪。一曰：楚王急召太子。楚國之法，車不得至於茆門。天雨，廷中有潦，太子遂驅車至於茆門。○孫詒讓曰：說苑：「楚莊王之時，太子車立於茅門之外。」廷理曰：○顧廣圻曰：說苑云「少師慶」。「車不得至茆門，非法也。」○先慎曰：「至茆門」三字當重。太子曰：「王召急，不得須無潦。」遂驅之。廷理舉殳而擊其馬，敗其駕。太子入爲王泣曰：「廷中多潦，驅車至茆門，廷理曰『非法也』，舉殳擊臣馬，敗臣駕。王必誅之。」王曰：「前有老主而不踰，○先慎曰：北堂書鈔三十六引「老主」作「先王」，說苑作「老君」。後有儲主而不屬，矜矣。○盧文弨曰：說苑作「少君在後而不豫」。下「矜矣」二字衍，凌本無。先慎曰：北堂書鈔引有「矜矣」二字。「矜」與「賢」聲相近，古通假。文子上仁篇「矜」與「賢」韻。「矜矣」，猶「賢矣」。此楚王贊美廷理也。書大禹謨傳「自賢曰矜」，朱駿聲說文通訓定聲「矜」下云「『矜』，借爲『賢』」，亦通。是真吾守法之臣也。」乃益爵二級，○先慎曰：御覽六百三十六引「二」作「三」。而開後門出太子，勿復過。

衛嗣君謂薄疑曰：「子小寡人之國以爲不足仕，則寡人力能仕子，請進爵以子爲上卿。」乃進田萬頃。薄子曰：「疑之母親疑，以疑爲能相萬乘所不窕也。○先慎曰：「窕」與

「篠」同。荀子賦論「充盈太宇而不窕」，楊注：「『窕』音『篠』。」然疑家巫有蔡嫗者，疑母甚愛信之，屬之家事焉。疑智足以信言家事，○顧廣圻曰：「信」字當衍。疑母盡以聽疑也。然已與疑言者，亦必復決之於蔡嫗也。故論疑之智能，以疑爲能相萬乘而不窕也；論其親，則子母之間也；然猶不免議之於蔡嫗也。今疑之於人主也，非子母之親也，而人主皆有蔡嫗。人主之蔡嫗，必其重人也。重人者，能行私者也。夫行私者，繩之外也；○先慎曰：「繩」，謂繩墨。而疑之所言，法之内也。○先慎曰：乾道本無「所」字，顧廣圻云：「藏本、今本有『所』字。」今據補。繩之外與法之内，讎也，不相受也。」○先慎曰：張榜本此下有「如是則疑不得長臣矣」九字。一曰：衛君之晉，謂薄疑曰：「吾欲與子皆行。」薄疑曰：「媪也在中，請歸與媪計之。」衛君自請薄媪。曰：○顧廣圻曰：藏本重「薄媪」二字。「疑，君之臣也，君有意從之，甚善。」衛君曰：「吾以請之媪，○先慎曰：「以」當作「已」。媪許我矣。」薄疑歸言之媪也，曰：「衛君之愛疑奚與媪？」○先慎曰：乾道本無「愛」字，顧廣圻云：「藏本無『愛』字，今本有，依下文當補。」今據增。媪曰：「不如吾愛子也。」「衛君之賢疑奚與媪也？」曰：「不如吾賢子也。」「媪與疑計家事已決矣，乃更請決之於卜者蔡嫗。○先慎曰：乾道本無「更」字，盧文弨云：「張本有。」今據補。今衛君從疑而行，雖與疑決計，必與他蔡嫗敗之，如是則疑不得長爲臣矣。」

夫教歌者，使先呼而詘之，其聲反清徵者，乃教之。○顧廣圻曰：「反」當作「及」。一曰：教歌者先揆以法，疾呼中宮，徐呼中徵。疾不中宮，徐不中徵，不可謂教。○顧廣圻曰：「謂」當作「爲」。先慎曰：「爲」、「謂」古通用，不必改作。

吴起，衛左氏中人也，使其妻織組，而幅狹於度。吴子使更之，其妻曰：「諾。」及成，復度之，果不中度，吴子大怒。其妻對曰：「吾始經之而不可更也。」○先慎曰：乾道本「吾」作「五」，據趙本改。北堂書鈔三十六引正作「吾」。吴子出之，其妻請其兄而索入，○先慎曰：乾道本無「入」字。顧廣圻云：藏本、今本「索」下有「入」字。先慎案：北堂書鈔引亦有，今據補。其兄曰：「吴子，爲法者也。其爲法也，且欲以與萬乘致功，必先踐之妻妾，然後行之，子毋幾索入矣。」○先慎曰：「毋幾索入」，謂毋望索入也。史記晉世家「毋幾爲君」，吕不韋傳「則子無幾得與長子」，索隱云：「『幾』猶『望』也。」此文語意正與相同。其妻之弟又重於衛君，乃因以衛君之重請吴子，吴子不聽，遂去衛而入荆也。一曰：吴起示其妻以組曰：「子爲我織組，令之如是。」組已就而效之，○先慎曰：「效」當作「較」。其組異善。起曰：「使子爲組，令之如是，而今也異善何也？」其妻曰：「用財若一也，加務善之。」吴起曰：「非語也。」使之衣而歸。○先慎曰：乾道本無「而」字。顧廣圻云：「衣」當作「夜」。先慎案：顧說非。御覽四百三十又八百十九、八百二十六引並有「而」字，今據補。北堂書鈔三十六引無

「而」字，陳禹謨據誤本改之也。其父往請之，吴起曰：「起家無虚言。」

晉文公問於狐偃曰：「寡人甘肥周於堂，卮酒豆肉集於宮，壺酒不清，○先慎曰：「壺」當作「壺」，形近而誤。「酒」，飲也。生肉不布，○先慎曰：左昭十六年傳注：「布，陳也。」殺一牛徧於國中，○先慎曰：言不獨食。一歲之功盡以衣士卒，○先慎曰：「功」，謂女功。其足以戰民乎？」狐子曰：「不足。」文公曰：「吾弛關市之征而緩刑罰，其足以戰民乎？」狐子曰：「不足。」文公曰：「吾民之有喪資者，寡人親使郎中視事，有罪者赦之，貧窮不足者與之，其足以戰民乎？」狐子對曰：「不足。此皆所以慎産也；而戰之者，殺之也。民之從公也，爲慎産也，公因而迎殺之，失所以爲從公矣。」○孫詒讓曰：「慎」，讀爲順。「産」與「生」義同字通。「迎殺」，「迎」當爲「逆」。「慎産」者，言文公所言皆是順其生之事。「迎殺」者，言戰爲逆而殺之之事。順逆、生殺文正相對也。曰：「然則何如足以戰民乎？」狐子對曰：「令無得不戰。」公曰：「無得不戰奈何？」狐子對曰：「信賞必罰，其足以戰。」公曰：「刑罰之極安至？」對曰：「不辟親貴，法行所愛。」文公曰：「善。」明日，令田於圃陸，期以日中爲期，後期者行軍法焉。於是公有所愛者曰顛頡，後期，吏請其罪，文公隕涕而憂。○先慎曰：不行法則失信，行法則失貴重之臣，故憂而不決。吏曰：

「請用事焉。」遂斬顛頡之脊以徇百姓，以明法之信也。而後百姓皆懼曰：「君於顛頡之貴重如彼甚也，而君猶行法焉，況於我則何有矣。」文公見民之可戰也，於是遂興兵伐原，克之；○盧文弨曰：張本「兵」下有「東」字。伐衛，東其畝，○顧廣圻曰：與左傳不同。呂氏春秋簡選篇亦云「東衛之畝」。先慎曰：商君書賞刑篇「反鄭之埤，東衛之畝」，（「衛」譌作「徵」，說詳商子集校。）與呂覽合，蓋相傳有此事耳。取五鹿；攻陽，勝虢；○顧廣圻曰：「陽」，當即陽繁。「勝虢」，未詳。伐曹；南圍鄭，反之陴；○王渭曰：呂氏春秋「反鄭之埤」，高注：「反，覆。覆鄭之埤。」先慎曰：晉語「伐鄭，反其陴」，高注：「反，撥也。陴，城上女垣。」與呂覽注異。國語此注上引賈侍中、唐尚書說，蓋此注亦本前儒，雖未明其人，較反覆之義爲長。本書「之」字，亦疑「其」之誤，商君書與呂氏春秋同。罷宋圍；還與荆人戰城濮，大敗荆人；返爲踐土之盟，遂成衡雍之義。○先慎曰：乾道本「成」作「城」，盧文弨云：「『城』字譌。」今據拾補改。一舉而八有功。所以然者，無他故異物，從狐偃之謀，假顛頡之脊也。

夫痤疽之痛也，非刺骨髓，則煩心不可支也；非如是，○顧廣圻曰：「如」當作「知」，下同。不能使人以半寸砥石彈之。今人主之於治亦然，非不知有苦則安；欲治其國，○先慎曰：乾道本無「國」字，顧廣圻云：「今本『其』下有『國』字。」今據補。非如是不能聽聖知而誅亂臣。亂臣者○先慎曰：乾道本不重「亂臣」二字，顧廣圻云：「今本重『亂臣』，案當重，下屬。」今據補。必重人，重人者必人主所甚親愛也。人主所甚親愛也者，是同堅白也。夫以布衣之資，欲以離人主之堅白所愛，是以解左髀説右髀者，○顧廣圻曰：藏本同。今本「以」作「猶」，誤。按此當重「以解左髀説右髀」七字。先慎曰：趙本作「以」，不誤。是身必死而説不行者也。

韓非子集解卷第十四

外儲説右下第三十五○先慎曰：乾道本無「下」字，顧廣圻云：「今本有『下』字。」今據補。

〔一〕賞罰共則禁令不行。令臣操之，故曰「共」也。何以明之？以造父、於期。既善馭馬，又能忍渴，及至彘趨飲，遂不能制。○盧文弨曰：注「渴」誤「得」。先慎曰：趙本「渴」作「竭」，亦誤。子罕爲出彘，罕行罰，一國畏之，因篡君。亦威分出彘之類也。田恒爲圃池，擅行賞，人歸之，因弒簡公。亦分圃池之比也。故宋君、簡公弒。患在王良、造父之共車，田連、成竅之共琴也。王、造誠能御車，使共操轡則不進；田、成信善琴，令共操彈則曲不成。君臣共賞，亦出是也。

〔二〕治强生於法，弱亂生於阿，法曲則亂。君明於此，則正賞罰而非仁下也；○先慎曰：乾道本無「而」字，顧廣圻云：「藏本、今本『非』上有『而』字。」今據增。今本「仁下」作「不仁」，誤。爵禄生於功，功立則爵生。誅罰生於罪，罪著則罰生。臣明於此，則盡死力而非忠君也。○先慎曰：乾道本無「非」字。顧廣圻云：今本「而」下有「非」字，按依上文，「而」當作「非」。先慎按：上脱「而」字，此脱「非」字，並改從今本。君通於不仁，臣通於不忠，則可以王矣。○先慎曰：上欲治强，則必正法，故不仁。下欲爵禄，乃盡死力，故非忠君。昭襄知主情，但當自求理以訾責也。百姓但當仰君，亦不須曲爲愛，故君疾而禱者，責之以二甲。而不發五苑；應侯欲發蔬果以救飢人，昭王以爲無功受賞，因止之也。田鮪知臣情，但當立功，蓋因不須私忠於上也。故教田章；鮪教子章曰：「富國，家自富；利君，身自利也。」而公儀辭魚。以爲違法受魚則失魚，故不受。○盧文弨曰：注一本「爲」誤作「達」，脱「故」字。

〔三〕明主者，鑒於外也，而外事不得不成，故蘇代非齊王。以令燕王專任子之，故不專任，終不成霸。人主鑒於上也，○盧文弨曰：「上」，張本作「士」。顧廣圻曰：藏本「上」作「士」，按此當作「下」。先慎曰：「上」字不誤。「上」，謂上古也。「蘇代非齊」，「潘壽言禹」，是一横説，一豎説，兩事比勘，語極明顯。張榜本亦誤作「士」。而居者不適不顯，故潘壽言禹情。欲媚子之，故謂燕王言禹傳位於益，終令啟取之。王遂崇子之。人主無所覺悟，○先慎曰：拾補「悟」作「寤」。方吾知之，故恐同衣於族，而況借於權乎。方吾知人皆知己，不與同服者共車，同族者共家，恐其因同而擅己，況君權可借臣乎。○顧廣圻曰：「衣於」當作「於衣」，舊注未譌。吴章知之，故説以佯，而況借於誠乎。趙王惡虎目而壅。明主之道，王圃中虎目而惡之，左右或言平陽君之目甚於虎目，遂殺言者。○王先謙曰：注「王」下奪「觀」字。先慎曰：趙本注「平陽君之目」，「目」譌「自」。如周行人之卻衛侯也。衛侯君名辟疆，行人以辟疆天子同號，故不令朝。改名，然後納之。○先慎曰：注「衛侯」，張榜本、趙本並作「君」。

〔四〕人主者，守法責成以立功者也。聞有吏雖亂而有獨善之民，吏雖亂，賢人不改操，殷之三仁、夏之龍逢是也。○先慎曰：乾道本注「仁」作「人」，誤，今據張榜本、趙本改。不聞有亂民而有獨治之吏，子率以正，孰敢不正。故明主治吏不治民。吏治則民治矣。説在搖木之本與引網之綱。搖木本則萬本動，引網綱則萬目張，吏正則國治也。○先慎曰：注「萬本」當作「萬葉」。故失火之嗇夫不可不論也。救火者，吏操壺走火，則一人之用也；操鞭使人，則役萬夫。明主執契亦然。○顧廣圻曰：此二十二字，舊注誤入正文。故所遇術者，如造父之遇驚馬，○先慎曰：張榜本、趙本「驚」作「駑」。牽馬推車則不能進，代御執轡持筴則馬咸騖矣。○顧廣圻曰：此十九字，舊注誤入正文。是以説在○顧廣圻曰：「是以」、「説在」例不複出，此當衍其一也。椎鍛平夷，榜檠矯直。不然，敗在淖齒用齊戮閔王，李兑用趙餓主父也。○先慎曰：「敗」當作「則」。

〔五〕因事之理則不勞而成，故茲鄭之踞轅而歌以上高梁也。其患在趙簡主稅，吏請輕重；主欲稅，吏問輕重，主不自定其輕重之節，曰「勿輕重」而已。吏因擅意因以富。薄疑之言國中飽，簡主喜而府庫虛，百姓餓而姦吏富也。故桓公巡民，而管仲省腐財怨女。公巡人，見有飢人及老而無妻者，以告仲，曰：「國有腐財則人飢，宮有怨女則人老而無妻也。」不然，則在延陵乘馬不得進，造父過之而爲之泣也。前礙飾，後礙錯。既不得前卻，遂旁而佚。造父見之泣，猶賞罰失必致敗也。○先慎曰：注乾道本「得」上有「後」字，今從趙本删。

右經

〔一〕造父御四馬，馳驟周旋而恣欲於馬。意所欲，馬必隨之也。恣欲於馬者，擅轡筴之制也。以轡筴專制之，故馬不違也。然馬驚於出彘，而造父不能禁制者，非轡筴之嚴不足也，威分於出彘也。彘亦令馬可畏，故曰「威分」。王子於期爲駙駕，轡筴不用而擇欲於馬，○先慎曰：此下當更有「擇欲於馬者」五字。擅芻水之利也。然馬過於圃池而駙馬敗者，○顧廣圻曰：「馬」當作「駕」。非芻水之利不足也，德分於圃池也。故王良、造父天下之善御者也，然而使王良操左革而叱咤之，使造父操右革而鞭笞之，馬不能行十里，共故也。○孫詒讓曰：「革」、「勒」古字通。説文：「勒，馬頭絡銜也。」詩小雅蓼蕭「鞗革沖沖」，傳：「革，轡首也。」「革」即「鞗革」，亦即「勒」也。田連、成竅天下善鼓琴者也，○先慎曰：依上文，「善」上有「之」字。然而田連鼓上，成竅擫下，○先慎曰：各本「擫」作「檝」。拾補引孫貽穀云：文選琴賦注引作「擫」。顧廣圻云：當依選注引作「擫」。先慎按：説文：「擪，一指按也。」今據改。而不能成曲，亦共故也。○先慎曰：乾道本無「共」字，顧廣圻云：「藏本、今本亦下有『共』字。」今據增。夫以王良、造父之巧，共轡而御，不能使馬，人主安能與其臣共權以爲治？以田連、成竅之巧，共琴而不能成曲，○先慎曰：依上文，「琴」上當脱「鼓」字。人主又安能與其臣共勢以成功乎？○先慎曰：乾道本無「其」字，拾補有，盧文弨云「脱」，今依補。一曰：造父爲齊王駙駕，渴馬服成，令馬忍渴百日，服習之，故成也。效駕圃中，渴馬見圃池，去車走池，駕敗。王子於期爲趙簡主取道爭千里之表，其始發也，彘伏溝中，○先慎曰：乾道本無「彘」字，顧廣圻云：「藏本、今本有。」今據補。王子於期齊轡筴而進之，彘突出於溝中，馬驚駕敗。

司城子罕謂宋君曰：「慶賞賜與，○先慎曰：「與」當作「予」。説文：「與，黨與也。予，推予也。」義別。下文作「予」，二柄篇亦作「予」，不誤。民之所喜也，君自行之；殺戮誅罰，民之所惡也，臣請當之。」宋君曰：「諾。」於是出威令，誅大臣，君曰：「問子罕也。」於是大臣畏之，細民歸之。處期年，子罕殺宋君而奪政。故子罕爲出彘以奪其君國。罕用刑服國，是由出彘用威懼焉。○盧文弨曰：注「用威懼馬」，「馬」譌「焉」。

簡公在上位，罰重而誅嚴，厚賦斂而殺戮民；田成恒設慈愛，明寬厚。○先慎曰：經無「成」字，「成」乃其謚，此作「成恒」，複。呂氏春秋慎勢篇、淮南子人閒訓同，並誤。簡公以齊民爲渴馬，不以恩加民；而田成恒以仁厚爲圃池也。以仁濟物，猶圃池也。○盧文弨曰：注「猶」，張本作「由」，與上注同。一曰：造父爲齊王駙駕，以渴服馬，百日而服成。服成，請效駕齊王，○王先謙曰：下「服成」二字當衍。王曰：「效駕於圃中。」造父驅車入圃，馬見圃池而走，造父不能禁。造父以渴服馬久矣，今馬見池，駻而走，○先慎曰：説文：「駻，馬突也。」字亦作「馯」。雖造父不能治。今簡公之法禁其衆久矣，而田成恒利之，是田成恒傾圃池而示渴民也。一曰：王子於期爲宋君爲千里之逐。已駕，察手吻文，○顧廣圻曰：未詳。先慎曰：「手」當爲「毛」之誤。馬欲馳，其毛先豎，至今猶然。「察毛吻文」，謂察馬之毛與吻文也。漢書王褒傳：「傷吻敝策而不進於行。」説文：「吻，口邊也。」此言毛色動則吻不至於傷，是其所駕之馬本欲馳也。故下云「且發矣」，於期因「拊而發之」。且發矣，驅而前之，輪中繩；引而卻之，馬掩迹。拊而發之，彘逸出於竇中。○先慎曰：「逸」當作「突」。「竇」，溝竇也。馬退而卻，筴不能進前也；馬駻而走，轡不能止也。○先慎曰：乾道本「止」作「正」。盧文弨云：「正，秦本作『止』。」今據改。一曰：司城子罕謂宋君曰：「慶賞賜予者，民之所好也，○先慎曰：乾道本「賞」作「賀」，張榜本作「賞」，御覽四百九十四、六百三十三引並作「賞」，今據改。君自行之；誅罰殺戮者，民之所惡也，臣請當之。」於是戮細民而誅大臣，君曰：「與子罕議之。」居期年，民知殺生之命制於子罕也，○先慎曰：御覽引「殺」作「死」。故一國歸焉。故子罕劫宋君而奪其政，法不能禁也。故曰：「子罕爲出彘，而田成常爲圃池也。」○先慎曰：「常」，拾補作「恒」，按「常」字漢人避諱改。趙本「池」作「地」，誤。令王良、造父共車，○先慎曰：趙本「令」上衍「今」字。人操一邊轡而入門閭，駕必敗而道不至也。○先慎曰：「入」，當作「出」。令田連、成竅共琴，人撫一絃而揮，則音必敗曲不遂矣。

〔二〕秦昭王有病，百姓里買牛而家爲王禱。○先慎曰：下文無「家」字。公孫述出見之，入賀王曰：「百姓乃皆里買牛爲王禱。」王使人問之，果有之。王曰：「訾之人二甲。」「訾」，毀也，罰之也。○先慎曰：注意謂毀其人而罰以甲也，是一「訾」字而用兩義以申其説矣。案「訾之人二甲」者，謂量其人二甲也。國語齊語「訾相其質」高注、列子説符「財貨無訾」張湛注並云：「訾，量也。」量財貨曰「訾」，量民之貧富亦曰「訾」。「之」，猶其也。「人」，謂里人。計里買牛之力量之可以出二甲，非里中人人二甲也。下文「屯二甲」，即其義。夫非令而擅禱者，○先慎曰：乾道本無「者」字，盧文弨云：「張本有。」今據補。是愛寡人也。夫愛寡人，寡人亦且改法而心與之相循者，是法不立；法不立，亂亡之道也。不如人罰二甲，而復與爲治。」

一曰：秦襄王病，百姓爲之禱；病愈，殺牛塞禱。○先慎曰：「塞」、「賽」義同。史記封禪書「冬賽」，索隱：「賽，謂報神福也。」漢書「賽」並作「塞」。郎中閻遏、公孫衍出見之，曰：「非社臘之時也，奚自殺牛而祠社？」怪而問之。百姓曰：「人主病，爲之禱；今病愈，殺牛塞禱。」閻遏、公孫衍説，見王拜賀曰：「過堯、舜矣。」王驚曰：「何謂也？」對曰：「堯、舜其民未至爲之禱也，今王病而民以牛禱，病愈殺牛塞禱，故臣竊以王爲過堯、舜也。」王因使人問之，何里爲之，訾其里正與伍老屯二甲。屯，亦罰也。○先慎曰：「屯」無罰義，一切經音義一引字書云：「屯，亦『邨』也。」一邨之中，或里正或伍老量出二甲。閻遏、公孫衍媿不敢言。居數月，王飲酒酣樂，閻遏、公孫衍謂王曰：「前時臣竊以王爲過堯、舜，非直敢諛也，堯、舜病且其民未至爲之禱也。今王病而民以牛禱，病愈殺牛塞禱，今乃訾其里正與伍老屯二甲，臣竊怪之。」王曰：「子何故不知於此？彼民之所以爲我用者，非以吾愛之爲我用者也，以吾勢之爲我用者也。吾釋勢與民相收，若是，吾適不愛而民因不爲我用也。故遂絶愛道也。」○先慎曰：乾道本「釋勢」作「適勢」。顧廣圻云：「吾適勢」句絶，「與民相收若是」句絶。「吾適不愛」，「不」字當衍。「而民因不爲我用也」，「因」當作「固」。此以「適勢」、「適愛」相對。藏本、今本「勢」上「適」字作「釋」，非。俞樾云：藏本作「吾釋勢與民相收」，當從之。上文云：「彼民所以爲我用者，非以吾愛之爲我用者也，以吾勢之爲我用者也。」是言君民之間，本是以勢相制，若釋勢而用愛，則吾適有不愛，民遂不爲我用矣，故不如絶愛道爲得也。文義本甚分明，因「釋」、「適」聲近，又涉下句有「適」字，故乾道本誤爲「適勢」，顧氏謂「適勢」、「適愛」相對，非是。先慎按：俞説是，改從藏本。

秦大饑，應侯請曰：「五苑之草著，謂草木著地而生也。○俞樾曰：「著」字衍文，蓋涉下文「今發五苑之蔬草者」，而於「草」下衍「者」字，又因「草」字及下「蔬菜」字皆從艸，遂又誤「者」爲「著」耳。注「謂草木著地而生」，殊爲曲説。先慎曰：俞説是，藝文類聚八十七、御覽四百八十六、九百六十四、九百六十五、事類賦二十六、初學記二十八並引無「著」字，「草」作「果」，無下「果」字，因誤衍已久，姑存之。蔬菜橡果棗栗，足以活民，請發之。」昭襄王曰：「吾秦法使民有功而受賞，有罪而受誅。今發五苑之蔬果者，○先慎曰：乾道本「果」作「草」，拾補作「果」。盧文弨云：張本作「草」。顧廣圻云：今本「草」作「果」。按下文云「不如棄棗蔬而治」，互異，未詳。先慎按：作「果」者是也。下文「蓏蔬棗栗」，「蓏蔬」草屬，「棗栗」果屬，故此約文云「蔬果」。若作「草」字，則偏而不備，下云「棄棗蔬而治」，即其例。經注云「應侯欲發蔬果以救人」，「蔬果」二字本此，是注所見之本尚不誤，顧氏未之審耳，改從今本。御覽引作「果蔬」。使民有功與無功俱賞也。夫使民有功與無功俱賞者，此亂之道也。夫發五苑而亂，不如棄棗蔬而治。」一曰：「令發五苑之蓏蔬棗栗足以活民，是使民有功與無功互爭取也。○先慎曰：各本「使」作「用」，「功」下無「互」字，據藝文類聚改。夫生而亂，不如死而治，大夫其釋之。」○先慎曰：白孔六帖卷九十九引韓子：「秦飢，應侯曰：『秦王五苑之棗栗足以活人，請王〔二〕發與之。』惠王依之。」疑「一曰」以下脱文。「惠」當爲「昭」之誤。

田鮪教其子田章曰：○先慎曰：乾道本連上，今從張榜本、趙本提行。「欲利而身，先利而君；欲富而家，先富而國。」一曰：田鮪○先慎曰：御覽八百二十八引「鮪」作「修」。教其子田章曰：「主

〔二〕「王」，原本作「主」，據白孔六帖改。

賣官爵，臣賣智力。故曰：「自恃無恃人。」○先慎曰：各本無「曰」字，據御覽引補。

公儀休相魯○顧廣圻曰：藏本同。今本「儀休」作「孫儀」，誤。韓詩外傳三有。先慎曰：白孔六帖九十八、御覽三百八十九、九百三十五、事類賦二十九引並作「公儀休」，淮南子道應訓作「公儀子」，高注：「公儀休，故魯博士也。」而嗜魚，一國盡爭買魚而獻之，○先慎曰：御覽、事類賦引「國」作「邦」。公儀子不受。其弟諫○先慎曰：韓詩外傳與此同。淮南子作「弟子」，誤。曰：「夫子嗜魚而不受者何也？」對曰：「夫唯嗜魚，故不受也。夫即受魚，必有下人之色；有下人之色，將枉於法；枉於法則免於相，雖嗜魚，此不必能自給致我魚，○盧文弨曰：「自給」二字，張本無。顧廣圻曰：「自」當作「日」。先慎曰：韓詩外傳、淮南子無「致我」二字。蓋本書一本作「自給」，一本作「致我」，校者識於其下，刊時失删，遂致兩有。顧氏不考，而改「自」爲「日」，終不可讀。張榜本無「能自給」三字，亦非。我又不能自給魚。即無受魚而不免於相，雖嗜魚，我能長自給魚。」此明夫恃人不如自恃也，明於人之爲己者，不如己之自爲也。

〔三〕○先慎曰：乾道本連上，今從趙本提行。子之相燕，貴而主斷。蘇代爲齊使燕，王問之曰：「齊王亦何如主也？」對曰：「必不霸矣。」燕王曰：「何也？」對曰：「昔桓公之霸也，內事屬鮑叔，外事屬管仲，○先慎曰：乾道本無「管」字，顧廣圻云：「藏本、今本有管字。」今據補。桓公被髮而御婦人，日遊於市。今齊王不信其大臣。」於是燕王因益大信子之。子之聞之，使人遺蘇代金百鎰，而聽其所使之。○王渭曰：「之」字衍，戰國策無。一曰：蘇代爲秦使燕，見無益子之，則必不得事而還，貢賜又不出，於是見燕王乃譽齊王。燕王曰：「齊王何若是之賢也，則將必王乎？」蘇代曰：「救亡不暇，安得王哉？」燕王曰：「何也？」曰：「其任所愛不均。」燕王曰：「其亡何也？」○顧廣圻曰：藏本同。今本「亡」作「任」，誤。曰：「昔者齊桓公愛管仲，置以爲仲父，內事理焉，外事斷焉，舉國而歸之，故一匡天下，九合諸侯。今齊任所愛不均，是以知其亡也。」燕王曰：「今吾任子之，天下未之聞也。」於是明日張朝而聽子之。潘壽謂燕王曰：○顧廣圻曰：燕策作「鹿毛壽」，燕世家同。集解〔二〕云：「一作『厝毛』。甘陵縣本名厝。」索隱云「春秋後語亦作『厝毛壽』」，又引此。「王不如以國讓子之。人所以謂堯賢者，以其讓天下於許由，許由必不受也，則是堯有讓許由之名，而實不失天下也。今王以國讓子之，子之必不受也，則是王有讓子之之名，而與堯同行也。」於是燕王因舉國而屬之，○先慎曰：乾道本無「是」字。顧廣圻云：今本「於」下有「是」字，誤。按此當依策衍「於」字，「屬」下補「子」字。先慎按：乾道本脫「是」字，此當各依本書，今據今本增。子之大重。一曰：潘壽，闞者。○先慎曰：拾補「闞」作「隱」。盧文弨云：藏本、張本作「闞」。顧廣圻

〔二〕「集解」，原本作「正義」，據史記燕世家改。

云：「今本『闞』作『隱』。」燕使人聘之。潘壽見燕王曰：「臣恐子之之如益也。」王曰：「何益哉？」○先慎曰：問何以如益。對曰：「古者禹死，將傳天下於益，啟之人因相與攻益而立啟。今王信愛子之，將傳國子之，太子之人盡懷印，爲子之之人無一人在朝廷者。○顧廣圻曰：藏本同。今本「爲」作「璽」，誤。按「爲」下當有「吏」字。先慎曰：顧説非，「爲」字下屬，讀于嫣反。王不幸棄羣臣，則子之亦益也。」王因收吏璽，自三百石以上皆效之子之，子之大重。夫人主之所以鏡照者，諸侯之士徒也，今諸侯之士徒皆私門之黨也。人主之所以自羽翼者，巖穴之士徒也，○先慎曰：乾道本「羽翼」作「淺娋」，拾補作「羽翼」。盧文弨云：張本作「淺娋」。顧廣圻云：「今本作『羽翼』。」先慎按：漢書張良傳：「太子相四皓，高帝曰：『羽翼已成。』」則「巖穴之士」真人主之羽翼。「淺娋」二字不辭，改從今本。今巖穴之士徒皆私門之舍人也。是何也？奪褫之資在子之也。○先慎曰：乾道本「褫」作「號」。顧廣圻云：「號」，藏本作「⿰足虎」，今本作「褫」，按此未詳。先慎按：作「褫」是也。説文：「褫，奪衣也。」易訟卦：「或錫之鞶帶，終朝三褫之。」侯果云：「褫，解也。」「褫」字從衣旁，乾道本譌作「号」旁，藏本又譌爲「足」旁，因去「虎」上「厂」以成字耳。改從今本。故吴章曰：「人主不佯憎愛人。佯愛人不得復憎也，佯憎人不得復愛也。」一曰：燕王欲傳國於子之也，問之潘壽，對曰：「禹愛益而任天下於益。已而以啟人爲吏。及老，而以啟爲不足任天下，故傳天下於益，而勢重盡在啟也。已而啟與友黨攻益而奪之天下，是禹名傳天下於益而實令啟自取之也。此禹之不及堯、舜明矣。今王欲傳之子之，而吏無非太子之人者也，是名傳之而實令太子自取之也。」燕王乃收璽，自三百石以上皆效之子之，子之遂重。○先慎曰：乾道本不重「子之」二字。盧文弨云：「舊不重，張本有。」顧廣圻云：「藏本重『子之』，是也，策有。」今據補。

方吾子曰：「吾聞之，古禮行不與同服者同車，○先慎曰：據經，服，衣也。不與同族者共家，○顧廣圻曰：「不」上當有「居」字。先慎曰：張榜本脱「不」字。而況君人者乃借其權而外其勢乎！」

吳章謂韓宣王曰：○先慎曰：乾道本連上，今依張榜本、趙本提行。「人主不可佯愛人，一日不可復憎；不可以佯憎人，一日不可復愛也。○先慎曰：「佯愛人」、「佯憎人」皆當重。故佯憎佯愛之徵見，則諛者因資而毀譽之，雖有明主不能復收，而況於以誠借人也！」

趙王遊於圃中，左右以菟與虎而輟之，輟而觀之。虎○先慎曰：乾道本無「之虎」二字，張榜本、趙本「之虎」二字作「觀之」。趙無注文。顧廣圻云：「觀之」二字，此舊注誤入正文。先慎按：御覽九百七、事類賦二十三引「輟」下有「之虎」二字，「虎」字屬下讀，今據增。盼然環其眼。環轉其眼以作怒也。○王渭曰：「盼」當作「盻」。先慎曰：事類賦二十三引「盼」作「眄」，亦非。説文：「盻，恨視貌。」「盼」、「眄」二字，形與「盻」近而誤。王曰：「可惡哉，虎目也！」左右曰：「平陽君之目可惡過此。○先慎曰：事類賦注引本書注云：「平陽君，王弟也。」今本脱。見此未有害也，見平陽君之目如此者，則必死矣。」其明日，平陽君聞之，使人殺言者，而王不誅也。

衛君入朝於周，周行人問其號，對曰：「諸侯辟疆。」周行人卻之曰：「諸侯不得與天子同號。」開辟疆土者，天子之號。衛君乃自更曰：「諸侯燬。」而後内之。仲尼聞之曰：「遠哉禁偪，虛名不以借人，況實事乎！」名「辟疆」，未必能「辟疆」，故曰「虛」也。○先慎曰：「諸侯辟疆」、「諸侯燬」兩「諸」字，皆涉「諸侯不得與天子同號」句而誤，「諸」當作「衛」。

〔四〕搖木者一一攝其葉則勞而不偏，左右拊其本而葉偏搖矣。「拊」，擊動也。臨淵而搖木，鳥驚而高，魚恐而下。善張網者引其綱，不一一攝萬目而後得；一一攝萬目而後得，○先慎曰：乾道本不重「一一攝萬目而後得」八字，據御覽八百三十四引增。張榜本上句「不」字作「若」，據誤本而改也。則是勞而難。引其綱而魚已囊矣。故吏者，民之本綱者也，故聖人治吏不治民。治吏猶引綱，理人猶張目。

救火者，○先慎曰：乾道本連上，今從趙本提行。令吏挈壺甕而走火，則一人之用也；操鞭箠指麾而趣使人，則制萬夫。是以聖人不親細民，明主不躬小事。

造父方耨，○先慎曰：舊連上，今提行。得有子父乘車過者，○顧廣圻曰：藏本同。今本「得」作「時」，誤。按「得」上有脱文。俞樾曰：「得」當作「見」。因古「得」字作「㝵」，故「得」與「見」二字往往相混。史記趙世家「踰年歷歲未得一城」，趙策「得」作「見」；留侯世家「果見穀城山下黄石」，漢書「見」作「得」，竝其證也。趙本改「得」爲「時」，非是。顧氏疑「得」上有脱文，亦失之。馬驚而不行，其子下車牽馬，父子推車，○先慎曰：「父」下衍「子」字。請造父助我推車。○顧廣圻曰：「推車」二字當衍。造父因收器輟而寄載之，○先慎曰：「輟而」二字倒。援其子之乘，乃始檢轡持筴，未之用也，而馬轡驚矣。○顧廣圻曰：藏本同。今本「驚」作「鶩」。先慎曰：「驚」字不誤。「轡」當作「又」。使造父而不能御，雖盡力勞身，助之推車，馬猶不肯行也。今使身佚，○先慎曰：乾道本「使身」二字倒，顧廣圻云：「藏本、今本『身使』作『使身』。」今據乙。且寄載有德於人者，有術而御之也。故國者，君之車也；勢者，君之馬也。無術以御之，身雖勞猶不免亂；「術」，則國之轡策也。○先慎曰：拾補「雖」下有「使」字。盧文弨云：張本有。有術以御之，身處佚樂之地又致帝王之功也。○盧文弨曰：「致」，藏本作「制」。

椎鍛者，所以平不夷也；榜檠者，所以矯不直也。聖人之爲法也，所以平不夷矯不直也。

淖齒之用齊也，擢閔王之筋；李兑之用趙也，餓殺主父。此二君者，皆不能用其椎鍛榜檠，故身死爲戮，而爲天下笑。一曰：入齊則獨聞淖齒而不聞齊王，入趙則獨聞李兑而不聞趙王。故曰：人主者不操術，則威勢輕而臣擅名。一曰：田嬰相齊，人有説王者曰：

「終歲之計，王不一以數日之間自聽之，則無以知吏之姦邪得失也。」王曰：「善。」田嬰聞之，即遽請於王而聽其計。王將聽之矣，田嬰令官具押券斗石參升之計。○顧廣圻曰：下文無「斗」、「參」，作「升石」，按此未詳。孫詒讓曰：商子定分篇：「主法令之吏，謹其右券木押，以室藏之，封以法令之長印。」此「押券」即「右券」。「木押」、「押」與「柙」通。說文木部：「檢，柙也。」「參升」二字疑衍。王自聽計，計不勝聽，罷食，後復坐，○顧廣圻曰：「罷食」句絕。「後」字當衍。不復暮食矣。田嬰復謂曰：「羣臣所終歲日夜不敢偷怠之事也，王以一夕聽之，則羣臣有爲勸勉矣。」王曰：「諾。」俄而王已睡矣，吏盡揄刀削其押券升石之計。○孫詒讓曰：「升石」，當依上作「斗石」，「斗」、「升」隸書形近而誤。王自聽之，亂乃始生。一曰：武靈王使惠文王莅政，李兑爲相，武靈王不以身躬親殺生之柄，故劫於李兑。

〔五〕茲鄭子引輦上高梁而不能支，茲鄭踞轅而歌，前者止，後者趨，輦乃上。使茲鄭無術以致人，則身雖絕力至死，○先慎曰：拾補「至」作「致」。盧文弨云：張本作「至」。顧廣圻云：藏本同。今本「至」作「致」，誤。輦猶不上也。今身不至勞苦而輦以上者，有術以致人之故也。

趙簡主出稅，○先慎曰：乾道本「稅」下有「者」字，今據御覽六百二十七引删。吏請輕重，簡主曰：「勿輕勿重。重則利入於上，若輕則利歸於民，吏無私利而正矣。」○先慎曰：辭意未完，當有脫文。

薄疑謂趙簡主曰：○先慎曰：乾道本連上，今從趙本提行。「君之國中飽。」簡主欣然而喜曰：「何如焉？」對曰：「府庫空虛於上，百姓貧餓於下，然而姦吏富矣。」

齊桓公微服以巡民家，人有年老而自養者，桓公問其故，對曰：「臣有子三人，家貧無以妻之，傭未及反。」○先慎曰：乾道本無「及」字。趙本有，御覽五百四十一引亦有，今據補。桓公歸，以告管仲，管仲曰：○先慎曰：乾道本不重「管仲」二字。顧廣圻云：今本重。先慎按：御覽引亦重「管仲」二字，今據補。「畜積有腐棄之財，則人飢餓；宮中有怨女，則民無妻。」桓公曰：「善。」乃諭宮中有婦人而嫁之，○先慎曰：乾道本「諭」作「論」，據御覽引改。下令於民曰：○盧文弨曰：「曰」，張本作「也」。顧廣圻曰：藏本同。今本「曰」作「也」，誤。先慎曰：御覽引亦作「曰」。「丈夫二十而室，○先慎曰：御覽引「二十」作「三十」。婦人十五而嫁。」一曰：桓公微服而行於民間，有鹿門稷者，行年七十而無妻。桓公問管仲曰：「有民老而無妻者乎？」管仲曰：「有鹿門稷者，行年七十矣而無妻。」桓公曰：「何以令之有妻？」管仲曰：「臣聞之，上有積財，則民臣必匱乏於下；宮中有怨女，則有老而無妻者。」桓公曰：「善。」令於宮中女子未嘗御出嫁之。乃令男子年二十而室，女年十五而嫁，則內無怨女，外無曠夫。

延陵卓子乘蒼龍挑文之乘，言雕飾之。○俞樾曰：「挑」，當讀爲翟。下文「一曰延陵卓子乘蒼龍與翟文之乘」，注云「馬有翟之文」，是也。「挑」從兆聲，與「翟」聲相近，故「翟」通作「挑」。尚書顧命篇「王乃洮頮水」，鄭讀「洮」爲「濯」。詩大東篇「佻佻公子」，韓詩「佻」作「嬥」。爾雅釋魚「蜃小者珧」，衆家本「珧」作「濯」。並其例也。舊注不知「挑」即「翟」之假字，而訓爲「雕飾」，誤矣。先慎曰：俞説是。御覽七百四十六、八百九十六引「挑」作「桃」，拾補作「桃」。盧文弨以「挑」字爲譌，非也。「挑」、「桃」並「翟」之假借。鉤飾在前，約鉤使奮也。錯錣在後。「錣」，鍬也，以金飾之。○先慎曰：事類賦二十一引「錣」作「綴」。馬欲進則鉤飾禁之，欲退則錯錣貫之，馬因旁出。造父過而爲之泣涕曰：「古之治人亦然矣。夫賞所以勸之，而毁存焉；罰所以禁之，而譽加焉。民中立而不知所由，言賞則有毁，罰即有譽，故不知其所由。○先慎曰：事類賦引「民中立」作「猶人處急世」。注「即」字趙本作「則」。此亦聖人之所爲泣也。」一曰：延陵卓子乘蒼龍與翟文之乘，馬有翟之文。前則有錯飾，後則有利錣，○先慎曰：乾道本脱下「有」字，顧廣圻云：「藏本、今本『則』下有『有』字，依上文當補。」今據增。進則引之，○先慎曰：乾道本「進」上有「筴」字。顧廣圻曰：「『筴』字衍。藏本、今本無『進』字，此誤删。」先慎按：顧説是，「筴」字不當有，今據張榜本、趙本删。（又按：顧云：「今本多與張、趙本合，惟此條不同，故出之。」）退則筴之。馬前不得進，後不得退，遂避而逸，因下抽刀而刎其腳。造父見之而泣，○先慎曰：乾道本無「而」字，拾補有，盧文弨云：「『脱，張本有。』」今據補。終日不食，因仰天而歎曰：

「筴所以進之也，錯飾在前；引所以退之也，利錣在後。今人主以其清潔也進之，以其不適左右也退之；以其公正也譽之，以其不聽從也廢之。民懼，中立而不知所由，此聖人之所爲泣也。」

韓非子集解卷第十五

難一第三十六　難二第三十七〇先慎曰：乾道本下行有「難三第三十八」六字，顧廣圻云：「子目衍，當删。」今依顧校。

難一第三十六

古人行事，或有不合理，韓子立義以難之。

晉文公將與楚人戰，召舅犯問之，曰：「吾將與楚人戰，彼衆我寡，爲之奈何？」舅犯曰：「臣聞之，繁禮君子不厭忠信，禮繁縟，故曰「繁禮」。唯忠信可以學禮，故曰「不厭忠信」。戰陣之間不厭詐僞。非譎詐不能制勝，故曰「不厭詐僞」也。君其詐之而已矣。」文公辭舅犯，因召雍季而問之，曰：「我將與楚人戰，彼衆我寡，爲之奈何？」雍季對曰：「焚林而田，偷苟且也。取多獸，後必無獸；〇先慎曰：乾道本無「取」字，「必」上有「不」字。顧廣圻云：今本「偷」下有「取」字，無「不」字。先慎按：此皆四字句，有「取」字、無「不」字是也，改從今本。呂氏春秋孝行覽義賞作「焚藪而田，豈不獲得，而明年無獸」。以詐遇民，偷取一時，後必無復。」因詐得利，必以詐爲俗，故無復有忠信。○先愼曰：乾道本注「爲」作「僞」，「無」作「言」，據趙本改。文公曰：「善。」辭雍季，以舅犯之謀與楚人戰以敗之。○先愼曰：呂氏春秋云：「文公用咎犯之言而敗楚人於城濮。」歸而行爵，先雍季而後舅犯。羣臣曰：「城濮之事，舅犯謀也。夫用其言而後其身，可乎？」文公曰：「此非君所知也。○顧廣圻曰：「君」當作「若」。夫舅犯言，一時之權也；雍季言，萬世之利也。」仲尼聞之，曰：「文公之霸也宜哉！既知一時之權，又知萬世之利。」

或曰：雍季之對，不當文公之問。凡對問者有因，因小大緩急而對也。○先愼曰：乾道本下「因」字作「問」。顧廣圻云：藏本同。今本「問」作「因」，誤。按「有」當作「在」，十字爲一句。先愼按：顧說非。「問」字涉上文而誤。「因大小緩急而對」，謂因其問之大小緩急而對也，正承上「凡對問者有因」而言。若作「問」字，則文氣不屬。改從今本。所問高大而對以卑狹，則明主弗受也。今文公問以少遇衆，而對曰「後必無復」，此非所以應也。且文公不知一時之權，又不知萬世之利。戰而勝，則國安而身定，兵強而威立，雖有後復，莫大於此，萬世之利，奚患不至？戰而不勝，則國亡兵弱，身死名息，拔拂今日之死不及，○顧廣圻曰：「拔」、「拂」同字，或當衍其一也。先愼曰：「拔今日之死不及」與孟子「救死猶恐不暇」語意正同，「拂」即「拔」之複字。或一本作「拔」，一本作「拂」，校者旁注於下，而失删耳。安暇待萬世之利？待萬世之利在今日之勝，今日之勝在詐於敵；○先慎曰：「詐於」當作「於詐」。詐敵，萬世之利也。○先慎曰：乾道本「也」字作「而已」二字，拾補無「而」字。盧文弨云：「『而』字，藏本、張本無。『已』字，張本作『也』。」今據删改。故曰：「雍季之對不當文公之問。」且文公又不知舅犯之言，舅犯所謂「不厭詐僞」者，不謂詐其民，謂詐其敵也。○先慎曰：乾道本下「謂」字作「請」。顧廣圻云：今本「請」作「謂」。先慎按：作「謂」是。言舅犯謂詐其敵，非謂詐其民也。「請」乃「謂」字形近而譌，改從今本。敵者，所伐之國也，後雖無復，何傷哉！文公之所以先雍季者，以其功耶？則所以勝楚破軍者，舅犯之謀也；以其善言耶？則雍季乃道其後之無復也，此未有善言也。舅犯則以兼之矣。舅犯曰：「繁禮君子不厭忠信」者，忠所以愛其下也，信所以不欺其民也。夫既以愛而不欺矣，言孰善於此！然必曰出於詐僞者，軍旅之計也。舅犯前有善言，後有戰勝，故舅犯有二功而後論，雍季無一焉而先賞。「文公之霸也，不亦宜乎」，○先慎曰：乾道本無「也」字，盧文弨云：「此二句乃述仲尼之語，『也』字脱，藏本有。」今據補。仲尼不知善賞也。仲尼不知善賞，妄歎宜哉乎。

歷山之農者侵畔，舜往耕焉，朞年，甽畝正。相謙，故正也。○先慎曰：藝文類聚十一引作「朞年而耕者讓畔」。河濱之漁者争坻，「坻」，水中高地，釣者依之。舜往漁焉，朞年而讓長。○先慎曰：藝文類聚引「而」下有「漁者」二字。東夷之陶者器苦窳，苦窳，惡也。舜往陶焉，朞年而器牢。○先慎曰：藝文類聚引「器」下有「以」字。仲尼歎曰：「耕漁與陶，非舜官也，非大人之事。○先慎曰：趙本無注。盧文弨曰：張本有。而舜往爲之者，所以救敗也。舜其信仁乎！乃躬藉處苦而民從之，○顧廣圻曰：藏本、今本「藉」作「耕」。按「藉」、「借」同字。先慎曰：顧說是。上文「耕」、「漁」、「陶」三項，此不當僅言「耕」也。「躬藉處苦」，即下文「以身爲苦而後化民」之義。故曰：『聖人之德化乎。』」

或問儒者曰：「方此時也，堯安在？」其人曰：「堯爲天子。」「然則仲尼之聖堯奈何？堯在上，容人爲惡，仲尼謂堯爲聖者奈何？○先慎曰：乾道本「容」作「三」，改從趙本。聖人明察在上位，將使天下無姦也。今耕漁不争，陶器不窳，○王渭曰：「今」當作「令」。舜又何德而化？若堯以聖〔一〕在上，則自有禮讓，何須舜以化之。○盧文弨曰：「而」，張本作「之」。舜之救敗也，則是堯有失也。賢舜則去堯之明察，聖堯則去舜之德化，不可兩得也。楚人有鬻楯與矛者，譽之曰：『吾楯之堅，

〔一〕「聖」，原本作「舜」，據藏本改。

物莫能陷也。』○先慎曰：乾道本無「吾」字、「物」字。顧廣圻云：藏本、今本「曰」下有「吾」字。按依難勢篇此無「吾」字。先慎按：下文「吾矛之利」與此「吾楯之堅」語正相對，下「以子之矛陷子之楯」，兩「子」字與兩「吾」字文又相照，乾道本脱「吾」字耳。難勢篇作「譽其楯之堅」，文法不同，不得緣以爲比。北堂書鈔一百二十三、御覽三百五十三引並有「吾」字、「物」字，今據補。難勢篇亦有「物」字。又譽其矛曰：『吾矛之利，於物無不陷也。』或曰：『以子之矛陷子之楯，何如？』其人弗能應也。夫不可陷之楯與無不陷之矛，不可同世而立。今堯、舜之不可兩譽，矛楯之説也。且舜救敗，朞年已一過，三年已三過，舜有盡，壽有盡，○顧廣圻曰：上「有盡」二字當衍，四字爲一句。天下過無已者，以有盡逐無已，所止者寡矣。○先慎曰：乾道本「以」字在「已者」上，拾補無「者」字。盧文弨云：「已者」，張本作「有已」，藏本作「以已」。顧廣圻云：「以已」當作「已以」，「已」字句絶，「以」下屬。「者」字當衍。先慎按：張榜本、趙本「以」字在「有」字上，是也。謂天下之過不止耕、漁、陶三者，以舜壽之有盡，而治無已之過，則所止者寡矣。因「以」字誤移於上，而盧、顧並去「者」字，非也。今依張、趙本改。賞罰使天下必行之，令曰：『中程者賞，弗中程者誅。』令朝至暮變，暮至朝變，十日而海内畢矣，奚待朞年？舜猶不以此説堯令從己，○先慎曰：言使民從己之令也。乃躬親，不亦無術乎！且夫以身爲苦而後化民者，堯、舜之所難也；處勢而驕下者，庸主之所易也。○顧廣圻曰：藏本同。今本「驕」作「令」。按此當作「矯」，外儲説右篇云：「榜檠矯直。」將治天下，釋庸主之所易，道堯、舜之所難，未可與爲政也。」

管仲有病，○先慎曰：乾道本連上，今依趙本提行。桓公往問之，曰：「仲父病，不幸卒於大命，將奚以告寡人？」管仲曰：「微君言，臣故將謁之。願君去豎刁，除易牙，遠衛公子開方。易牙爲君主味，君惟人肉未嘗，○先慎曰：乾道本無「味君」二字。顧廣圻云：藏本「主」下有「味君主」三字，今本有「味君」二字。先慎按：藏本衍「主」字，乾道本脱「味君」二字，今依今本增。十過篇作「爲君主味，君之所未嘗食，唯人肉耳」。易牙烝其子首而進之，○先慎曰：「子首」，趙本作「首子」，説見十過及二柄兩篇。夫人情莫不愛其子，○先慎曰：乾道本「情」上有「惟」字，顧廣圻云：「藏本、今本無『惟』字。」今據删。今弗愛其子，安能愛君？君妒而好內，豎刁自宮以治內，人情莫不愛其身，身且不愛，安能愛君？開方事君十五年，○先慎曰：乾道本「開」上有「聞」字。顧廣圻云：藏本、今本無「聞」字。先慎按：「聞」即「開」字之誤而衍，今據删。齊、衛之閒不容數日行，棄其母，久宦不歸，○先慎曰：趙本「宦」作「官」。其母不愛，安能愛君？臣聞之：『矜僞不長，蓋虚不久。』言蓋藏詐事不可久也。○俞樾曰：「矜」字無義，乃「務」字之誤。言務爲詐僞不可以長也。管子小稱篇作「務僞不久，蓋虚不長」，是其證。願君去此三子者也。」管仲卒死，○先慎曰：「卒」字衍。而桓公弗行。○先慎曰：乾道本無「而」字，盧文弨云：「張本有。」今據補。及桓公死，蟲出尸不葬。○顧廣圻曰：「尸」當作「户」，下同。

或曰：管仲所以見告桓公者，非有度者之言也。○先慎曰：「度」，謂法度也。所以去豎刁、易牙者，○先慎曰：乾道本無「去」字。顧廣圻云：藏本、今本有「去」字。先慎按：有者是也。下「管仲非明此於桓公也，使去三子」，即承此而言，明此脱「去」字，今據補。以不愛其身，適君之欲也。曰：「不愛其身，安能愛君？」然則臣有盡死力以爲其主者，盡死力亦不愛身也。管仲將弗用也。○盧文弨曰：「弗」，張本作「不」。曰：「不愛其死力，安能愛君？」是欲君去忠臣也。○先慎曰：乾道本無「欲」字，拾補有，盧文弨云：「『欲』字脱。」今據補。且以不愛其身度其不愛其君，是將以管仲之不能死公子糾度其不死桓公也，是管仲亦在所去之域矣。明主之道不然，設民所欲以求其功，故爲爵禄以勸之；設民所惡以禁其姦，故爲刑罰以威之。慶賞信而刑罰必，故君舉功於臣，而姦不用於上，臣有功者舉用之，自然姦不見用也。雖有豎刁，其奈君何？且臣盡死力以與君市，○先慎曰：乾道本脱「君市」二字，顧廣圻云：「今本『與』下有『君市』二字，依下文當補。」今據增。君垂爵禄以與臣市，君臣之際，非父子之親也，計數之所出也。君計臣力，臣計君禄。君有道，則臣盡力而姦不生；無道，則臣上塞主明而下成私。管仲非明此度數於桓公也，○王先謙曰：「數」字疑衍。上云「非有度者之言」，下云「管仲無度」，即謂「此度」也。「數」字淺人所增。使去豎刁，○先慎曰：句。一豎刁又至，○先慎曰：句。非絶姦之道也。且桓公所以身死蟲流出尸不葬者，是臣重也；臣重之實，擅主也。有擅主之臣，則君令不下究，臣情不上通，一人之力能隔君臣之間，使善敗不聞，禍福不通，故有不葬之患也。明主之道：一人不兼官，一官不兼事。卑賤不待尊貴而進論，○顧廣圻曰：藏本同。今本無「論」字。按「進」字當衍，上文云「舅犯有二功而後論」，和氏云「然猶兩足斬而寶乃論」，此「論」字之義。大臣不因左右而見。百官修通，羣臣輻湊。有賞者君見其功，有罰者君知其罪。見知不悖於前，賞罰不弊於後，可賞賞，可罰罰，無所蔽塞也。○顧廣圻曰：「弊」讀爲「蔽」。安有不葬之患？管仲非明此言於桓公也，使去三子，故曰：「管仲無度矣。」

襄子圍於晉陽中，出圍，賞有功者五人，○先慎曰：御覽六百三十三引「五人」作「四人」。高赫爲賞首。○顧廣圻曰：「赫」，他書作「赦」。先慎曰：淮南氾論、人間訓，説苑復恩篇，漢書古今人表並作「赫」。惟呂氏春秋孝行覽作「赦」。案「赦」即「赫」，聲近而譌，當依此訂正。史記趙世家作「高共」，徐廣云：「一作『赫』。」張孟談曰：「晉陽之事，赫無大功，今爲賞首何也？」襄子曰：「晉陽之事，寡人國家危，社稷殆矣。○顧廣圻曰：藏本同。今本無「家」字，誤。先慎曰：御覽引無「家」字，呂氏春秋亦無，不必有「家」字者是，無「家」

字者非也。顧說泥。吾羣臣無有不驕侮之意者，惟赫不失君臣之禮，是以先之。」○先慎曰：各本「赫」下有「子」字。按「子」字不當〔一〕有，御覽引無，今據刪。呂覽作「而不失君臣之禮者惟赫」，亦無「子」字，是其證。仲尼聞之，曰：「善賞哉襄子！賞一人而天下爲人臣者莫敢失禮矣。」○王渭曰：此困學紀聞所謂「事在孔子後，孔鮒已辨其妄者也」。

或曰：仲尼不知善賞矣。夫善賞罰者，百官不敢侵職，羣臣不敢失禮，上設其法，而下無姦詐之心。如此，則可謂善賞罰矣。使襄子於晉陽也，令不行，禁不止，是襄子無國，晉陽無君也，尚誰與守哉？今襄子於晉陽也，知氏灌之，臼竈生鼃，○先慎曰：乾道本作「臼竈生黿」，拾補「臼」作「穴」。盧文弨云：「穴」，藏本作「臼」，「鼃」，藏本作「黿」。顧廣圻云：今本「臼」作「穴」，「黿」作「鼃」。按此當依趙策作「臼竈生鼃」，說苑權謀篇同。太玄經窮上九亦云「臼竈生鼃」，蓋本於彼也。先慎按：「鼃」與「黿」、「臼」與「曰」並形近而誤，據盧、顧校改。而民無反心，是君臣親也。襄子有君臣親之澤，操令行禁止之法，而猶有驕侮之臣，是襄子失罰也。○先慎曰：乾道本無「失」字，顧廣圻云：「藏本、今本『子』下有『失』字。」今據補。爲人臣者，乘事而有功則賞。今赫僅不驕侮，而襄子賞之，是失賞也。臣有不驕，僅合臣

〔一〕「不當」二字原本誤脫，據文義補。

禮，非有善可賞也。○先慎曰：乾道本注「可」作「不」，據趙本改。明主賞不加於無功，罰不加於無罪。今襄子不誅驕侮之臣，而賞無功之赫，安在襄子之善賞也！故曰：「仲尼不知善賞。」

晉平公與羣臣飲，飲酣，乃喟然歎曰：「莫樂爲人君！惟其言而莫之違。」師曠侍坐於前，援琴撞之，公披衽而避，琴壞於壁。公曰：「太師誰撞？」師曠曰：「今者有小人言於側者，故撞之。」公曰：「寡人也。」師曠曰：「啞！歎息之聲。是非君人者之言也。」左右請除之。○盧文弨曰：「除」當作「涂」，淮南齊俗訓作「欲塗」。公曰：「釋之，以爲寡人戒。」○先慎曰：淮南子此下有「孔子聞之曰：『平公非不痛其體也，欲來諫者也。』韓子聞之曰：『羣臣失禮而弗誅，是縱過也，有以夫平公之不霸也』」，疑此下脱文。

或曰：平公失君道，師曠失臣禮。夫非其行而誅其身，君之於臣也；非其行而陳其言，善諫不聽則遠其身者，臣之於君也。今師曠非平公之行，不陳人臣之諫，而行人主之誅，舉琴而親其體，是逆上下之位，而失人臣之禮也。夫爲人臣者，君有過則諫，諫不聽則輕爵祿以待之，○先慎曰：「待」當作「去」。此人臣之禮義也。○先慎曰：「義」字衍。今師曠非平公之過，舉琴而親其體，雖嚴父不加於子，而師曠行之於君，此大逆之術也。○顧廣圻曰：「夫爲人臣者」至此六十一字當衍，乃舊注之錯入者耳。先慎曰：顧説非。此六十一字專指臣下言。「夫爲人臣者」至「此人臣之禮也」，申上「人臣之禮」；「師曠非平公之過」至「此大逆之術也」，申上「逆上下之位」；又以「嚴父不加於子」反譬而喻之，尤足見周、秦間之文法，非舊注所能及。且注家亦無此例也。臣行大逆，平公喜而聽之，是失君道也。故平公之迹，不可明也，○先慎曰：趙本此及下「不可明也」，兩「明」字並作「行」。盧文弨云：藏本、張本作「明」，下同。馮云：「行」宜作「明」。使人主過於聽而不悟其失。師曠之行亦不可明也，使姦臣襲極諫而飾弑君之道。不可謂兩明，○顧廣圻曰：「謂」字當衍。此爲兩過。○顧廣圻曰：藏本同。今本「爲」作「謂」，誤。先慎曰：顧說非，「爲」、「謂」同字。故曰：「平公失君道，師曠亦失臣禮矣。」

齊桓公時，有處士曰小臣稷，桓公三往而弗得見。桓公曰：「吾聞布衣之士不輕爵祿，無以易萬乘之主；萬乘之主不好仁義，亦無以下布衣之士。」於是五往乃得見之。

或曰：桓公不知仁義。夫仁義者，憂天下之害，趨一國之患，不避卑辱，謂之仁義。故伊尹以中國爲亂，道爲宰于湯；百里奚以秦爲亂，道爲虜于穆公。○先慎曰：乾道本「虜」上無「爲」字。顧廣圻云：「以中國爲亂」句絶，下句同。兩「于」字當作「干」。藏本、今本「虜」上有「爲」字。先慎按：有「爲」字是，今據補。「道」，由也。「道爲虜干穆公」，由爲虜干穆公。難二篇「伊尹自爲宰干湯，百里奚自爲虜干穆公」，（「自」，亦由也。）是其證。「于」即「干」之誤。皆憂天下之害，趨一國之患，不辭卑辱，故謂之仁義。今桓公以萬乘之勢，下匹夫之士，將欲憂齊國，○顧廣圻曰：藏本「欲」作「與」，今本「欲」、「與」兩有，皆誤。

而小臣不行見，○先慎曰：「行」當作「得」。小臣之忘民也，○先慎曰：「小」上當脱「是」字。忘民不可謂仁義。仁義者，不失人臣之禮，不敗君臣之位者也。是故四封之内，執會而朝，名曰臣。臣吏分職受事，名曰萌。今小臣在民萌之衆，而逆君上之欲，故不可謂仁義。仁義不在焉，桓公又從而禮之。使小臣有智能而遁桓公，是隱也，宜刑；德修而隱，不爲臣用，故宜刑也。○先慎曰：乾道本脱「宜刑」二字，顧廣圻云：「今本有『宜刑』二字，依下文當補，舊注未譌。」今據增。若無智能而虛驕矜桓公，是誣也，宜戮。小臣之行，非刑則戮。桓公不能領臣主之理而禮刑戮之人，是桓公以輕上侮君之俗教於齊國也，非所以爲治也。故曰：「桓公不知仁義。」

靡笄之役，晉代齊也。「靡笄」，山名。○先慎曰：注「代」當作「伐」。韓獻子將斬人。郤獻子聞之，駕往救之。比至，則已斬之矣。郤子因曰：「胡不以徇？」其僕曰：「曩不將救之乎？」郤子曰：「吾敢不分謗乎？」

或曰：郤子言不可不察也，非分謗也。韓子之所斬也，若罪人則不可救，○先慎曰：乾道本無「則」字，顧廣圻云：「藏本、今本有『則』字。」今據補。救罪人，法之所以敗也，法敗則國亂；若非罪人則勸之以徇，○顧廣圻曰：藏本同。今本「則」作「而」。按當作「不可」二字，與上文「不可救」句相對。先慎曰：

「則」下脱「不可」二字耳，顧删「則」字亦非。乾道本「徇」作「殉」，據張榜本改。（注及下同。）勸之以徇是重不幸也，斬既不幸，徇又不幸，是重不幸也。重不幸民所以起怨者也，民怨則國危。郤子之言非危則亂，不可不察也。且韓子之所斬若罪人，郤子奚分焉？斬若非罪人，則已斬之矣，而郤子乃至，是韓子之謗已成，而郤子且後至也。○顧廣圻曰：藏本同。今本無「子」字，誤。夫郤子曰「以徇」，不足以分斬人之謗，而又生徇之謗，徇既不幸，益得一謗。是子言分謗也？○顧廣圻曰：藏本同。今本「子」作「何」。按句有誤。俞樾曰：此當作「是郤子之言非分謗也，益謗也」，今脱六字，則文義不明。下文云「故曰郤子之言非分謗也，益謗也」，正與此應，可以據補。先慎曰：俞説是。昔者紂爲炮烙，崇侯、惡來又曰「斬涉者之脛」也，奚分於紂之謗？此助爲虐，更益謗也。且民之望於上也甚矣，韓子弗得，不得斬謂不辜也。且望郤子之得之也；望郤子正韓子之過。今郤子俱弗得，則民絶望於上矣。君上同惡，更何所望也。○先慎曰：一本無注。盧文弨云：張本有。故曰：郤子之言非分謗也，益謗也。且郤子之往救罪也，以韓子爲非也，不道其所以爲非而勸之以徇，是使韓子不知其過也。夫下使民望絶於上，○先慎曰：「望絶」，當依上文作「絶望」。又使韓子不知其失，吾未得郤子之所以分謗者也。

桓公解管仲之束縛而相之。管仲曰：「臣有寵矣，然而臣卑。」公曰：「使子立高、國之上。」管仲曰：「臣貴矣，〇先慎曰：外儲説左下「貴」作「尊」。然而臣貧。」公曰：「使子有三歸之家。」管仲曰：「臣富矣，然而臣疏。」於是立以爲仲父。霄略曰：〇顧廣圻曰：未詳。「管仲以賤爲不可以治國，〇王渭曰：「國」當作「貴」。故請高、國之上；以貧爲不可以治富，故請三歸；以疏爲不可以治親，故處仲父。管仲非貪，以便治也。」

或曰：〇先慎曰：乾道本連上，今從趙本提行。今使臧獲奉君令詔卿相，莫敢不聽；非卿相卑而臧獲尊也，主令所加，莫敢不從也。今使管仲之治，不緣桓公，是無君也，謂擅出其令，故曰「不緣」也。國無君不可以爲治。若負桓公之威，下桓公之令，是臧獲之所以信也，奚待高、國、仲父之尊而後行哉！當世之行事都丞「都丞」，宦官之卑者也。〇先慎曰：注「宦」字，趙本無。盧文弨云：「脱。」之下徵令者，不辟尊貴，不就卑賤。二官雖卑，奉命徵令，亦不以尊即避，卑即就也。故行之而法者，雖巷伯信乎卿相；行之而非法者，雖大吏詘乎民萌。今管仲不務尊主明法，而事增寵益爵，是非管仲貪欲富貴，必闇而不知術也。故曰：「管仲有失行，霄略有過譽。」

韓宣王問於樛留：「吾欲兩用公仲、公叔，其可乎？」樛留對曰：「昔魏兩用樓、翟而亡西河，樓緩、翟璜也。〇顧廣圻曰：「樓、翟」，樓鼻、翟强也。事見魏策，舊注誤甚。先慎曰：説林上「樓、翟」作「犀首、張儀」。楚兩用昭、景而亡鄢、郢。昭、景，楚之二姓。今君兩用公仲、公叔，此必將争事而外市，與鄰國交私以示己利，故曰「外市」也。則國必憂矣。」

或曰：昔者齊桓公兩用管仲、鮑叔，成湯兩用伊尹、仲虺。夫兩用臣者國之憂，則是桓公不霸，成湯不王也。湣王一用淖齒而身死乎東廟，○先慎曰：乾道本「身」作「手」。盧文弨云：「手」字譌。先慎按：盧説是。下「則必有身死減食之患」，「身死」即指湣王而言，明「手」爲「身」之誤。拾補作「身」，今從之。主父一用李兑，減食而死。主有術，兩用不爲患；○顧廣圻曰：藏本同。今本「主」下有「誠」字，誤。無術，兩用則争事而外市，○先慎曰：乾道本重「争」字，盧文弨云：「凌本不重。」今據删。一則專制而劫弑。○顧廣圻曰：「一」下當有「用」字。今留無術以規上，使其主去兩用一，是不有西河、鄢郢之憂，則必有身死減食之患，是繆留未有善以知言也。○先慎曰：「有」當作「爲」。

難二第三十七

景公過晏子曰：「子宫小近市，請徙子家豫章之圃。」○顧廣圻曰：與左傳不合。晏子再拜而辭曰：「且嬰家貧，○先慎曰：「且」當作「臣」。待市食而朝暮趨之，不可以遠。」景公笑曰：「子家習市，識貴賤乎？」是時景公繁於刑，晏子對曰：「踴貴而屨賤。」○先慎曰：「踴」即「踊」之俗字。景公曰：「何故？」對曰：「刑多也。」景公造亡老反。○顧廣圻曰：「造」，讀爲蹵。然變色曰：「寡人其暴乎！」於是損刑五。

或曰：晏子之貴踴，非其誠也，欲便辭以止多刑也。卒問而對，非深思也。亂國重典，豈惡刑多！在當與不當耳，不在多少。此不察治之患也。夫刑當無多，不當無少；苟不當，雖少，猶以爲多也。無以不當聞，而以太多說，無術之患也。敗軍之誅以千百數，猶且不止；○顧廣圻曰：藏本「且」作「北」，今本「且」、「北」兩有，皆誤。即治亂之刑如恐不勝，而姦尚不盡。今晏子不察其當否，而以太多爲說，不亦妄乎！夫惜草茅者耗禾穗，惠盜賊者傷良民。今緩刑罰行寬惠，是利姦邪而害善人也，此非所以爲治也。

齊桓公飲酒醉，遺其冠，恥之，三日不朝。管仲曰：「此非有國之恥也，○盧文弨曰：「非」字意林無。先慎曰：意林脫「非」字，御覽四百九十七、六百八十四、八百四十五、事類賦十七引並有「非」字。公胡不雪之以政？」○先慎曰：乾道本「胡」下有「其」字，據御覽、事類賦引刪。意林亦無「其」字。公曰：「善。」○先慎曰：乾道本「善」上有「胡其」二字。張榜本無，藝文類聚十九、御覽、事類賦引並無「胡其」二字，今據刪。因發倉囷賜貧窮，論囹圄出薄罪。處三日而民歌之曰：「公乎，公乎，胡不復遺其冠乎！」○先慎曰：各本無「其」字及上「乎公乎」三字，據藝文類聚、御覽引補。意林「冠」上亦有「其」字。

或曰：○先慎曰：乾道本連上，今據張、趙本提行。管仲雪桓公之恥於小人，而生桓公之恥於君子矣。○先慎曰：小人以遺冠爲恥，君子以遺義爲恥。使桓公發倉囷而賜貧窮，論囹圄而出薄罪，非義也，不可以雪恥使之而義也。桓公宿義，須遺冠而後行之，則是桓公行義，非爲遺冠也。○盧文弨曰：「非」字衍。顧廣圻曰：「行」當作「遺」。先慎曰：顧說是。張榜本無「非也」二字，不知上文「行」爲「遺」之誤而删之也。是雖雪遺冠之恥於小人，而亦遺義之恥於君子矣。○顧廣圻曰：藏本同。今本「遺」下有「宿」字，誤。「亦」下當有「生」字。且夫發囷倉而賜貧窮者，是賞無功也；論囹圄而出薄罪者，是不誅過也。夫賞無功則民偷幸而望於上，遺冠得賜，常望遺冠。不誅過則民不懲而易爲非，此亂之本也，安可以雪恥哉！

昔者文王侵盂、克莒、舉豐，○先慎曰：各本「盂」作「孟」，「豐」作「酆」。王引之云：「孟」爲「盂」字之誤也。竹書紀年：「帝辛三十四年，周師取耆及邘。」書大傳：「文王受命二年伐邘。」史記周本紀：「文王敗耆國，明年，伐邘。」作「盂」者借字。顧廣圻云：「克」，今本作「堯」，誤。「酆」，他書又作「豐」。先慎按：「孟」爲「盂」之誤，「堯」爲「克」之誤。御覽八十四引正作「侵盂、克莒、舉豐」，今據改。三舉事而紂惡之。文王乃懼，請入洛西之地、赤壤之國，方千里，以解炮烙之刑，○先慎曰：各本「以」下有「請」字。案此承上「請入洛西之地」而言，不當有「請」字，淺人以下文「請解炮烙之刑」，遂於此誤加「請」字，今據藝文類聚十二引删。天下皆說。仲尼聞之曰：「仁哉文王！輕千里之國而請解炮烙之刑。智哉文王！出千里之地而得天下之心。」

或曰：仲尼以文王爲智也，不亦過乎！夫智者知禍難之地而辟之者也，是以身不及於患也。使文王所以見惡於紂者，以其不得人心耶？則雖索人心以解惡可也。紂以其大得人心而惡之，已又輕地以收人心，是重見疑也。固其所以桎梏囚於羑里也。鄭長者有言：「體道，無爲、無見也。」此最宜於文王矣，不使人疑之也。仲尼以文王爲智，未及此論也。

晉平公問叔向曰：「昔者齊桓公九合諸侯，一匡天下，不識臣之力也，君之力也？」○先慎曰：乾道本無「君之力也」四字。盧文弨云：孫貽穀云：「文選四子講德論注引作『臣之力邪君之力邪』，此脱四字」。顧廣圻云：「識」下當有「君之力也」四字。「也」，讀爲邪，新序四作「乎」。先慎案：張榜本有「君之力也」四字，今據補。御覽六百二十引作「君之力臣之力」。叔向對曰：「管仲善制割，賓胥無善削縫，言損益若女工翦削彌縫。隰朋善純緣，言增飾若女工之純緣也。○顧廣圻曰：新序二人事互易。衣成，君舉而服之，亦臣之力也，君何力之有？」師曠伏琴而笑之。公曰：「太師奚笑也？」師曠對曰：「臣笑叔向之對君也。凡爲人臣者，猶炮宰和五味而進之君，君弗食，孰敢强之也。臣請譬之：君者壤地也，臣者草木也，必壤地美然後草木碩大，亦君之力也，○先慎曰：乾道本無「也」字。盧文弨云：

「『也』字脱，張本有。」今據補。臣何力之有？」

或曰：叔向、師曠之對，皆偏辭也。夫一匡天下，九合諸侯，美之大者也，非專君之力也，又非專臣之力也。昔者宫之奇在虞，僖負羈在曹，二臣之智，言中事，發中功，虞、曹俱亡者何也？此有其臣而無其君者也。且蹇叔處干而干亡，○先慎曰：拾補「干」作「盂」。盧文弨云：藏本、張本同。或改作「虞」。顧廣圻云：今本「干」作「于」，下同。按此未詳。俞樾云：「干」，即虞也。莊子刻意篇：「夫有干越之劍」，釋文引司馬云：「干，吴也。」荀子勸學篇「干、越、夷、貉之子」，楊倞注：「『干、越』猶言『吴、越』。」淮南子原道篇「干、越生葛絺」，高誘注亦云：「干，吴也。」是吴有「干」名，而「虞」與「吴」古同聲而通用。桓十年左傳正義云：「譜云：『虞，姬姓也，武王克商，封虞仲之庶孫以爲虞仲之後，處中國爲西吴，後世謂之虞公。』」然則虞之始封，本爲西吴，蓋以别於荆、蠻之吴，因春秋經傳皆作「虞」，而西吴之名廢矣。漢書地理志：「河東郡大陽，吴山在西，上有吴城，周武王封太伯後於此，是爲虞公。」夫虞之故城謂之吴城，是虞即吴也。吴得稱干，則虞亦得稱干也。「蹇叔處干」，即處虞也。先慎按：俞説是。今本作「于」，形近而誤，或作「虞」者，不知「干」即「虞」而改爲「虞」也。處秦而秦霸，○先慎曰：乾道本脱「處」字，顧廣圻云：「今本有『處』字，依上文當有。」今據補。非蹇叔愚於干而智於秦也，此有君與無臣也。○盧文弨曰：「與」，或改「而」。顧廣圻曰：「臣」當作「君」。向曰「臣之力也」，不然矣。

昔者桓公宫中二市，婦閭里門也。二百，○先慎曰：周策作「宫中七市，女閭七百」。被髮而御婦人，得管仲爲五百長；失管仲得豎刁，而身死，蟲流出尸不葬。○先慎曰：「尸」當作「户」。以爲非臣之力也，且不以管仲爲霸；以爲君之力也，且不以豎刁爲亂。昔者晉文公慕於齊女而忘歸，○先愼曰：乾道本「忘」作「亡」，盧文弨云：「『亡』，張本作『忘』。」顧廣圻云：「藏本作『忘』，是也。」今據改。咎犯極諫，故使得反晉國。○先愼曰：乾道本無「得」字，盧文弨云：「『得』字脱，一本有。」今據補。故桓公以管仲合，文公以舅犯霸，○先愼曰：乾道本「文公」下無「以」字，顧廣圻云：「今本『公』下有『以』字，按依上文當有。」今據補。而師曠曰「君之力也」，又不然矣。凡五霸所以能成功名於天下者，必君臣俱有力焉。故曰：「叔向、師曠之對，皆偏辭也。」

齊桓公之時，晉客至，有司請禮，桓公曰「告仲父」者三。有司三請，皆曰「告仲父」。而優笑曰：「易哉爲君，一曰『仲父』，二曰『仲父』。」「優」，俳優，樂者名。桓公曰：「吾聞君人者勞於索人，佚於使人。吾得仲父已難矣，得仲父之後，何爲不易乎哉！」

或曰：桓公之所應優，非君人者之言也。桓公以君人爲勞於索人，何索人爲勞哉！伊尹自以爲宰干湯，百里奚自以爲虜干穆公。○俞樾曰：兩「以」字皆衍文。「自」，由也。言由爲宰以干湯，由爲虜以干穆公也。難一篇：「故伊尹以中國爲亂，道爲宰干湯，百里奚以秦爲亂，道爲虜干穆公。」「道」，亦由也，與此一律。虜，所辱也；宰，所羞也。蒙羞辱而接君上，賢者之憂世急也。然則君人者無逆賢而已矣，○先愼曰：乾道本「逆」作「道」。顧廣圻云：藏本、今本「道」作「逆」，誤。先愼按：作「逆」是，顧説非。改從藏本、今本。索賢不爲人主難。且官職所以任賢也，爵禄所以賞功也；設官職，陳爵禄，而士自至，君人者奚其勞哉！使人又非所佚也；人主雖使人必以度量準之，○先慎曰：乾道本脱「以」字，顧廣圻云：「藏本、今本有『以』字。」今據補。以刑名參之；以事遇於法則行，○顧廣圻曰：下「以」字當衍。不遇於法則止；功當其言則賞，不當則誅。以刑名收臣，以度量準下，此不可釋也，君人者焉佚哉！索人不勞，使人不佚，而桓公曰「勞於索人，佚於使人」者，不然。且桓公得管仲又不難。○先慎曰：乾道本無「得」字，顧廣圻云：「今本有『得』字，依下文當有。」今據補。管仲不死其君而歸桓公，鮑叔輕官讓能而任之，桓公得管仲又不難明矣。已得管仲之後，奚遽易哉！管仲非周公旦，周公旦假爲天子七年，成王壯，授之以政，非爲天下計也，爲其職也。夫不奪子而行天下者，○顧廣圻曰：藏本同。今本「不」下有「難」字，誤。先慎曰：張榜本有「難」字，旁注云：「『難』作『肯』。」必不背死君而事其讎；背死君而事其讎者，必不難奪子而行天下；不難奪子而行天下者，必不難奪其君國矣。管仲，公子糾之臣也，謀殺桓公而不能，其君死而臣桓公。管仲之取舍非周公旦，未可知也。○張榜曰：當云「非周公旦亦以明矣，然其賢與不賢未可知也」。盧文弨曰：「未」字衍。先慎曰：張説是。「未」上當有脱文。若使管仲大賢也，且爲湯、武。湯、武，桀、紂之臣也，○先慎曰：乾道本不重「湯武」二字，顧廣圻云：「今本重，按依下文當重。」今據補。桀、紂作亂，湯、武奪之。今桓公以易居其上，是以桀、紂之行居湯、武之上，桓公危矣。若使管仲不肖人也，且爲田常。田常，簡公之臣也，而弑其君。今桓公以易居其上，是以簡公之易居田常之上也，桓公又危矣。管仲非周公旦以明矣，○顧廣圻曰：藏本同。今本「旦」下有「亦」字，誤。先慎曰：「以」當作「已」。然爲湯、武與田常未可知也。爲湯、武有桀、紂之危，爲田常有簡公之亂也。○先慎曰：下「之」字，張榜本無。已得仲父之後，桓公奚遽易哉！○先慎曰：趙本「遽」作「處」，誤。若使桓公之任管仲，必知不欺己也，是知不欺主之臣也。然雖知不欺主之臣，○先慎曰：「雖」當爲「唯」之誤。「惟」、「唯」古通，此承上起下之詞。謂桓公任仲，知不欺己，則桓公能皆知不欺己之臣。乃惟管仲之不欺己，因謂豎刁、易牙亦不欺己，遂以任管仲者任二人，則桓公不知欺與不欺亦明矣。「唯」誤作「雖」，遂不可讀。今桓公以任管仲之專借豎刁、易牙，○王先謙曰：「今」字無義，疑「令」之譌。蟲流出尸而不葬，○先慎曰：「尸」當作「户」。乾道本「不」作「作」。盧文弨云：「而」字衍。顧廣圻云：今本「作」作「不」，誤。按當作「後」。先慎按：作「不」字是，上文「蟲流出尸不葬」即其證，今據改。桓公不知臣欺主與不欺主已明矣，而任臣如彼其專也，故曰：「桓公闇主。」

李兑治中山，苦陘令上計而入多。李兑曰：「語言辨，聽之說，不度於義，謂之窕言。苟且也。○顧廣圻曰：「語言辨」句絶。「說」，讀爲悦。孫詒讓曰：蒲阪云：「『李兑』合作『李克』，其治中山已見外儲說左下。『語言』，下文作『言語』；『辨』、『辯』通；『聽』合作『聽』。魏都賦注引李克書曰：『言語辯聽之說而不度於義者，謂之膠言。』」（文選注。）案蒲阪圓據劉逵引李克書校正此文，郅塙。（御覽一百六十一引史記，亦以此爲李克事，今史記無此文。又案：此難諸篇皆襍舉古書之文而難之，李克書即漢書藝文志儒家李克七篇之佚文，劉逵所引未全，此可以補之。）惟「窕言」、「膠言」義兩通，（廣雅釋詁云「膠，欺也」，方言云「膠，詐也」，此李克書「膠」字之義。）當各從本書。昭二十一年左傳云「小者不窕」，杜注云：「窕，細不滿。」（呂氏春秋適音篇高注義同。）蓋「窕」本爲空虛不充滿之言，引申之，凡虛假不實者通謂之「窕」。「窕言」者，虛言不可信以爲實。下文「窕貨」者，虛貨不可恃以爲富也。舊注釋爲「苟且」，蓋讀爲「佻愉」字，於義未切。先慎曰：「聽」字不誤，選注作「聰」，形近而誤。玩下文自知。無山林澤谷之利而入多者，謂之窕貨。君子不聽窕言，不受窕貨，子姑免矣！」○先慎曰：乾道本「子」作「之」，今據張榜本、趙本改。

或曰：李子設辭曰：「夫言語辨，聽之說，不度於義者，謂之窕言。」「辯」在言者，「說」在聽者，言非聽者也。所謂「不度於義」，○顧廣圻曰：藏本、今本「也」下有「則辨非說者也」六字，按此不當有。非謂聽者，必謂所聽也。聽者，非小人則君子也。小人無義，必不能度之義也；君子度之義，必不肯說也。夫曰「言語辨，聽之說，不度於義」者，必不誠之言也。入多之爲窕貨也，未可遠行也。李子之姦弗蚤禁，使至於計，是遂過也。無術以知而入多，入多者穰也，「穰」，豐多也。雖倍入將奈何！舉事慎陰陽之和，種樹節四時之適，無早晚之失，寒溫之災，則入多。不以小功妨大務，不以私欲害人事，○先慎曰：乾道本「私」上有「和」字。顧廣圻云：藏本、今本無「和」字。

先慎案：「私」、「和」二字形近而誤衍，此與上「不以小功妨大務」句相對成文，不應此多一字，據藏本删。丈夫盡於耕農，婦人力於織紝，則入多。務於畜養之理，察於土地之宜，六畜遂，五穀殖，則入多。明於權計，審於地形舟車機械之利，用力少，致功大，則入多。利商市關梁之行，能以所有致所無，客商歸之，外貨留之，儉於財用，節於衣食，宮室器械，周於資用，不事玩好，則入多。入多，皆人爲也。若天事，風雨時，寒温適，土地不加大，而有豐年之功，則入多。人事天功〇盧文弨曰：張本「功」作「工」。二物者皆入多，非山林澤谷之利也。夫「無山林澤谷之利入多」，因謂之「窕貨」者，無術之言也。〇先慎曰：乾道本「言」作「害」，顧廣圻曰：「藏本、今本『害』作『言』。」今據改。

趙簡子圍衛之郛郭，〇先慎曰：「郛」、「郭」同義，「郛」當作「附」。呂氏春秋貴直篇作「附郭」，高注：「附郭，近郭也。」「郛」、「附」聲近而誤。犀楯犀櫓，立於矢石之所不及，簡子以犀爲脅櫓而自卧之。「櫓」，楯類也。〇先慎曰：乾道本無「不」字。盧文弨云：「犀楯犀櫓」，呂氏春秋貴直篇作「犀蔽屏櫓」，「所」下脱「不」字。注「脅」字疑作「楯」，又「卧」字譌。先慎按：盧說是，今依拾補增「不」字。「犀」，堅也，說見姦劫弑臣篇。鼓之而士不起。簡子投枹曰：「烏乎！〇先慎曰：張榜本「烏」作「嗚」。吾之士數弊也。」行人燭過〇先慎曰：僞子華子去趙篇趙簡子有「燭過小人」之語。免胄而對曰：「臣聞之，亦有君之不能耳，士無弊者。但君〔二〕不能用之耳。○先慎曰：乾道本脱「士」字。顧廣圻云：藏本、今本「無」上有「士」字。先慎案：有「士」字是，今據補。御覽三百五十一引呂氏春秋「士何弊之有」，今呂書亦脱「士」字。昔者吾先君獻公并國十七，○先慎曰：呂氏春秋作「兼國十九」。服國三十八，戰十有二勝，是民之用也。獻公没，惠公即位，淫衍暴亂，身好玉女，○先慎曰：張榜本「玉」誤「王」。秦人恣侵，去絳十七里，○先慎曰：呂氏春秋作「秦人襲我，遜去絳七十」。亦是人之用也。惠公没，文公受之，○先慎曰：乾道本「受」作「授」。顧廣圻云：「授」當作「受」。先慎按：張榜本作「受」，今據改。圍衛，取鄴，○顧廣圻曰：呂氏春秋「鄴」作「曹」。城濮之戰，五敗荆人，取尊名於天下，亦此人之用也。亦有君不能耳，○先慎曰：乾道本「能」下有「士」字。顧廣圻云：藏本、今本無「士」字。先慎按：呂氏春秋亦無「士」字，此涉下文而衍，今據删。士無弊也。」簡子乃去楯櫓，立矢石之所及，鼓之而士乘之，戰大勝。簡子曰：「與吾得革車千乘，不如聞行人燭過之一言也。」

或曰：行人未有以説也，乃道惠公以此人是敗，文公以此人是霸，未見所以用人也；

〔二〕「君」，原本作「者」，據文義改。

文能以賞信必罰，未必去櫓親立於矢石閒。簡子未可以速去楯櫓也。○先慎曰：乾道本「楯」作「脅」。顧廣圻云：藏本、今本「脅」作「楯」。先慎按：上云「簡子乃去楯櫓，立矢石之所及」，此即承上而云，作「楯」字是，今據改。嚴親在圍，輕犯矢石，孝子之所愛親也。孝子所以輕犯矢石而救者，謂親愛。○王渭曰：「所」下當有「以」字。孝子愛親，百數之一也。犯難救親，百人無一人，言孝稀也。今以爲身處危而人尚可戰，是以百族之子於上皆若孝子之愛親也，是行人之誣也。能孝於親者尚百無一，況於君百族而行孝哉！是誣也。○顧廣圻曰：藏本同。今本「百族之子」下有「愛」字，誤。先慎曰：張榜本「若」作「有」，乾道本注「一」作「益」，據趙本改。好利惡害，夫人之所有也。賞厚而信，人輕敵矣；刑重而必，失人不比矣。○顧廣圻曰：藏本同。今本無「失」字。按「失」〔二〕當作「夫」。先慎曰：「比」，趙本作「北」。長行徇上，數百不一失。○顧廣圻曰：藏本同。今本「失」作「人」。按此當衍。喜利畏罪，人莫不然。將衆者不出乎莫不然之數，而道乎百無一人之行，○先慎曰：乾道本「一」作「失」，拾補作「一」，盧文弨云：「『失』字譌。」今依改。行人未知用衆之道也。○先慎曰：乾道本無「行」字、「用」字，顧廣圻云：「今本有『行』字，藏本、今本有『用』字。」今據補。

〔二〕「失」，原本作「矢」，據顧氏韓非子識誤改。

韓非子集解卷第十六

難三第三十八

魯穆公問於子思曰：「吾聞龐𫋌氏之子不孝，其行奚如？」○顧廣圻曰：「𫋌氏」，論衡非韓篇作「撊是」。按「氏」、「是」同字。「𫋌」，當依論衡作「撊」，字書無「𫋌」字。史記酷吏傳云「濟南瞯氏」，漢書音義云「音小兒癇病也」，即此姓。「龐」，當是其里也。子思對曰：「君子尊賢以崇德，舉善以觀民。○顧廣圻曰：藏本、今本「觀」作「勸」，論衡作「勸」。按此以「觀」爲是。「觀」，示也。若夫過行，是細人之所識也，臣不知也。」子思出，子服厲伯入見，問龐𫋌氏子，○先慎曰：乾道本無「問」字。顧廣圻云：藏本、今本有「問」字。先慎按：論衡亦有「問」字，今據補。子服厲伯對曰：「其過三，皆君之所未嘗聞。」○顧廣圻曰：「之」，當依論衡作「子」。先慎曰：論衡「嘗」作「曾」。自是之後，君貴子思而賤子服厲伯也。

或曰：魯之公室，三世劫於季氏，不亦宜乎！明君求善而賞之，求姦而誅之，其得之一也。故以善聞之者，以説善同於上者也；以姦聞之者，以惡姦同於上者也。此宜賞譽之所及也。聞善聞姦俱當賞也。○先慎曰：乾道本「及」作「力」。顧廣圻云：藏本、今本「力」作「及」。先慎按：作「及」是，今據改。下「此宜毀罰之所及也」，正作「及」。不以姦聞，是異於上而下比周於姦者也，此宜毀罰之所及也。今子思不以過聞，而穆公貴之；厲伯以姦聞，而穆公賤之。人情皆喜貴而惡賤，故季氏之亂成而不上聞，此魯君之所以劫也。且此亡王之俗，○顧廣圻曰：「王」當作「主」。取魯之民所以自美，而穆公獨貴之，不亦倒乎！

文公出亡，獻公使寺人披攻之蒲城，○先慎曰：「獻公」，一本作「獻子」，誤。披斬其袪，文公奔翟。惠公即位，又使攻之惠竇，不得也。○顧廣圻曰：「惠竇」，當依左傳作「渭濱」。及文公反國，披求見，公曰：「蒲城之役，君令一宿，而汝即至；惠竇之難，君令三宿，而汝一宿，何其速也？」披對曰：「君令不二。除君之惡，惟恐不堪。○先慎曰：乾道本無「惟」字。顧廣圻云：藏本、今本有「惟」字。先慎按：左傳亦有，今據補。蒲人翟人，余何有焉！當時君爲蒲、翟之人，無臣之分，則何有焉？○盧文弨曰：注「無臣之分」，「之」馮改「主」。今公即位，其無蒲翟乎！且桓公置射鉤而相管仲。」君乃見之。

或曰：齊、晉絶祀，不亦宜乎！桓公能用管仲之功，而忘射鉤之怨；文公能聽寺人之言，而棄斬袪之罪。桓公、文公能容二子者也。後世之君明不及二公，後世之臣賢不如二子。以不忠之臣事不明之君，○先慎曰：乾道本「以」字在「臣」字下。顧廣圻云：今本「以」字在「不」字上。先慎按：此當乙，今據改。君不知則有燕操、子之也。子罕、田常之賊，知之則以管仲、寺人自解。君必不誅而自以爲有桓、文之德，是臣讐而明不能燭，○顧廣圻曰：藏本同。今本「讐」下有「君」字。多假之資，自以爲賢而不戒，則雖無後嗣，不亦可乎！○王先謙曰：韓子此言，殆爲楚、魏相張儀之類而發。且寺人之言也，直飾非誠言也。○先慎曰：趙本注「誠」作「識」，誤。君令而不貳者，則是貞於君也。死君後生臣不愧，而後爲貞。不皆死而後爲貞。○先慎曰：乾道本下「後」字作「復」，拾補上「後」字亦作「復」。盧文弨云：「復」作「後」，譌。注「不」字疑「必」。顧廣圻云：今本「復」作「後」。按「復」、「後」互誤。「生」下當更有「生」字。先慎按：今本「復」作「後」，是也。此言君死後臣生不愧，如荀息立奚齊立卓子之類，而後爲貞。若君朝卒而讐立，遂臣事之，非貞也。此與下文語意相承，極爲明顯。乾道、道藏本誤「後」爲「復」，其義遂晦耳。上「後」字不譌，盧、顧説並非，改從今本。今惠公朝卒，而暮事文公，寺人之「不貳」何如？

人有設桓公隱者，○先慎曰：乾道本連上，今從趙本提行。曰：「一難，二難，三難，何也？」桓公不能射，○先慎曰：乾道本「射」作「對」，盧文弨云：「對，藏本作『射』。」今據改。以告管仲。管仲對曰：「一難也，近優而遠士。二難也，去其國而數之海。三難也，君老而晚置太子。」桓公曰：「善。」不擇日而廟禮太子。

或曰：管仲之射隱不得也。士之用不在近遠，而俳優侏儒固人主之所與燕也。則近優而遠士而以爲治，非其難者也。夫處勢而不能用其有，○先慎曰：乾道本「勢」作「世」，盧文弨云：「世，張本作『勢』。」顧廣圻云：「藏本『世』作『勢』，是也。」今據改。而悖不去國，○顧廣圻云：藏本同。今本「悖」作「徒」。按「悖」當作「恃」。是以一人之力禁一國。以一人之力禁一國者，少能勝之。明能照遠姦而見隱微，必行之令，雖遠於海內必無變。然則去國之海而不劫殺，非其難者也。楚成王置商臣以爲太子，又欲置公子職，商臣作難，遂弑成王。公子宰，周太子也，○先慎曰：六微篇「宰」作「朝」，説見上。公子根有寵，遂以東州反，○顧廣圻曰：「州」，讀爲周，見六微篇。分而爲兩國。此皆非晚置太子之患也。夫分勢不二，庶孽卑，寵無藉，雖處耄老，○先慎曰：乾道本「耄老」作「大臣」，誤，改從趙本。「庶孽卑」句。「寵無藉」，謂所寵之人無借以權勢也。晚置太子可也。然則晚置太子，庶孽不亂，又非其難也。物之所謂難者，必借人成勢，而勿使侵害己，○先慎曰：乾道本無「使」字，盧文弨云：「『使』字脱，張本有。」今據補。可謂一難也。貴妾不使二后，二難也。○先慎曰：「二后」，猶並后也。「二難」上，依上下文當有「可謂」二字。愛孽不使危正適，專聽一臣而不敢隅君，○顧廣圻曰：藏本同。今本「隅」作「偶」。按「隅」當作「愚」。先慎曰：「隅」、「偶」形近易譌。詩抑「維德之隅」，劉熊碑作「偶」，是二字古人已有誤者。此「隅」當作「偶」，顧説非。此則可謂三難也。

葉公子高問政於仲尼，○先慎曰：乾道本連上，今從趙本提行。仲尼曰：「政在悅近而來遠。」哀公問政於仲尼，仲尼曰：「政在選賢。」齊景公問政於仲尼，仲尼曰：「政在節財。」三公出，子貢問曰：「三公問夫子政一也，夫子對之不同，何也？」仲尼曰：「葉都大而國小，民有背心，故曰：『政在悅近而來遠。』魯哀公有大臣三人，外障距諸侯四鄰之士，內比周而以愚其君，○先慎曰：趙本「其」作「於」。使宗廟不掃除，社稷不血食者，必是三臣也。故曰：『政在選賢。』齊景公築雍門，爲路寢，一朝而以三百乘之家賜者三，謂以大夫之業世賜與爲寢也。○先慎曰：注「世」，趙本作「也」。盧文弨云：「業也」當作「菜地」。又「寢也」當作「寢者」。故曰：『政在節財。』」

或曰：仲尼之對，亡國之言也。葉民有倍心，○先慎曰：乾道本「葉」作「恐」，盧文弨云：「『恐』，張本作『葉』。」今據改。而說之「悅近而來遠」，○先慎曰：乾道本「說」上有「誠」字，顧廣圻云：「藏本、今本無『誠』字。」今據刪。則是教民懷惠。惠之爲政，無功者受賞，則有罪者免，此法之所以敗也。法敗而政亂，○先慎曰：乾道本無「政」字，顧廣圻云：「藏本、今本有。」今據增。以亂政治敗民，未見其可也。

且民有倍心者，君上之明有所不及也。不紹葉公之明，○盧文弨曰：「紹」，凌本作「咎」。顧廣圻曰：句有誤。孫詒讓曰：「紹」當作「詔」。謂詔〔一〕告之以尚明之義。「紹」、「詔」形聲並相近。而使之悦近而來遠，是舍吾勢之所能禁而使與不行惠以争民，○顧廣圻曰：藏本同。今本「不」作「天下」二字。按「不」字當作「下」，形近誤。今本添「天」字，誤甚。非能持勢者也。夫堯之賢，六王之冠也，舜一從而咸包，而堯無天下矣。有人無術以禁下，恃爲舜而不失其民，不亦無術乎！明君見小姦於微，故民無大謀；行小誅於細，故民無大亂。此謂「圖難於其所易」也，○顧廣圻曰：藏本、今本「難」下有「者」字。「爲大者於其所細」也。今有功者必賞，賞者不得君，○顧廣圻曰：「得」當作「德」。力之所致也；有罪者必誅，誅者不怨上，罪之所生也。民知誅罰之皆起於身也，○顧廣圻曰：「罰」當作「賞」。故疾功利於業，○先慎曰：拾補「疾」作「習」。盧文弨云：張本作「疾」。顧廣圻云：藏本同。今本「疾」作「習」，誤。而不受賜於君。「太上，下智有之。」○顧廣圻曰：「智」，讀爲知。按此老子第十七章文。此言太上之下民無説也，○盧文弨曰：張本無「民」字。安取懷惠之民？上君之民無利害，説以「悦近來遠」，亦可舍已！哀公有臣外障距内比周以愚其君，而説之以「選賢」，此非功伐之論也，選其心之所謂

〔一〕「詔」，原本作「誥」，據孫氏札迻改。

賢者也。使哀公知三子外障距内比周也，則三子不一日立矣。哀公不知選賢，選其心之所謂賢，故三子得任事。燕子噲○顧廣圻曰：藏本同。今本「子」作「王」，誤。賢子之而非孫卿，○顧廣圻曰：「孫卿」，荀卿也。其事未詳。故身死爲僇；夫差智太宰嚭而愚子胥，故滅於越。魯君不必知賢，而説以「選賢」，是使哀公有夫差、燕噲之患也。明君不自舉臣，臣相進也；○顧廣圻曰：「臣」當作「功」。不自賢，○顧廣圻曰：「賢」上當脱「選」字。功自徇也。○顧廣圻曰：藏本同。今本重「功」字，誤。「自」作「相」。論之於任，試之於事，課之於功。故羣臣公正而無私，○先慎曰：乾道本「正」作「政」，今據趙本改。不隱賢，不進不肖。然則人主奚勞於選賢？景公以百乘之家賜，而説以「節財」，是使景公無術以享厚樂，○先慎曰：「以享厚樂」，乾道本作「使智（空一字）之侈」，藏本作「使智之侈」，改從今本。而獨儉於上，未免於貧也。有君以千里養其口腹，則雖桀、紂不侈焉。齊國方三千里，而桓公以其半自養，是侈於桀、紂也；然而能爲五霸冠者，知侈儉之地也。爲君不能禁下而自禁者，謂之劫；不能飾下而自飾者，謂之亂；不節下而自節者，謂之貧。○先慎曰：依上文，「不」下當有「能」字。明君使人無私，以詐而食者禁；力盡於事，歸利於上者必聞，聞者必賞；汙穢爲私者必知，知者必誅。然故忠臣盡忠於公，○先慎曰：乾道本「公」上有「方」字。顧廣圻云：藏本、今本無「方」字。按句有誤。先慎按：「方」字衍。「然故」，即然則也。王引之經傳釋詞云：「故，猶則也。」

「忠臣盡忠於公」〔二〕與「民士竭力於家」、「百官精尅於上」一律，「公」上不當有「方」字，今據刪。民士竭力於家，百官精尅於上，精廉尅己。侈倍景公，非國之患也。但如上，雖侈，非國之患也。○先慎曰：乾道本注「但」作「伊」，據趙本改。然則說之以「節財」，非其急者也。夫對三公一言而三公可以無患，知下之謂也。知下明○顧廣圻曰：「也」下當有脱文。此「知下明則」云云，哀公之無患也。下文「知下明則」云云，景公之無患也。所脱爲葉公之無患也，因「知下明則」複出而誤漏之耳。則禁於微，禁於微則姦無積，○先慎曰：乾道本不重「禁於微」三字，顧廣圻云：「今本重『禁於微』，按此當更有。」今據補。姦無積則無比周，無比周則公私分，公私分則朋黨散，朋黨散則無外障距內比周之患。知下明則見精沐，○王渭曰：「精沐」二字疑。孫詒讓曰：「精沐」，疑當爲「精悉」。說文：「悉，詳盡也。」「悉」或變作「悉」，又譌作「怵」，與「沐」形近，因而致誤。見精沐則誅賞明，誅賞明則國不貧。故曰：「一對而三公無患，知下之謂也。」韓子以齊桓侈於桀、紂猶未虧德，形於翰墨，著以爲教，一何逆理之甚。其不得死秦獄，未必不由此也。○先慎曰：趙本無此注文。盧文弨云：張本有。

鄭子產晨出，過東匠之閭，○先慎曰：乾道本「東」作「東」。顧廣圻云：論衡「東」作「東」，「閭」作「宮」。

〔二〕「盡忠於公」，原本作「盡忠於上」，據正文改。

先慎按：張榜本、趙本並作「東」，今據改。聞婦人之哭，撫其御之手而聽之。有閒，遣吏執而問之，則手絞其夫者也。○顧廣圻曰：論衡「絞」作「殺」，下「異日」作「翼日」。異日，其御問曰：「夫子何以知之？」子産曰：「其聲懼。凡人於其親愛也，始病而憂，臨死而懼，已死而哀。今哭已死，不哀而懼，是以知其有姦也。」

或曰：子産之治，不亦多事乎！不以法度而用智，故曰「多事」也。姦必待耳目之所及而後知之，○先慎曰：乾道本「姦必」作「必姦」，據趙本改。論衡非韓篇正作「姦必」。則鄭國之得姦者寡矣。不任典成之吏，「典」，主也。謂因事而責成之。○先慎曰：論衡「成」作「城」。乾道本注「因」作「其」，據趙本改。不察參伍之政，○先慎曰：論衡「政」作「正」，二字古通。不明度量，恃盡聰明勞智慮，○先慎曰：乾道本「盡」作「毒」。顧廣圻云：藏本、今本「毒」作「盡」。按此以「毒」與「勞」對文。先慎案：顧説非，論衡亦作「盡」，今據改。論衡「恃」作「待」，誤，當依此訂正。而以知姦，不亦無術乎！且夫物衆而智寡，寡不勝衆，智不足以徧知物，故因物以治物。謂若因龍以治鱗蟲，因鳳以治羽鳥也。○先慎曰：乾道本「故」下有「則」字。顧廣圻云：今本無「則」字。俞樾云：「故」、「則」二字無義，趙本删「則」字，當從之。惟此文有從舊注羼入者，韓子原文當云：「且夫物衆而智寡，寡不勝衆，故因物以治物；下衆而上寡，寡不勝衆，故因人以知人。」舊注於上句「寡不勝衆」云「言智不足以徧知物也」，於下句「寡不勝衆」云「言君不足以徧知臣也」，傳寫誤入正文，而又有錯誤，遂參差而不可讀矣。先慎案：俞説是。「則」字依趙本删。下衆而上寡，寡不勝衆者，言君不足以徧知臣也，故因人以知人。是以形體不勞而事治，智慮不用而姦得。故宋人語曰：「一雀過羿，羿必得之，則羿誣矣。羿雖善射，見雀未必一一得之，故曰「誣」也。○先慎曰：乾道本不重「羿」字，盧文弨云：「凌本重『羿』字。」今據增〔一〕。以天下爲之羅，則雀不失矣。」夫知姦亦有大羅，不失其一而已矣。不修其理，而以己之胷察爲之弓矢，則子產誣矣。老子曰：「以智治國，國之賊也。」其子產之謂矣。

秦昭王問於左右曰：「今時韓、魏孰與始强？」左右對曰：「弱於始也。」「今之如耳、魏齊孰與曩之孟常、芒卯？」○盧文弨曰：「常」，張本作「嘗」，下同。對曰：「不及也。」王曰：「孟常、芒卯率强韓、魏猶無奈寡人何也！」○顧廣圻曰：策下有「今以無能之如耳、魏齊帥弱韓、魏以攻秦，其無奈寡人何亦明矣。」先慎曰：說苑敬慎篇亦有，疑此脫。左右對曰：「甚然。」中期伏瑟而對○先慎曰：各本「伏瑟」作「推琴」。顧廣圻云：史記魏世家云「中旗憑琴」，索隱云：「按戰國策作『推琴』，春秋後語『中旗伏琴』，而韓子作『推瑟』，說苑作『伏瑟』，文各不同。」按索隱引此作「瑟」，是也。「推」當作「憑」，「憑」、「伏」同字。難二篇云：「師曠伏琴而笑之。」先慎案：御覽四百五十九引作「中旗伏瑟」，今據改。曰：「王之料天下過矣。夫六晉之時，知氏最强，滅范、中行，又率韓、魏之兵以伐趙，○先慎曰：各本「又率」作「而從」，今據御覽改。說苑

〔一〕「增」，原本作「刪」，據文義改。

亦作「又率」。灌以晉水，城之未沈者三板。知伯出，魏宣子御，韓康子爲驂乘，知伯曰：『始吾不知水可以滅人之國，吾乃今知之。汾水可以灌安邑，絳水可以灌平陽。』魏宣子肘韓康子，康子踐宣子之足，肘足接乎車上而知氏分於晉陽之下。今足下雖强，未若知氏，韓、魏雖弱，未至如其晉陽之下也。○先慎曰：「其」字疑衍。此天下方用肘足之時，願王勿易之也。」

或曰：○先慎曰：乾道本連上，今從趙本提行。昭王之問也有失，左右、中期之對也有過。凡明主之治國也，任其勢。勢不可害，則雖强天下無奈何也，而況孟常、芒卯、韓、魏能奈我何！其勢可害也，則不肖如如耳、魏齊○先慎曰：乾道本不重「如」字，盧文弨云：「脱，凌本重。」今據補。及韓、魏猶能害之。然則害與不侵，在自恃而已矣，奚問乎？自恃其不可侵，○先慎曰：下「自」字趙本作「曰」。盧文弨云：「『曰』字譌。」則强與弱奚其擇焉？○先慎曰：乾道本無「則」字，顧廣圻云：「藏本、今本有『則』字。」今據補。夫不能自恃○先慎曰：乾道本「夫不能」作「失在不」，今據趙本改。而問其奈何也，其不侵也幸矣！申子曰：「失之數而求之信，則疑矣。」其昭王之謂也。知伯無度，從韓康、魏宣而圖以水灌滅其國，○先慎曰：「其」，拾補作「人」。盧文弨云：「其」字譌。先慎案：盧説非，「其」指韓、魏言，即上「汾水灌安邑，絳水灌平陽」也。此知伯之所以國亡而身死，頭爲飲杯之故也。今昭王乃問孰與始强，其未有水人之患也；○先慎曰：乾道本「未」作「畏」，「也」作「乎」。盧文弨云：凌本、秦本「畏」作

「未」,「乎」作「也」。顧廣圻云:「畏」字當有誤,未詳。先慎按:「畏」、「未」聲近而譌。「未有水人之患」與「安有肘足之事」文法一律,今據改。雖有左右,非韓、魏之二子也,安有肘足之事?而中期曰「勿易」,此虛言也。且中期之所官,琴瑟也。絃不調,弄不明,中期之任也,此中期所以事昭王者也。中期善承其任,未慊昭王也,而爲所不知,豈不妄哉!左右對之曰「弱於始」與「不及」則可矣,其曰「甚然」〇盧文弨曰:四字句。則諛也。申子曰:「治不踰官,雖知不言。」今中期不知而尚言之,故曰:「昭王之問有失,左右、中期之對皆有過也。」

管子曰:「見其可,說之有證;見其不可,惡之有形。賞罰信於所見,雖所不見,其敢爲之乎?見其可,說之無證;〇先慎曰:乾道本「證」上有「說」字。顧廣圻云:藏本、今本無下「說」字。先慎按:「說」字涉上文而衍,今據刪。見其不可,惡之無形。賞罰不信於所見,而求所不見之外,不可得也。」

或曰:廣廷嚴居,衆人之所肅也;晏室獨處,曾、史之所僈也。〇先慎曰:「僈」,趙本作「慢」,古字通用。觀人之所肅,非行情也。〇顧廣圻曰:藏本同。今本「行」作「得」,誤。且君上者,臣下之所爲飾也。好惡在所見,臣下之飾姦物以愚其君必也。明不能燭遠姦、見隱微,而待之以觀飾行、定賞罰,不亦弊乎!

管子曰：「言於室滿於室，言於堂滿於堂，是謂天下王。」

或曰：管仲之所謂言室滿室、言堂滿堂者，非特謂遊戲飲食之言也，必謂大物也。人主之大物，非法則術也。法者，編著之圖籍，設之於官府，而布之於百姓者也。術者，藏之於胷中，以偶衆端，而潛御羣臣者也。○先慎曰：張榜本「衆」作「重」。故法莫如顯，而術不欲見。是以明主言法，則境内卑賤莫不聞知也，不獨滿於堂；用術，則親愛近習莫之得聞也，不得滿室。而管子猶曰「言於室滿室，言於堂滿堂」，非法術之言也。

難四第三十九

衛孫文子聘於魯，公登亦登。叔孫穆子趨進曰：「諸侯之會，寡君未嘗後衛君也。今子不後寡君一等，寡君未知所過也。子其少安。」孫子無辭，亦無悛容。穆子退而告人曰：「孫子必亡。亡臣而不後君，○顧廣圻曰：藏本、今本不重「亡」字。按當依左傳云：「孫子必亡，爲臣而君。」衍「不後」二字。先慎曰：按此相傳當日之語不同，應各依本書爲是。「亡臣」，即下「其所以亡，其失所以得君也」。「亡臣」之「亡」，讀若忘。孫子自忘己尚爲臣，故與魯君並行而不違。下文「孫子君於衛而後不臣於魯」，正申「亡臣而不後君」之說。顧氏依左傳改本書，失本書指矣。**過而不悛，亡之本也。」**

或曰：天子失道，諸侯伐之，○顧廣圻曰：「伐」當作「代」。「代之」，代爲君也。下文盡同。**故有湯、武。諸侯失道，大夫伐之，故有齊、晉。臣而伐君者必亡，則是湯、武不王，晉、齊不立也。**○先慎曰：依上文，「晉、齊」當作「齊、晉」。**孫子君於衞，**○顧廣圻曰：句絶。**而後不臣於魯，臣之君也。**○王先謙曰：臣之君，謂臣變而爲君也。**君有失也，故臣有得也。不命亡於有失之君，而命亡於有得之臣，不察。**○顧廣圻曰：二字句絶。先慎曰：「命」與「言」通。書大禹謨「咸聽朕命」，墨子兼愛篇下作「咸聽朕言」，禹謨即本墨子改「言」爲「命」，可見古人「命」、「言」二字〔二〕相通。此謂穆子不言衞君有失之當亡，而言衞臣有得之必亡，是謂不明。**魯不得誅衞大夫，而衞君之明不知不悛之臣，孫子雖有是二也，臣以亡？**○顧廣圻曰：藏本同。今本無「臣」字，誤。按「臣」當爲「巨」。「詎」、「巨」同字。**其所以亡，其失所以得君也。**○顧廣圻曰：藏本同。今本無「亡其」二字，誤。「亡」句絶，下七字爲一句。先慎曰：「其所以亡」，謂亡其爲臣也。「其失所以得君」，謂失其爲臣之禮，故得爲其君也。

或曰：○先慎曰：前三篇皆一難，此篇先立一難以難古人，又立一義以自難前說，其文皆出於韓子。**臣主之**

〔二〕「字」，原本作「子」，今改。

施，分也。臣能奪君者，以得相踦也。故非其分而取者，衆之所奪也；辭其分而取者，民之所予也。是以桀索嶓山之女，紂求比干之心，而天下離；〇先慎曰：乾道本「離」作「謂」，顧廣圻云：「今本『謂』作『離』。」今據改。湯身易名，〇顧廣圻曰：未詳。先慎曰：路史：「桀殺關龍逢，湯聞而歎，使人哭之，桀怒，囚湯於夏臺，已而得釋。」以下文受詈例之，當即此事。武身受詈，〇顧廣圻曰：見喻老篇。而海内服；趙咺走山，〇顧廣圻曰：「咺」當作「宣」。左傳「宣子未出山而復」，是其事也。田外僕，〇顧廣圻曰：藏本同。今本「田」下有「氏」字，誤。此當有「成」字。即田成子去齊，走而之燕，負傳隨鴟夷子皮事也。見説林上篇。而齊、晉從。則湯、武之所以王，齊、晉之所以立，非必以其君也，彼得之而後以君處之也。〇趙用賢曰：非必奪君之位。分所當得也。以分所當得而後自處於君位也。今未有其所以得，而行其所以處，是倒義而逆德也。倒義，則事之所以敗也；逆德，則怨之所以聚也。敗亡之不察，何也？

魯陽虎欲攻三桓，不剋而奔齊，景公禮之。〇顧廣圻曰：藏本、今本重「齊」字，誤。鮑文子諫曰：「不可。陽虎有寵於季氏而欲伐於季孫，〇先慎曰：「伐」下衍「於」字。貪其富也。今君富於季孫，而齊大於魯，陽虎所以盡詐也。」景公乃囚陽虎。

或曰：〇先慎曰：乾道本連上，今從趙本提行。千金之家，其子不仁，人之急利甚也。桓公，五伯之上也，爭國而殺其兄，其利大也。臣主之間，非兄弟之親也，劫殺之功，制萬乘而享大利，則羣臣孰非陽虎也。事以微巧成，以疏拙敗。羣臣之未起難也，其備未具也。羣臣皆有陽虎之心，而君上不知，是微而巧也。陽虎貪於天下以欲攻上，是疏而拙也。不使景公加誅於拙虎，○顧廣圻曰：「誅」下當有脱文，本云「不使景公加誅於齊之巧臣，而使加誅於拙虎」。下文云「不知齊之巧臣」，其證也。是鮑文子之説反也。臣之忠詐，在君所行也。君明而嚴則羣臣忠，君懦而闇則羣臣詐。知微之謂明，無赦之謂嚴。○先慎曰：乾道本「赦」上有「救」字，拾補無，盧文弨云：「『救』字衍。」今據删。不知齊之巧臣，而誅魯之成亂，不亦妄乎！

或曰：仁貪不同心。故公子目夷辭宋，而楚商臣弑父；鄭去疾予弟，○顧廣圻曰：與左傳不同。鄭世家亦云：「堅者，靈公庶弟，而去疾之兄也。」而魯桓弑兄。五伯兼并，而以桓律人，○先慎曰：「桓」上當有「三」字。則是皆無貞廉也。且君明而嚴，則羣臣忠。陽虎爲亂於魯，不成而走，入齊而不誅，是承爲亂也。君明則誅，知陽虎之可以濟亂也，○先慎曰：「誅知」，趙本作「知誅」，誤。「誅」字句，「知」下屬。此見微之情也。語曰：「諸侯以國爲親。」君嚴則陽虎之罪不可失，此無赦之實也。○先慎曰：乾道本「赦」上有「救」字，據拾補删。則誅陽虎，所以使羣臣忠也。未知齊之巧臣而廢明亂之罰，責於未然而不誅昭昭之罪，此則妄矣。今誅魯之罪亂，以威羣臣之有姦心者，而可以得季、孟、叔孫之親，鮑文之説，何以爲反？

鄭伯將以高渠彌爲卿，昭公惡之，固諫不聽。及昭公即位，懼其殺己也，辛卯，弑昭公而立子亶也。○盧文弨曰：「亶」，左傳桓十七年傳作「亹」，疑此因形近而譌。下「公子圉」，傳作「達」，亦然。君子曰：「昭公知所惡矣。」公子圉曰：「高伯其爲戮乎，報惡已甚矣！」

或曰：公子圉之言也，不亦反乎！昭公之及於難者，報惡晚也。然則高伯之晚於死者，報惡甚也。明君不懸怒，有怒不行且舉之，故曰「懸怒」。懸怒則臣罪，輕舉以行計，○顧廣圻曰：藏本同。今本「臣」下有「懼」字。按「臣罪」當作「罪臣」。此下當重有「罪臣輕舉以行計」七字。則人主危。故靈臺之飲，○顧廣圻曰：與左傳不同。衛侯怒而不誅，故褚師作難。○先慎曰：乾道本「褚」作「楮」，據趙本改。食黿之羹，鄭君怒而不誅，故子公殺君。君子之舉「知所惡」，非甚之也，曰知之若是其明也，而不行誅焉，以及於死，故曰「知所惡」，○先慎曰：乾道本無「曰」字，拾補有。盧文弨云：張本無。顧廣圻云：藏本同。今本「故」下有「曰」字。按當有「舉」字。先慎按：有「曰」字是，今據補。以見其無權也。人君非獨不足於見難而已，或不足於斷制。今昭公見惡稽罪而不誅，使渠彌含憎懼死以徼幸，故不免於殺，是昭公之報惡不甚也。○先慎曰：「昭公」當作「高伯」。昭公含怒未發，不得言「昭公之報惡」。此即難公子圉「高伯其爲戮乎，報惡已甚矣」之語。今本皆誤「高伯」爲「昭公」，文義不可通矣。

或曰：報惡甚者，大誅報小罪。大誅報小罪也者，獄之至也。○先慎曰：乾道本無下「報」

字，顧廣圻云：「藏本、今本有『報』字。」今據補。獄之患，故非在所以誅也，○顧廣圻曰：「獄之患」句絶。「以」當作「已」。以讐之衆也。是以晉厲公滅三郤而欒、中行作難，鄭子都殺伯咺而食鼎起禍，○顧廣圻曰：未詳。吴王誅子胥而越句踐成霸。則衛侯之逐，鄭靈之弑，不以褚師之不死而子公之不誅也，○先慎曰：乾道本「子公」作「公父」。顧廣圻云：今本「公父」作「子公」，誤。先慎按：作「子公」是。上「子公弑君」與「褚師作難」對言，是其證，改從今本。事見左傳。以未可以怒而有怒之色，未可誅而有誅之心。怒之當罪，○先慎曰：乾道本「之」作「其」，盧文弨云：「『其』，秦本作『之』。」今據改。而誅不逆人心，雖懸奚害？夫未立有罪，即位之後，宿罪而誅，齊胡之所以滅也。○先慎曰：乾道本「齊」下有「故」字。顧廣圻云：「藏本、今本無『故』字。國語『昔齊騶馬繻以胡公入於貝水』，即其事。」今據删。君行之臣，○顧廣圻曰：四字爲一句。猶有後患，况爲臣而行之君乎？誅既不當，而以盡爲心，是與天下爲讐也，則雖爲戮，不亦可乎！○先慎曰：拾補「乎」下有「哉」字。盧文弨云：脱，張本有。

衛靈公之時，○先慎曰：乾道本無「公」字。盧文弨云：「脱，張本有。」顧廣圻云：「藏本有『公』字，是也，七術篇有。」今據補。彌子瑕有寵於衛國，侏儒有見公者曰：「臣之夢踐矣。」○先慎曰：乾道本「踐」作「淺」，拾補作「踐」，今據改。七術篇作「賤」，亦誤。公曰：「奚夢？」○先慎曰：此下當依七術篇有「對曰」二字。「夢見竈者，爲見公也。」公怒曰：「吾聞見人主者夢見日，○先慎曰：乾道本「聞」下無「見」字。拾補有，七術篇有，今據補。拾補「夢」下删「見」字，非。奚爲見寡人而夢見竈乎？」侏儒曰：「夫日兼照天下，一物不能當也；人君兼照一國，一人不能壅也。故將見人主而夢日也。夫竈，一人煬焉，則後人無從見矣。或者一人煬君邪？則臣雖夢竈不亦可乎！」公曰：「善。」遂去雍鉏，退彌子瑕，而用司空狗。○顧廣圻曰：「雍鉏」，趙策作「雍疽」。先慎曰：孟子、衛策作「癰疽」，説苑至公篇作「雍睢」，皆音近通借。

或曰：侏儒善假於夢以見主道矣，然靈公不知侏儒之言也。「去雍鉏，退彌子瑕，而用司空狗」者，是去所愛而用所賢也。鄭子都賢慶建而壅焉，○顧廣圻曰：未詳。燕子噲賢子之而壅焉。夫去所愛而用所賢，未免使一人煬己也。不肖者煬主，不足以害明；今不加知〔二〕而使賢者煬己，○先慎曰：乾道本「己」上有「主」字。顧廣圻云：今本無「己」字，誤。按依下文當衍「主」字。先慎按：拾補有「己」字，無「主」字，盧文弨云：「『主』字非。」今據删。則必危矣。○先慎曰：乾道本「必危」二字作「賢」，誤。顧廣圻云：「藏本、今本『賢』作『必危』二字，按依下文是也。」今據改。

或曰屈到嗜芰，文王嗜菖蒲葅，非正味也，而二賢尚之，所味不必美。晉靈侯説參無恤，

〔二〕「知」，原本作「誅」，據乾道本及下文改。

○顧廣圻曰：未詳。燕噲賢子之，非正士也，○先慎曰：乾道本重「之」字，顧廣圻云：「藏本不更有『之』字，是也。」今據删。而二君尊之，所賢不必賢也。非賢而賢用之，○顧廣圻曰：藏本同。今本無下「賢」字，誤。與愛而用之同；○顧廣圻曰：句絶。賢誠賢而舉之，○顧廣圻曰：六字爲一句。與用所愛異狀。○顧廣圻曰：「狀」字衍。故楚莊舉叔孫而霸。○王渭曰：「叔孫」當作「孫叔」。商辛用費仲而滅，此皆用所賢而事相反也。燕噲雖舉所賢，而同於用所愛，衛奚距然哉！○先慎曰：拾補「奚」下有「獨」字，「距」作「詎」。盧文弨云：「距」字非。顧廣圻云：「距」讀爲「遽」。先慎按：顧説是。則侏儒之未見也，○先慎曰：乾道本「見」上有「可」字，盧文弨云：「『可』字，凌、秦本無。」今據删。君壅而不知其壅也。已見之後而知其壅也，故退壅臣，是加知之也。○顧廣圻曰：「之」字當衍。曰「不加知○顧廣圻曰：藏本同。今本「日」作「曰」，誤。而使賢者煬己，則必危」，而今以加知矣，則雖煬己，必不危矣。

韓非子集解卷第十七

難勢第四十

慎子曰：「飛龍乘雲，騰蛇遊霧，雲罷霧霽，○先慎曰：初學記二、御覽十五、事類賦三引「霽」作「散」。而龍蛇與螾螘同矣，則失其所乘也。賢人而詘於不肖者，則權輕位卑也；○盧文弨曰：張本「賢」上有「故」字。不肖而能服於賢者，則權重位尊也。堯爲匹夫不能治三人，而桀爲天子能亂天下。吾以此知勢位之足恃，而賢智之不足慕也。夫弩弱而矢高者，激於風也；身不肖而令行者，得助於衆也。堯敎於隸屬而民不聽，至於南面而王天下，令則行，禁則止。由此觀之，賢智未足以服衆，而勢位足以缶賢者也。」○盧文弨曰：「缶」，疑「厎」之譌。「厎」，古「正」字。墨子往往用此。顧廣圻曰：句有誤。俞樾曰：「缶」乃「詘」字之誤。「詘」闕壞而爲「出」字，又因誤爲「缶」也。上文云「賢人乃詘於不肖者，則權輕位卑也」，此即勢位足以詘賢者之説。趙本作「任賢」者，乃不得其字而臆改，不可從也。先慎曰：俞説是，張榜本亦改作「任」。

應慎子曰：飛龍乘雲，騰蛇遊霧，吾不以龍蛇爲不託於雲霧之勢也。雖然，夫釋賢而專任勢，足以爲治乎？○先慎曰：乾道本「釋」作「擇」，拾補「擇」作「釋」，顧廣圻云：「當作『釋』。」今據改。則吾未得見也。夫有雲霧之勢而能乘遊之者，龍蛇之材美之也。○盧文弨曰：下「之」字，凌本無。王先謙曰：此與下「螾螘之材薄也」對文，明下「之」字衍。今雲盛而螾弗能乘也，霧醲而螘不能遊也，夫有盛雲醲霧之勢而不能乘遊者，螾螘之材薄也。今桀、紂南面而王天下，以天子之威爲之雲霧，而天下不免乎大亂者，桀、紂之材薄也。且其人以堯之勢以治天下也，其勢○顧廣圻曰：藏本同。今本無「以也其勢」四字。先慎曰：張榜本無「以也」二字。按「其勢」二字屬下讀。何以異桀之勢也亂天下者也。○盧文弨曰：一本無「者」字。顧廣圻曰：藏本、今本無上「也」字。按「也」當作「以」。夫勢者，非能必使賢者用己，而不肖者不用己也。○顧廣圻曰：兩「己」字當有誤，未詳。俞樾曰：兩「己」字，當作「人己」之「己」，即以勢而言，勢者人人得而用之，不能使賢者用我，而不肖者不用我也。顧氏由不達古人語意耳。賢者用之則天下治，不肖者用之則天下亂。人之情性賢者寡而不肖者衆，而以威勢之利濟亂世之不肖人，則是以勢亂天下者多矣，○盧文弨曰：一本無「矣」字。以勢治天下者寡矣。夫勢者，便治而利亂者也。故周書曰：「毋爲虎傅翼，將飛入邑，擇人而食之。」○先慎曰：乾道本無「將」字。顧廣圻云：藏本、今本「飛」上有「將」字。按「之」字當衍。先慎按：逸周書寤儆篇正有「將」字，今據補。彼脱「爲」字，當依此訂。夫乘不肖人於勢，是爲虎傅翼也。桀、紂爲高臺深池以盡民力，爲炮烙以傷民性，○顧廣圻曰：句當有脱字。「高臺」一也，「深池」二也，「炮烙」三也。下文云「四行」，其一未見。先慎曰：此隨舉二人暴虐之事，非必有四行也，炮烙即非桀所爲，顧説太泥。桀、紂得乘四行者，○顧廣圻曰：藏本「乘」作「成」，今本「四」作「肆」，皆誤。「乘」，當作「兼」，下文云「未始行一」，其證也。先慎曰「乘」下脱「勢」字，「四」當作「肆」。「肆行」，即指盡民力傷民性言。顧説非。南面之威爲之翼也。使桀、紂爲匹夫，未始行一而身在刑戮矣。○先慎曰：言匹夫未一行桀、紂之暴亂，刑戮隨之也。顧氏以「一」對「四」言，非。勢者，養虎狼之心，而成暴亂之事者也，○先慎曰：乾道本「暴」下有「風」字。顧廣圻云：今本無「風」字。按句有誤。先慎按：無「風」字是，改從今本。此謂桀、紂得有天下之勢以爲之傅翼，所以暴亂之事成也。此天下之大患也。勢之於治亂，本末有位也，○顧廣圻曰：「末」當作「未」。而語專言勢之足以治天下者，則其智之所至者淺矣。夫良馬固車，使臧獲御之則爲人笑，王良御之而日取千里；車馬非異也，或至乎千里，或爲人笑，則巧拙相去遠矣。○先慎曰：乾道本無「巧」字。顧廣圻云：藏本、今本有「巧」字。先慎案：治要亦有，今據補。今以國位爲車，○先慎曰：治要無「位」字。以勢爲馬，以號令爲轡，○先慎曰：治要「轡」下有「銜」字。以刑罰爲鞭筴，使堯、舜御之則天下治，桀、紂御之則天下亂，則賢不肖相去遠矣。夫欲追速致遠不知任王良，欲進利除害不知任賢能，此則不知類之患也。夫堯、舜亦治民之王良也。復應之曰：其人以勢爲足恃以治官。客曰「必待賢乃治」，則不然矣。夫勢者，名一而變無數者也。○先慎曰：有自然之勢，有人設之勢。勢必於自然，則無爲言於勢矣；吾所爲言勢者，言人之所設也。今曰「堯、舜得勢而治，桀、紂得勢而亂」，吾非以堯、舜爲不然也。雖然，非一人之所得設也。○先慎曰：乾道本無「今曰」至「設也」，據藏本、張榜本、趙本補三十三〔二〕字。夫堯、舜生而在上位，○先慎曰：乾道本〔三〕「堯」作「聖」。顧廣圻云：藏本、今本「聖」作「堯」，非也。「舜」上當有脱文。先慎按：顧氏不審上文有三十三字之本，故疑此下脱文。「堯、舜」承上言，「堯」不當作「聖」。御覽六百二十四、初學記九引並作「堯」，與藏本、今本合，是其證，今據改。初學記引「夫」上有「今」字，藝文類聚五十二引無「舜」字，有「堯」字，蓋「堯」下脱「舜」字，然亦足

〔二〕「三三」，原本作「二二」，據實際字數改。

〔三〕「本」，原本作「字」，據文義改。

見「聖」爲「堯」之誤。雖有十桀、紂不能亂者，則勢治也；桀、紂亦生而在上位，雖有十堯、舜而亦不能治者，則勢亂也。故曰：「勢治者則不可亂，而勢亂者則不可治也。」此自然之勢也，非人之所得設也。若吾所言，謂人之所得設也；若吾所言，謂人之所得勢也而已矣。○先慎曰：乾道本無「設也若吾所言謂人之所得」十一字。顧廣圻云：「謂人之所得」下有脱文。俞樾云：「勢」當作「設」。上文云「此自然之勢也，非人之得設也」，故此曰「若吾所言，謂人之所得設也而已矣」。「設」誤作「勢」，文不可通。顧氏因疑有脱文，非是。先慎案：張榜本「得」下有「設也若吾所言謂人之所得」十一字，是，今據增。上「吾」字乃「客」之誤，當作「若客所言，謂人之所得設也；若吾所言，謂人之所得勢也而已矣」。「若客所言，謂人之得設」，正承上「非人之所得設也」而來，語極明晰。「客」誤爲「吾」，遂不可讀，乾道本因删去「若吾所言，謂人之所得設也」十一字耳。顧氏知有缺文而失於考校，俞氏又强爲之説而不加參訂，均非。賢何事焉！何以明其然也？客曰：「人有鬻矛與楯者，○先慎曰：難一篇「矛」、「楯」互易。白孔六帖五十八引無「與」字。譽其楯之堅：『物莫能陷也。』俄而又譽其矛曰：『吾矛之利，物無不陷也。』人應之曰：『以子之矛，陷子之楯，何如？』其人弗能應也。」○先慎曰：白孔六帖引「陷子之楯何如」作「擊子之楯如之何」。以爲不可陷之楯與無不陷之矛，爲名不可兩立也。夫賢之爲勢不可禁，而勢之爲道也無不禁，以不可禁之勢，○顧廣圻曰：藏本同。今本「勢」下有「與無不禁之道」，誤。按當云「以不可禁之賢與無不禁之勢」。此矛楯之説也。夫賢勢之不相容亦明矣。且夫堯、舜、桀、紂千世而一出，是比肩隨踵而生也；○先慎曰：「是」上當有

「反」字。世之治者不絶於中，吾所以爲言勢者中也。中者，上不及堯、舜而下亦不爲桀、紂，抱法處勢則治，背法去勢則亂。今廢勢背法而待堯、舜，堯、舜至乃治，是千世亂而一治也；抱法處勢而待桀、紂，桀、紂至乃亂，是千世治而一亂也。且夫治千而亂一，與治一而亂千也，是猶乘驥駬而分馳也，相去亦遠矣。○先慎曰：驥、駬並千里馬，乘而分馳，違背必速。夫棄隱栝之法，○先慎曰：張榜本、趙本「栝」作「括」。公羊何休序云「隱括使就繩墨」，是也。字當作「桰」，説文：「桰，檃也，從木，昏聲。」今通用炊竈木之「栝」。又或從「括」，書太甲「往省括于度」，是也。去度量之數，使奚仲爲車，不能成一輪；無慶賞之勸，刑罰之威，釋勢委法，堯、舜户説而人辯之，不能治三家。夫勢之足用亦明矣，而曰「必待賢」則亦不然矣。○先慎曰：乾道本無「不」字，顧廣圻云：「藏本、今本有『不』字。」今據增。且夫百日不食以待粱肉，餓者不活；○先慎曰：御覽八百六十三引「活」作「育」。今待堯、舜之賢乃治當世之民，是猶待粱肉而救餓之説也。夫曰「良馬固車，臧獲御之則爲人笑，王良御之則日取乎千里」，吾不以爲然。夫待越人之善海游者○盧文弨曰：「海」字疑衍。先慎曰：「海」即「游」字誤而複者。以救中國之溺人，越人善游矣，而溺者不濟矣。○先慎曰：上「矣」字當衍。「善」上當有「雖」字。説林上篇「越人雖善游，子必不生矣」，語句正同。夫待古之王良以馭今之馬，亦猶越人救溺之説也，不可亦明矣。夫良馬固車，○先慎曰：張榜本脱「馬」字。五十里而一置，使中手御之，追速致遠，可以及也，而千里可日致也，何必待古之王良乎！且御非使王良也，則必使臧獲敗之；治非使堯、舜也，則必使桀、紂亂之。此味非飴蜜也，必苦菜亭歷也。○先慎曰：乾道本「菜」作「萊」，顧廣圻云：「今本『萊』作『菜』。」今據改。此則積辯累辭、離理失術、兩末之議也，○盧文弨曰：「未」，張、凌本作「末」。顧廣圻云：句有誤。奚可以難夫道理之言乎哉！客議未及此論也。○顧廣圻曰：句有誤。先慎曰：語意明顯，顧說謬。

問辯第四十一

或問曰：「辯安生乎？」對曰：「生於上之不明也。」問者曰：「上之不明，因生辯也，何哉？」對曰：「明主之國，令者，言最貴者也；法者，事最適者也。言無二貴，法不兩適，故言行而不軌於法令者必禁。若其無法令而可以接詐應變、生利揣事者，上必采其言而責其實，言當則有大利，不當則有重罪，是以愚者畏罪而不敢言，智者無以訟，○先慎曰：「訟」，讀爲誦。此所以無辯之故也。亂世則不然，主上有令○先慎曰：乾道本無「上」字，顧廣圻云：「藏本、今本有。」今據補。而民以文學非之，官府有法民以私行矯之，○先慎曰：依上文「民」上當有「而」字。人主顧漸其法令而尊學者之智行，○趙用賢曰：「漸」，没也，音「尖」。此世之所以多文學也。○先慎曰：張榜本「所」下脱「以」字。夫言行者，以功用爲之的彀者也。夫砥礪殺矢而以妄發，其端未嘗不中秋毫也；○先慎曰：「殺矢」，用諸田獵之矢，見周禮考工記冶氏注。然而不可謂善射者，無常儀的也。設五寸之的，引十步之遠，○先慎曰：外儲説左上篇同。按「十步」當作「百步」。非羿、逢蒙不能必中者，有常也。○先慎曰：「常」下脱「儀的」二字，外儲説有。故有常則羿、逢蒙以五寸的爲巧，○先慎曰：張榜本、趙本「巧」作「功」，誤。「巧」與下文「拙」正相對待，外儲説作「巧」，是其證。無常則以妄發之中秋毫爲拙。今聽言觀行，不以功用爲之的彀，○先慎曰：張榜本、趙本「功」作「公」，誤。言雖至察，行雖至堅，則妄發之説也。是以亂世之聽言也，以難知爲察，以博文爲辯；其觀行也，以離羣爲賢，以犯上爲抗。人主者説辯察之言，尊賢抗之行，故夫作法術之人，立取舍之行，別辭争之論，○先慎曰：張榜本無「故夫」至此十七字。而莫爲之正。是以儒服帶劒者衆，而耕戰之士寡；堅白無厚之詞章，○先慎曰：史記荀卿傳：「趙有公孫龍，爲堅白異同之辨。」鄧析子無厚篇：「天不能屏勃厲之氣，全夭折之人，使爲善之民必壽，此於民無厚也。凡民有穿窬爲盜者，有詐僞相迷者，此皆生於不足，起於貧窮，而君必執法誅之，此於民無厚也。堯、舜位爲天子，而丹朱、商均爲布衣，此於子無厚也。周公誅管、蔡，此於弟無厚也。」而憲令之法息。故曰：『上不明則辯生焉。』

問田第四十二

徐渠問田鳩曰：「臣聞智士不襲下而遇君，聖人不見功而接上。今陽成義渠明將也，○先慎曰：乾道本「今」作「令」，拾補作「今」。盧文弨云：「『令』字非。」今據改。而措於毛伯；○顧廣圻曰：「毛」，當作「屯」。外儲説右篇云「屯二甲」，義同。先慎曰：顧説「毛」當作「屯」，是。其引「屯二甲」爲證，非。「屯伯」即屯長，見商君書境内篇。「措」，當依下文作「試」。公孫亶回聖相也，○顧廣圻曰：文心雕龍書記引此云「孫亶回」，無「公」字，省耳。而關於州部，何哉？」田鳩曰：「此無他故異物，主有度，上有術之故也。且足下獨不聞楚將宋觚而失其政，魏相馮離而亡其國？二君者，驅於聲詞，眩乎辯説，不試於毛伯，不關乎州部，故有失政亡國之患。由是觀之，夫無毛伯之試，州部之關，豈明主之備哉！」

堂谿公謂韓子曰：「臣聞服禮辭讓，全之術也；修行退智，遂之道也。今先生立法術，設度數，○先慎曰：乾道本「生」作「王」，今據拾補改。臣竊以爲危於身而殆於軀。何以効之？○先慎曰：乾道本「効」作「效」，盧文弨云：「『效』，藏本作『効』。」今據改。所聞先生術曰：『楚不用吴起而削亂，秦行商君而富彊。○先慎曰：乾道本「彊」作「疆」，今據張榜本、趙本改。二子之言已當矣，然而吴起支解而商君車裂者，不逢世遇主之患也。』逢遇不可必也，患禍不可斥也。夫舍乎全遂之道而肆乎危殆之行，竊爲先生無取焉。」韓子曰：「臣明先生之言矣。○先慎曰：乾道本無「臣」字，顧廣圻云：「藏本、今本有。」今據補。夫治天下之柄，齊民萌之度，甚未易處也。然所以廢先王之教，○王渭曰：「王」當作「生」，下同。而行賤臣之所取者，竊以爲立法術，設度數，所以利民萌，便衆庶之道也。故不憚亂主闇上之患禍，而必思以齊民萌之資利者，仁智之行也。憚亂主闇上之患禍，而避乎死亡之害，知明夫身而不見民萌之資利者，貪鄙之爲也。○先慎曰：乾道本「知明夫身而不見民萌之資利者」作「知明而不見民萌之資夫科身者」。盧文弨云：「『夫』字、『身』字，凌本無。」顧廣圻云：「此當作『知明夫身而不見民萌之資利者』。」乾道本『利』作『科』，譌。」今據改。臣不忍嚮貪鄙之爲，不敢傷仁智之行，先王有幸臣之意，然有大傷臣之實。」○俞樾曰：「先王」當作「先生」，即謂堂谿公也。公〔一〕諷韓子舍全遂之道而肆危殆之行，故曰「先生有幸臣之意」。「幸臣」，猶愛臣也，呂氏春秋至忠篇「王必幸臣與臣之母」，是也。韓子自謂「不忍嚮貪鄙之爲，不敢傷仁智之行」。若從堂谿公言，則仁智之行傷矣，故曰「然有大傷臣之實」。此「有」字，當讀爲「又」。

〔一〕「公」，原本作「非」，據俞氏諸子平議改。

定法第四十三

問者曰：「申不害、公孫鞅，此二家之言孰急於國？」應之曰：「是不可程也。人不食，十日則死；大寒之隆，不衣亦死。謂之衣食孰急於人，則是不可一無也，皆養生之具也。今申不害言術，而公孫鞅爲法。術者，因任而授官，循名而責實，○先慎曰：乾道本「責」作「貴」，誤。據張榜本、趙本改。操殺生之柄，課羣臣之能者也，此人主之所執也。法者，憲令著於官府，刑罰必於民心，賞存乎慎法，而罰加乎姦令者也，○盧文弨曰：「姦」，馮改作「姧」。此臣之所師也。君無術則弊於上，臣無法則亂於下，此不可一無，皆帝王之具也。」

問者曰：○先慎曰：「問」，張榜本作「或」。「徒術而無法，徒法而無術，其不可何哉？」對曰：「申不害，韓昭侯之佐也。韓者，晉之別國也。晉之故法未息，而韓之新法又生；先君之令未收，而後君之令又下。申不害不擅其法，不一其憲令，則姦多，○先慎曰：「不一其憲令」句，「則姦多」句。故利在故法前令則道之，利在新法後令則道之。○先慎曰：「道」，讀爲導，與下「使昭侯用術」同意。「利在故法前令」，申不害則使昭侯用故法前令；其「利在新法後令」，則使昭侯用新法後令。「前令」、「後令」即上「先君之令」、「後君之令」。今人以「前」、「後」兩字逗，非也。利在故新相反，○盧文弨曰：「利在」二字衍。前後相悖，○先慎曰：乾道本「悖」作「勃」。顧廣圻云：今本「勃」作「悖」，誤。先慎案：說文「誖」下云「亂也」，或從心作「悖」；「勃」下云「排也」。明乖亂之字應作「悖」，而「勃」爲叚借字。顧氏以正字爲誤，蓋未之審耳，今據改。則申不害雖十使昭侯用術，而姦臣猶有所譎其辭矣。故託万乘之勁韓，○先慎曰：「万」，張榜本、趙本作「萬」。七十年而不至於霸王者，○顧廣圻曰：「七十」有誤，或當作「十七」。雖用術於上，法不勤飾於官之患也。公孫鞅之治秦也，設告相坐而責其實，○先慎曰：「相」字淺人所加，此與下「連什伍而同其罪」對文。連什伍而同其罪，賞厚而信，刑重而必。是以其民用力勞而不休，逐敵危而不卻，故其國富而兵強；然而無術以知姦，則以其富強也資人臣而已矣。及孝公、商君死，惠王即位，秦法未敗也，而張儀以秦殉韓、魏。○顧廣圻曰：句絶。惠王死，武王即位，甘茂以秦殉周。○先慎曰：依上文，「甘」上當有「而」字。武王死，昭襄王即位，穰侯越韓、魏而東攻齊，○先慎曰：御覽一百九十八引無「韓」字。五年而秦不益一尺之地，○先慎曰：各本「一尺」作「尺土」，據御覽引改。乃成其陶邑之封；○先慎曰：各本「成」作「城」，據御覽引改。應侯攻韓八年，成其汝南之封。○顧廣圻曰：藏本同。今本「成」作「城」，誤。上文「乃城其陶邑之封」，亦當作「成」。○先慎曰：御覽此亦作「成」，不誤。自是以來，諸用秦者，皆應、穰之類也。故戰勝則大臣尊，益地則私封立，主無術以知姦也。○先慎曰：張榜本「主」作「其」，誤。「主」，謂秦王也。商君雖十飾其法，人臣反用其資。故乘強秦之資，數十年而不至於帝王者，法不勤飾於官，○盧文弨曰：「不」，或改

「雖」。顧廣圻曰：「不」當作「雖」。主無術於上之患也。」

問者曰：「主用申子之術，而官行商君之法，可乎？」對曰：「申子未盡於法也。○顧廣圻曰：當云「申子未盡於術，商君未盡於法也」。脱去六字。申子言：『治不踰官，雖知弗言。』○先慎曰：乾道本無「治」字、「弗」字，顧廣圻云：「藏本、今本『知』下有『弗』字，今本『不』上有『治』字，按依下文當有。又見難三篇，『弗』亦作『不』。」今據補。『治不踰官』，謂之守職也可；○顧廣圻曰：藏本、今本「也可」作「可也」。先慎曰：張榜本無「可」字。『知而弗言』，是謂過也。○先慎曰：乾道本「是」下有「不」字。盧文弨云：「不」字脱，藏本、張本有。「也」、「邪」同。顧廣圻云：今本無「不」字，按句有誤。先慎按：「不」字衍文。下「知而弗言，則人主尚安假借矣」，即「是謂過也」意，今據改。人主以一國目視，故視莫明焉；以一國耳聽，故聽莫聰焉。今知而弗言，則人主尚安假借矣！○先慎曰：「矣」當作「乎」。商君之法曰：○先慎曰：乾道本「曰」作「日」，據張榜本、趙本改。『斬一首者爵一級，欲爲官者爲五十石之官；斬二首者爵二級，○先慎曰：乾道本「爵二級」作「爵一級」，據張榜本、趙本改。欲爲官者爲百石之官。』官爵之遷與斬首之功相稱也。今有法曰：『斬首者令爲醫匠。』則屋不成而病不已。夫匠者手巧也，而醫者齊藥也；○先慎曰：乾道本無「病不」至「者齊」十三字，空十八字。顧廣圻云：「藏本、今本有『病不已夫匠者手巧也而醫者齊』十三字。」今依藏本、今本補，説詳下。而以斬首之功爲之，則不當其能。今治官者，智能也；○先慎曰：乾道本無「能也」二字，顧廣圻云：「空四字，藏本、今本有『能也』二字。」今據補。今斬首者，勇力之所加也。以勇力之所加○先慎曰：乾道本無「勇力之所加也以」七字，不空，合計「屋不成」下缺五字，「智」下缺二字，正符七字之數，足見今本之字非肊撰也。今據今本補「勇力之所〔二〕加也以」七字。而治智能之官，○先慎曰：乾道本「治」下有「者」字。顧廣圻云：藏本、今本無「者」字，此未詳。先慎按：「者」字衍，今據刪。此謂以勇力所得之官，而理智能之事，不當其能，無異令斬首之人爲醫匠也。是以斬首之功爲醫匠也。故曰：『二子之於法術皆未盡善也。』」

説疑第四十四

○顧廣圻曰：「疑」，讀爲擬。

凡治之大者，非謂其賞罰之當也。賞無功之人，罰不辜之民，○先慎曰：乾道本「辜」下無「之」字，顧廣圻云：「藏本、今本有。」今據補。非所謂明也。○顧廣圻曰：「明」字當衍。賞有功，罰有罪，而不失其人，方在於人者也，○顧廣圻曰：藏本同。今本「人方」作「當乃」，誤。按「在」當作「任」，形近誤。先慎曰：

〔二〕「所」下原本衍「以」字，據正文刪。

顧說是。讀當以「而不失其人」句，「方任於人者也」句。非能生功止過者也。是故禁姦之法：太上禁其心，其次禁其言，其次禁其事。今世皆曰「尊主安國者，必以仁義智能」，而不知卑主危國者之必以仁義智能也。故有道之主，遠仁義，去智能，服之以法。是以譽廣而名威，民治而國安，知用民之法也。凡術也者，主之所以執也；法也者，官之所以師也。然使郎中日聞道於郎門之外，以至於境內日見法，又非其難者也。昔者有扈氏有失度，讙兜氏有孤男，三苗有成駒，桀有侯侈，○顧廣圻曰：墨子所染篇云：「夏桀染於干辛、推哆。」又明鬼篇云：「推哆、大戲主別兕虎。」古今人表下中有「推侈」，即此「侯侈」。又呂氏春秋簡選篇云：「移、大犧。」淮南子主術訓云：「推移、大犧。」「侈」、「哆」、「移」皆同字耳。王念孫曰：「侯」當作「隹」，形相似而誤。（隸書從「隹」從「侯」之字往往譌溷，說見墨子非命篇「惟舌」〔二〕下。）墨子所染篇、明鬼篇竝作「推哆」，晏子諫篇、漢書古今人表並作「推侈」，「隹」與「推」聲相近，故通作「推」也，其爲「隹」字無疑。紂有崇侯虎，晉有優施，此六人者，亡國之臣也。言是如非，言非如是；內險以賊，其外小謹，以徵其善；稱道往古，使良事沮；善禪其主，以集精微，○顧廣圻曰：句有誤。先慎曰：「禪」與「擅」通，莊子人閒世釋文「禪，本作『擅』」，是也。說文：「擅，專也。」「精微」，猶精細也。言平

〔二〕「惟舌」，原本作「爲舌」，據王氏讀書雜志餘編改。

日擅專其主，無毫髮之可間也。亂之以其所好，○先慎曰：投其所欲，引爲不善也。此夫郎中左右之類者也。往世之主，有得人而身安國存者，有得人而身危國亡者。得人之名一也，而利害相千万也，○先慎曰：趙本「万」作「萬」。故人主左右不可不慎也。爲人主者誠明於臣之所言，則別賢不肖如黑白矣。若夫許由、續牙、○顧廣圻曰：此七友在第三。晉伯陽、○顧廣圻曰：「晉」字當衍。此七友在第四。秦顛頡、衛僑如、○顧廣圻曰：未詳。俞樾曰：「顛頡」，晉人而係之秦；「僑如」，魯人而係之衛，不可曉。且其人亦非如下文所云「伏死窟穴」者也。據下文云「若夫齊田恒〔二〕、宋子罕、魯季孫意如、晉僑如、衛子南勁、鄭太宰欣、楚白公、周單荼、燕子之，此九人者之爲其臣也，皆朋黨比周以事其君」云云，疑「魯季孫意如、晉僑如」當作「晉顛頡、魯僑如」，而傳寫誤入上文，又移「晉」字於「伯陽」之上，遂妄竄入「秦」字耳。狐不稽、○顧廣圻曰：莊子大宗師「狐不偕」，釋文：「司馬云〔三〕：『古賢人也。』」重明、○顧廣圻曰：未詳。董不識、○顧廣圻曰：此七友在第五。按齊策云「舜有七友」，姚校云：「雄陶、方回、續牙、伯陽、東不訾、秦不虛、靈甫。」古今人表上下有「雒陶、續身、柏陽、東不訾、秦不虛」。顏師古曰：「雒陶以下，皆舜之友也。」「身」或作「耳」，「虛」或作「宇」，並見尸子。上中有「方回」。其「靈甫」人表未見也。此「續牙」即「續身」，「伯陽」即「柏陽」，「董不識」即「東不訾」。其餘或皆彼之駁異耳。卞隨、務光、

〔二〕「田恒」，原本作「田桓」，據正文改。

〔三〕「云」下原本重一「云」字，據顧氏韓非子識誤刪。

伯夷、叔齊，此十二人者，皆上見利不喜，下臨難不恐，或與之天下而不取，有萃辱之名，○顧廣圻曰：藏本同。今本「萃」作「卑」。先愼曰：「萃」字不誤，説文：「萃，讀若瘁。」「瘁」即「顇」字。「顇」，顦顇也。荀子富國篇「勞苦頓萃而愈無功」，正作「萃」，是其證。今本改「萃」爲「卑」，失其義矣。則不樂食穀之利。夫見利不喜，上雖厚賞無以勸之；臨難不恐，上雖嚴刑無以威之。此之謂不令之民也。此十二人者，○先愼曰：乾道本無「人」字，盧文弨云：「凌本有。」今據補。或伏死於窟穴，或槁死於草木，或飢餓於山谷，或沈溺於水泉。有民如此，○先愼曰：乾道本無「民」字，顧廣圻云：「藏本、今本有。」今據補。先古聖王皆不能臣，當今之世，將安用之？若夫關龍逢、王子比干、隨季梁、陳泄冶、楚申胥、○顧廣圻曰：「申胥」當作「葆申」。「葆申」者，楚文王之臣，極言文王茹黄狗、宛路矰、丹姬事而變更之，下文所謂「疾争强諫以勝其君」者也。見吕氏春秋，高誘注云：「葆，太葆，官。名申。」又載説苑，「葆」作「保」。古今人表同。「葆」、「保」同字也。吴子胥，此六人者，皆疾争强諫以勝其君。言聽事行，則如師徒之勢；○盧文弨曰：「勢」，秦本作「合」。一言而不聽，一事而不行，則陵其主以語，從之以威，雖身死家破，○先愼曰：乾道本「從」作「待」，「威雖身」作「其身雖」。顧廣圻云：今本「待」作「從」，「其身雖」作「威雖身」。按句有誤。先愼按：今本是。「從之以威」句，此如鬻拳諫君以兵之類，改從今本。要領不屬，手足異處，不難爲也。如此臣者，先古聖王皆不能忍也，當今之時，將安用之？若夫齊田恒、○先愼曰：乾道本「齊田」作「田齊」，盧文弨云：「『田齊』倒，張本作『齊田』。」今據改。宋子罕、魯季孫意如、晉僑如、○顧廣圻曰：未詳。先愼曰：「晉」字衍。此即魯叔孫宣伯。衛子南勁、○顧廣圻曰：未詳。鄭太宰欣、○顧廣圻曰：未詳。下文云：「太宰欣取鄭。」楚白公、周單荼、○顧廣圻曰：未詳。下文：「單氏之取周。」燕子之，此九人者之爲其臣也，皆朋黨比周以事其君，隱正道而行私曲，上逼君，下亂治，援外以撓内，親下以謀上，○顧廣圻曰：藏本同。今本「親」作「侵」，誤。不難爲也。如此臣者，唯聖王智主能禁之；若夫昏亂之君，能見之乎？○先慎曰：「若夫」二字不當有。若夫后稷、皋陶、伊尹、周公旦、太公望、管仲、隰朋、百里奚、蹇叔、舅犯、趙衰、○先慎曰：乾道本下作「襄」，拾補作「衰」，顧廣圻云：「『襄』當作『衰』。」今依拾補改。范蠡、大夫種、逢同、華登，此十五人者爲其臣也，○盧文弨曰：「爲其」疑倒，下同。先慎曰：「者」下脱「之」字。上文「此九人者之爲其臣也」，下文「此十二人者之爲其臣也」，句法一律，明此脱「之」字。讀當以十字爲句。盧氏疑「爲其」倒，非也。皆夙興夜寐，卑身賤體，竦心白意。明刑辟，治官職以事其君；進善言，通道法而不敢矜其善；有成功立事，而不敢伐其勞。○先慎曰：「立事」上當有脱字。不難破家以便國，殺身以安主。以其主爲高天泰山之尊，而以其身爲壑谷鬴洧之卑；○顧廣圻曰：「鬴洧」，未詳。王先謙曰：爾雅釋文：「鬴，古『釜』字。」「釜洧」即「釜鍑」也。「洧」，古讀與复聲之字近。水經洧水注：「甲庚溝水枝分，東逕洧陽故城南，俗謂之復陽城，非也。」蓋「洧」、「復」字類音讀變，是其證也。「洧」可讀爲「復」，則亦可讀爲「鍑」。方言「釜，自關而西或讀之『釜』，或謂之『鍑』」，明「釜」、「鍑」連文。此「鬴洧」即「釜鍑」之通叚字矣。「鬴洧」，四旁高而中央卑，與壑谷地形之卑相類，故並以爲身卑之喻。主有明名廣譽於國，而身不難受壑谷鬴洧之卑。○顧廣圻曰：句有誤。先慎曰：主得美名而身受卑名也。上文指位言，此指名言，文複而義不同。如此臣者，雖當昏亂之主，尚可致功，況於顯明之主乎？此謂霸王之佐也。若夫周滑之、○顧廣圻曰：藏本同。今本「之」作「伯」。按依下文，此周威王所用也，今無可考。鄭王孫申、○顧廣圻曰：依下文，此鄭子陽所用也。先慎曰：鄭無王孫，「王」當爲「公」之誤。陳公孫寧、儀行父、荊芋尹申亥、○先慎曰：趙本「芋」作「芉」。盧文弨云：「芉」，誤。隨少師、越種干、○顧廣圻曰：「種干」，下文未見。吴王孫頟、○顧廣圻曰：「頟」，國語作「雒」，「頟」、「雒」同字也，他書「頟」作「駱」。晉陽成泄、○顧廣圻曰：依下文，智伯所用也。齊豎刁、易牙，此十二人者之爲其臣也，○顧廣圻曰：按上文，但有十一人，當有脱文。皆思小利而忘法義，進則揜蔽賢良以陰闇其主，退則撓亂百官而爲禍難，皆輔其君，共其欲，苟得一説於主，○先慎曰：「説」，即「悦」字。雖破國殺衆不難爲也。有臣如此，雖當聖王，尚恐奪之，而況昏亂之君，其能無失乎？有臣如此者，皆身死國亡，爲天下笑。故周威公身殺，國分爲二；○先慎曰：「周威公」，河南桓公揭之子，桓公自封少子班於鞏以奉王，號東周，而河南遂號西周。不詳身殺之事。鄭子陽身殺，國分爲三；○先慎曰：其事未詳。陳靈公身死於夏徵舒氏；○先慎曰：乾道本無「公」字，顧廣圻云：「藏本、今本有。」今據補。荊靈王死於乾谿之上；隨亡於荊；吴并於越；智伯滅於晉陽之下；桓公身死七日不收。故曰：「諂諛之臣，唯聖王知之；而亂主近之，故至身死國亡。」聖王明君則不然，内舉不避親，外舉不避讎。是在焉從而舉之，非在焉從而罰之。是以賢良遂進而姦邪并退，故一舉而能服諸侯。其在記曰：「堯有丹朱，而舜有商均，啟有五觀，商有太甲，武王有管、蔡。」五王之所誅者，皆父兄子弟之親也，而所殺亡其身殘破其家者何也？○王先謙曰：「而」下「所」字當衍。以其害國傷民敗法類也。○顧廣圻曰：藏本同。今本「法」下有「圯」字，誤。觀其所舉，或在山林藪澤巖穴之間，或在囹圄緤紲纆索之中，○盧文弨曰：「纆」當作「纆」。顧廣圻曰：藏本、今本「緤」作「縲」。或在割烹芻牧飯牛之事。然明主不羞其卑賤也，○顧廣圻曰：藏本「然」下有「後」字，今本有「而」字，皆誤。以其能，爲可以明法，○顧廣圻曰：藏本、今本無「爲」字。按「能」字逗。便國利民，從而舉之，身安名尊。亂主則不然，不知其臣之意行，而任之以國。故小之名卑地削，大之國亡身死，不明於用臣也。無數以度其臣者，○顧廣圻曰：藏本同。今本「無」上有「夫」字，誤。先慎曰：「數」，謂術數。必以其衆人之口斷之。衆之所譽，從而説之；衆之所非，從而憎之。故爲人臣者，破家殘賥，○趙用賢曰：「賥」，音粹，貨也。內構黨與、外接巷族以爲譽，○先慎曰：相爲名譽。從陰約結以相固也，虛相與爵禄○顧廣圻曰：「相」字當衍。以相勸也。曰：「與我者將利之，○顧廣圻曰：藏本、今本「曰」作「且」。按「曰」字是。不與我者將害之。」衆貪其利，劫其威。彼誠喜則能利己，忌怒則能害己。○先慎曰：「忌」當作「誠」。衆歸而民留之，以譽盈於國，發聞於主；主不能理其情，因以爲賢。彼又使譎詐之士，外假爲諸侯之寵使，○顧廣圻曰：句絶。假之以輿馬，信之以瑞節，鎮之以辭令，資之以幣帛，使諸侯淫説其主，○顧廣圻曰：藏本同。今本「侯」下有「而」字，誤。按句有誤。先慎曰：「侯」字衍。「使諸淫説其主」，謂使譎詐之士誦説於主前也。微挾私而公議。所爲使者，異國之主也；所爲談者，左右之人也。○先慎曰：如蘇代爲齊使燕，而使子之重權也。主説其言而辯其辭，以此人者天下之賢士也。内外之於左右，○盧文弨曰：「之於」二字或刪去。其諷一而語同。大者不難卑身尊位以下之，小者高爵重禄以利之。夫姦人之爵禄重而黨與彌衆，又有姦邪之意，則姦臣愈反而説之，曰：「古之所謂聖君明王者，○先慎曰：乾道本「者」上有「君」字。顧廣圻云：「聖君明王」句絶。「君者」上當有脱文。藏本同。今本無下「君」字。先慎按：無下「君」字是，今據刪。「曰」字上亦當有「者」字，各本奪「曰」上「者」字，連寫，於「王」下增「君」字以補其缺耳。「而説之者」，即謂姦臣之黨與，故下文「姦臣聞此，蹷然舉耳以爲是也」。顧氏不知「君」字爲「曰」字上「者」字之誤，因讀「聖君明王」句絶，則疑「君者」上有脱文，宜矣。非長幼弱也及以次序也。○顧廣圻曰：「幼弱」二字，當衍其一。上「也」字當作「世」。九字爲一句。以其搆黨與，聚巷族，偪上弒君而求其利也。」彼曰：「何知其然也？」因曰：「舜偪堯，禹偪舜，湯放桀，武王伐紂，此四王者，人臣弒其君者也，而天下譽之。察四王之情，貪得人之意也；○顧廣圻曰：「人」字衍。度其行，○顧廣圻曰：三字爲一句。暴亂之兵也。然四王自廣措也，而天下稱大焉；自顯名也，而天下稱明焉。則威足以臨天下，利足以蓋世，天下從之。」又曰：「以今時之所聞，田成子取齊，司城子罕取宋，太宰欣取鄭，單氏取周，易牙之取衛，○顧廣圻曰：未詳。先慎曰：呂氏春秋先識覽：「衛公子啟方以書社四十下衛。」此「易牙」疑「開方」之誤。「取」當作「下」。或因易牙倡亂，而開方始降衛，歸罪於易牙，故云然。韓、魏、趙三子分晉，此六人，臣之弒其君者也。」○俞樾曰：上文自「田成子」以下凡八人，不得言六。「六」疑「亦」字之誤，承上文「舜偪堯，禹偪舜，湯放桀，武王伐紂」而言，故云「亦」也。先慎曰：此與上不相承。「六」當作「八」，「人」下當有「者」字，與上「此四王者」文法一例。俞說非。姦臣聞此，蹷然舉耳以爲是也。故内搆黨與，外攄巷族，○盧文弨曰：「攄」，張本作「攎」。先慎曰：「攄」、「攎」並誤，當依上文作「接」。觀時發事，一舉而取國家。且夫内以黨與劫弒其君，外以諸侯之權矯易其國，○先慎曰：乾道本「權矯」作「懽驕」，顧廣圻云：「今本『懽驕』作『權矯』，按今本是也。」改從今本。隱正道，○先慎曰：乾道本「正道」作「敦適」。顧廣圻云：今本「敦適」作「正道」。未詳。先慎按：作「正道」是也。「正道」，謂法度，與下「私曲」對文。上云「皆朋黨比周以事其君，隱正道而行私曲」，飭邪篇「羣臣朋黨比周以隱正道行私曲」，並作「正道」，即其證，改從今本。持私曲，上禁君，下撓治者，不可勝數也。是何也？則不明於擇臣也。記曰：「周宣王以來，亡國數十，其臣弒君而取國者衆矣。」○先慎曰：乾道本「君」上有「其」字，「取」上無「而」字。盧文弨云：「『而』字脱，張本有。」顧廣圻云：「今本無下『其』字。」今據改。然則難之從内起與從外作者，相半也。能一盡其民力，破國殺身者，尚皆賢主也。若夫轉身法易位，全衆傅國，○顧廣圻曰：今本無「身」字，「傅」作「傳」。按句當有誤，未詳。俞樾曰：「法」字衍文。「傅」當作「傳」。上所謂「破國殺身者」，以國君死社稷而言也，故曰「尚皆賢主也」。此所謂「轉身易位，全衆傳國」者，則晉靜公、齊康公之類，是以其不能死而反見屈於臣，故曰「最其病也」。趙本改「傅」爲「傳」，正得其字。惟不知「法」字之衍，而删去「身」字，失之。最其病也。爲人臣者，○先慎曰：乾道本「臣」作「主」，顧廣圻曰：「今本『主』作『臣』，按依上下文當作『臣』。」今據改。誠明於臣之所言，則雖單弋馳騁，○盧文弨曰：「單」，張本作「畢」。撞鐘舞女，國猶且存也；不明臣之所言，雖節儉勤勞，布衣惡食，國猶自亡也。趙之先君敬侯，不修德行而好縱慾，適身體之所安，耳目之所樂。冬日單弋，夏浮淫，爲長夜，數日不廢御觴，不能飲者以筩灌其口，進退不肅、應對不恭者斬於前。故居處飲食如此其不節也，制刑殺戮如此其無度也。然敬侯享國數十年，○先慎曰：史世家：「敬侯即位十二年卒。」兵不頓於敵國，地不虧於四鄰，内無君臣百官之亂，外無諸侯鄰國之患，明於所以任臣也。燕君子噲，邵公奭之後也。○先慎曰：趙本「邵」作「召」，古字通。地方數千里，持戟數十萬，不安子女之樂，不聽鍾石之聲，内不湮汙池臺榭，○先慎曰：此句衍一字。外不單弋田獵，又親操耒耨以修畎畝。子噲之苦身以憂民如此其甚也，雖古之所謂聖王明君者，其勤身而憂世不甚於此矣。然而子噲身死國亡，奪於子之，而天下笑之，此其何故也？○先慎曰：「何故」二字倒。不明乎所以任臣也。故曰：人臣有五姦而主不知也。爲人臣者，○先慎曰：乾道本「臣」作「二」，據趙本改。有侈用財貨賂以取譽者，有務慶賞賜予以移衆者，有務朋黨狥智尊士以擅逞者，有務解免赦罪獄以事威者，有務奉下直曲、怪言、偉服、瑰稱以眩民耳目者。此五者明君之所疑也，○顧廣圻曰：「疑」，讀爲擬，下文同。又本篇二字互見。而聖主之所禁也。去此五者，則譟詐之人不敢北面談立；○顧廣圻曰：句有誤。王先謙曰：「談立」二字疑倒。先慎曰：「譟」當作「詭」。人君南面，故臣言「北面」。文言多，實行寡而不當法者，不敢誣情以談説。○先慎曰：乾道本「敢誣」作「誣敢」，顧廣圻云：「今本作『敢誣』。」今據改。是以羣臣居則修身，動則任力，非上之令不敢擅作疾言誣事，此聖王之所以牧臣下也。彼聖主明君不適疑物以闚其臣也，○先慎曰：「適」疑作「道」。見疑物而無反者，天下鮮矣。故曰：孽有擬適之子，配有擬妻之妾，廷有擬相之臣，臣有擬主之寵，此四者，國之所危也。故曰：内寵並后，外寵貳政，枝子配適，大臣擬主，亂之道也。故周記曰：「無尊妾而卑妻，無孽適子而尊小枝，○先慎曰：「無孽適子」，謂無以適子爲孽也。无尊嬖臣而匹上卿，無尊大臣以擬其主也。」四擬者破，則上無意，下無怪也；○先慎曰：君不道疑物以闚其臣，臣不誣情以談説，是謂上無意，下無怪。四擬不破，則隕身滅國矣。

詭使第四十五

聖人之所以爲治道者三：一曰利，二曰威，三曰名。夫利者所以得民也，威者所以行令也，名者上下之所同道也。非此三者，雖有不急矣。今利非無有也，而民不化上；威非不存也，而下不聽從；官非無法也，而治不當名。三者非不存也，而世一治一亂者何也？夫上之所貴與其所以爲治相反也。○先慎曰：拾補「與」上有「嘗」字。盧文弨云：「脱，秦本有。疑當作『常』。」夫立名號所以爲尊也，今有賤名輕實者，世謂之高。○先慎曰：乾道本無「之」字。顧廣圻云：藏本、今本有「之」字。先慎按：依下文當有，今據補。設爵位所以爲賤貴基也，而簡上不求見者，世謂之賢。威利所以行令也，而無利輕威者，世謂之重。○先慎曰：乾道本無「世」字。顧廣圻云：藏本、今本有。先慎按：依上下文當有，今據補。法令所以爲治也，而不從法令爲私善者，世謂之忠。官爵所以勸民也，而好名義不進仕者，世謂之烈士。○顧廣圻曰：句絶。刑罰所以擅威也，而輕法不避刑戮死亡之罪者，世謂之勇夫。○顧廣圻曰：句絶。民之急名也，甚其求利也。如此，則士之飢餓乏絶者，焉得無巖居苦身以争名於天下哉！故世之所以不治者，非下之罪，上失其道也。常貴其所以亂而賤其所以治，是故下之所欲常與上之所以爲治相詭也。今下而聽其上，上之所急也。而惇慤純信，用心怯言，則謂之窶。○先慎曰：乾道本「則」作「時」，據藏本、今本改。「怯言」二字，當爲「少欲」之誤。因「少欲」二字錯簡在「寬惠行德」句上，乾道本遂涉下文之字而誤增。藏本以意改爲「壹者」，張、趙本改爲「一者」，並非。守法固，聽令審，則謂之愚。敬上畏罪，則謂之怯。言時節，行中適，則謂之不肖。無二心私學，聽吏從教者，則謂之陋。○先慎曰：乾道本「聽」上有「吏」字，顧廣圻云：「今本無『吏』字。」今據删。難致謂之正。難予謂之廉。難禁謂之齊。有令不聽從謂之勇。無利於上謂之愿。寬惠行德謂之仁。○先慎曰：乾道本「寬」上有「少欲」二字。顧廣圻云：今本無「少欲」二字。先慎按：「少欲」二字，當在上「用心」下，誤衍於此，據今本删。上下文皆四字句，無脱文。重厚自尊謂之長者。私學成羣謂之師徒。閒靜安居謂之有思。○先慎曰：乾道本「閒」作「閑」，據趙本改。損仁逐利謂之疾。○顧廣圻曰：句絶。險躁佻反覆謂之智。○顧廣圻曰：當脱一字。「險躁」連讀，下文云「而險躁讒諛者任」。先慎曰：「佻」字衍文。「險躁反覆」四字爲句。先爲人而後自爲，類名號言，汎愛天下，謂之聖。言大本稱○顧廣圻曰：藏本同。今本「本」作「不」。按句有誤。而不可用，行而乖於世者，謂之大人。賤爵禄不撓上者，謂之傑。下漸行如此，入則亂民，出則不便也。○盧文弨曰：「便」，一作「使」。上宜禁其欲、滅其迹而不止也，○先慎曰：乾道本「迹」作「近」，顧廣圻云：「藏本、今本『近』作『迹』。」今據改。又從而尊之，是教下亂上以爲治也。凡上所治者刑罰也，○先慎曰：乾道本無「上」字，盧文弨云：「一本有。」今據補。今有私行義者尊。○顧廣圻曰：「私」下「行」字當衍。社稷之所以立者安靜也，而譟險讒諛者任。四封之内所以聽從者信與德也，而陂知傾覆者使。令之所以行，威之所以立者恭儉聽上；○顧廣圻曰：藏本同。今本「儉」下有「也不」二字，誤。按「上」字下當有「也」字。而巖居非世者顯。倉廩之所以實者，耕農之本務也；而綦組錦繡刻畫爲末作者富。名之所以成，城池之所以廣者戰士也；○顧廣圻曰：「池」，當作「地」。俞樾曰：顧説是也。惟「城地」連文，近於不辭，「城」疑衍文。「名之所以成」、「地之所以廣」兩文相對，不當有「城」字，蓋即「成」字之誤而衍者。今死之孤飢餓乞於道，○顧廣圻曰：藏本同。今本死下有「士」字，誤。而優笑酒徒之屬乘車衣絲。賞祿所以盡民力，易下死也；今戰勝攻取之士勞而賞不霑，而卜筮視手理狐蟲爲順辭於前者日賜。○俞樾曰：「蟲」乃「蠱」之誤。春秋「蟲牢」，春秋繁露竹林篇作「蠱牢」，即其例矣。「狐蠱」二字連文，見僖十五年左傳。上握度量，所以擅生殺之柄也；今守度奉量之士，欲以忠嬰上而不得見，巧言利辭行姦軌以倖偷世者數御。○先慎曰：廣雅釋詁：「御，進也。」「數」，音色角反。此言巧言利辭之人，得常常進見也。據法直言，名刑相當，循繩墨誅姦人，所以爲上治也而愈疏遠；諂施順意從欲以危世者近習。悉租稅，專民力，所以備難，充倉府也；而士卒之逃事狀匿，附託有威之門以避傜賦，而上不得者萬數。○俞樾曰：「狀匿」即「藏匿」也。「狀」與「壯」通，考工記㮚氏「凡鑄金之狀」，故書「狀」作「壯」，是也。「壯」與「莊」通，漢書古今人表「柳壯」，檀弓作「柳莊」，是也。而「藏」字説文所無，古書多以「臧」爲之。「臧」、「莊」聲近。「狀」通作「壯」，「壯」又通作「莊」，則亦可通作「臧」矣。王先謙曰：「狀」即「伏」字形近而誤。「伏匿」二字見史記范睢傳。俞説迂曲。夫陳善田利宅，所以厲戰士也。○先慎曰：乾道本「厲戰士」作「戰士卒」。盧文弨云：「脱『厲』字，衍『卒』字。」據拾補補。而斷頭裂腹，播骨乎平原野者，○顧廣圻曰：藏本同。今本「原」下有「曠」字，誤。按「平」字當衍，涉「乎」字形近耳。無宅容身，死田畝；○顧廣圻曰：今本重「身」字。藏本「畝」作「敏」，今本作「奪」。按句有誤。先慎曰：乾道本不誤，今本作「身死田奪」，非。「無宅容身」，則其田不待身死而奪也。藏本「畝」作「敏」，形近而誤。「死田畝」，即孟子「死溝壑」之意。生既無宅，故死於外也。而女妹有色，大臣左右無功者，擇宅而受，擇田而食。賞利一從上出，所以善制下也；○先慎曰：乾道本無「以」字。拾補「善制」作「擅制」。盧文弨云：「『以』字脱，張本有。『制』，藏本作『剬』。」顧廣圻云：「『剬』、『制』字同。『所』下當有『以』字。」今據張本補。而戰介之士不得職，○顧廣圻曰：「戰」當作「耿」。而閒居之士尊顯。○先慎曰：乾道本「居」作「官」，顧廣圻云：「今本『官』作『居』。」今據改。上以此爲教，名安得無卑，位安得無危！夫卑名危位者，○先慎曰：乾道本無「危」字，盧文弨云：「『危』字脱，秦本有。」今據補。必下之不從法令，有二心無私學，反逆世者也，○盧文弨曰：「無」字衍。顧廣圻曰：「二心」、「私學」，上下文凡五見。而不禁其行，不破其羣，以散其黨，又從而尊之，用事者過矣。上之所以立廉恥者，○先慎曰：乾道本「上」下有「世」字，顧廣圻云：「今本無

『世』字。」今據删。所以屬下也；○王念孫曰：「屬」，乃「厲」之誤，説詳上有度篇。今士大夫不羞汙泥醜辱而宦，○先慎曰：句絶。女妹私義之門不待次而宦。○先慎曰：句絶。賞賜所以爲重也，○先慎曰：乾道本「所」上有「之」字。顧廣圻云：今本無「之」字，誤。先愼按：顧氏句讀誤耳，此與下「誠信所以通威也」句法一律，不當有「之」字，從今本删。而戰鬭有功之士貧賤，而便辟優徒超級。名號○先慎曰：「便」上「而」字衍。誠信所以通威也，而主揜障。近習女謁並行，百官主爵遷人，用事者過矣。大臣官人與下先謀比周，雖不法行，威利在下，○顧廣圻曰：藏本同。今本無「與下先謀雖」五字。按句有誤，未詳。則主卑而大臣重矣。夫立法令者以廢私也，法令行而私道廢矣。私者，所以亂法也。而士有二心私學，巖居窞路，○顧廣圻曰：藏本同。今本「路」作「處」，誤。託伏深慮，大者非世，細者惑下；上不禁，又從而尊之，以名，○顧廣圻曰：「又從而尊之」五字爲一句。上下文及此凡四見。「以名」上有脱文，當本重「尊之」二字而脱耳。化之以實，是無功而顯，無勞而富也。如此，則士之有二心私學者，焉得無深慮，勉知詐與誹謗法令，○盧文弨曰：凌本無「與」字。以求索與世相反者也！凡亂上反世者，常士有二心私學者也。故本言曰：「所以治者，法也；所以亂者，私也。法立，則莫得爲私矣。」故曰：「道私者亂，道法者治。」上無其道，則智者有私詞，賢者有私意。上有私惠，下有私欲。聖智成羣，造言作辭，以非法措於上；○顧廣圻曰：藏本同。今本「措」作「令」。

按句有誤。上不禁塞，又從而尊之，是教下不聽上，不從法也。是以賢者顯名而居，姦人賴賞而富。賢者顯名而居，姦人賴賞而富，是以上不勝下也。

韓非子集解卷第十八

六反第四十六　八說第四十七

八經第四十八

六反第四十六

畏死遠難，○先慎曰：乾道本無「遠」字。顧廣圻云：今本有「遠」字。按句有誤，未詳所當作。先慎按：有「遠」字是。「難」，讀爲患難之難，與下「雖犯軍旅之難」同。禮記曲禮：「臨難無苟免。」「遠難」即免難之義。「畏死遠難」，有倖生之心，用以當敵，必不恥降北之辱。此「遠」字不可少，據今本增。**降北之民也，而世尊之曰「貴生之士」。學道立方，離法之民也，而世尊之曰「文學之士」。遊居厚養，牟食之民也，而世尊之曰「有能之士」。語曲牟知，**○顧廣圻曰：「牟」字有誤，未詳所當作。先慎曰：淮南時則訓高注：「牟，多也。」

「知」，讀曰智。僞詐之民也，而世尊之曰「辯智之士」。行劍攻殺，暴憿之民也，○顧廣圻曰：本書亡徵篇有「暴憿」，即此。未知孰是。先慎曰：作「憿」是，説詳亡徵篇。而世尊之曰「磏勇之士」。○先慎曰：説文：「磏，厲石也。」凡棱利之義即此字之轉注，經傳皆以「廉」爲之。活賊匿姦，當死之民也，而世尊之曰「任譽之士」。○盧文弨曰：「譽」疑是「俠」。此六民者，世之所譽也。赴險殉誠，死節之民，○先慎曰：依上下文，「民」下當有「也」字。而世少之曰「失計之民」也。寡聞從令，全法之民也，而世少之曰「樸陋之民」也。力作而食，生利之民也，而世少之曰「寡能之民」也。嘉厚純粹，整㲉之民也，○王先謙曰：「整」，正；「㲉」，善也。而世少之曰「愚戇之民」也。重命畏事，尊上之民也，而世少之曰「怯懾之民」也。挫賊遏姦，明上之民也，○先慎曰：「明上」，謂奉揚法令。而世少之曰「諂讒之民」也。此六者，世之所毁也。姦僞無益之民六而世譽之如彼，耕戰有益之民六而世毁之如此，此之謂六反。布衣循私利而譽之，世主聽虚聲而禮之，禮之所在，利必加焉。百姓循私害而訾之，世主壅於俗而賤之，賤之所在，害必加焉。故名賞在乎私惡當罪之民，而毁害在乎公善宜賞之士，索國之富强，不可得也。

古者有諺曰：「爲政猶沐也，雖有棄髮必爲之。」愛棄髮之費，○先慎曰：趙本重「髮」字。盧文弨云：下「愛」字，藏本不重。顧廣圻云：「必爲之」句絶。今本重「愛」字，誤。先慎案：「必爲之」，謂不以損髮而不沐。八説篇「沐者有棄髮」云云，與此意同。而忘長髮之利，不知權者也。

夫彈痤者痛，飲藥者苦；爲苦憊之故不彈痤飲藥，則身不活病不已矣。○顧廣圻曰：自此至末，皆當連，各本多提行，皆非是。

今上下之接無子父之澤，○先慎曰：依下文，「子父」當作「父子」。而欲以行義禁下，則交必有郄矣。且父母之於子也，産男則相賀，産女則殺之。此俱出父母之懷衽，然男子受賀，女子殺之者，慮其後便，○王渭曰：句絶。計之長利也。故父母之於子也，猶用計算之心以相待也，而況無父子之澤乎！

今學者之説人主也，皆去求利之心，出相愛之道，○王先謙曰：如孟子説世主不言利，而以仁爲先。是求人主之過於父母之親也，○先慎曰：乾道本無「於」字，今從拾補增。盧文弨云：「於」字，馮校增。此不熟於論恩詐而誣也，○顧廣圻曰：藏本同。今本「恩」作「思」，誤。盧文弨曰：「思」，張本作「恩」。故明主不受也。○先慎曰：乾道本無「主」字，顧廣圻云：「今本『明』下有『主』字，按此當有。」今據補。聖人之治也，審於法禁，法禁明著則官法；○顧廣圻曰：句絶。「法」，依下文當作「治」。必於賞罰，賞罰不阿則民用。○顧廣圻曰：句絶。官官治○顧廣圻曰：當作「民用官治」四字。則國富，國富則兵强，○盧文弨曰：下「國」字，張本無。而霸王之業成矣。霸王者，人主之大利也。人主挾大利以聽治，故其任官者當能，其賞罰無私。使士民明焉盡力致死，則功伐可立而爵禄可致，爵禄致而富貴之業成矣。○盧文弨曰：「致」，張本作「至」。富貴者，人臣之大利也。人臣挾大利以從事，故其行危至死，其力盡而不望。○先慎曰：大臣盡力從事，雖行危，至死無怨。此謂君不仁，臣不忠，則不可以霸王矣。○顧廣圻曰：「不」字當衍。外儲說右篇云：「君通於不仁，臣通於不忠，則可以王矣。」此其證也。

夫姦，必知則備，必誅則止；不知則肆，不誅則行。夫陳輕貨於幽隱，雖曾、史可疑也；懸百金於市，雖大盜不取也。不知，則曾、史可疑於幽隱；必知，則大盜不取懸金於市。故明主之治國也，衆其守而重其罪，○先慎曰：張榜本「而」作「其」，誤。守者衆，以防於未發；罪者重，以杜其效尤。使民以法禁而不以廉止。母之愛子也倍父，父令之行於子者十母；○盧文弨曰：「者」，一作「也」。吏之於民無愛，令之行於民也萬父母。父母積愛而令窮，○先慎曰：乾道本不重「父母」二字。顧廣圻云：今本「積」上有「父母」二字，誤。先慎按：上「十母」、「萬父母」並句絶。「父母積愛」與「吏用威嚴」相對成文，不當省「父母」二字，顧説非，改從今本。吏用威嚴而民聽從，○先慎曰：乾道本無「用」字，盧文弨云：「『用』字脱，張本有。」今據補。嚴愛之筴亦可決矣。且父母之所以求於子也，動作則欲其安利也，行身則欲其遠罪也；君上之於民也，有難則用其死，安平則盡其力。親以厚愛關子於安利而不聽，○盧文弨曰：「關」或作「開」。君以無愛利求民之死力而令行。明主知之，故不養恩愛之心，而增威嚴之勢。故母厚愛處，○顧廣圻曰：句有誤，當脱一字。子多敗，推愛也；推，行也。父薄愛教笞，○顧廣圻曰：五字爲一句。子多善，用嚴也。○先慎曰：張榜本無「故母」至「用嚴」大小二十四字。今家人之治産也，○顧廣圻曰：藏本同。今本「今」作「令」，誤。相忍以飢寒，○先慎曰：盧文弨拾補出「飢」字云：「饑，張本作『飢』。按下『饑饉』、『天饑』作『飢』非。」先慎按：下二「飢」字張榜本作「饑」，不誤。相强以勞苦，雖犯軍旅之難，饑饉之患，○先慎曰：「饑」字從張榜本改，下同。温衣美食者必是家也。相憐以衣食，相惠以佚樂，天饑歲荒，嫁妻賣子者必是家也。故法之爲道，前苦而長利；仁之爲道，偷樂而後窮。聖人權其輕重，出其大利，故用法之相忍，而棄仁人之相憐也。○顧廣圻曰：「人」字當衍，此仁與法相對也。學者之言，皆曰輕刑，此亂亡之術也。○先慎曰：乾道本無「刑」字，顧廣圻云：「今本有『刑』字，按依下文當有。」今據補。凡賞罰之必者，勸禁也。○先慎曰：乾道本「必」作「心」。顧廣圻云：「今本『心』作『必』，誤。」王先謙云：「『必』字是，上言『必於賞罰』，即其證。若作『心』，則不當有『者』字。」改從今本。賞厚則所欲之得也疾，罰重則所惡之禁也急。○先慎曰：乾道本「惡」作「惠」，拾補作「惡」，盧文弨云：「『惠』字非。」今據改。夫欲利者必惡害，害者利之反也，反於所欲，焉得無惡。欲治者必惡亂，亂者治之反也，是故欲治甚者其賞必厚矣，其惡亂甚者其罰必重矣。今取於輕刑者，其惡亂不甚也，其欲治又不甚也。○顧廣圻曰：藏本「也」下更有「其欲治又不甚也」七字，今本有「其欲治又不甚也者」八字，皆誤。此非特無術也，又乃無行。是故決賢不肖愚知之美，○顧廣圻曰：藏本同。今本「知」作「智」，「美」作「分」。按句有誤。俞樾曰：「美」乃「筴」字之誤。上文云「嚴愛之筴亦可決矣」，此云「決賢不肖愚知之筴」，其文義正相似。作「美」者，形近而誤，今本改「美」爲「分」，未得其字。在賞罰之輕重。且夫重刑者，非爲罪人也，明主之法揆也。治賊非治所揆也，所揆也者，是治死人也。○俞樾曰：此當作「明主之法也揆賊，非治所揆也，治所揆也者，是治死人也」，方與下文「刑盜非治所刑也，治所刑也者，是治胥靡也」，文法一律。「揆賊」之「揆」誤移在上句，因移下句「治」字以補之，義不可通矣。道藏本、趙本但於「所揆也者」上加一「治」字，猶未盡得也。又按「揆」字未詳何義，據與「刑盜」對文，疑「揆」當作「殺」。古字或以「蔡」爲之，尚書禹貢「二百里蔡」，鄭注云：「『蔡』之言『殺』。」是「蔡」、「殺」聲近義通。說文米部臣鍇引左傳「𥻆蔡叔」，今作「蔡蔡叔」，亦其例也。「蔡」誤作「葵」，傳寫者又以意改爲「揆」耳。刑盜非治所刑也，治所刑也者，是治胥靡也。故曰：重一姦之罪而止境內之邪，此所以爲治也。重罰者盜賊也，而悼懼者良民也，欲治者奚疑於重刑！○先慎曰：乾道本「刑」下有「名」字。顧廣圻云：「藏本同。今本無『名』字，按依下文不當有。」今據刪。若夫厚賞者，非獨賞功也，又勸一國。○顧廣圻曰：四字爲一句。受賞者甘利，未賞者慕業，是報一人之功而勸境內之衆也，欲治者何疑於厚賞！今不知治者皆曰：「重刑傷民，輕刑可以止姦，何必於重哉！」此不察於治者也。夫以重止者，未必以輕止也；以輕止者，必以重止矣。是以上設重刑者而姦盡止，○先慎曰：「者」字涉上下文而衍。姦盡止則此奚傷於民也！○先慎曰：能止姦，則重刑無傷。所謂重刑者，姦之所利者細，而上之所加焉者大也。民不以小利蒙大罪，○先慎曰：乾道本「蒙」作「加」，盧文弨云：「加，張本作『蒙』。」今據改。故姦必止者也。○先慎曰：下文無「者」字。所謂輕刑者，姦之所利者大，上之所加焉者小也。○先慎曰：依上文「上」上當有「而」字。民慕其利而傲其罪，○先慎曰：「傲其罪」，謂輕易其刑。故姦不止也。故先聖有諺曰：「不躓於山，而躓於垤。」○先慎曰：淮南子人閒訓堯戒「躓」作「蹪」，「垤」作「蛭」，高注：「蹪，躓也；蛭，螘也。」按依義當作「垤」。山者大，故人順之；○顧廣圻曰：「順」，讀爲慎。垤微小，故人易之也。今輕刑罰，民必易之。犯而不誅，是驅國而棄之也；犯而誅之，是爲民設陷也。是故輕罪者，民之垤也。是以輕罪之爲民道也，○先慎曰：「民」字不當有。此言輕罪之道非欲亂國，即爲民設陷也。「民」字涉上下文而衍。非亂國也，則設民陷也，此則可謂傷民矣。

今學者皆道書筴之頌語，○先慎曰：「頌語」，猶美語也。不察當世之實事，曰：「上不愛民，賦斂常重，則用不足而下恐上，○盧文弨曰：「恐」疑是「怨」。先慎曰：盧説是。下不足於用則怨上，故下云「此以爲足其財用以加愛」，「愛」與「怨」文正相對。故天下大亂。」此以爲足其財用以加愛焉，雖輕刑罰可以治也。此言不然矣。凡人之取重賞罰，固已足之之後也。○王渭曰：「賞」當作「刑」。雖財用足而厚愛之，然而輕刑猶之亂也。○先慎曰：乾道本「厚」上有「後」字，據趙本删。言上雖足民於財用而厚愛之，若不重罰，民猶趨亂。下云「則雖足民何可以爲治」是也。夫富家之愛子，○先慎曰：乾道本「富」作「當」，拾補「當」作「富」。盧文弨云：「『當』字譌。」今據改。財貨足用，○盧文弨曰：「財貨」，張本倒，下同。財貨足用則輕用，○先慎曰：此「財貨」二字，乾道本作「貨財」，據趙本乙。輕用則侈泰，親愛之則不忍，不忍則驕恣。侈泰則家貧，驕恣則行暴，此雖財用足而愛厚，輕利之患也。○顧廣圻曰：藏本同。今本「雖」作「則」，誤。按「雖」當作「唯」。凡人之生也，財用足則隳於用力，上治懦則肆於爲非。○先慎曰：乾道本無「治」字，拾補有。盧文弨云：舊倒，依下文改。先慎按：趙本不誤，今據改。財用足而力作者神農也，上治懦而行修者曾、史也，夫民之不及神農、曾、史亦已明矣。○先慎曰：乾道本無「已」字，盧文弨云：「『已』字脱，張本有。」今據補。

老聃有言曰：「知足不辱，知止不殆。」夫以殆辱之故而不求於足之外者，老聃也。今以爲足民而可以治，○先慎曰：「民而」當作「而民」。是以民爲皆如老聃也。故桀貴在天子而不足於尊，○先慎曰：此與下相對，「子」下疑脱「之位」二字。富有四海之内而不足於寶。君人者雖足民，不能足使爲天子，○先慎曰：乾道本「爲」下有「君」字，顧廣圻云：「藏本、今本無『君』字。」今據删。而桀未必以天子爲足也，○先慎曰：乾道本「以」作「爲」，拾補「爲」作「以」。盧文弨云：「爲」字，張本無。顧廣圻云：今本「必」下有「以」字，誤。先慎按：今本「以」、「爲」兩有，非也。張本「爲」作「以」，是，今據改。則雖足民何可以爲治也！故明主之治國也，適其時事以致財物，論其税賦以均貧富，厚其爵禄以盡賢能，重其刑罰以禁姦邪；使民以力得富，以事致貴，以過受罪，以功致賞而不念慈惠之賜，此帝王之政也。○先慎曰：張榜本「帝」誤作「常」。

人皆寐則盲者不知，皆嘿則暗者不知；○先慎曰：盲暗混於寐嘿之中，人莫能辨。覺而使之視，問而使之對，則暗盲者窮矣。不聽其言也則無術者不知，不任其身也則不肖者不知；聽其言而求其當，任其身而責其功，則無術不肖者窮矣。夫欲得力士而聽其自言，雖庸人與烏獲不可別也；授之以鼎俎，則罷健效矣。○顧廣圻曰：「俎」字當衍，下句同。故官職者，能士之鼎俎也，任之以事而愚智分矣。故無術者得於不用，不肖者得於不任。言不用而自文以爲辯，身不任而自飾以爲高，○先慎曰：乾道本「任」下有「者」字，顧廣圻云：「今本無『者』字，按依上句不當有。」今據删。世主眩其辯，濫其高而尊貴之，是不須視而定明也，不待對而定辯也，暗盲者不得矣。明主聽其言必責其用，觀其行必求其功，然則虚舊之學不談，矜誣之行不飾矣。

八説第四十七

爲故人行私謂之不棄，○先慎曰：謂不遺故舊。以公財分施謂之仁人，輕禄重身謂之君子，枉法曲親謂之有行，棄官寵交謂之有俠，離世遁上謂之高傲，交争逆令謂之剛材，○先慎曰：剛材者，在下而與上争，故不行其令。行惠取衆謂之得民。不棄者，吏有姦也；仁人者，公財損也；君子者，民難使也；有行者，法制毁也；有俠者，官職曠也；高傲者，民不事也；剛材者，令不行也；得民者，君上孤也。此八者，匹夫之私譽，人主之大敗也。反此八者，匹夫之私毁，人主之公利也。人主不察社稷之利害，而用匹夫之私譽，索國之無危亂，不可得矣。

任人以事，存亡治亂之機也。無術以任人，無所任而不敗。人君之所任，非辯智則修潔也。任人者，使有勢也。○先慎曰：「任人」，則必使其人有勢可憑藉。智士者未必信也，爲多其智，因惑其信也；以智士之計，處乘勢之資而爲其私急，則君必欺焉。爲智者之不可信也，○先慎曰：「爲」當作「惟」。故任修士者，使斷事也。修士者未必智，爲潔其身，因惑其智；以愚人之所惛，○王先謙曰：「所」字當衍。處治事之官而爲其所然，○先慎曰：乾道本無「其」字。顧廣圻云：藏本、今本「爲」下有「其」字。先慎按：此與上「而爲其私急」對文，明有「其」字是，今據補。則事必亂矣。故無術以用人，任智則君欺，任修則君事亂，○王先謙曰：承上文言，不當有「君」字，此「君」字緣上下文而誤衍。此無術之患也。明君之道，賤德義貴，下必坐上，決誠以參，聽無門户，人莫能測也。○顧廣圻曰：藏本同。「下必坐上決誠以」，今本作「法術倒言而詭使」。按「德義」當作「得議」，形近之誤。七術篇云「夫不使賤議貴，下必坐上」云云，又經云「觀聽不參則誠不聞，聽有門户則主壅塞」，即此文之證。「下必坐上」者，商君之告坐也。今本不能讀，輒加改易，謬甚。先慎曰：顧説是。張榜本無「下必坐上決誠以」七字，亦非。（七術篇不當有「必」字，説見彼。）**故智者不得詐欺。計功而行賞，程能而授事，察端而觀失，有過者罪，有能者得，故愚者不任事。**○先慎曰：「不」下當有「得」字，與上「故智者不得詐欺」文一律。**智者不敢欺，愚者不得斷，**○先慎曰：不任修士使斷事。**則事無失矣。**

察士然後能知之，不可以爲令，○先慎曰：「令」，即法也。**夫民不盡察；賢者然後能行之，**○先慎曰：乾道本無「能」字。顧廣圻云：今本有「能」字。先慎按：依上文當有，今據補。**不可以爲法，**○顧廣圻曰：句絶。**夫民不盡賢。楊朱、墨翟，天下之所察也，干世亂而卒不決，雖察而不可以爲官職之令；鮑焦、華角，天下之所賢也，鮑焦木枯，**立死，若木之枯也。**華角赴河，**○顧廣圻曰：未詳。**雖賢不可以爲耕戰之士。**○先慎曰：乾道本無「賢」字，顧廣圻云：「今本有『賢』字，按依上文當有。」今據增。**故人主之所察，**○先慎曰：乾道本無「所」字，拾補有，盧文弨云：「『所』字脱，依下文當〔二〕有。」今據補。**智士盡其辯焉；**○顧廣圻曰：藏本同。今本「士」下有「能」字，誤。盧文弨曰：張本無「能」字。**人主之所尊，能士盡其**

〔二〕「當」，原本作「常」，據盧氏群書拾補改。

行焉。○先慎曰：乾道本「士」下有「能」字，盧文弨云：「張本又有『能』字，馮去之。」顧廣圻云：「今本無下『能』字，按此衍。」今據删。今世主察無用之辯，尊遠功之行，索國之富强，不可得也。博習辯智如孔、墨，○先慎曰：趙本「博」下提行。孔、墨不耕耨，則國何得焉？修孝寡欲如曾、史，曾、史不戰攻，則國何利焉？匹夫有私便，人主有公利。不作而養足，不仕而名顯，此私便也；息文學而明法度，塞私便而一功勞，此公利也。錯法以道民也，○先慎曰：「錯」，施行也。而又貴文學，則民之所師法也疑；○王先謙曰：「所」字衍。賞功以勸民也，而又尊行修，則民之産利也惰。夫〔二〕貴文學以疑法，尊行修以貳功，索國之富强，不可得也。

搢笏干戚，不適有方鐵銛；言國軍異器。「方」，楯也。言「搢笏」之議，「干戚」之舞，與夫方楯鐵銛不相稱適也。○顧廣圻曰：「適」讀爲「敵」。「有方」，未詳。舊注全謬。孫詒讓曰：「有方」當爲「酋矛」。（「酋」、「有」音近，「矛」、「方」形近，因而致誤。）墨子備水篇云「亓二十人，人擅酋矛」，今本亦譌作「有方」，與此正同。（詳墨子閒詁。）登降周旋，不逮日中奏百；○盧文弨曰：荀子議兵篇：「魏之武卒，日中而趨百里。」顧廣圻曰：「奏」，讀爲湊。狸首射侯，不當强弩趨發；○王先謙曰：「趨」與「趣」同。干城距衝，○先慎曰：乾道本「衝」上有

〔二〕「夫」，原本作「大」，據四部叢刊影宋乾道本改。

「衡」字。顧廣圻云：今本無「衡」字。按「衡」即「衜」字複衍耳。齊策云「百尺之衝，折之衽席之上」，即其義。先慎按：荀子強國篇楊注引無「衡」字，今據刪。「干」，荀子注引作「平」。不若堙穴伏櫜。○王渭曰：強國篇楊注引「櫜」作「槖」。按「槖」字是，見墨子。先慎曰：楊注引「穴」作「内」。盧文弨荀子拾補云：「『内』、『穴』古多通用。『櫜』、『槖』互異，疑此『槖』字是，與韻協。」古人亟於德，中世逐於智，當今爭於力。古者寡事而備簡，樸陋而不盡，故有珧銚而推車者。「珧」，蜃。以蜃爲銚也，即推輪也。上古摩蜃而耨也。○盧文弨曰：「推」當作「椎」，下同。注「即椎輪也」四字，不應間在中，當云「椎車，即椎輪也」，移置於末，始得。今本注字譌且衍，不可從。顧廣圻曰：「推」當作「椎」。淮南子云：「古之所爲不可更，則推車至今無蟬匷。」鹽鐵論非鞅云：「推車之蟬攫，負子之教也。」亦當作「椎」。又鹽鐵論遵道、散不足、世務皆言「椎車」，則作「椎」字不誤可證。先慎曰：「推」字不誤。管子禁藏篇云「推引銚耨以當劍戟」，即此所本。「推車」，謂推引其車。盧、顧説非。古者人寡而相親，物多而輕利易讓，故有揖讓而傳天下者。然則行揖讓，高慈惠而道仁厚，○先慎曰：乾道本「道」下有「推」字，顧廣圻云：「今本無，按此不當有。」今據刪。皆推政也。○盧文弨曰：「推」當作「椎」，下同。先慎曰：盧説非。「推政」，與六反篇「推愛」句法正同，義見上。處多事之時，用寡事之器，非智者之備也；當大爭之世，而循揖讓之軌，非聖人之治也。○顧廣圻曰：藏本同。今本「非」下有「也」字，誤。故智者不乘推車，聖人不行推政也。○先慎曰：趙本「也」作「難」。盧文弨云：「難」字衍，張本作「也」，亦可省。法所以制事，○盧文弨曰：當分段。事所以名功也。法立而有難，○先慎曰：乾道本「法」下有「有」字，顧廣圻云：「今本無『有』字，按此不當有。」今據删。權其難而事成則立之；○先慎曰：乾道本無「則立之」三字，顧廣圻云：「藏本、今本有。」今據補。事成而有害，權其害而功多則爲之。○顧廣圻曰：藏本同。今本無「則」字，誤。無難之法，無害之功，天下無有也。○先慎曰：天下無不難之法，無不害之功，但權事之成否，功之多寡耳。乾道本「有」上無「無」字，則文不成義。顧廣圻云：「今本有，按此當有。」今據補。是以拔千丈之都，敗十萬之衆，死傷者軍之乘，「乘」，謂其半也。○先慎曰：「乘」無「半」義。「乘」當作「垂」，形近之誤。説見内儲説篇。甲兵折挫，士卒死傷，而賀戰勝得地者，出其小害計其大利也。夫沐者有棄髮，除者傷血肉。○先慎曰：見六反篇。廣雅釋詁一：「除，瘉也。」欲病瘉者攻以藥石，藥石所達，血肉必傷。爲人見其難，因釋其業，是無術之事也。○先慎曰：「事」當作「士」。先聖有言曰：「規有摩而水有波，我欲更之，無奈之何。」此通權之言也。是以説有必立而曠於實者，言有辭拙而急於用者，故聖人不求無害之言，而務無易之事。○顧廣圻曰：藏本同。今本「易」作「益」，誤。人之不事衡石者，○盧文弨曰：當提行。非貞廉而遠利也，石不能爲人多少，衡不能爲人輕重，求索不能得，故人不事也。明主之國，官不敢枉法，吏不敢爲私，○先慎曰：乾道本「私」下有「利」字。案「利」即「私」之誤而複者。「官不敢枉法，吏不敢爲私」二文相對，不當多一字。御覽八百三十引正無「利」字，今據删。貨賂不行，○顧廣圻曰：藏本同。今本「行」下有「者」字，誤。先慎曰：御覽引亦有。是境内之事盡如衡石也。此其臣有姦者必知，知者必誅。是以有道之主不求清潔之吏，而務必知之術也。

慈母之於弱子也，愛不可爲前。不可先以愛養之也。○俞樾曰：「愛不可爲前」，猶言無前於此者，正見其愛之至也。舊注非是。然而弱子有僻行，使之隨師；有惡病，使之事醫。不隨師則陷於刑，不事醫則疑於死。慈母雖愛無益於振刑救死，則存子者非愛也。子母之性，愛也；臣主之權，筴也。母不能以愛存家，君安能以愛持國？明主者通於富强，則可以得欲矣。故謹於聽治，富强之法也。明其法禁，察其謀計。法明則内無變亂之患，計得則外無死虜之禍。○先慎曰：乾道本「則」作「於」，顧廣圻云：「今本『於』作『則』。」今據改。故存國者，非仁義也。仁者，慈惠而輕財者也；暴者，心毅而易誅者也。○顧廣圻曰：「暴」當作「義」。先慎曰：顧説非。此以「仁」、「暴」對言。「心毅則憎心見於下，易誅則妄殺加於人」，即「暴」之實迹，若「義」則無「憎心」、「妄殺」之事。下「暴人在位」與「仁人在位」比勘，尤其證。此意謂仁人之亡人國，無異於暴者之亡人國也。慈惠則不忍，輕財則好與；心毅則憎心見於下，易誅則妄殺加於人。不忍則罰多宥赦，好與則賞多無功；憎心見則下怨其上，妄誅則民將背叛。故仁人在位，下肆而輕犯禁法，偷幸而望於上；暴人在位，則法令妄而臣主乖，民怨而亂心生。故曰：「仁暴者，皆亡國者也。」

不能具美食而勸餓人飯，不爲能活餓者也；○盧文弨曰：「爲能」二字舊倒，今從藏本，下亦當同。

先慎曰：乾道本作「爲能」，不誤。不能辟草生粟而勸貸施賞賜，○先慎曰：「勸」字，淺人依上文誤加。不爲能富民者也。○先慎曰：乾道本「爲能」作「能爲」。今學者之言也，不務本作而好末事，知道虛聖以説民，○顧廣圻曰：藏本同。今本無「知」字，「聖」作「惠」，皆誤。此勸飯之説，勸飯之説，明主不受也。

書約而弟子辯，法省而民訟簡，○顧廣圻曰：「簡」當作「萌」，在「訟」字上。「萌」，氓也。「民萌訟」與「弟子辯」相對。「訟」猶「辯」也。是以聖人之書必著論，明主之法必詳事。○先慎曰：乾道本「詳」下有「盡」字，顧廣圻云：「今本無『盡』字，按此不當有。」今據删。盡思慮，揣得失，智者之所難也；無思無慮，挈前言而責後功，愚者之所易也。明主慮愚者之所易，○顧廣圻曰：藏本同。今本「慮」作「操」，誤。以責智者之所難，○顧廣圻曰：「以」，當作「不」。故智慮不用而國治也。○先慎曰：乾道本「慮」下有「力勞」二字，盧文弨云：「『力勞』二字，凌本無。」今據删。顧廣圻云：當作「故智不勞，力不用」，與原本不合，非是。

酸甘鹹淡，不以口斷而決於宰尹，則厨人輕君而重於宰尹矣。○盧文弨曰：張本下兩句皆無「於」字，此亦當衍。先慎曰：乾道本下兩句亦有「於」字，盧説非。上下清濁，不以耳斷而決於樂正，則瞽工輕君而重於樂正矣。治國是非，不以術斷而決於寵人，則臣下輕君而重於寵人矣。人主不親觀聽，而制斷在下，託食於國者也。○先慎曰：張榜本此下接「今生殺之柄」云云，不提行。

使人不衣不食而不飢不寒，又不惡死，則無事上之意。意欲不宰於君，則不可使也。今生殺之柄在大臣，○先慎曰：乾道本「之」作「人」，今據張榜本、趙本改。而主令得行者，未嘗有也。虎豹必不用其爪牙，而與鼷鼠同威；萬金之家必不用其富厚，而與監門同資。○先慎曰：「而」猶「則」也。「而」、「則」古通用，見經傳釋詞〔一〕。有土之君，○先慎曰：趙本「土」誤作「上」，盧文弨云「上，張、凌本作『土』」，是也。説人不能利，惡人不能害，索人欲畏重己，不可得也。

人臣肆意陳欲曰俠，人主肆意陳欲曰亂；人臣輕上曰驕，人主輕下曰暴。○孫詒讓曰：「驕」當作「撟」，謂撟君也。荀子臣道篇云「有能比知同力，率羣臣百吏而相與彊〔二〕君撟君，君雖不安，不能不聽，遂以解國之大患，除國之大害，成於尊君安國，謂之輔」，即此所謂「人臣輕上曰撟」。此「俠」與「撟」皆美名，「亂」與「暴」皆惡名，故云「下以受譽，上以得非」，若作「驕」則不得爲譽矣。「撟」字又作「矯」，（荀子楊注：「撟，與『矯』同，屈也。」）後忠孝篇云「故烈士内不爲家，亂世絶嗣而外矯於君」，義亦同。先慎曰：五蠹篇專詆「俠驕」之無益人主而爲邦之蠹，則韓非不以「俠驕」爲美名可知，此下以受譽指時人而言，孫説失本書之指。行理同實，下以受譽，上以得非。人臣大得，人主大亡。○先慎曰：張榜本自「有土之君」至此，皆删去。明主之國，有貴臣，無重臣。貴臣者，爵尊而官大也；○先慎曰：乾道本「者」上無「臣」字。顧廣圻云：藏本、今本有「臣」字。先慎按：有「臣」字是，今

〔一〕「經傳釋詞」，原本作「經傳釋辭」，今改。
〔二〕「彊」，原本作「疆」，據荀子及孫氏札迻改。

據補。依下文，「也」上當有「者」字。重臣者，言聽而力多者也。明主之國，遷官襲級，官爵受功，○顧廣圻曰：句有誤。先慎曰：此言凡遷官襲級，必因其功而官爵之，「官爵受功」，與八經篇云「爵禄循功」語意正同。故有貴臣；言不度行，○先慎曰：「不」當作「必」。而有僞必誅，故無重臣也。

八經第四十八○先慎曰：趙本無下「八」字。盧文弨云：「十」下脱「八」字。顧廣圻云：此篇多不可通。

〔一〕凡治天下，必因人情。人情者有好惡，故賞罰可用；賞罰可用則禁令可立，而治道具矣。君執柄以處勢，故令行禁止。柄者，殺生之制也；勢者，勝衆之資也。廢置無度則權瀆，賞罰下共則威分。是以明主不懷愛而聽，不留説而計。故聽言不參則權分乎姦，智力不用則君窮乎臣。○顧廣圻曰：藏本同。今本「力」作「術」，誤。故明主之行制也天，不可測也。其用人也鬼。如鬼之陰密。天則不非，既高不測，誰能非之。鬼則不困。既陰密，誰能困之。勢行教嚴，逆而不違，雖逆天下不敢違，此勢之用也。○先慎曰：乾道本注「雖」誤作「誰」，據趙本改。毁譽一行而不議。毁譽一行而天下不敢議。故賞賢罰暴舉善之至者也，賞暴罰賢舉惡之至者也，是謂賞同罰異。賞莫如厚，使民利之；譽莫如美，使民榮之；誅莫如重，使民畏之；毁莫如惡，使民恥之。然後一行其法，○顧廣圻曰：句絶。禁誅於私家，○顧廣圻曰：「禁誅」連文，姦劫弑臣篇云「以禁誅於己也」，外儲説右篇云「夫不處勢以禁誅擅愛之臣」，皆可證。不害。○先慎曰：「不害」，即無害。功罪賞罰必知之，○顧廣圻曰：藏本同。今本「功」作「公」。按句有誤。先慎曰：「不害」二字當連上爲句，「功罪賞罰必知之」爲句。知功罪賞罰，則治天下之道得矣。今本「功」誤「公」，顧氏又以「不害」屬下爲句，故疑有誤。知之，道盡矣。

因情 一曰「收智」。

〔二〕力不敵衆，智不盡物，○先慎曰：此謂一人之力，一人之智也。與其用一人，不如用一國。用君之一人之智力，不知任衆而用國也。○盧文弨曰：注「用君」下「之」字衍。又「不知」當作「不如」。故智力敵而羣物勝，揣中則私勞，不中則在過。○顧廣圻曰：藏本同。今本「在」作「有」。先慎曰：「在」當作「任」，形近而誤。今本以臆改也。下君盡己之能，中君盡人之力，○先慎曰：乾道本「人」下無「之」字，顧廣圻云：「藏本、今本有『之』字。」今據增。上君盡人之智。是以事至而結智，一聽而公會。聽不一則後悖於前，後悖於前則愚智不分；不公會則猶豫而不斷，不斷則事留。○顧廣圻曰：句絶。自取一聽，則毋墮壑之累，○先慎曰：乾道本無「聽」字，「毋」下有「道」字。顧廣圻云：藏本、今本有「聽」字，無「道」字。按「自取一」三字逗，下文聽法云「使君自取一以避罪」，即此句之義。下句有誤。先慎按：顧讀誤。「自取一聽」句，上「一聽而公會」、「聽不一則後悖於前」兩見。此言君能「自取一聽」，即不爲臣下所動，自毋墮入臣下谿壑之憂。乾道本錯誤不可讀，改從藏本、今本。故使之諷，諷定而怒。○顧廣圻曰：藏本同。今本「而」下有「不」字。按句有誤，未詳。先慎曰：「諷」，諫也。「諷定而怒」，即下「揆伍必怒」意。是以言陳之日必有筴籍，○先慎曰：乾道本「日」作「曰」，趙本作「由」，盧文弨云：「由，藏本作『日』，是。」今據改。結智者事發而驗，結能者功見而謀，○先慎曰：「謀」當作「論」，字之誤也。成敗有徵，○先慎曰：乾道本重「成敗」二字，顧廣圻云：「今本不重。」今據删。賞罰隨之。事成則君收其功，規敗則臣任其罪。君人者合符猶不親，而況於力乎？事智猶不親，而況於懸乎？○顧廣圻曰：「智」，當作「至」。故非用人也不取同，同則君怒；使人相用則君神，君神則下盡。○先慎曰：乾道本不重「君神」二字。顧廣圻云：今本重，按句有誤。先慎按：「君神」，即上文「其用人也鬼」義，取其不可測度也。「君神」二字當重，改從今本。下盡下則臣上○先慎曰：「則」上衍「下」字。不因君而主道畢矣。

主道一曰「結智」。

〔三〕知臣主之異利者王，以爲同者劫，○先慎曰：趙本「以」下有「異」字。盧文弨云：藏本無「異」字。與共事者殺。故明主審公私之分，審利害之地，姦乃無所乘。○先慎曰：下「審」字衍。「公私之分」、「利害之地」，並蒙「故明主審」四字而言。**亂之所生六也：主母，后姬，子姓，弟兄，大臣，顯賢。**「主母」，君幼稱制；「后姬、子姓」，則强庶逼；「兄弟」，則公子擅國；「大臣」，代主執物者；「顯賢」，則虚名掩君。○先慎曰：「弟兄」倒，下文「兄弟不侵」，明此當作「兄弟」，舊注未譌。乾道本注「子姓」作「之姓」，「代主」作「代圭」，今據趙本改。**任吏責臣，主母不放。**廢亂輒責於臣。○先慎曰：此謂以法任吏，以勢責臣，則主母有所畏憚不敢放肆。注説非。**禮施異等，后姬不疑。分勢不貳，庶適不争。**不令庶子貳適也。**權籍不失，兄弟不侵。**權柄國籍不失於下也。○盧文弨曰：「籍」，張本下作「藉」，此亦當同。顧廣圻曰：「籍」，讀爲藉。**下不一門，大臣不擁。**不令一門專制，則不得權。盧文弨曰：「擁」當從「土」旁。先慎曰：注「權」當爲「擁」之誤。**禁賞必行，顯賢不。亂臣有二因，謂外内也。**○先慎曰：「不」下當有脱字。「亂臣有二因」爲句，下文「此亂臣之所因也」，即其證。今以「亂」字屬上，非。**外曰畏，**外臣行威，物皆畏。○先慎曰：「外」，謂敵國；「内」，謂近習。注非。**内曰愛。所畏之求得，所愛之言聽，此亂臣之所因也。外國之置諸吏者，結誅親暱重帑，**○顧廣圻曰：藏本無「結」字，今本「結誅」作「誅其」，皆誤。按「帑」讀爲孥，下同。孫詒讓曰：「結」當作「詰」，同聲段借字。「外國之置諸吏者」，謂鄰國之爲内臣求官者，戰國時往往有之。「結誅」，謂詰其罪而誅之。王先謙曰：「結」，孫説是。「帑」，不誤。「重帑」，謂厚幣。敵所親暱重賂爲反間者，則詰而誅之。**則外不籍矣；**○先慎曰：「籍」，讀爲藉。下同。**爵禄循功，請者俱罪，則内不因矣。外不籍内不因，則姦宄塞矣。**○先慎曰：乾道本「宄」作「宂」。顧廣圻云：今本「宂」作「宄」。先慎按：作「宄」是也。「塞」訓爲「閉」。淮南主術訓、晉語注並云：「塞，閉也。」「外不藉，内不因」，則姦宄之途閉。後人誤以「塞」爲充滿，故改「宄」爲「充」以就其義，非也。改從今本。孫詒讓云「充」疑作『兑』」，亦誤。官襲節而進，以至大任，智也。其位至而任大者，以三節持之：○王先謙曰：「襲節」，猶上言「襲級」，「節」、「級」義同。以節持之，亦謂以上下之等治之。曰質，曰鎮，曰固。親戚妻子，質也；爵禄厚而必，鎮也；參伍貴帑，固也。○先慎曰：「貴帑」當作「責怒」，形近而誤。下立道云「行參以謀多，揆伍以責失，行參必折，揆伍必怒」，即其義。賢者止於質，貪饕化於鎮，姦邪窮於固。忍不制則下上，○顧廣圻曰：藏本「下上」作「上下」，今本作「下失」，皆誤。先慎曰：當作「上不制則下忍」，與「小不除則大誅」文正相對。「忍」、「上」二字互譌也。小不除則大誅，○王先謙曰：即「毫末不拔，將尋斧柯」意。而名實當則徑之。○顧廣圻曰：「而」上當更有「誅」字。「徑」者，謂顯誅也，下文乃隱誅之。「生」者，不誅也；「害事」者，實不當也；「死」者，誅之也；「傷名」者，名不當也；「則行飲食」者，以飲食行其誅也；「不然」者，不行飲食也；「而與其讎」者，以所誅與其讎也。故曰：「此謂除陰姦也。」生害事，死傷名，則行飲食；不然，而與其讎。此謂除陰姦也。翳曰詭，詭曰易。見功而賞，見罪而罰，而詭乃止；○先慎曰：乾道本「翳」作「醫」，「見功」作「易功」。拾補「翳」字下旁注「緊」字，「易功」作「見功」，旁注「易均」。盧文弨云：「緊」，秦本作「翳」；「詭」字，藏本不重。「易均」，張本作「易功」，亦譌。俞樾云：「翳」者，蔽也。下文「見功而賞，見罪而罰，而詭乃止矣」，「見功」、「見罰」是不翳也，不翳「而詭乃止」，可證「翳曰詭」之義。先慎按：俞説是，改從拾補。是非不泄，説諫不通，而易乃不用。○王先謙曰：不爲臣下所輕易。父兄賢良播出曰遊禍，其患鄰敵多資。僇辱之人近習曰狎賊，其患發忿疑辱之心生。藏怒持罪而不發曰增亂，其患徼幸妄舉之人起。大臣兩重提衡而不踦○王先謙曰：若齊闞止、田常之比。曰卷禍，○孫詒讓曰：「卷」當作「養」，謂養成禍亂也。「養」、「卷」形近誤。其患家隆劫殺之難作。○孫詒讓曰：「隆」，讀爲鬨。呂氏春秋察微篇：「楚卑梁公舉兵攻吴之邊邑，吴王怒，使人舉兵侵楚之邊邑，吴、楚以此大隆。」「大隆」，即大鬨也。孟子云「鄒與魯鬨」，孫奭音義引劉熙注云：「鬨，構也，構兵以鬭也。」（說文鬥部〔二〕云：「鬨，鬭也。」）此云「家隆」，即家鬨，亦謂私家構兵爭鬭也。「隆」與「鬨」古音相近，得相通借，古文苑揚雄宗正箴云：「昔在夏時，太康不恭，有仍二女，五子家降。」「降」與「隆」聲類亦同，古字通用。彼「家降」與此「家隆」，事異而義同。脫易不自神曰彈威，○王先謙曰：「彈」疑「殫」，形近而誤。「脫易不自神」，則威竭盡於外。「彈威」無義。其患賊夫酖毒之亂起。此五患者人主之不知，則有劫殺之事。○先慎曰：「主」下「之」字當衍文。廢置之事生於内則治，○顧廣圻曰：自此下皆未詳。王先謙曰：國事廢置，皆當自内主之，由人主權其利害則無不治。生於外則亂。○先慎曰：「外」，謂敵國也，上文「外曰畏，所畏之求得，此亂臣之所因」，即其義。是以明主以功論之内，而以利資之外，○王先謙曰：論功於朝廷，取利於敵國。故其國治而敵亂。○先慎曰：乾道本「故其」作「其故」。盧文弨曰：張本作「故其」。顧廣圻云：今本

〔二〕「鬥部」，原本作「門部」，據說文及孫氏札迻改。

「其」作「是」。按句有誤。先慎按：作「故其」語已明顯，今據改。**即亂之道：**○顧廣圻曰：按句有誤。王先謙曰：「即」，就也。「即亂」，猶左傳言「即死」，謂去安就危也。先慎曰：拾補「亂」下有「亡」字。盧文弨云：「亡」，藏本作「之」，並非。**臣憎則起外若眩，臣愛則起内若藥。**○王先謙曰：不當憎而憎，則亂臣起外，若楚伍員之類；不當愛而愛，則亂臣起内，若吴宰嚭之類。眩不自持，形骸之疾；飲藥致斃，心腹之疾。

起亂一曰「亂起」。

〔四〕參伍之道：行參以謀多，揆伍以責失；○王先謙曰：「多」，猶勝也，賢也，故行參以謀之。又揆之於伍，其衆以爲失者，則加罪責。**行參必折，**○王先謙曰：三人從二，不用者必折抑之。先慎曰：乾道本「折」作「拆」，盧文弨云：「藏本、張本作『折』，下同。」今據改，下同。**揆伍必怒。不折則瀆上，不怒則相和。**○王先謙曰：羣下和同，非上之利，故必責以怒之。**折之微足以知多寡，**○先慎曰：乾道本「微」作「徵」，拾補作「微」。盧文弨云：「微」，張本作「徵」。顧廣圻云：今本「徵」作「微」。按句有誤。先慎按：此謂分别衆謀於極微，始知得失之多少。作「微」字是，改從今本。**怒之前不及其衆。觀聽之勢，**○王先謙曰：「折」、「怒」雙承，此句有誤。**其徵在比周而賞異也，**○盧文弨曰：「也」字衍。先慎曰：臣下比周，則賞在立異。**誅毋謁而罪同。**○顧廣圻曰：今本「毋謁」作「罰」，誤。先慎曰：「毋」字衍。「誅謁」，即上文「爵禄循功請者俱罪」意。**言會衆端，必揆之**

以地，謀之以天，驗之以物，參之以人。四徵者符，乃可以觀矣。參言以知其誠，易視以改其澤。○先慎曰：「改」當作「攷」，形近而誤。「澤」，讀爲擇，謂擇守也。參聽人言以審察其誠否，易地而觀以攷驗其擇守。禮記射義：「澤者，所以擇士也。」「澤」有「擇」義，其字又相通。曲禮上鄭注「澤，或爲『擇』」，是其證。執見以得非常，一用以務近習，重言以懼遠使，○先慎曰：乾道本「言」作「官」，顧廣圻云：「藏本、今本『官』作『言』。」今據改。王先謙云：重其禁令，則遠使知懼。舉往以悉其前，即邇以知其内，疏置以知其外。○俞樾曰：「疏置」當作「置疏」。「疏」與「邇」對，今作「疏置」則不對矣。握明以問所闇，詭使以絶黷泄，倒言以嘗所疑，○先慎曰：「詭使」、「倒言」，並見七術篇。論反以得陰姦，○俞樾曰：「論反」當作「反論」。「反論」與「倒言」相對，傳寫誤也。設諫以綱獨爲，○王渭曰：「諫」讀爲「間」。王先謙曰：「爲」，讀爲僞。舉錯以觀姦動，明説以誘避過，卑適以觀直諂，宣聞以通未見，作鬬以散朋黨，○王先謙曰：即上文「不怒則相和」意。深一以警衆心，○王先謙曰：深藏於一心，則衆莫測喜怒。先慎曰：乾道本「警」作「敬」，顧廣圻云：「藏本、今本『敬』作『警』。」今據改。泄異以易其慮。似類則合其參，陳過則明其固，○先慎曰：「固」，猶故也。知辟罪以止威，○顧廣圻曰：藏本、今本「知」下有「罪」字。王渭曰：按句有誤。先慎曰：「辟」，即避字。既知避罪，則上可以止威。陰使時循以省衰，○顧廣圻曰：藏本同。今本「衰」作「衷」，誤。王先謙曰：陰遣使循視敵國，省其衰敝之釁。漸更以離通比，○王先謙曰：慮我使與外國通比，又逐漸更易以離其交，故下申之云：「言通事泄，則術不行。」下約以侵其上，相室約其廷臣，廷臣約其官屬，兵士約其軍吏，遣使約其行介，縣令約其辟吏，○盧文弨曰：「令」，張本作「吏」，非。郎中約其左右，后姬約其宮媛。此之謂條達之道，言通事泄則術不行。

立道

〔五〕明主，其務在周密。是以喜見則德償，○顧廣圻曰：「償」當作「瀆」。怒見則威分。○盧文弨曰：「則」，藏本作「其」。先慎曰：作「則」是。故明主之言隔塞而不通，周密而不見。故以一得十者下道也，以十得一者上道也。○先慎曰：「上下」二字互誤。明主兼行上下，故姦無所失。伍官連縣而鄰，謁過賞，失過誅。○先慎曰：「失」字衍。上之於下，下之於上，亦然。是故上下貴賤相畏以法，相誨以和。○顧廣圻曰：句有誤。先慎曰：「和」當作「利」。民之性有生之實，有生之名；爲君者有賢知之名，有賞罰之實。名實俱至，故福善必聞矣。

參言

〔六〕聽不參則無以責下，言不督乎用則邪説當上。○先慎曰：不督其用，徒聽其言，則姦邪之説當於人主之心矣。言之爲物也以多信：○王先謙曰：言以多而易信，即三人成市虎義。不然之物十人云疑，百人然乎，千人不可解也。○顧廣圻曰：句有誤。先慎曰：凡不然之物，十人以爲然，則疑信已半；若百人言之，愈不能決；至於千人之言，則己以爲不然者亦已爲然矣。此足上文「言之爲物也以多信」義，顧以爲誤，非也。吶者言之疑，辯者言之信。○先慎曰：吶者言之，方以爲疑；辨者言之，心無不信矣。姦之食上也，取資乎衆，籍○先慎曰：「籍」，讀爲藉。「藉」，助也。信乎辯，而以類飾其私。○先慎曰：「信」，讀曰伸。謂辨士以相類之事文飾其私也。人主不饜忿而待合參，其勢資下也。有道之主，聽言督其用，課其功，功課而賞罰生焉。○先慎曰：張榜本「生」作「上」，誤。故無用之辯不留朝，任事者知不足以治職則放官收。○顧廣圻曰：「官收」當作「收官」。「放」字當衍，即「收」字之誤耳。王渭曰：句絶。先慎曰：顧、王説是。張榜本無「任事」至下「説」十四字，而以「大而誇」爲句，非。説大而誇則窮端，○先慎曰：句。故姦得而怒。○先慎曰：「而」，猶則也，下「誣而罪臣」同。既得其誇大之姦情，則人主必怒。無故而不當爲誣，誣而罪臣。○顧廣圻曰：以上皆有誤。先慎曰：謂非爲他事所阻，而功不當其言爲誣，誣則罪其臣。言必有報，説必責用也，故朋黨之言不上聞。凡聽之道，人臣忠論以聞姦，○先慎曰：「聞姦」，使姦得上聞。張榜本「聞」作「文」，非。博論以内一；人○王先謙曰：「内」，與下「納」同。「一人」，謂君。主不智，則姦得資。明主之道，己喜則求其所納，己怒則察其所搆，論於已變之後以得毁譽公私之徵。○王先謙曰：聞辨言而喜，必求其所納之虛實；聞訐言而怒，必察其所搆之是非。又於已變之後考論之，則毀譽公私皆得其徵驗矣。衆諫以效智，使君自取一以避罪。○先慎曰：乾道本「使」上有「故」字，顧廣圻云：「今本無『故』字。」今據删。故衆之諫也，敗君之取也。○先慎曰：防衆諫敗取也。無副言於上以設將然，今符言於後以知謾誠語。○盧文弨曰：「今」疑「令」。顧廣圻云：藏本同。今本無「語」字。按句有誤，未詳。先慎曰：「今」當作「令」，「語」字衍。言能符於後則爲誠，不符則爲謾。「符」，猶合也。明主之道，臣不得兩諫，必任其一；語不得擅行，必合其參。故姦無道進矣。

聽法

〔七〕官之重也，毋法也；法之息也，上闇也。上闇無度則官擅爲，官擅爲故奉重無前，奉重無前則徵多，○先慎曰：乾道本不重「奉重無前」四字，顧廣圻云：「今本重。」今據增。徵多故富。官之富重也，亂功之所生也。○王先謙曰：「亂功」無義，「功」字當衍。明主之道，取於任，能任事則取之。賢於官，能守官則贊揚之。賞於功。言程、主喜俱必利，不當、主怒俱必害，則人不私父兄而進其仇讎。勢足以行法，奉足以給事，而私無所生，故民勞苦而輕官。○王先謙曰：民皆力耕，故勞苦；不爲官擾，故輕官。任事者毋重，○先慎曰：乾道本「者」作「也」，顧廣圻曰：「今本『也』作『者』」，按依下文當作

『者』。」今據改。使其寵必在爵；處官者毋私，使其利必在祿。故民尊爵而重祿。爵祿所以賞也，民重所以賞也則國治。○先慎曰：官輕則民重。刑之煩也，名之繆也，賞譽不當則民疑，民之重名與其重賞也均。賞者有誹焉不足以勸，罰者有譽焉不足以禁。明主之道，賞必出乎公利，名必在乎爲上。賞譽同軌，非誅俱行。○先慎曰：「非」、「誹」字同。此即蒙上「賞者有誹焉不足以勸」句。然則民無榮於賞之内。○王渭曰：句有誤脱。有重罰者必有惡名，故民畏。罰所以禁也，民畏所以禁則國治矣。

類柄

〔八〕行義示則主威分，慈仁聽則法制毁。民以制畏上，而上以勢卑下，故下肆很觸○盧文弨曰：「很」，凌本作「狼」。而榮於輕君之俗，則主威分。民以法難犯上，而上以法撓慈仁，故下明愛施而務賕紋之政，務爲貨賕。○顧廣圻曰：「紋」字有誤，未詳所當作，下同。孫詒讓曰：「紋」當作「納」，篆文「納」作「[illegible]」，「紋」作「[illegible]」，二形相近而誤。「納」，謂納貨財子女也。國語鄭語説褒姒〔二〕云：「褒人有獄而以爲

〔二〕「褒姒」，原本作「褒似」，據國語及孫氏札迻改。

入。」「入」、「納」義同。是以法令隳。尊私行以貳主威，行賕紋以疑法。○先慎曰：「法」下當有「令」字。聽之則亂治，不聽則謗主，○顧廣圻曰：「主」當作「生」。王先謙曰：「謗主」與「亂治」對文，句義本通，不煩改字。故君輕乎位，而法亂乎官，此之謂無常之國。明主之道，臣不得以行義成榮，不得以家利爲功。功名所生，必出於官法。法之所外，雖有難行，不以顯焉，故民無以私名。設法度以齊民，信賞罰以盡能，○先慎曰：乾道本「盡」下有「民」字，顧廣圻云：「今本無『民』字，按不當有。」今據刪。明誹譽以勸沮；名號、賞罰、法令三隅，○先慎曰：此下當有脱文。故大臣有行則尊君，百姓有功則利上，此之謂有道之國也。

主威○先慎曰：乾道本脱此二字，今依拾補增。盧文弨云：末一行脱「主威」二字。

韓非子集解卷第十九

五蠹第四十九　顯學第五十

五蠹第四十九

上古之世，人民少而禽獸衆，人民不勝禽獸蟲蛇；○先慎曰：御覽七十八引「衆」作「多」，「蟲蛇」作「虵虺」。有聖人作，構木爲巢，以避羣害，而民悦之，使王天下，號之曰有巢氏。○先慎曰：各本「號」下無「之」字，御覽有，依下文當有，今據補。民食果蓏蜯蛤，腥臊惡臭而傷害腹胃，民多疾病；有聖人作，鑽燧取火，以化腥臊，而民説之，使王天下，號之曰燧人氏。中古之世，天下大水，而鯀、禹決瀆。近古之世，桀、紂暴亂，而湯、武征伐。今有構木鑽燧於夏后氏之世者，必爲鯀、禹笑矣；有決瀆於殷、周之世者，必爲湯、武笑矣。然則今有美堯、舜、湯、武、禹之道於當今之世者，必爲新聖笑矣。○先慎曰：「舜」下脱「鯀」字，「湯、武、禹」當作「禹、湯、武」。是以聖人不期脩古，在扶世急也。不法常可，○顧廣圻曰：藏本同。今本「可」作「行」，誤。論世之事，因爲之備。宋人有耕者，○先慎曰：舊本「耕」下有「田」字，藝文類聚九十五、御覽四百九十九及八百二十二、九百七、事類賦二十三引「耕」下無「田」字，今據删。田中有株，兔走觸株，折頸而死；因釋其耒而守株，冀復得兔，兔不可復得，而身爲宋國笑。○先慎曰：藝文類聚引「笑」上有「所」字。今欲以先王之政，治當世之民，皆守株之類也。古者○盧文弨曰：「古」下似當分段。丈夫不耕，草木之實足食也；婦人不織，禽獸之皮足衣也。○先慎曰：張榜本、趙本「婦人」作「婦女」。不事力而養足，人民少而財有餘，故民不争。是以厚賞不行，重罰不用，而民自治。今人有五子不爲多，子又有五子，大父未死而有二十五孫。是以人民衆而貨財寡，事力勞而供養薄，故民争；雖倍賞累罰而不免於亂。堯之王天下也，○盧文弨曰：「堯」下亦當分段。先慎曰：乾道本「也」下有「有」字。顧廣圻云：今本無「有」字，按當云「堯之有天下也」，李斯列傳可證。先慎案：「有」字係後人用史記校記于「王」下失删耳。北堂書鈔一百四十三、御覽八十、初學記九引並無「有」字，今據删。茅茨不翦，采椽不斲；○先慎曰：御覽一百八十八引「斲」作「刮」。案李斯傳、淮南主術訓亦作「斲」。此下李斯傳有「雖逆旅之宿不勤於此矣」，似非韓子原文。此下云「古之讓天下者，是去監門之養而離臣虜之勞」，不言「逆旅之宿」，明韓子無此十字。餘亦煩省不同，當各依本書。糲粢之食，藜藿之羹；冬日麤裘，○先慎曰：御覽二十七又八十又六百九十四引並作「鹿裘」，李斯傳亦作「鹿」。夏日葛衣；雖監門之服養不虧於此矣。○先慎曰：御覽八十引「虧」作「敵」，八百四十九及北堂書鈔一百四十三引作「厭」，並誤。「虧」，損也。禹之王天下也，身執耒臿，以爲民先；○先慎曰：御覽八十二引「耒臿」作「木畚」。股無胈，○先慎曰：乾道本「胈」作「肢」，據張榜本改。李斯傳亦作「胈」，御覽引作「股無完胈」。脛不生毛；雖臣虜之勞不苦於此矣。以是言之，○先慎曰：「以」，張榜本作「又」，誤。夫古之讓天子者，是去監門之養而離臣虜之勞也，古傳天下而不足多也。○先慎曰：「古」，張榜本、趙本作「故」。「古」、「故」字通。今之縣令，一日身死，子孫累世絜駕，故人重之。是以人之於讓也，輕辭古之天子，難去今之縣令者，薄厚之實異也。夫山居而谷汲者，膢臘而相遺以水；谷水難得，故節以水相遺也。○先慎曰：說文：「膢，楚俗以二月祭飲食也。」「臘，冬至後三戌臘祭百神。」風俗通引「相遺以水」作「買水」。澤居苦水者，買庸而決竇。澤者苦水，故買人功使決竇也。○先慎曰：「庸」，張榜本作「傭」。故饑歲之春，幼弟不饟；幼弟可惜，猶不饟之也。○先慎曰：意林、御覽八百四十九引「幼」作「從」，意林「饟」作「讓」。穰歲之秋，疏客必食。○先慎曰：乾道本「穰」作「饟」，涉上文而誤，據拾補改。盧文弨云：「饟」，張本作「穰」。「疏」，意林作「過」。非疏骨肉，愛過客也，○先慎曰：乾道本無「客」字。顧廣圻云：今本「過」下有「客」字，按「疏」下當有「客」字。先慎按：顧說非。「非疏骨肉」逗，御覽、意林引同，無下「愛過客也」四字，改從今本。「愛過客」蒙上「疏客必食」言。「過客」即「疏客」。

多少之心異也。○先愼曰：乾道本「心」作「實」。盧文弨云：意林「實」作「心」。先愼按：御覽亦引作「心」，今據改。是以古之易財，非仁也，財多也；○盧文弨曰：張本「之」作「人」。今之爭奪，非鄙也，財寡也。輕辭天子，非高也，勢薄也；重爭土橐，○先愼曰：乾道本無「重」字。顧廣圻云：今本「爭」上有「重」字。按未詳。先愼按：「爭」上有「重」字是。「輕辭天子」、「重爭土橐」相對爲文。「土」當作「士」，形近而誤。「士」與「仕」同。「橐」與「託」通。淮南修務、説林「項託」，漢書董仲舒傳孟康注作「項橐」，是「橐」、「託」通用之證。「士橐」即「仕託」，古今字。外儲説左上篇「晉國之辭仕託者國之錘」，又云「晉國之辭仕託慕叔向者國之錘」，彼云「辭仕託」，此云「爭仕託」，可見「仕託」之義。非下也，權重也。故聖人議多少、論薄厚爲之政。故罰薄不爲慈，誅嚴不爲戾，稱俗而行也。故事因於世，而備適於事。古者文王處豐、鎬之間，○先愼曰：乾道本「文」作「大」，據拾補改。盧文弨云：「古」下似當分段。地方百里，行仁義而懷西戎，遂王天下。徐偃王處漢東，地方五百里，行仁義割地而朝者三十有六國，○先愼曰：論衡非韓篇作「三十二國」。荆文王恐其害己也，舉兵伐徐，遂滅之。○盧文弨曰：徐偃王當周穆王時，與楚文王相去遠，譙周據此以駁史，失之不考。故文王行仁義而王天下，偃王行仁義而喪其國，是仁義用於古而不用於今也。故曰：「世異則事異。」當舜之時，有苗不服，禹將伐之，舜曰：「不可。上德不厚而行武，非道也。」乃修教三年，執干戚舞，有苗乃服。共工之戰，鐵銛短者及乎敵，○先愼曰：乾道本「短」作「矩」。盧文弨云：「『矩』，張本作『短』。」顧廣圻云：「今本『矩』作『距』，誤。案當作『短』。」今據改。鎧甲不堅者傷乎體，是干戚用於古不用於今也。故曰：「事異則備變。」上古競於道德，中世逐於智謀，當今爭於氣力。齊將攻魯，魯使子貢説之，齊人曰：「子言非不辯也，吾所欲者土地也，非斯言所謂也。」遂舉兵伐魯，去門十里以爲界。故偃王仁義而徐亡，子貢辯智而魯削。以是言之，夫仁義辯智非所以持國也。去偃王之仁，息子貢之智，循徐、魯之力，使敵萬乘，則齊、荆之欲不得行於二國矣。

夫古今異俗，新故異備，如欲以寬緩之政治急世之民，猶無轡策而御駻馬，○先慎曰：淮南氾論訓高注：「駻馬，突馬也。」此不知之患也。今儒、墨皆稱先王兼愛天下，○先慎曰：乾道本無「稱」字。顧廣圻云：今本「皆」下有「稱」字。按句有誤。先慎按：有「稱」字其義已明，乾道本脱「稱」字。顯學篇云「孔子、墨子俱道堯、舜」，此即儒、墨皆稱先王兼愛之證。則視民如父母。○先慎曰：拾補「視民」作「民視君」三字。盧文弨云：「『民視』二字舊倒，『君』字脱，俱依張本補正。」顧廣圻云：句有誤。先慎按：「視民」當作「民視」，盧説「舊倒」是也。「君」字不當有。「先王兼愛天下，則民視之如父母」，此即指先王之民而言，張本增「君」字，非也。何以明其然也？曰：「司寇行刑，君爲之不舉樂；聞死刑之報，君爲流涕。」此所舉先王也。夫以君臣爲如父子則必治，推是言之，是無亂父子也。人之情性莫先於父母，父母皆見愛而未必治也，君雖厚愛，奚遽不亂！○先慎曰：乾道本不重「父母」二字，無「君」字，「愛」下有「矣」字，據拾補改增。盧文弨云：「父母」、「君」三字脱。今先王之愛民，不過父母之愛子；子未必不亂也，○先慎曰：乾道本「子」下無「未」字，顧廣圻云：「今本『子』下有『未』字。」王渭云：「當有。」今據補。則民奚遽治哉！且夫以法行刑而君爲之流涕，此以效仁，非以爲治也。夫垂泣不欲刑者，仁也；然而不可不刑者，法也。先王勝其法不聽其泣，則仁之不可以爲治亦明矣。且民者固服於勢，寡能懷於義。仲尼天下聖人也，修行明道以遊海内，海内説其仁美其義，而爲服役者七十人。蓋貴仁者寡，能義者難也。故以天下之大，而爲服役者七十人，而仁義者一人。○先慎曰：拾補「而」下有「爲」字。盧文弨云：張本無。顧廣圻云：藏本同。今本「而」下有「爲」字，誤。按「一人」，仲尼也。魯哀公下主也，南面君國，境内之民莫敢不臣，民者固服於勢。勢誠易以服人，○先慎曰：乾道本不重「勢」字。顧廣圻云：藏本、今本「誠」上有「勢」字。按句有誤。先慎按：有「勢」字是也，今據補。「固服於勢」句，文義屬上；「勢誠易以服人」句，文義屬下。故仲尼反爲臣，而哀公顧爲君。仲尼非懷其義，服其勢也。故以義則仲尼不服於哀公，乘勢則哀公臣仲尼。今學者之説人主也，不乘必勝之勢，而務行仁義○先慎曰：乾道本「務」上有「勝」字。顧廣圻云：藏本、今本無「勝」字。按句有誤。先慎按：「勝」字衍，今據删。「務行仁義」四字當重。則可以王。是求人主之必及仲尼，而以世之凡民皆如列徒，則七十子也。○先慎曰：乾道本

「世」作「勢」。顧廣圻云：「藏本、今本『勢』作『世』，誤。按『勢』上當脱『服』字。」王先謙云：「作『世』文義自明，無庸增『服』字。」今據藏本、今本改。此必不得之數也。

今有不才之子，父母怒之弗爲改，鄉人譙之弗爲動，師長教之弗爲變。夫以父母之愛，鄉人之行，師長之智，三美加焉而終不動，其脛毛不改；○顧廣圻曰：下有脱文。州部之吏，操官兵，推公法而求索姦人，然後恐懼，變其節，易其行矣。故父母之愛不足以教子，必待州部之嚴刑者，民固驕於愛聽於威矣。故十仞之城，樓季弗能踰者，峭也；千仞之山，跛牂易牧者，夷也。故明王峭其法而嚴其刑也。布帛尋常，庸人不釋；○先慎曰：八尺曰「尋」，倍尋曰「常」。論衡非韓篇「釋」誤「擇」。鑠金百溢，盜跖不掇。金銷爛，雖多，跖棄而不掇。○先慎曰：論衡「溢」作「鎰」，「掇」作「搏」，李斯列傳引與論衡同。案此當各依本書。不必害則不釋尋常，必害手則不掇百溢，○顧廣圻曰：藏本同。今本「手則」作「則手」，誤。故明主必其誅也。是以賞莫如厚而信，使民利之；罰莫如重而必，使民畏之；法莫如一而固，○先慎曰：乾道本「固」作「故」。盧文弨云：「『故』，張本作『固』，二字古通。」顧廣圻云：「今本『故』作『固』，誤。」王先謙云：「下文云『明主之道，一法而不求智，固術而不慕信』，即此所謂『一而固』也，作『固』是。」改從今本。使民知之。故主施賞不遷，行誅無赦。譽輔其賞，毀隨其罰，則賢不肖俱盡其力矣。今則不然，其有功也爵之，○盧文弨曰：「『然』下當有『以』字，與下同。」而卑其士官也；以其耕作也賞之，而少其家業也；以其不收也外之，而高其輕世也；以其犯禁也罪之，○先慎曰：乾道本「禁」下無「也」字，盧文弨云：「『也』字脱，張、凌本有，與上二句同。」今據補。而多其有勇也。毁譽賞罰之所加者相與悖繆也，故法禁壞而民愈亂。今兄弟被侵必攻者廉也，世謂之有廉隅之人。知友被辱隨仇者貞也；○先慎曰：乾道本無「被」字。顧廣圻云：今本「友」下有「被」字，誤。先慎按：「知友被辱」句，與上「兄弟被侵」相對爲文，不當少一字，改從今本。廉貞之行成，而君上之法犯矣。人主尊貞廉之行而忘犯禁之罪，故民程於勇而吏不能勝也。○先慎曰：禮記儒行「不程勇」，注：「程，猶量也。」不事力而衣食則謂之能，不戰功而尊則謂之賢；○先慎曰：乾道本無下「則」字。顧廣圻云：藏本、今本有「則」字，誤。先慎案：上「則謂之能」與此句法一律，有「則」字爲是，今據補。賢能之行成，而兵弱而地荒矣。人主説賢能之行，○先慎曰：乾道本無「成而兵弱而地荒矣人主説賢能之行」十五字，顧廣圻云：「藏本、今本有。」今據補。而忘兵弱地荒之禍，○先慎曰：乾道本「荒」作「弱」，顧廣圻云：「藏本、今本下『弱』字作『荒』。」今據改。則私行立而公利滅矣。○先慎曰：乾道本「公」上有「功」字，顧廣圻云：「藏本、今本無『功』字。」今據删。儒以文亂法，○盧文弨曰：「儒」下似當分段。俠以武犯禁，而人主兼禮之，此所以亂也。夫離法者罪，而諸先生以文學取；○先慎曰：乾道本「生」作「王」，無「取」字，拾補「王」作「生」，有「取」字。盧文弨云：「王」，張本作「生」。顧廣圻云：「王」，當作「生」。今本「學」下有「取」字，依下文當有。先慎按：盧、顧説是，今據改。張榜本「諸」誤「誅」。犯禁者誅，而羣俠以私劍養。故法之所非，君之所取；吏之所誅，上之所養也。法趣上下四相反也，而無所定，雖有十黄帝不能治也。故行仁義者非所譽，○王渭曰：句絶。譽之則害功；○王渭曰：爲一句，下文「非所用」句絶。「用之」屬下，同此例。工文學者非所用，○先慎曰：乾道本「文」上無「工」字。顧廣圻云：今本「文」上有「工」字。按句有誤，未詳。先慎按：有「工」字是。上文「行仁義者非所譽」，與「工文學者非所用」句法一律，明此不當少一字，改從今本。用之則亂法。楚之有直躬，其父竊羊而謁之吏。令尹曰：「殺之！」以爲直於君而曲於父，報而罪之。以是觀之，夫君之直臣，父之暴子也。魯人從君戰，三戰三北。仲尼問其故，對曰：「吾有老父，身死，莫之養也。」仲尼以爲孝，舉而上之。以是觀之，夫父之孝子，君之背臣也。○先慎曰：兩「父」字，皆當作「母」，涉上文而誤，御覽四百九十六引尸子：「魯人有孝者，三爲母北，魯人稱之。」汪繼培云：「此即卞莊子事。韓詩外傳十及新序義勇篇並云『養母』，與尸子同。韓子以爲養父，非也。」故令尹誅而楚姦不上聞，仲尼賞而魯民易降北。上下之利若是其異也，而人主兼舉匹夫之行，○先慎曰：乾道本「兼」下有「也」字。顧廣圻云：藏本、今本無「也」字。先慎按：此不當有「也」字，今據删。而求致社稷之福，必不幾矣。古者蒼頡之作書也，自環者謂之私，背私謂之公。○盧文弨曰：説文引作「自營爲厶」，「營」、「環」本通用。「私」當作「厶」，下同。顧廣圻曰：説文又云：「公，从八，从厶。八，猶背也。」引此曰「背厶爲公」。

先慎曰：據説文所引，則本書本多古字，今盡改之，不一存焉，惜哉！公私之相背也，乃蒼頡固以知之矣。今以爲同利者，不察之患也。然則爲匹夫計者，莫如脩行義而習文學。○先慎曰：「行」當作「仁」。上文云「行仁義，工文學」，此云「修仁義，習文學」，「仁義」、「文學」篇內對舉，明「行」爲「仁」之誤，下同。行義脩則見信，見信則受事；文學習則爲明師，爲明師則顯榮。此匹夫之美也。然則無功而受事，無爵而顯榮，有政如此，○先慎曰：乾道本「有」上有「爲」字。盧文弨云：「爲」字，凌本無。先慎按：「爲」字衍，今依凌本删。顧廣圻謂「有」字衍，非。則國必亂主必危矣。故不相容之事不兩立也：斬敵者受賞，而高慈惠之行；拔城者受爵禄，而信廉愛之説；堅甲厲兵以備難，而美薦紳之飾；富國以農，距敵恃卒，而貴文學之士；廢敬上畏法之民，而養遊俠私劍之屬。舉行如此，治强不可得也。國平養儒俠，難至用介士，所利非所用，所用非所利。是故服事者簡其業，而游學者日衆，○先慎曰：乾道本「游」上有「於」字，顧廣圻云：「藏本、今本無『於』字。」今據删。是世之所以亂也。且世之所謂賢者，○盧文弨曰：「且」下似當分段。貞信之行也；所謂智者，微妙之言也。微妙之言，上智之所難知也。今爲衆人法，而以上智之所難知，則民無從識之矣。故糟糠不飽者不務粱肉，○先慎曰：「粱」當作「粱」。短褐不完者不待文繡。○先慎曰：御覽八百五十四引「飽」作「厭」，「務」作「待」，「肉」下有「而飽」二字，「待」作「須」，「繡」下有「而好」二字。夫治世之事，急者不得，則緩者非所務也。今所治之政，民閒之事，夫婦所明知者不用，而慕上知之論，則其於治反矣。故微妙之言，非民務也。若夫賢良貞信之行者，○顧廣圻曰：「良」字當衍，上文云：「且世之所謂賢者，貞信之行也。」必將貴不欺之士；○先慎曰：張榜本「將」作「待」。貴不欺之士者，○先慎曰：乾道本無「貴」字，顧廣圻云：「今本『不』上有『貴』字。」今據補。亦無不欺之術也。○顧廣圻曰：「不」下當有「可」字。布衣相與交，無富厚以相利，無威勢以相懼也，故求不欺之士。今人主處制人之勢，有一國之厚，重賞嚴誅得操其柄，以修明術之所燭，○先慎曰：張榜本無「所」字。雖有田常、子罕之臣，不敢欺也，奚待於不欺之士！今貞信之士不盈於十，而境内之官以百數，必任貞信之士則人不足官，人不足官則治者寡而亂者衆矣。故明主之道，一法而不求智，固術而不慕信，故法不敗而羣官無姦詐矣。今人主之於言也，說其辯而不求其當焉；其用於行也，美其聲而不責其功焉。○先慎曰：乾道本無「焉」字，顧廣圻云：「今本『功』下有『焉』字，按依上句當有。」今據補。是以天下之衆，其談言者務爲辯而不周於用，故舉先王言仁義者盈廷，而政不免於亂；行身者競於爲高而不合於功，故智士退處巖穴，歸祿不受，而兵不免於弱。政不免於亂，此其故何也？民之所譽，上之所禮，亂國之術也。今境内之民皆言治，藏商、管之法者家有之，而國愈貧，○先慎曰：乾道本無「愈」字。顧廣圻云：藏本、今本「國」下有「愈」字。先慎按：依下文當有，今據補。言耕者衆，○先慎曰：乾道本

「言」作「民」，顧廣圻云：「今本『民』作『言』，按依下文當作『言』。」今據改。執耒者寡也；境内皆言兵，藏孫、吳之書者家有之，而兵愈弱，言戰者多，被甲者少也。故明主用其力不聽其言，賞其功必禁無用，○先慎曰：乾道本「必」作「伐」。顧廣圻云：今本「伐」作「必」。按句有誤。先慎按：「無用」即上「不周於用」，故明主必禁之。乾道本作「伐」，誤。改從今本。故民盡死力以從其上。夫耕之用力也勞，而民爲之者，曰：「可得以富也。」戰之爲事也危，○先慎曰：舊本無「爲」字，藝文類聚五十五、御覽六百七引並有「爲」字，是也。「戰之爲事也危」與「耕之用力也勞」相對，不應少一字，今據補。而民爲之者，曰：「可得以貴也。」今修文學，習言談，○先慎曰：藝文類聚、御覽引「言談」並作「談論」。則無耕之勞而有富之實，無戰之危而有貴之尊，則人孰不爲也！是以百人事智而一人用力。事智者衆則法敗，用力者寡則國貧，此世之所以亂也。故明主之國，無書簡之文，以法爲教；無先王之語，○顧廣圻曰：「王」當作「生」，此與下文「吏」對。以吏爲師；無私劍之捍，以斬首爲勇。是境内之民，其言談者必軌於法，動作者歸之於功，爲勇者盡之於軍。是故無事則國富，有事則兵强，此之謂王資。既畜王資而承敵國之亹，超五帝侔三王者，必此法也。今則不然，士民縱恣於内，言談者爲勢於外，外内稱惡，以待强敵，不亦殆乎！故羣臣之言外事者，非有分於從衡之黨，則有仇讎之忠，○顧廣圻曰：藏本同。今本「忠」作「患」，誤。而借力於國也。從者，合衆弱以攻一强也；

○先慎曰：乾道本强弱互易，今據拾補改。而衡者，事一强以攻衆弱也。皆非所以持國也。今人臣之言衡者，皆曰：「不事大則遇敵受禍矣。」事大未必有實，則舉圖而委，效璽而請兵矣。○先慎曰：乾道本「則舉」作「舉則」。顧廣圻云：藏本「舉則」作「則舉」，今本「委」下有「地」字。按句有誤。俞樾云：「舉則」二字誤倒，當從道藏本。韓子原文本作「事大必有實，則舉圖而委，效璽而請矣」，「未」字、「兵」字皆衍文也。言事大必有事大之實，非空言事大而已，「舉圖而委，效璽而請」，皆其實也。所謂「舉圖而委」者，謂舉地圖而委之大國，故下文云「獻圖則地削」也。所謂「效璽而請」者，謂收百官之璽，效之大國而請大國發之也，故下文云「效璽則名卑」也。外儲説右云：「王因收吏璽自三百石以上，皆效之子之，子之大重。」此雖非以小事大，然效璽之事則同。效璽非請兵，淺人不得其解，於「請」下增入「兵」字，殊失本旨。趙用賢本乃於上句「委」字之下增「地」字以配之，謬矣。下文「救小未必有實，則起兵而敵大矣」，「未」字亦衍文，謂救小必有救小之實，起兵敵大，是其實也。與此文正相對，因涉下文「救小未必能存」句而衍「未」字，遂於「事大必有實」句亦增「未」字。淺人不詳文義，率意增益，往往如此。獻圖則地削，效璽則名卑，地削則國削，名卑則政亂矣。事大爲衡未見其利也，而亡地亂政矣。人臣之言從者，皆曰：「不救小而伐大則失天下，失天下則國危，國危而主卑。」救小未必有實，則起兵而敵大矣。○俞樾曰：「未」字衍文。救小未必能存，而交大未必不有疏，○顧廣圻曰：藏本同。今本無「有」字，誤。盧文弨曰：「有」字似不必增。王渭曰：「交」當作「敵」。先慎曰：顧、王説是。有疏則爲强國制矣。出兵則軍敗，退守則城拔。救小爲從未見其利，而亡地敗軍矣。是故事强則以外權士官於內，○顧廣圻曰：藏本同。今本「士」作「市」，誤。上文云「而卑其士官也」。救小則以內重求利於外。國利未立，○顧廣圻曰：四字爲一句。封土厚禄至矣；主上雖卑，人臣尊矣；國地雖削，私家富矣。事成則以權長重，事敗則以富退處。人主之聽説於其臣，○先慎曰：乾道本作「人主之於其聽説也於其臣」，盧文弨云：「『之』下『於其』二字，『説』下『也』字，皆衍，凌本無。」今據删。事未成則爵禄已尊矣；事敗而弗誅，則游説之士孰不爲用矰繳之説而徼倖其後？故破國亡主以聽言談者之浮説，此其故何也？是人君不明乎公私之利，○盧文弨曰：「乎」，張本作「於」。不察當否之言，而誅罰不必其後也。皆曰：「外事，大可以王，小可以安。」夫王者，能攻人者也；而安，則不可攻也。强，則能攻人者也；治，則不可攻也。治强不可責於外，○先慎曰：句。内政之有也。○顧廣圻曰：藏本同。今本「有」作「脩」，誤。今不行法術於内，而事智於外，則不至於治强矣。鄙諺曰：「長袖善舞，多錢善賈。」此言多資之易爲工也。故治强易爲謀，弱亂難爲計。故用於秦者十變而謀希失，用於燕者一變而計希得。非用於秦者必智，用於燕者必愚也，蓋治亂之資異也。故周去秦爲從，期年而舉；○顧廣圻曰：句絶。衛離魏爲衡，○顧廣圻曰：五字爲一句。半歲而亡。○先慎曰：全祖望云：「六國盡亡而衛尚存，韓子之言謬矣。」案六國表：「秦莊襄王六年〔二〕，五國共擊秦，拔魏朝歌，衛從濮

〔二〕據六國表，當爲始皇帝六年。

陽從野王。」衛故屬魏，或因衡而不救。此韓子當時事，聞見有真，當不謬也。是周滅於從，衛亡於衡也。使周、衛緩其從衡之計，而嚴其境内之治，○先慎曰：乾道本無「嚴」字。顧廣圻云：今本「而」下有「嚴」字。按句有誤。先慎按：有「嚴」字是，今據增。明其法禁，必其賞罰，盡其地力以多其積，致其民死以堅其城守，天下得其地則其利少，攻其國則其傷大；萬乘之國莫敢自頓於堅城之下，而使强敵裁其弊也，此必不亡之術也。舍必不亡之術而道必滅之事，治國者之過也。智困於内而政亂於外，○顧廣圻曰：「内」、「外」當互易，上文云：「而事智於外。」則亡不可振也。民之政計，皆就安利如辟危窮。○先慎曰：拾補「政」作「故」，「如」下旁注「皆」字。盧文弨云：「故」，張本作「政」。「皆」，張本作「如」，與「而」同。當分段。顧廣圻云：今本「政」作「故」。按句有誤。先慎按：趙本改「如」爲「皆」，非也。「政」當作「自」。今爲之攻戰，進則死於敵，退則死於誅，則危矣；棄私家之事而必汗馬之勞，家困而上弗論，則窮矣。窮危之所在也，民安得勿避？故事私門而完解舍，解舍完則遠戰，遠戰則安。行貨賂而襲當塗者則求得，求得則私安，私安則利之所在，安得勿就？○顧廣圻曰：「解」、「廨」同字也。俞樾曰：「解舍完」三字衍文也。「事私門而完解舍則遠戰」，與「行貨賂而襲當塗者則求得」兩文相對，不當衍此三字也。「求得則私」，「私」乃「利」字之誤。「遠戰則安」、「求得則利」與上文「窮危」相對。「安」對「危」言；「利」對「窮」言也。「安私安則利之所在」，當作「安利之所在」。上文「窮危之所在也，民安得勿避」，此云「安利之所在，安得勿就」，兩文亦相對。先慎曰：「解舍完」三字不當有，應增一「者」字。下「行貨賂而襲當塗者則求得」，正有「者」字，此不當少一字。是以公民少而私人衆矣。夫明王治國之政，使其商工游食之民少而名卑，以寡趣本務而趨末作。○先慎曰：拾補「趨」作「外」。盧文弨云：「趨」譌，舊人改。先慎按：張榜本作「減」，較舊義爲近。今世近習之請行則官爵可買，官爵可買則商工不卑也矣；○先慎曰：張榜本無「也」字。姦財貨賈得用於市，則商人不少矣。聚斂倍農而致尊過耕戰之士，○盧文弨曰：「致尊過」三字，舊作「不貴」，今從張本。顧廣圻曰：藏本同。今本作「不貴」，誤。則耿介之士寡而高價之民多矣。是故亂國之俗，其學者，則稱先王之道以籍仁義，盛容服而飾辯説，以疑當世之法而貳人主之心。其言古者，○顧廣圻曰：「古」當作「談」，上文云：「言談者爲勢於外。」爲設詐稱，借於外力，以成其私而遺社稷之利。其帶劍者，聚徒屬，立節操，以顯其名而犯五官之禁。○先慎曰：「五官」，謂司徒、司馬、司空、司士、司寇，典司五衆者。其患御者，○盧文弨曰：「患」，疑是「串」字。爾雅：「串，習也。」此猶言近習。俞樾曰：「患」讀爲「串」。詩皇矣篇：「串夷載路」，毛傳「串，習也」，釋文云「串，本作『患』」，是其證也。先慎曰：盧、俞説是。張榜本、趙本改作「近」，非。積於私門，盡貨賂而用重人之謁，退汗馬之勞。其商工之民，修治苦窳之器，聚弗靡之財，○顧廣圻曰：藏本同。今本「弗」作「沸」，誤。蓄積待時而侔農夫之利。○顧廣圻曰：「牟」、「侔」同字也。此五者，邦之蠹也。人主不除此五蠹之民，不養耿介之士，則海内雖有破亡之國，削滅之朝，亦勿怪矣。

顯學第五十

世之顯學，儒、墨也。儒之所至，孔丘也。墨之所至，墨翟也。自孔子之死也，有子張之儒，有子思之儒，有顏氏之儒，有孟氏之儒，有漆雕氏之儒，有仲良氏之儒，○盧文弨曰：「良」，張本作「梁」。顧廣圻曰：藏本「良」作「梁」，按「梁」、「良」同字也。有孫氏之儒，○顧廣圻曰：「孫」，孫卿也。難三篇云：「燕子噲賢子之而非孫卿。」有樂正氏之儒。自墨子之死也，有相里氏之墨，有相夫氏之墨，○先慎曰：意林「夫」作「芬」。孫詒讓云：蒲阪圓引山仲質云：「相夫，一本作『祖夫』。」案廣韻二十「陌伯」字注云：「韓子有伯夫氏，墨家流。」則古本「相」或作「伯」，山氏所見本作「祖夫」，疑即「伯夫」之誤。（「相」，或當爲「柏」之誤，古「柏」、「伯」聲同字通。）有鄧陵氏之墨。故孔、墨之後，儒分爲八，墨離爲三，取舍相反不同，○先慎曰：「相反不同」，語意重複。蓋一本作「相反」，一本作「不同」，校者旁注於下，刊時失删耳。而皆自謂真孔、墨，孔、墨不可復生，○先慎曰：乾道本不重「孔墨」二字。顧廣圻云：今本「不」上更有「孔墨」二字，按當有。先慎按：北堂書鈔九十六引重「孔墨」二字，今據增。將誰使定後世之學乎？○先慎曰：乾道本無「後」字，據張榜本、趙本補。孔子、墨子俱道堯、舜，而取舍不同，皆自謂真堯、舜；堯、舜不復生，將誰使定儒、墨之誠乎？殷、周七百餘歲，虞、夏二千餘歲，而不能定儒、墨之真，今乃欲審堯、舜之道於三千歲之前，意者其不可必乎！無參驗而必之者，愚也；弗能必而據之者，誣也。故明據先王，必定堯、舜者，非愚則誣也。愚誣之學，雜反之行，○先慎曰：乾道本「反」下無「之」字，顧廣圻云：「今本有『之』字，按當有。」今據增。明主弗受也。墨者之葬也，冬日冬服，夏日夏服，桐棺三寸，服喪三月，○盧文弨曰：墨子公孟篇作「三日」，淮南齊俗篇與此同。先慎曰：北堂書鈔九十二、御覽五百五十五引此作「三日」，「服」作「執」。世主以爲儉而禮之。○先慎曰：乾道本「世」下無「主」字。盧文弨云：「主」字脱，據下文補。先慎按：北堂書鈔、御覽引有「主」字，今據補。儒者破家而葬，○先慎曰：北堂書鈔、御覽引有「賃子而償」四字。服喪三年，○先慎曰：北堂書鈔、御覽引「服」均作「執」。大毀扶杖，世主以爲孝而禮之。夫是墨子之儉，將非孔子之侈也；是孔子之孝，將非墨子之戾也。今孝戾侈儉俱在儒、墨，而上兼禮之。漆雕之議，○先慎曰：上有「漆雕之儒」，此別一人。不色撓，不目逃，行曲則違於臧獲，行直則怒於諸侯，世主以爲廉而禮之。宋榮子之議，○顧廣圻曰：荀子正論篇云：「子宋子曰：『見侮人之不辱，使人不鬭。』」又天論、解蔽皆云「宋子」。漢書藝文志宋子十八篇，在小説家，云：「孫卿道宋子，其言黄、老意。」先慎曰：莊子道遥遊：「宋榮子猶然笑之，且舉世譽之而不加勸，舉世非之而不加沮，定乎内外之分，辯乎榮辱之竟。」釋文：「宋榮子，司馬、李云：『宋國人也。』崔云：『賢者也。』」「宋榮」即宋鈃，「榮」、「鈃」偏旁相通，月令「腐草爲螢」，呂覽淮南作

「蚈」。「榮」之爲「鉼」，猶「螢」之爲「蚈」也。設不鬭争，○先慎曰：「設」，疑「語」譌。取不隨仇，不羞囹圄，見侮不辱，世主以爲寬而禮之。夫是漆雕之廉，將非宋榮之恕也；是宋榮之寬，將非漆雕之暴也。今寬廉恕暴俱在二子，人主兼而禮之。自愚誣之學、雜反之辭争，而人主俱聽之，故海内之士言無定術，行無常議。○顧廣圻曰：藏本同。今本「議」〔二〕作「儀」，誤。夫冰炭不同器而久，寒暑不兼時而至，雜反之學不兩立而治。今兼聽雜學繆行同異之辭，安得無亂乎！聽行如此，其於治人，又必然矣。今世之學士○盧文弨曰：「今」下當分段。語治者，多曰：「與貧窮地以實無資。」今夫與人相若也，○先慎曰：乾道本「若」作「善」，下同。俞樾云：「善」字皆「若」字之誤。「與人相若也」，猶曰鈞是人也。俗書「若」字作「若」，「善」字作「善」，兩形相似而誤。先慎按：張榜本「善」字作「若」，不誤，今據改。無豐年旁入之利，而獨以完給者，非力則儉也；與人相若也，無饑饉疾疢禍罪之殃，○先慎曰：拾補「疢」作「疫」。盧文弨云：「疢」，舊人改「疫」。獨以貧窮者，非侈則惰也。○先慎曰：乾道本「惰」作「墮」，張榜本作「惰」，下同，今據改。侈而惰者貧，而力而儉者富。今上徵斂於富人以布施於貧家，是奪力儉而與侈惰也，而欲索民之疾作而節用，不可得也。今有人於此，義不入危城，

〔二〕「議」，原本作「義」，據顧氏韓非子識誤改。

不處軍旅，不以天下大利易其脛一毛，世主必從而禮之，貴其智而高其行，以爲輕物重生之士也。夫上所以陳良田大宅，設爵禄，所以易民死命也；○先慎曰：乾道本「宅」作「澤」。顧廣圻云：藏本、今本「澤」作「宅」。先慎按：作「宅」是，今據改。內儲説上篇云「賜之上田上宅」，是其證。今上尊貴輕物重生之士，而索民之出死而重殉上事，不可得也。藏書策，習談論，聚徒役，服文學而議説，世主必從而禮之，曰：「敬賢士，先王之道也。」夫吏之所税，耕者也；而上之所養，學士也。耕者則重税，學士則多賞，而索民之疾作而少言談，不可得也。立節參民，○顧廣圻曰：藏本、今本「民」作「明」。執操不侵，怨言過於耳，必隨之以劍，世主必從而禮之，以爲自好之士。夫斬首之勞不賞，而家鬭之勇尊顯，而索民之疾戰距敵而無私鬭，不可得也。國平則養儒俠，難至則用介士，所養者非所用，所用者非所養，此所以亂也。且夫人主於聽學也，○顧廣圻曰：藏本、今本「主」下有「之」字，今本「於聽」作「聽於」，皆誤。若是其言，宜布之官而用其身；○先慎曰：「官而」，張榜本、趙本作「而官」，誤倒。若非其言，宜去其身而息其端。今以爲是也而弗布於官，以爲非也而不息其端。是而不用，非而不息，亂亡之道也。澹臺子羽，○盧文弨曰：「澹」下當分段。君子之容也，仲尼幾而取之，與處久而行不稱其貌。○盧文弨曰：「久」字，藏本無，下同。宰予之辭，雅而文也，仲尼幾而取之，與處而智不充其辯。○顧廣圻曰：藏本同。今本「處」下有「久」字。故孔子曰：「以容取人乎，失之子羽；以言取人乎，失之宰予。」故以仲尼之智而有失實之聲。今之新辯濫乎宰予，而世主之聽眩乎仲尼，爲悅其言，因任其身，則焉得無失乎！是以魏任孟卯之辯而有華下之患，○先慎曰：「華下」，即華陽。事在秦武王三十四年〔一〕，魏安釐王四年。趙任馬服之辯而有長平之禍，○先慎曰：一本「平」誤「年」。此二者任辯之失也。夫視鍛錫而察青黃，區冶不能以必劍；○顧廣圻曰：「區」，他書又作「歐」。先慎曰：「區」、「歐」古通。周禮司桓氏職文云：「凡金多錫則刃白。」考工記：「六齊，視錫之品數以爲上下。」故治劍必鍛以錫，然色之青黃仍不能決其劍之利鈍。水擊鵠雁，陸斷駒馬，則臧獲不疑鈍利。發齒吻形容，○王先謙曰：按五字不成句。形容在外，不待發也。「吻」下當有二字，與「視鍛錫」句相配，而今奪之。伯樂不能以必馬；授車就駕而觀其末塗，則臧獲不疑駑良。觀容服，聽辭言，仲尼不能以必士；試之官職，課其功伐，則庸人不疑於愚智。故明主之吏，宰相必起於州部，猛將必發於卒伍。夫有功者必賞，則爵禄厚而愈勸；遷官襲級，則官職大而愈治。夫爵禄大而官職治，王之道也。磐石千里，○盧文弨曰：「磐」下當分段。不可謂富；象人百萬，○盧文弨曰：「象人」，或作「俑言」，韓詩外傳四作「愚民」。先慎曰：「象人」，即俑人也。孟子

〔一〕據史記，當爲秦昭王三十四年。

曰：「始作俑者，其無後乎。」謂其象人而用之也。作「象人」是。不可謂强。石非不大，數非不衆也，○先慎曰：「數」，當作「象人」二字，上下文可證。而不可謂富强者，磐不生粟，○顧廣圻曰：「磐」下當有「石」字。象人不可使距敵也。今商官技藝之士，亦不墾而食，是地不墾與磐石一貫也。儒俠毋軍勞顯而榮者，則民不使，○王先謙曰：「顯而」當作「而顯」。與象人同事也。夫禍知磐石象人，○顧廣圻曰：「禍知」當作「知禍」。此以「知禍」與下句「不知禍」相對也。而不知禍商官儒俠爲不墾之地、不使之民，不知事類者也。故敵國之君王○盧文弨曰「故」下似當分段。雖説吾義，吾弗入貢而臣；關内之侯雖非吾行，吾必使執禽而朝。是故力多則人朝，力寡則朝於人，故明君務力。夫嚴家無悍虜，○顧廣圻曰：李斯列傳引「悍」作「格」。而慈母有敗子，吾以此知威勢之可以禁暴，而德厚之不足以止亂也。夫聖人之治國，○盧文弨曰：「夫」下當分段。不恃人之爲吾善也，而用其不得爲非也。恃人之爲吾善也，境内不什數；用人不得爲非，○先慎曰：乾道本無「爲」字，顧廣圻云：「今本『得』下有『爲』字。」今據補。一國可使齊。○顧廣圻曰：五字爲一句。爲治者用衆而舍寡，○顧廣圻曰：藏本同。今本「者」作「也」，誤。故不務德而務法。夫必恃自直之箭，百世無矢；○先慎曰：意林、御覽九百五十二引「恃」作「待」，下同。「矢」下有「矣」字。案困學紀聞卷十引作「恃」，與此合。恃自圜之木，千世無輪矣。○盧文弨曰：「世」，張本作「歲」。先慎曰：意林、御覽引亦作「歲」。困學紀聞引仍作「世」，與此合。自直之箭，自圜之木，百世無有一，然而世皆乘車射禽者何也？隱栝之道用也。○先慎曰：「栝」，張榜本、趙本作「括」，說見前難勢篇〔二〕。雖有不恃隱栝而有自直之箭、自圜之木，○先慎曰：「有」當作「恃」。良工弗貴也。何則？乘者非一人，射者非一發也。不恃賞罰而恃自善之民，明主弗貴也。何則？國法不可失，而所治非一人也。故有術之君，不隨適然之善，「適然」，謂偶然也。而行必然之道。今或謂人曰：○盧文弨曰：「今」下當分段。「使子必智而壽。」則世必以爲狂。○張榜曰：「狂」與「誑」同。夫智，性也；壽，命也。性命者，非所學於人也，而以人之所不能爲說人，此世之所以謂之爲狂也。謂之不能然，則是諭也。夫諭，性也。○王渭曰：句有誤。先慎曰：張榜本、趙本「諭」皆作「喻」。以仁義教人，○先慎曰：乾道本無「義」字，顧廣圻云：「今本『仁』下有『義』字，按依下文當有。」今據補。是以智與壽說人也，○先慎曰：乾道本無「人」字，盧文弨云：「『人』字脱，一本有。」今據補。有度之主弗受也。故善毛嗇、西施之美，○先慎曰：拾補「嗇」作「嬙」。盧文弨云：藏本作「廧」。顧廣圻云：藏本作「廧」，是也。今本作「嬙」，誤。按左昭三年傳釋文：「嬪廧，本又作『嬙』。」哀元年：「妃嬙，本又作『廧』。」「嬙」在說文新附。先慎按：藝文類聚五十二、御覽六百二十四、七百一十九引並作「嬙」。無

〔二〕「難勢篇」，原本作「難勢篇下」。「下」字顯爲衍文，今刪。

益吾面；用脂澤粉黛，則倍其初。言先王之仁義，無益於治；明吾法度，必吾賞罰者，亦國之脂澤粉黛也。故明主急其助而緩其頌，故不道仁義。今巫祝之祝人曰：「使若千秋萬歲。」千秋萬歲之聲聒耳，○先慎曰：乾道本上「歲」字與下「秋」字互易，「聒」作「括」。盧文弨云：「千歲」譌，下同。「括」，藏本作「聒」。顧廣圻云：藏本下「秋」字與上「歲」字互易，是也。今本二「秋」字皆作「歲」，誤。戰國策云：「犀首跪行爲儀千秋之祝。」藏本「括」作「栝」，案當作「聒」。先慎按：此當讀「使若千秋萬歲」句，「千秋萬歲之聲聒耳」句。「括」，張榜本作「聒」是，今據改。而一日之壽無徵於人，此人所以簡巫祝也。今世儒者之說人主，不言今之所以爲治，○先慎曰：乾道本「言」作「善」，今據張榜本、趙本改。而語已治之功；不審官法之事，不察姦邪之情，而皆道上古之傳譽，先王之成功。儒者飾辭曰：○先慎曰：乾道本無「者」字，「飾」作「釋」。顧廣圻云：藏本、今本「釋」作「飾」，今本「儒」下有「者」字。按句有誤。先慎按：有「者」字是，「釋」當作「飾」，今據增改。「聽吾言則可以霸王。」此說者之巫祝，有度之主不受也。故明主舉實事，去無用，不道仁義者故，○盧文弨曰：「者」字，舊人刪。顧廣圻曰：「者」字當衍。俞樾曰：「者」字，與古「諸」通。禮記郊特牲云「或諸遠人乎」，儀禮士虞禮注引作「或者遠人乎」，是其證。廣雅釋言：「諸，之也。」「不道仁義諸故」，即不道仁義之故，與「不聽學者之言」兩句相對。「諸」、「之」互用，古書多有，禮記少儀篇「申之面，拖諸幦」，孟子滕文公篇注「諸海注之江」，皆是也。大戴記將軍文子篇「道者孝弟，說之以義，而觀諸體者與」，「諸」並猶「之」也。顧氏以「者」爲衍，而以「故」字屬下讀，失其義矣。不聽學者之言。今不知治者○盧文弨曰：「今」下當分段。必曰：「得民之心。」欲得民之心而可以爲治，則是伊尹、管仲無所用也，將聽民而已矣。民智之不可用，猶嬰兒之心也。夫嬰兒不剔首則腹痛，首病不治，則加痛也。○先慎曰：「腹」乃「復」字之譌。素問瘧論：「病極則復。」「復」與「复」通，說文：「复，重也。」今皆以「複」爲之。注訓爲加，是所見本作「復」不誤。不⿰扌副痤則寖益。謂癰也。疈威而潰之，披疈也。○先慎曰：「⿰扌副」字不見於字書。下作「揊」，亦後起之字。注作「疈」，是也。說文：「副，判也。周禮曰：『副，𦍒祭。』籀文作『疈』。」今周禮「副」亦作「疈」，「副」、「疈」同。古本韓子作「疈」，或改作「副」，寫者又誤加手旁，校者又於下文去刀旁，展轉譌誤，遂不成字，幸注文猶存真。又案：注「威」字，當爲「痤」之譌。「披疈」二字亦倒。下「揊」，張榜本、趙本作「⿰扌副」，非。剔首、揊痤必一人抱之，慈母治之，然猶啼呼不止，嬰兒子不知犯其所小苦，致其所大利也。今上急耕田墾草以厚民產也，而以上爲酷；修刑重罰以爲禁邪也，而以上爲嚴；徵賦錢粟以實倉庫，且以救饑饉、備軍旅也，而以上爲貪；○先慎曰：乾道本無「上」字。顧廣圻云：今本「以」下有「上」字。先慎按：有「上」字是，上下文皆有，乾道本脫，從今本增。境內必知介而無私解，○顧廣圻曰：藏本同。今本作「境內教戰陣閱士卒」，誤。按「境內必知」者，八說篇云「此其臣有姦者必知」，又云「而務必知之術也」，是其義。「介」當作「分」。「分而無私」者，制分篇云「宜務分刑賞爲急」，又云「亡者其制刑賞不分也」云云，是其義。「解」字上下當有脫文。并力疾鬭，所以禽虜也，而以上爲暴。此四者所以治安也，而民不知悅也。○盧文弨曰：凌本作「知之而不悅也」，并注云：「謂民不悅也。」夫求聖通之士者，爲民知之不足師用。昔禹決江濬河，而民聚瓦石；子產開畝樹桑，鄭人謗訾。禹利天下，子産存鄭，皆以受謗，夫民智之不足用亦明矣。故舉士而求賢智，爲政而期適民，皆亂之端，未可與爲治也。○先慎曰：乾道本無「士者」至「治也」七十六字。顧廣圻云：藏本、今本有，未詳所出。先慎按：御覽九百五十五、事類賦二十五引並有「子産開畝樹桑，鄭人謗訾」二句，是宋本不盡脱也。今據藏本補。趙本「而民聚瓦石」下并有注云「有以擊禹也」五字。張榜本末句「可與」作「可以」。

韓非子集解卷第二十

忠孝第五十一

天下皆以孝悌忠順之道爲是也，而莫知察孝悌忠順之道而審行之，是以天下亂。皆以堯、舜之道爲是而法之，是以有弑君，○先慎曰：一本「弑」作「亂」。盧文弨云：「亂」，藏本作「弑」。有曲父。○先慎曰：乾道本「父」上有「於」字。顧廣圻云：今本無「於」字，誤。先慎案：「弑君」、「曲父」相對，「於」字不當有，據今本删。下「舜見瞽瞍，其容造焉」，即承「曲父」言。堯、舜、湯、武或反君臣之義，亂後世之教者也。堯爲人君而君其臣，舜爲人臣而臣其君，○王先謙曰：此爲燕子之事而發。湯、武爲人臣而弒其主、刑其尸，○先愼曰：乾道本無「爲」字，盧文弨云：「『爲』字脱，藏本有。」今據補。而天下譽之，此天下所以至今不治者也。夫所謂明君者，能畜其臣者也；所謂賢臣者，能明法辟、治官職，以戴其君者也。今堯自以爲明而不能以畜舜，舜自以爲賢而不能以戴堯，湯、武自以爲義而弒其君長，此明君且常與而賢臣且常取也。故至今爲人子者有取其父之家，爲人臣者有取其君之國者矣。父而讓子，君而讓臣，此非所以定位一教之道也。臣之所聞曰：「臣事君，子事父，妻事夫，三者順則天下治，三者逆則天下亂。此天下之常道也，明王賢臣而弗易也。」則人主雖不肖，臣不敢侵也。今夫上賢任智無常，○王先謙曰：「常」，上文所謂「常道」也。逆道也；而天下常以爲治，是故田氏奪呂氏於齊，戴氏奪子氏於宋。此皆賢且智也，豈愚且不肖乎？是廢常、上賢則亂，舍法、任智則危。故曰：「上法而不上賢。」記曰：「舜見瞽瞍，其容造焉。」「造」，愁貌也。○先愼曰：「造」與「蹙」通，見孟子萬章篇。孔子曰：「當是時也，危哉！天下岌岌，有道者，父固不得而子，君固不得而臣也。」臣曰：○先愼曰：「臣」，韓非自謂。孔子本未知孝悌忠順之道也。○先愼曰：拾補「未」下旁注「末」字。盧文弨云：「末」，張、凌本作「未」。然則有道者進不得爲臣主，退不得爲父子耶？○先愼曰：乾道本兩「不」字下皆無「得」字。盧文弨云：「得」字脱，張、凌本有。先慎按：有「得」字是，今據補。「臣主」當作「主臣」。言進不得爲主之臣，退不得爲父之子也。父之所以欲有賢子者，家貧則富之，父苦則樂之；君之所以欲有賢臣者，國亂則治之，主卑則尊之。今有賢子而不爲父，則父之處家也苦；有賢臣而不爲君，則君之處位也危。然則父有賢子，君有賢臣，適足以爲害耳，豈得利焉哉！○盧文弨曰：「焉哉」二字舊倒，張本作「焉哉」。顧廣圻曰：藏本同。今本「焉哉」作「哉焉」，誤。先慎曰：趙本無「焉」字，據誤本而删之也。「焉哉」當作「哉焉」，「哉」字句絶，「焉」字屬下讀，盧、顧説非。所謂忠臣不危其君，孝子不非其親，今舜以賢取君之國，而湯、武以義放弑其君，此皆以賢而危主者也，而天下賢之。古之烈士，進不臣君，退不爲家，是進則非其君，退則非其親者也。且夫進不臣君，退不爲家，亂世絶嗣之道也。是故賢堯、舜、湯、武而是烈士，天下之亂術也。瞽瞍爲舜父而舜放之，象爲舜弟而殺之。○先慎曰：依上文，「殺」上當有「舜」字。放父殺弟，不可謂仁；妻帝二女而取天下，不可謂義。仁義無有，不可謂明。詩云：「普天之下，莫非王土；率土之濱，莫非王臣。」信若詩之言也，是舜出則臣其君，入則臣其父，妾其母，妻其主女也。故烈士内不爲家，亂世絶嗣；而外矯於君，朽骨爛肉，施於土地，○先慎曰：施，陳也。流於川谷，不避蹈水火，使天下從而效之，是天下偏死而願夭也，此皆釋世而不治是也。世之所爲烈士者，雖衆獨行，○王渭曰：「雖」當作「離」。四字爲一句。取異於人，爲恬淡之學，而理恍惚之言。臣以爲恬淡，無用之教也；恍惚，無法之言也。言出於無法，教出於無用者，○先慎曰：乾道本「教」作「數」，盧文弨云：「『數』，張本作『教』。」顧廣圻云：「藏本『數』作『教』」，案依上文是也。」今據改。天下謂之察。臣以爲人生必事君養親，事君養親不可以恬淡；之人○顧廣圻曰：藏本同。今本無「之人」二字，按此不當有。先慎曰：「之人」當作「人生」，屬下讀。上文「人生必事君養親」，此作「人生必言論忠信法術」。「人生」誤作「之人」，趙本不思其誤，從而删之，非也。必以言論忠信法術，○先慎曰：依上文不當有「以」字。言論忠信法術不可以恍惚。恍惚之言，恬淡之學，天下之惑術也。孝子之事父也，非競取父之家也；忠臣之事君也，非競取君之國也。夫爲人子而常譽他人之親曰：「某子之親，夜寢早起，强力生財，以養子孫臣妾。」是誹謗其親者也。爲人臣常譽先王之德厚而願之，是誹謗其君者也。○先慎曰：乾道本無「是」字，顧廣圻云：「今本『誹』上有『是』字，按依上文當有。」今據補。非其親者，知謂之不孝；○先慎曰：乾道本無「之」字，顧廣圻云：「藏本有『之』字，是。今本『謂』作『其』，誤。」今據補。而非其君者，天下賢之。○先慎曰：乾道本「天下」下有「此」字，顧廣圻云：「藏本、今本無『此』字。」今據删。此所以亂也。故人臣毋稱堯、舜之賢，毋譽湯、武之伐，毋言烈士之高，盡力守法，專心於事主者爲忠臣。古者黔首悗密惷愚，「悗」，忘情貌。○盧文弨曰：「古」下當分段。孫詒讓曰：爾雅釋詁：「密，静也。」「悗密」，謂忘情而静謐也。莊子大宗師篇云：「悗〔一〕乎忘其言也。」故可以虚名取也。今民儇詗智慧，○先慎曰：「詗」，音朽政反，反間也，見漢書淮南王安傳注。近人謂「詗」當作「譎」，非。欲自用，不聽上。上必且勸之以賞，然後可進；又且畏之以罰，然後不敢退。而世皆曰：「許由讓天下，賞不足以勸；盜跖犯刑赴難，罰不足以禁。」○先慎曰：乾道本無「罰」字，顧廣圻云：「今本『不』上有『罰』字，按依上文當補。」今據增。臣曰：未有天下而無以天下爲者，許由是也；已有天下而無以天下爲者，堯、舜是也。毁廉求財，犯刑趨利，忘身之死者，盜跖是也。此二者，殆物也。○先慎曰：拾補「二」字下旁注「三」字。盧文弨云：「三」，藏本作「二」，蓋唯指許由、盜跖言。先慎按：「二」，趙本譌作「三」，下仍作「二」，不誤。治國用民之道也，不以此二者爲量。治也者，治常者也；道也者，道常者也。殆物妙言，治之害也。天下太平之士，○先慎曰：乾道本「士」上無「之」字，依下文當有，據藏本、今本增。顧廣圻云：「平」當作「上」，見下文。不可以賞勸也；天下太平之士，○顧廣圻曰：「平」當作「下」，見下文。不可以刑禁也。○先慎曰：乾道本「以」下有「爲」字，盧文弨云：「『以』下『爲』字，張本無。」顧廣圻云：「『爲』字當衍。」今據删。然爲太上士不設賞，爲太下士不設刑，則

〔一〕「悗」，原本作「悅」，據莊子改。

治國用民之道失矣。故世人多不言國法而言從橫。諸侯言從者曰○顧廣圻曰：「侯」字當衍。「從成必霸」，而言横者曰「横成必王」。山東之言從横未嘗一日而止也，然而功名不成，霸王不立者，虚言非所以成治也。王者獨行謂之王，是以三王不務離合，○顧廣圻曰：句絶。而止五霸不待從横，○顧廣圻曰：句絶。「止」字當衍，即「王」之形近而複誤耳。先慎曰：趙本「止」作「正」，「横」下有「而」字，句讀亦異。蓋趙用賢改增以成其義也。察治内以裁外而已矣。○顧廣圻曰：九字爲一句。

人主第五十二

人主之所以身危國亡者，大臣太貴，左右太威也。○先慎曰：拾補「威」下旁注「戚」字。盧文弨云：「戚」，張本作「威」。顧廣圻云：藏本同。今本「威」作「戚」，誤。所謂貴者，無法而擅行，操國柄而便私者也。所謂威者，擅權勢而輕重者也。此二者，不可不察也。夫馬之所以能任重引車致遠道者，以筋力也。萬乘之主、千乘之君所以制天下而征諸侯者，以其威勢也。威勢者，人主之筋力也。今大臣得威，左右擅勢，是人主失力；人主失力而能有國者，千無一人。虎豹之所以能勝人執百獸者，以其爪牙也；當使虎豹失其爪牙，則人必制之矣。○先慎曰：趙本

「當」作「而」。盧文弨云：「而」，張本作「當」。顧廣圻云：藏本同。今本「當」作「而」，誤。今勢重者，人主之爪牙也，君人而失其爪牙，虎豹之類也。宋君失其爪牙於子罕，簡公失其爪牙於田常，而不蚤奪之，故身死國亡。今無術之主，皆明知宋、簡之過也，而不悟其失，不察其事類者也。且法術之士與當途之臣不相容也。何以明之？主有術士，則大臣不得制斷，近習不敢賣重，大臣左右權勢息，則人主之道明矣。今則不然，其當途之臣得勢擅事以環其私，○先慎曰：「環」讀爲「營」。説文引本書「自營爲私」，五蠹篇作「自環爲私」，與此同，即其證。左右近習朋黨比周以制疏遠，則法術之士奚時得進用，人主奚時得論裁？故有術不必用，而勢不兩立，法術之士焉得無危！故君人者非能退大臣之議而背左右之訟，獨合乎道言也，則法術之士安能蒙死亡之危而進説乎！此世之所以不治也。明主者○先慎曰：趙本「主」作「王」。推功而爵禄，稱能而官事；所舉者必有賢，所用者必有能；賢能之士進，○先慎曰：乾道本「賢」下有「用」字，顧廣圻云：「藏本、今本無『用』字。」今據删。則私門之請止矣。夫有功者受重禄，有能者處大官，則私劍之士安得無離於私勇而疾距敵，○先慎曰：「疾」下當有「於」字，此與下「務於清潔」文正相對。游宦之士焉得無撓於私門而務於清潔矣。此所以聚賢能之士，而散私門之屬也。今近習者不必智，人主之於人也或有所知而聽之，○先慎曰：「知」讀爲智。與下「或有所賢」句相對。孤憤篇正作「智」。入因與近習論其言，聽近習而不計其智，是與愚論智也。其當途者不必賢，人主之於人或有所賢而禮之，入因與當途者論其行，聽其言而不用賢，是與不肖論賢也。故智者決策於愚人，賢士程行於不肖，○先慎曰：「程」，量也。則賢智之士奚時得用，而人主之明塞矣。○先慎曰：乾道本「而」作「以」，改從趙本。昔關龍逢説桀而傷其四肢，○盧文弨曰：「肢」，張本作「支」。王子比干諫紂而剖其心，子胥忠直夫差而誅於屬鏤。此三子者，爲人臣非不忠，而説非不當也。然不免於死亡之患者，主不察賢智之言，而蔽於愚不肖之患也。○先慎曰：乾道本無「於」字，顧廣圻云：「今本『蔽』下有『於』字。」今據補。今人主非肯用法術之士，聽愚不肖之臣，則賢智之士孰敢當三子之危而進其智能者乎！此世之所以亂也。

飭令第五十三

○盧文弨曰：「飭」，張本作「飾」，古通用。顧廣圻曰：此篇皆商子靳令篇文。先慎曰：秦本商子作「飭」，與此同。

飭令則法不遷，○先慎曰：商子「法不遷」作「治不留」。法平則吏無姦。法已定矣，不以善言售法。○先慎曰：「售」當作「害」，形近而誤。商子作「害」，是其證。任功則民少言，任善則民多言。行法曲斷，○顧廣圻曰：「曲」當作「由」。先慎曰：商子亦誤作「曲」。以五里斷者王，能參驗五里，然後斷定其罪，如此者王也。○先慎曰：此謂行法之速也。「五里斷」、「九里斷」，皆對「宿治」言，舊注非。以九里斷者强，既王且强〔一〕。○先慎曰：行九里而斷，較五里爲遲矣，然亦能斷，則其國必强。舊注并王而言，誤。商子「九」作「十」。宿治者削。「宿」，置也。若委置其法，則必削。以刑治，以賞戰。○顧廣圻曰：三字爲一句，見商子。厚禄以周術，○顧廣圻曰：藏本、今本「周」作「用」。按句有誤。先慎曰：「周術」，商子作「自伐」。國無姦民，○先慎曰：乾道本作「行都之過」。顧廣圻云：今本作「國無姦民」。先慎按：商子正作「國無姦民」，今據改。則都無姦市。○先慎曰：「市」，商子作「示」。物多末衆，○先慎曰：乾道本「末」作「者」，顧廣圻云：「今本『者』作『末』，案依商子是也。」今據改。農弛姦勝，則國必削。民有餘食，使以粟出爵，必以其力，則震不怠。○顧廣圻曰：「震」當作「農」，見商子。先慎曰：上「爵」字當重，商子作「官爵」，亦重，是其證。三寸之管毋當，不可滿也。雖受不多，然當無則不可滿也。○先慎曰：意林「毋」作「無」。商子「三寸」作「四寸」，「毋」亦作「無」。注「當無」二字誤。授官爵出利禄不以功，是無當也。國以功授官與爵，此謂以成智謀，以威勇戰，○顧廣圻曰：「成」，讀爲盛。「威」當作「成」，亦讀爲盛。商子靳令篇作「盛」，去强篇作「成」。其國無敵。國以功授官與爵，則治見者省，言有塞，○顧廣圻曰：「見」字當衍，「有」當作「者」。商子作「則治省言寡」。此謂以治去治，以言去

〔一〕「强」，原本作「張」，形近而誤，據文義改。

言。以功與爵者也，故國多力而天下莫之能侵也。兵出必取，取必能有之；案兵不攻必當。○顧廣圻曰：「當」當作「富」，見商子。朝廷之事，小者不毀，○先慎曰：商子「小」作「少」。下有「多者不損」句，疑此脱。效功取官爵，廷雖有辟言，不得以相干也，○先慎曰：「辟言」，即上「善言」也。商子「辟」作「辯」。是謂以數治。以力攻者，出一取十；以言攻者，出十喪百。國好力，此謂以難攻；國好言，此謂以易攻。其能勝其害，○王渭曰：此以下皆當依本書用人篇改正。顧廣圻曰：用人篇云：「人臣皆宜其能勝其官。」輕其任，而道壞餘力於心，○顧廣圻曰：「道壞」，用人云「莫懷」。莫負乘宮之責於君，○顧廣圻曰：「乘宮」，用人云「兼官」。内無伏怨，使明者不相干，○顧廣圻曰：用人云「明君使事不相干」。故莫訟；使士不兼官，故技長；使人不同功，故莫爭。○顧廣圻曰：句絶。言此謂易攻。○顧廣圻曰：此五字涉上文而衍。重刑少賞，上愛民，民死賞；○先慎曰：「上愛民」，即下「以刑去刑」義。多賞輕刑，上不愛民，民不死賞。○先慎曰：乾道本「民」下無「不」字，顧廣圻云：「今本『民』下有『不』字，按此當有。」改從今本。利出一空者，○顧廣圻曰：「空」，讀爲孔。其國無敵；利出二空者，其兵半用；利出十空者，民不守。重刑明民，大制使人，則上利。○王先謙曰：平日重刑，俾民知上恉，臨事又大爲禁制以使之。行刑重其輕者，輕者不至，○先慎曰：乾道本「至」下重「至」字。顧廣圻云：今本不重「至」字，按此不當有。先慎案：商子亦不重，今據删。重者不來，此謂以刑去刑。○先慎曰：此下當有「其國必强」四字，與下「其國必削」對文。罪重而刑輕，○盧文弨曰：「刑輕」二字，張本倒，下同。刑輕則事生，此謂以刑致刑，其國必削。

心度第五十四

聖人之治民，度於本，不從其欲，期於利民而已。故其與之刑，非所以惡民，愛之本也。刑勝而民靜，賞繁而姦生。故治民者，刑勝治之首也，賞繁亂之本也。夫民之性，喜其亂而不親其法。○顧廣圻曰：「喜其亂」，藏本同。今本無「其」字，誤。故明主之治國也，明賞則民勸功，嚴刑則民親法。勸功則公事不犯，親法則姦無所萌。故治民者，禁姦於未萌；而用兵者，服戰於民心。禁先其本者治，兵戰其心者勝。聖人之治民也，先治者强，先戰者勝。夫國事務先而一民心，專舉公而私不從，賞告而姦不生，明法而治不煩。能用四者强，不能用四者弱。夫國之所以强者，政也；主之所以尊者，權也。故明君有權有政，亂君亦有權有政，積而不同，其所以立異也。故明君操權而上重，一政而國治。故法者，王之者也；○顧廣圻曰：藏本、今本「者」作「本」。按當作「自」。刑者，愛之自也。夫民之性惡勞而樂佚，佚則荒，荒則不治，不治則亂，而賞刑不行於天下者必塞。○王渭曰：「亂」字當更有。「賞」字衍。顧廣圻曰：「天」字當衍。「塞」字有誤，未詳。故欲舉大功而難致而力者，大功不可幾而舉也；○顧廣圻曰：藏本、今本「致」下無「而」字，按當作「其」。欲治其法而難變其故者，民亂不可幾而治也。○先慎曰：「欲治其法」當作「欲治民亂」。上言「欲舉大功而難致其力者，大功不可幾而舉也」，此言「欲治民亂而難變其故者，民亂不可幾而治也」。「舉大功」、「治民亂」相對爲文。故治民無常，唯治爲法。○王先謙曰：當作「唯法爲治」，文誤倒。法與時轉則治，治與世宜則有功。○先慎曰：乾道本「治與」作「與世」，顧廣圻云：「藏本、今本『與世』作『治與』。」今據改。故民樸而禁之以名則治，世知維之以刑○盧文弨曰：「世知」二字舊無，張本有。顧廣圻曰：藏本同。今本無「世知」二字，誤。按「知」讀爲智，下當有「而」字。先慎曰：趙本有「世」字，無「知」字，亦非。則從。○王先謙曰：二字上屬，顧讀誤。時移而治不易者亂，能治衆而禁不變者削。○顧廣圻曰：「治衆」二字誤，未詳所當作。王先謙曰：「治不易」當作「法不易」。「能治衆」，「治」字當衍。「能衆」，即下「能耕」、「能戰」是也。故聖人之治民治，○顧廣圻曰：藏本同。今本下「治」字作「也」。按此字衍。法與時移而禁與能變。○顧廣圻曰：藏本同。今本「能」作「治」，誤。能越力於地者富，○顧廣圻曰：「越」當作「趨」。下句「能起力」，「起」亦當作「趨」。能起力於敵者强，强不塞者王。故王道在所聞，○顧廣圻曰：藏本同。今本「聞」作「開」。按當作「閉」，下文云「能閉外塞私」。在所塞，塞其姦者必王。故王術不恃外之不亂也，恃其不可亂也。恃外不亂而治立者削，○顧廣圻曰：「治」當作「始」。恃其不可亂而行法者興。故賢君之治國也，適於不亂之術。○先慎曰：乾道本「適」上有「敵」字。顧廣圻云：藏本、今本無「敵」字。按當云「道於不可亂之術」。先慎按：「敵」即「適」之誤而衍者，據藏本、今本删。貴爵則上重，故賞功爵任而邪無所關。○先慎曰：飭令篇「辟言不得以相干」，即其義。好力者其爵貴，爵貴則上尊，上尊則必王。國不事力而恃私學者，其爵賤，爵賤則上卑，上卑者必削。故立國用民之道也，○先慎曰：「也」字衍。能閉外塞私而上自恃者，王可致也。

制分第五十五

夫凡國博君尊者，○顧廣圻曰：「夫」當作「大」。未嘗非法重而可以至乎令行禁止於天下者也。○顧廣圻曰：「天」字當衍。是以君人者分爵制禄，則法必嚴以重之。○顧廣圻曰：藏本、今本「制禄」作「禄制」。夫國治則民安，事亂則邦危。法重者得人情，禁輕者失事實。且夫死力者民之所有者也，情莫不出其死力以致其所欲；○顧廣圻曰：藏本同。今本「情」上有「人」字，誤。而好惡者上之所制也，民者好利禄而惡刑罰。上掌好惡以御民力，○先慎曰：乾道本「掌」作「賞」，顧廣圻云：

「藏本、今本『賞』作『掌』。」今據改。事實不宜失矣，○王先謙曰：「不宜」乃「宜不」倒文。然而禁輕事失者，刑賞失也。其治民不秉法爲善也，如是，則是無法也。故治亂之理，宜務分刑賞爲急。治國者莫不有法，然而有存有亡。亡者，其制刑賞不分也。治國者，其刑賞莫不有分，有持異以爲分，○先慎曰：乾道本「異以」作「以異」。盧文弨云：「異以」二字舊倒，今從張本。不可謂分。至於察君之分，獨分也。是以其民重法而畏禁，願毋抵罪而不敢胥賞。○先慎曰：「胥」與「須」古今字。「須」，俟也。故曰：「不待刑賞而民從事矣。」是故夫至治之國，善以止姦爲務，是何也？○先慎曰：乾道本無「也」字，顧廣圻云：「今本『何』下有『也』字。」今據補。其法通乎人情，關乎治理也。然則去微姦之奈何？○顧廣圻曰：藏本、今本「之」下有「道」字，按非也，此當衍「之」字。孫詒讓曰：此當云「然則微姦之法奈何」。此篇首以「法重」發端，以下至篇末，「法」字凡十五見。此「去」亦即「法」之壞字，校者不知其誤，因移著「微姦」之上，遂不可通矣。「微」者，「覹」之借字。說文見部云：「覹，司也。」墨子迎敵祠篇云「謹微察之」，亦以「微」爲「覹」，與此正同。「微姦之法」，謂司察姦人之法也，「之」非衍字。藏本、今本「道」字固後人肊增，顧校亦未允。其務令之相規其情者也。○盧文弨曰：「規」，張本作「闚」。顧廣圻曰：「規」，讀爲闚，與下文互見〔二〕。「其情者也」句有誤。先慎

〔二〕「互見」，原本作「互易」，據顧氏韓非子識誤改。

曰：「微姦」之法，務令人彼此闚察其隱情也。「其務令之相規其情者也」十字爲一句。顧氏句讀未明，故疑誤。則使相闚奈何？○先慎曰：「則」上當有「然」字，此與上「然則微姦之法奈何」句法一律。「曰：蓋里相坐而已。」同里有罪，罪必相坐。禁尚有連於己者，理不得相闚，○顧廣圻曰：「理」當作「里」。惟恐不得免。有姦心者不令得忘，闚者多也。如此，則慎己而闚彼，發姦之密。告過者免罪受賞，失姦者必誅連刑。○王先謙曰：誅則必，刑則連。如此，則姦類發矣。姦不容細，○顧廣圻曰：句絶。私告任坐使然也。「任」，保也。同里相保之人則坐之，故曰「任坐」。○顧廣圻曰：七字爲一句。先慎曰：乾道本注「故曰」作「人則」，改從趙本。夫治法之至明者，任數不任人。是以有術之國，不用譽則毋過，○先慎曰：乾道本「過」作「適」。盧文弨云：張本作「過」。先慎按：張本作「過」是也。謂有術之國，不用人之譽則毋過。「過」即下「過形之於言者難見」之「過」。「過」與「適」形相近，乾道本因誤爲「適」。趙用賢改「則毋過」三字爲「得人之情」，誤。顧廣圻謂「適」、「敵」同字，亦未見作「過」之本，從而爲之辭也。境内必治，任數也；亡國使兵公行乎其地，而弗能圉禁者，任人而無數也。自攻者人也，攻人者數也。故有術之國，去言而任法。凡畸功之循約者難知，○王先謙曰：「畸功」，謂偏畸不當理者，如攘奪增級之類。「循約」，謂與立功之約相依循，故曰「姦功」、「虛功」也。先慎曰：乾道本「難」作「雖」。顧廣圻云：藏本、今本「雖」作「難」。先慎按：「難」字是。下文所謂「循約難知」，即承此而言，今據改。過刑之於言者難見也，○盧文弨曰：「刑」，舊校改「形」，本通用。是以刑賞惑乎貳。所謂循約難知者，姦功也；臣過之難見者，失根也。○王先謙曰：「之」字當衍。循理不見虛功，度情詭乎姦根，則二者安得無兩失也！是以虛士立名於内，而談者爲略於外，故愚怯勇慧相連，而以虛道屬俗而容乎世，故其法不用，而刑罰不加乎僇人。如此，則刑賞安得不容其二！實故有所至，○盧文弨曰：「實故」舊倒，藏本作「實故」。顧廣圻曰：藏本「二」作「貳」，是也，上文云「刑賞惑乎貳」。今本「實故」作「故實」。按句有誤。王先謙曰：「容其」二字當衍，「故實」是也，「至」字誤。而理失其量；量之失，非法使然也，法定而任慧也。○先愼曰：「法定」當作「釋法」。釋法而任慧者，則受事者安得其務！務不與事相得，則法安得無失，而刑安得無煩！是以賞罰擾亂，邦道差誤，刑賞之不分白也。○顧廣圻曰：「不分」當作「分不」。先愼曰：顧說非。「白」下脱「黑」字，用人篇「如此則白黑分矣」，説疑篇「爲人主者誠明於臣之所言，則别賢不肖於黑白矣」，皆有「黑」字，是其證。